KB122409

세도정권기 조선사회와 대전회통

Sedo-politics and *Daejeonhoetong* in the Late of Joseon Dynasty

edited by Oh, Young-kyo

이 저서는 2002년도 한국학술진흥재단의 지원에 의하여
연구되었음 (KRF-2002-074-AM1012)

연세국학총서 46
조선 국가의 구조와 경영 3

세도정권기
조선사회와 대전회통

오 영 교 편

혜안

간행사

　근년에 이르러 조선사회의 성격에 대한 이해는 다양하게 이루어져 왔으며 많은 의견이 학계에 제출되어 있다. 연구영역의 확대는 물론 역사 해석에 있어 새로운 이론이 적용되고 그 이해의 폭과 깊이가 더해가고 있다. 그러나 그 견해들이 조선사회를 온전히 이해하기에 필요충분 조건을 갖춘 것은 아니며, 접근하는 방법에 따라 조선사회의 역사상은 얼마든지 재구성될 수 있다.

　본 연구단에서는 이러한 과제를 해결하는 수단의 하나로, 조선의 역사에서 펼쳐진 풍부하고도 다양한 국가경영의 제반 경험을 '이상과 현실의 갈등과 조화'라는 측면에서 주목하고 이를 '經國大典 體制'의 변동과정을 중심으로 고찰한다는 전략을 설정하였다. 연구진은 학제간 연구를 표방하며 조선시대의 역사학(사상사, 사회사, 정치사, 과학사)과 철학, 문학 전공자들이 참여하였다. 구체적으로 본 연구단은 조선전기 국가 성립기에서부터 17세기 변동기를 거쳐 19세기 붕괴·해체기까지를 대상으로 모두 3단계로 나누어 작업을 진행하도록 구상하고, 3차년에 걸쳐 모두 30개의 주제를 연구하였다.

　이 책은 '조선 국가의 구조와 경영'이라는 제목 아래 조선국가의 변동과정을 법전 편찬의 추이를 중심으로 고찰해온 본 연구단의 3년차 연구 성과물이다. 그간의 연구성과는 『조선 건국과 경국대전 체제의 형성』(2004, 혜안), 『조선후기 체제변동과 속대전』(2005, 혜안)이라는 두 권의 연구서로 학계에 보고한 바 있다. 이 책은 이를 이은 그 세 번

6

째 보고서이다.

3년차 연구에서 본 연구단은, 19세기 『大典會通』의 편찬이 이루어졌던 시기에 파탄 상태에 빠진 조선사회가 자기 변신을 도모하며 '경국대전 체제'를 재정립하고자 했던 과정을 정리하고자 하였다. 19세기 전반 사회를 지배했던 세도정치는 영·정조 시기 탕평정치가 막을 내린 후 나타난 것으로, 조선후기 이래 발달한 신권중심 정치론이 극단적으로 현실화한 성격을 지니고 있었다. 세도정치기의 정치운영은, 변화하는 시대의 흐름에 어느 정도 대응하는 면모를 지니고 있기도 했지만, 그 변화를 전면적으로 수용하여 새로운 단계로의 발전을 도모하기에는 본질적인 한계를 안고 있었다. 새롭게 대두하여 변화를 모색하는 사회세력을 단지 愚民으로 볼 뿐 각종 제도 개선은 미봉책에 불과한 것이었다. 사회와 경제의 발전, 인식의 변화에 따라 꾸준히 성장하고 있던 민들은 본격적으로 봉건정부에 대한 적극적인 저항을 전개하였다. 1811년의 '곡산민란', 같은 해 12월의 '홍경래난(서북민의 항쟁)', 1862년의 '농민항쟁'이 그것이다.

반면, 이 시기의 실학자들은 17·18세기의 변법적 정치사상을 계승하는 한편으로 외래의 새로운 사조를 적극 수용하여 새로운 정치론을 발전시켰으며 궁극에서는 전혀 새로운 성격의 국가구상까지 펼쳤다. 말하자면, 19세기 전반 조선사회는 구래의 보수적 정치세력을 한 축으로 하고, 반란을 생각하는 농민과 기존의 갈등을 해소할 수 있는 새로운 국가를 구상하는 실학자들을 한 축으로 하여 상호 길항하는 상황에 놓여 있었다. 여기에 동아시아 사회로의 진출을 노리는 서구 제국주의 열강의 위협이 조선사회를 강박하고 있었다. 19세기 전반의 조선사회는, 어떤 형태로든 대변화가 요구되는 국면에 놓여 있었던 것이다.

『대전회통』의 편찬은 이 같은 상황에서 이루어졌다. 대원군 집정의 핵심적 산물인 이 법전은 19세기 전반 세도정치의 파탄상을 수습함에 주된 목적이 있었지만, 그 과정에서 농민과 개혁적 정론가의 열망과 사회개혁 구상을 제한적 수준에서 수렴하기도 하였다. 대원군 정권은 이 법전을 통하여 국왕이 갖는 힘을 강화하고 집권체제의 지배 메커니즘을 보다 효율적으로 정비하고자 하였으며, 그 결과로 조선사회가 안고 있던 내적 문제를 어느 정도 해소할 수 있는 힘을 발휘할 수 있었다.『대전회통』의 편찬은 '경국대전 체제'의 재정립을 위한 노력의 결과였다. 본 연구서에서는 이 같이 정리할 수 있는『대전회통』편찬기의 역사상을 모두 10개의 주제로 나누어 살폈다. 각 논문의 내용은 다음과 같다.

한정길의 「19세기 주자학적 세계관의 반성과 새로운 학문관의 형성」에서는 다산 정약용의 사상을 중심으로 19세기 조선사회가 주자학의 세계관을 벗어나는 양상을 다루었다. 필자는 주자학에 대한 다산의 비판을 인륜세계를 건립하는 방법에 대한 비판이라는 측면에서 검토하였다. 필자가 보기에, 다산은 孝・悌・慈와 같이 自他間의 상호적 관계를 규율하는 윤리덕목의 구체적인 실천을 통해서야 인륜세계의 건립이 가능하다고 생각하였다.

필자는 다산의 이러한 지향은 '상제와 인간', '정신[神]과 형체[形]', '개인과 개인', '군주와 백성'의 관계를 모두 상호 연관성을 중시하는 사유체계, 곧 상관적 사유의 틀 속에서 설명하려고 한 것과 연관이 있다고 이해하고, 결국 다산의 궁극적 관심은 인륜세계를 구현하려는 유가 본래의 관심으로부터 떠나 있지 않았다고 보았다. 나아가 필자는 다산이 경학과 경세학을 통합적인 학문 체계로 엮으려고 노력했으며, 이 또한 인륜을 밝히는 학문 가운데서 논의된다고 이해했다.

김용흠의 「19세기 전반 勢道政治의 형성과 政治運營」에서는 세도정치의 역사적 배경과 그 정치 운영원리, 그리고 이러한 정치와 이 시기 빈발했던 '민란'과의 연관성을 다루었다. 필자는 19세기 세도정치를 18세기 蕩平政治의 부정적 유산의 상속과 17세기 세도정치론의 부활이라는 관점에서 파악하고 논의를 펼쳤다. 세도정치는 朱子學 義理論

에 기초한 정치론을 중심으로 운영되는 한편으로 18세기 이후로 강화된 비변사 중심의 중앙집권적 관료제가 강력한 국가권력으로 표출되는 체제 위에서 이루어졌다는 이해였다. 필자는 19세기의 대대적인 민란은 이러한 체제가 가진 모순 때문에 일어나게 되었으며, 1862년 농민항쟁 이후 정부의 대책으로서 마련된 均賦均稅論적인 三政釐正策은 朱子學 義理論에 기초한 道學的 經世論이 民의 항쟁에 의해 극복되어 나가는 것임을 보여준다고 하였다.

김선경의 「19세기 농민저항의 정치－1862년 농민항쟁, 官民 관계 위기와 법 담론」에서는 1862년 농민항쟁과 이후의 일련의 정치적 변화과정을 '저항의 정치'로 개념화하여 재조명하고자 하였다. 필자에 의하면 농민항쟁은 민이 정치의 주체로 나서게 하는 주요한 계기였으며, 또 정부지배층에게나 식자층 혹은 농민층에게 국법은 무엇인가 하는, 법 혹은 법과 민의 관계에 대한 새로운 논의를 불러 일으켰다고 한다. 필자는 이와 연관하여 대원군 정권이 급급하게 『대전회통』을 편찬하였던 데에는, 1862년 농민항쟁이 불러일으킨 법 담론이 일정하게 작용하였다고 보았다.

구만옥의 「조선후기 실학적 자연인식의 전개와 세계관의 전변」에서는 19세기 새로운 자연인식이 이루어지고 이것이 세계관의 변화로 나타났음을 이 시기 실학자들의 사유를 통하여 논증하였다. 필자는 실학의 새로운 자연인식은, 기존의 주자학을 절대화하고 서학을 異端・邪敎로 철저히 배척하면서 일체의 과학적 담론을 거부하고 道理의 절대화, 윤리・도덕학의 중시를 통해 당대의 사회 모순을 돌파하고자 했던 노선과는 대비되는 진보적인 성격을 지니고 있다고 이해하고, 그 특성의 핵심은 道理와 物理를 분리하여 이해함에 있다고 파악하였다. 그것은 곧 기존의 有機體的 自然觀의 해체를 의미하는 것이었는데, 이를 통하여 새로운 物理 탐구의 기초가 마련되고 또 자연과 분리된 인간・사회의 독자적 구조를 정립할 수 있는 계기가 갖추어졌다고 한다. 필

자는 또한 이 시기 실학자들은 이러한 학문적 성과에 바탕하여 기존의
華夷論에서 벗어나 확대된 세계관을 제시하였다고 파악했다.

김영봉의 「조선후기 문학의 다변화와 사대부 문학의 침체」에서는
18세기 중반에서 19세기 후반에 이르는 시기에 걸쳐 문학상의 주요한
변화상을 정리하였다. 필자는 이 시기의 활발한 사회 변화가 문학적
성과로 구체화되었다는 태도를 견지하며, 문학 담당층이 확대되는 양
상, 사설시조, 판소리계 소설 등 국문 문학이 활성화되는 모습, 그리고
19세기 사대부 문학의 특성을 정리하였다. 필자는 이 시기에는 기존의
사대부 중심의 문학을 벗어나 새로운 문학 담당층에 의한 문학이 열리
는 것을 주목하면서도 동시에 사대부 문학 내부의 변화도 적지 않게
일어나고 있었음을 유의하여, 洪奭周·金邁淳를 통해서는 정통 한문
학의 마지막 모습을, 姜瑋·金澤榮·黃玹을 통해서는 한말 3대가의
문학세계를 살폈다.

다음으로 장동우의 「古禮 중심의 禮敎 사상과 그 經學的 토대에 대
한 고찰－茶山의 『喪儀節要』와 『朱子家禮』의 비교를 중심으로－」에
서는 다산 정약용의 『喪儀節要』와 『朱子家禮』를 비교하며 18·19세
기 실학자의 예학의 특성을 살폈다. 필자는 『喪儀節要』에 나타난 다산
의 문제의식은 '節儉'과 '過禮'의 극단적인 경향을 '時俗과 古禮의 變
奏'를 통해 바로 잡고자 하는 것이었다고 파악하고, 時俗을 적극적으
로 반영하고자 한 것은 당시 조선사회의 경제적 현실과 중국과는 다른
문화적 차이를 배려함으로써 예교를 확산시키고자 하는 의도였다고
하였다. 그것은 곧 『상의절요』가 고례에 근거를 두면서도 '사용하기 편
리하다'는 인식을 통해 확산되기만 한다면, 당시 冠·婚·喪·祭의 四
禮에서 일반적으로 보급·사용되고 있던 『朱子家禮』를 대체하는 영향
력을 행사하게 된다는 것이었다.

오영교의 「『經世遺表』와 새로운 국가구상」에서는 『경세유표』의 사
상적 기반, 『경세유표』의 국가구상을 중심으로 정약용의 국가구상의

특성을 살폈다. 필자는『경세유표』에서 조선의 국가체제 개혁의 방안과 이상적 국가체제의 상이 동시에 그려지며, 주요한 목표는 전자에 있었다고 파악했다.『경세유표』의 구상은 현실적인 정치·지방·경제 제도 개혁의 한 부분이라 할 수 있으며, 이는 전론·원정·원목·탕론 등 정치경제제도의 본래 이상향을 이룩하려는 급진적이고 근본적인 체제개혁을 지향하는 개혁방안과는 구별된다는 이해이다.

필자의 이러한 이해는 다산의 전 저작 체계에서 개혁론이 복합적으로 얽혀 있었다는 판단을 전제로 한 것이었는데, 이에 의하면『경세유표』의 개혁론은 다산의 궁극적 이념의 실현을 위한 전단계로서 그 다음 단계로 가기 위한 길을 제시하는 성격을 지니게 된다.

원재린의「18·19세기 북학론의 전개와 정부의 상공업정책」에서는 18, 19세기 새로운 사유로서 등장한 북학론이 지식사회의 변화를 어떻게 이끌며 나아가 정부의 상공업정책에 구체적으로 어떻게 반영되는지를 살폈다.

필자는 북학론은 器用學에 대한 관심을 고조시켰고, 중국과 서양의 선진문물 수용을 촉구하는 계기로 작용하였음을, 또한 점차 대외개방이 요구되는 상황 속에서 상공업을 통한 재부 창출에 주목하여 富國安民을 실현할 수 있는 방안들을 제기하였다고 정리하였다. 필자는 영조 이후 대원군 집정기까지 정부의 상공업정책은 세 양상을 보인다고 정리하였다. 英·正祖代의 상공업정책은 상품화폐경제의 발달에 따라 창출되는 상공업 이윤을 국가가 주도하여 활용하는 특징을, 19세기 세도권하에서는 豪商과 봉건지배층의 결탁, 이에 따른 이윤 독점이 나타남을, 또 대원군 집정기에는 불간섭주의에 근거한 독점적 유형의 자유로운 상업정책에서 벗어나 정경유착에 따른 이윤독점의 문제점을 타개하고, 시장에 대한 국가의 장악력을 강화시킴으로써 건전한 상인세력 육성을 도모하고자 했음을 볼 수 있다는 것이다.

정호훈의「大院君 執政期『大典會通』의 편찬」에서는『대전회통』의 성립과 그 체재상의 특징을 살피는 가운데 대원군 정치의 성격을 검토하였다.

필자는 대원군 정치는 중앙 정치체제의 개편과『大典會通』-『六典條例』라는 새로운 법전의 편찬과 운용의 두 측면을 축으로 이루어졌다고 정리하였다. 그 과정에서 법전의 정비는 人治·德治를 강조하는 주자학적인 정치운영론을 벗어나 國法의 기능을 보다 강화하려는 지향의 산물이라고 파악하였다. 필자는 이는 곧 대원군 세력이 국왕 혹은 국가가 가질 수 있는 권한을 확대하는 가운데 세도정치기의 정치운영을 탈피하고 나아가 조선사회의 臣權中心的, 文治的 정치운영방식을 해체시켜 나가려는 움직임이라고 이해했다.

마지막으로 김혜승의 「19세기 중반 국교확대 문제와 대원군의 '쇄국정책' 재검토」에서는 대원군의 쇄국정책에 관한 종래의 여러 논의를 재검토하는 가운데 대원군의 대외정책의 특성을 살폈다. 필자는 대원군 정권 초기 러시아와 외교적 접촉을 벌여 러시아와의 국경문제, 이민문제를 원만히 해결하였던 점, 신미양요 이후 朝美講和를 시도한 점, 프랑스와의 관계를 진전시키려던 노력 등을 들어 대원군의 대외정책이 '쇄국정책'으로만 국한하여 볼 수 없다는 점을 강조하였다. 그리하여 필자는 대원군의 대외정책은 '쇄국정책'이 아니라 반침략적 저항정책이며, 그 정책에 기초가 된 사고는 대외적 주권유지와 대내적 부국강병을 목표로 평등성을 지향한 민족주의였다고 파악하였다.

이와 같이, 조선왕조는 건국 이후『경국대전』으로 집약되는 국가체제를 구축하였고, 이후 시대적 변화에 대응하여 이를 수정·보완·재정립하면서 500여 년의 긴 역사를 유지했다. 조선전기『경국대전』의 성립, 영·정조대『속대전』·『대전통편』의 편찬, 고종 초 대원군 집권기의『대전회통』편찬은 그러한 일련의 과정을 보여주는 지표가 된다.

이러한 '경국대전 체제'의 성립과 그 수정·보완·재정립의 과정은 표면적으로는 법전의 구축과 재정비라는 형태를 보이는 것이지만 실상은 정치·경제·사회·문화 등 전 영역에서 일어나는 조선사회의 내적인 변화상을 법제적으로 수렴하고 반영하는 것이었다. 이러한 사실은 조선사회를 주도했던 여러 정치·사회세력의 국가경영에 대한 이상과 열망이 법전 형식을 빌어 현실화하는 과정을 보여주는 것이기도 했다. 따라서 조선시기 법전 체제의 변동과정을 통해 우리는 조선사회를 끊임없이 변모시키며 질적인 성장을 이루려고 했던 조선의 관인·유자들의 이상이 현실과 충돌하고 조정되는 사실적 모습을 확인할 수 있게 된다.

이와 같이 요약할 수 있는 우리의 연구는 다음과 같은 의의를 갖는 것으로 정리되며, 향후 학계의 연구 시각과 방법을 넓히는데 도움이 되길 기대한다. 첫째, 이 연구에서 우리는 조선사회에서 전개되었던 이상과 현실의 양 측면을 하나의 시야에 넣고 파악하는 방법론을 통하여 조선시대 역사 전체의 흐름을 일관된 관점에서 보게 되는 근거점을 확보하였다. 우리 연구에서는 조선의 儒者·官人들이 현실에 대한 명확한 인식 위에서 사회의 제반 폐단과 모순을 극복할 수 있는 이상적 정치론을 끊임없이 마련하고 이를 또한 현실화하고자 하는 과정을 추적하였다. 그 과정은 여러 정치세력간의 갈등과 대항, 이념·사상간의 알력 등으로 나타났지만, 한편으로는 이상과 현실 양자의 갈등과 길항의 연속이기도 했다.

둘째, 이 연구는 조선사회의 성격을 보다 폭넓게 이해할 수 있는 단서를 마련하는 데도 도움이 되었다. 지금까지 학계는 조선사회를 다양한 관점, 시각에서 그 성격을 정리해왔다. 우선, 사회 주도층 혹은 지배층의 성격과 관련하여 '양반관료제 국가' 혹은 '사족지배 체제'라고 파악해왔다. 또한 그간의 연구에서는 생산관계의 측면에서 해명이 이루어지기도 했던 바, '지주전호제'설 혹은 '국가적 농노제'설이 제기되기도 했다. 그러나 이들 작업은 여전히 개별 분산적으로 이루어져 왔으며,

현재에는 각각의 입론을 둘러싼 논의가 풍부하게 펼쳐지지 못하고 있는 형편이다. 본 연구에서는 이들 논의들을 활용하는 가운데, 조선사회를 토대와 상부구조의 연관성을 통일적으로 파악해야 하며, 그러한 측면에 기초하여 조선사회가 갖는 집권체제의 특성을 주목해야 한다고 보았다. 조선사회는 여러 신분계층의 이해를 아우르는 집권국가로서의 성격을 지니고 출발하며, 통일적 법전에 기초해서 만들어진 '경국대전 체제'는 그것을 집약적으로 드러내는 구조였다.『경국대전』성립 후 여러 차례 이루어지는『속대전』,『대전회통』의 개편은 집권국가를 구성하는 여러 요소들의 정치적 경제적 이해관계가 집약적으로 표출된 결과였다. 그런 점에서 조선사회는 군주와 신료, 국가 공권과 민간 사회, 중앙정부와 지방사회, 지주와 농민 등 여러 측면에서의 역관계가 길항절충하는 가운데 만들어지고 유지되는 사회였다.

셋째, 본 연구는 조선사회가 중세 봉건사회를 넘어 근대사회를 독자적으로 건설하는 데 실패하게 되는 주된 요인이 지배층 내부의 자기혁신의 과정이 미약한 데 있었던 것으로 확인할 수 있었다. '경국대전체제'가 변화하는 과정에서 중요한 역할을 했던 동력의 하나는 관인·유자층의 치열한 현실인식과 그것의 정치적 사상적 현실화 노력이었다. 여기에는 지주 양반의 사회경제적 이해를 충분히 반영하거나 혹은 농민의 이해를 반영하려는 견해가 나타나기도 했으며, 양자를 절충하려는 노력도 제기되었다. 말하자면 조선의 정치적 경험은 특정한 변화의 시기에 기존의 존재 양태를 버리고 새로운 방법을 모색하려는 노력이 축장되어 있었다. 한말 근대 개혁기는 기존의 사회경제적, 정치적 이해관계를 철저히 떠나 새로운 견지에서 내외적 과제를 풀어가야 하는 태도가 더욱 절실히 요구되었지만, 한말의 유자·관인들은 이 점에서 실패하고 있었다. 잘 알려져 있듯 조선은『대전회통』을 끝으로 변화하는 사회현실을 반영하는 새로운 법전과 그것으로 대변되는 새로운 국가체제를 자주적으로 만들지 못하고 몰락의 길을 걷게 되었다.

14

대한제국기에 새로운 법전과 예전의 편찬이 있었지만, 그것은 또 다른 성격을 갖는 일이었다. 결국 제국주의의 식민지로 전락하는 결과를 초래하였다.

　본 연구서가 나오기까지 많은 분들의 도움과 열정이 있었다. 우선 본 과제의 수행을 위해 연구비를 지원해 준 학술진흥재단 관계자들께 감사드린다. 이 연구비로 인해 인문학을 전공하는 연구자들의 연구역량이 보존되고 발전되었음을 확인하게 된다. 다음으로 연구실 지원과 각종 행정지원, 그리고 국학총서로서 책자를 발간할 수 있도록 지원해 준 연세대학교 국학연구원에 대해 사의를 표한다. 무엇보다 학제간 연구에 참여하여 방법론과 개념 정립에 무던히 애써준 연구자들에게 진심으로 감사드린다. 본 3권의 집필자 외에도 1, 2권의 집필시 참여한 연세대학교 도현철 교수, 백승철 교수와 본서의 기획에 참여한 서울대학교 문중양 교수께 지면을 빌어 감사를 전한다. 특히 본 주제를 기획하시다가 먼저 하늘나라에 가신 故 김준석 선생님께 모든 연구자들이 감사함을 전하고 본서를 그의 영전에 바치고자 한다. 본서가 나오기까지 1인 다역을 수행하며 정리해준 정호훈 교수께 특별히 고마움을 전한다. 아울러 사료집 정리와 각종 학술세미나에 참여해 도움을 준 정두영 선생 등 14명의 연구보조원들에게도 감사드린다. 끝으로 인문학의 부흥을 꿈꾸며 늘 수고하시는 혜안출판사의 오일주 사장님과 편집부 여러분께도 사의를 표하며, 본서에 대한 관련 동학들의 비판과 질책을 기대한다.

2007년 5월 20일
오영교 謹識

차 례

제2부 새로운 사상·문화 활동과 주자학적 세계관으로부터의 탈피

제3부 『大典會通』의 성립과 체제 재정비

CONTENTS

제 1 부
勢道政治의 전개와 체제 붕괴

19세기 주자학적 세계관의 반성과
새로운 학문관의 형성
-茶山 丁若鏞을 중심으로-

한 정 길[*]

1. 머리말

한 시대를 대변할 만한 철학자들은 시대의 변화에 따른 세계관의 변화를 민감하게 통찰하고, 그것을 자신들의 학문체계에 담아낸다. 한 철학자의 학문체계에는 그가 읽어낸 시대인식과 시대의 변화에 대한 대응방안이 고스란히 담겨 있는 것이다. 이 때문에 어떤 시대의 특성을 살피는 좋은 방법 가운데 하나는 그 시대를 대변할 만한 철학자의 사유의 결과물을 검토하는 것이다. 거기에는 당대의 시대정신이 잘 반영되어 있기 때문이다.

이 글은 19세기 조선사상사에 나타난 세계관의 변화양상을 살펴보고자 하는 의도에서 쓰여졌다. 필자는 그 방법의 하나로 茶山 丁若鏞 (1762~1836)이라는 걸출한 사상가의 세계관과 학문관을 분석 검토하고자 한다. 여기에는 다산이 당대 세계관의 변화를 자신의 철학체계 속에 가장 잘 담아내고 있다고 보는 필자 나름의 견해가 전제되어 있다. 일단 다산은 동서고금의 다양한 학문을 폭넓게 수용함으로써 당대

---

* 연세대학교 국학연구원 연구교수, 동양철학

까지의 지식을 총망라하여 장악하고 있다. 그리고 동양과 서양의 상이한 문화가 서로 충돌을 일으키는 그 시대의 변화와 아픔을 몸으로 겪으면서 양자의 새로운 융합가능성을 조심스럽게 타진하고 있다. 또 당시의 불합리한 정치현실과 백성들의 困苦에 직면하여 주자학적 통치이념의 현실적 효용성의 한계를 직시하고 주자학적 세계관을 깊이 있게 반성하고 있다. 당대의 지식인들 가운데 다산만큼 그 시대의 변화를 뼈저리게 겪으면서 학문적인 폭과 사유의 깊이를 갖추고, 그 사유의 결과물을 하나의 독창적인 학문체계로 엮어낸 사람을 만나기 어렵다.

우리는 먼저 다산학이 형성될 수 있었던 시대적 학술적 배경을 검토할 것이다. 여기에서는 다산의 현실인식과 철학적 문제의식, 그리고 기존학술에 대한 반성이 어떻게 이루어지는지를 논의하게 될 것이다. 3장에서는 기존 학술에 대한 반성의 토대 위에서 이루어지는 다산의 세계관이 어떤 모습으로 나타나는지를 살펴볼 것이다. 여기에서는 다산의 天觀·人間觀·社會觀을 중심으로 다산철학의 특성을 규명하는데 초점을 맞출 것이다. 4장에서는 세계관의 변화에 따른 학문관의 변화가 어떤 체계로 구성되는지를 검토할 것이다. 5장은 결론 부분으로서 다산학에 반영된 당대 시대정신의 특성을 어떻게 읽어야 하는지를 보여줄 것이다.

2. 다산학의 형성 배경

1) 다산의 현실인식과 학문적 지향점

조선의 역사에서 18세기 후반~19세기 전반은 혼란 가운데서 장차 나아갈 방향을 모색하는 시기라고 할 수 있다. 내부적으로는 중앙집권 통치체제가 약화되고 삼정 등 각종 제도의 문란으로 사회적 모순이 증대되었고 농민들의 투쟁의식이 고양되었으며, 밖으로는 서양의 세력이 점차 침범함으로써 전통적인 삶의 양식과 가치체계가 흔들리고 있었다. 이러한 사회의 혼란을 어떻게 바로잡을 것인가의 문제는 당시의 위정자들과 지식인들이 해결해야 할 시대적 과제였다.

다산의 눈에 비친 당시의 현실 상황은 그야말로 각 구성원들 사이의 투쟁과 갈등, 핍박과 고통으로 인하여 사회 전체가 혼란에 휩싸여 그 생명을 잃어가고 있는 상황이었다. 중앙정치에 가담하고 있는 이들은 당쟁에 휘말려 있고, 지방 관료들은 일반백성들을 핍박하여 자신들의 이익을 챙기느라 정신이 없으며, 서민들은 부패한 관료와 토호들의 농간으로 민생의 고통이 극에 달해 각박한 투쟁의식만 높아져 갔다. 다산은 이러한 현실상황을 정확하게 인식하고 날카롭게 비판한다. 그는 특히 도탄에 빠진 백성들의 삶을 직시하고 그들을 구제할 수 있는 구체적인 방법들을 다양하게 모색한다. '어떻게 하면 민생을 윤택하게 하고 사회와 국가 전체를 다스릴 수 있을까?' 이것이 바로 다산이 지니게 된 현실적 문제의식이었다.

이러한 현실인식에 기초한 다산의 학문적 지향은 국가 경영 및 민생의 안정을 이룩할 수 있는 실질적인 방안을 마련하는데 있었다. 이것은 학문을 하는 군자가 갖추어야 할 점을 설명하는 데서 단적으로 드러난다. 그는 "먼저 경학으로 기초를 세운 뒤에 옛 역사를 섭렵하여 그 득실과 다스려지고 어지러웠던 근원을 알아야 한다. 또 실용의 학문에 마음을 두고 옛 사람이 나라를 경영하고 구했던 글들을 즐겨 보아야 한다. 이 마음에 늘 모든 백성들을 윤택하게 하고 만물을 육성시키겠다는 뜻을 가지고 있은 뒤에라야 독서하는 군자가 될 수 있다."[1]고 말한다. 民과 物을 살려내겠다는 뜻을 지니고 修己와 治人의 실질적인

---

1) 『與猶堂全書』I-21(第1集 第21卷, 신조선사본의 책수와 권수, 이하 같음), 「寄二兒·壬戌」, 4ㄴ, "必先以經學, 立著基址, 然後涉獵前史, 知其得失理亂之源, 又須留心實用之學, 樂觀古人經濟文字, 此心常存澤萬民, 育萬物底意思, 然後方做得讀書君子".

방안을 탐구하는 것이 바로 군자의 학문이라고 보는 것이다. 그런데 다산은 군자의 학문인 修己와 治人을 모두 오륜을 밝히는 것으로 이해한다.[2] 다산은 수기와 치인의 학문을 통하여 결국은 오륜이 행해지는 인륜세계를 건립하고자 했던 것이다. 이로부터 우리는 다산의 학문적 지향점은 궁극적으로 오륜이 밝혀지는 인륜세계의 건립에 있었음을 알 수 있다.[3] 경학이나 실용지학에 대한 그의 탐구는 모두 인륜세계의 건립이라는 목적을 지니고 있었던 것이다. 그리고 기존 학술에 대한 다산의 반성과 비판도 그것들이 인륜을 밝히는 학문이 아니라는 점에 있었다.

2) 기존 학술에 대한 반성과 비판

다산은 기존 학술에 대한 반성과 비판을 통하여 자신의 고유한 학문을 개척해 나간다. 그가 반성의 대상으로 삼고 있는 학술은 매우 다양하다. 六經四書로 언급되는 經學을 필두로 하여, 동양의 전통적인 학문인 性理學·陽明學·訓詁學·文章學·科擧學·術數學과 서양으로부터 새로 유입된 천주교와 자연과학사상이 반성의 대상이 되었다. 이때 다산이 학문을 평가하는 기준은 堯·舜·周公·孔子의 가르침이었다. 堯·舜과 周公·孔子에 의해서 이루어진 經學을 正學으로 간주한 것이다.[4] 그리고 그 기본 정신은 『중용』과 『대학』에까지 전해지다

---

2) 『與猶堂全書』 I-18, 「上弇園書」, 40ㄱ, "蓋明德者, 五倫也. 明五倫於意爲誠意, 明五倫於心爲正心, 明五倫於身爲修身, 明五倫於家爲齊家, 明五倫於國爲治國, 明五倫於天下爲平天下. 要之是一簡明五倫之事, 而有修己治人之別耳. 明者, 非以言語講明之, 行之然後乃明".
3) 다산의 학문적 지향점을 '오륜'이 밝혀지는 인륜세계의 건립에 있다고 보는 것은 다산학을 철저히 유학의 범주 속에서 이해하려는 입장이다. 이것은 다산학을 근대지향적 성격을 지닌 것으로 이해하는 입장과는 다소 거리가 있다.
4) 『與猶堂全書』 I-11, 「五學論1」, 20ㄱ, "空腹高心傲然自是, 終不可以攜手同

가 그 이후로는 경학에 대한 잘못된 해석으로 말미암아 도통의 맥락이
단절되었다고 본다.5) 이것은 주자가 공자의 도통이 曾子, 子思, 孟子,
程子를 거쳐 朱子 자신에게로 이어지는 것으로 파악한 것6)과 다르다.
정약용은 도통의 계열에서 정자, 주자를 제외시킨다. 말하자면『중용』
과『대학』이후의 모든 유학, 즉 한당의 훈고학과 사장학만이 아니라
송명이학까지 비판한 것이다. 이런 도통론은 결국 조선후기 집권자인
노론층의 주자 도통론에 대한 전면적 부인을 의미한다.7) 이러한 기준
에 근거하여 다산은 기존의 전통적인 학문들, 즉 性理學·陽明學·訓
詁學·文章學·科擧學·術數學 등과 서양으로부터 새로 유입된 서학
을 비판한다.

(1) 성리학에 대한 비판

　다산 당시에 대다수 조선 지식인들의 의식과 행위를 지도하고 있었
던 것은 역시 '성리학'이었다. 다산은 성리학이 근본하고 있는 유학의
가르침의 핵심을 규정하고, 그에 근거하여 당시의 성리학자들의 소모
적인 논쟁과 그릇된 관념 및 행태를 비판한다. 그에 의하면 성리학은
'도를 알고 자신을 알아서 올바른 도리를 실천'하는 데 그 의의가 있다.
자연의 운행질서를 알고, 자연 및 사회와의 관계 속에서 자신이 어떤
존재이며 자신에게 요구되는 것이 무엇인지를 자각하여, 구체적인 삶
의 과정에서 그것을 실천하는 데 성리학의 존재 의의가 있다고 본 것
이다. 그리고 실제로 "옛날의 학자들은 인간의 본성은 하늘에서 근본
하였고, 사물의 이치는 하늘에서 나왔고, 인륜이 달도라는 것을 알아,
효제와 충신을 하늘을 섬기는 근본으로 삼고, 예악과 형정을 사람을

歸於堯舜周孔之門者, 今之性理之學也".
5)『與猶堂全書』Ⅱ-23,「尙書古訓·皐陶謨」, 59ㄷ, "道之大源, 起於堯舜, 歷夏
　與殷, 流于周禮, 終于孔門, 爲中庸大學二書而止".
6) 주자의 도통론은『中庸章句』서문에 잘 나타나 있다.
7) 조성을,「丁若鏞의 學問觀」,『京畿史學』창간호, 102쪽.

다스리는 도구로 삼고, 성의와 정심을 하늘과 사람이 접할 수 있는 관건으로 삼았다."8)고 말한다. 이 짧은 문장 가운데는 하늘과 인간의 관계, 자연 사물의 이치와 하늘의 관계, 사람이 따라야 할 바의 보편적인 도리, 윤리 규범에 대한 실천과 하늘을 섬기는 것 사이의 관계, 정치 도구로서의 예와 법의 관계, 천에 접할 수 있는 개인의 수양 공부에 관한 다산의 생각들이 간단명료하게 잘 정리되어 있다. 즉 하늘은 인간과 사물에게 본성과 이치를 부여하는 존재이고, 사람은 하늘로부터 본성을 부여받았으며, 사람들 사이의 관계를 이어주는 보편적인 도는 바로 인륜이라는 것이다. 그리고 효제와 충신의 윤리 규범에 대한 실천이 바로 하늘을 섬기는 근본이고, 효제와 충신을 실천하는 구체적인 방법과 보조적인 수단이 바로 예악과 형정이라는 것이다. 또 사람이 하늘에 접할 수 있는 관건이 되는 것이 바로 『대학』에서 말하는 공부법인 誠意와 正心이라고 본다. 이것들은 다산이 이해하는 유학의 핵심이며, 또 살려내고 싶어 하는 것들이다.

그런데 당시의 성리학자들에 이르러서는 이러한 유학 본래의 가르침은 공리공담의 논쟁에 가려서 사라지고, 또 왜곡되어 그 참된 의미를 잃어버리게 되었다. 다산은 성리학의 주요개념인 理氣・性情・體用・本然과 氣質만이 아니라, '四端七情論'과 '人物性同異論', '未發心體有善惡論' 등 조선성리학을 특징짓는 주요 논쟁의 핵심적인 주장들인 理發과 氣發, 已發과 未發, 單指와 兼指, 理同氣異와 氣同理異, 心善無惡과 心有善惡을 유학 본래의 가르침과는 무관한 것으로 간주한다. 성리학의 이론체계를 구성하는 기초개념들을 무의미한 것으로 비판하고, 조선성리학의 특성을 이루는 사칠론과 인물성동이론 등의 학문적 논쟁을 결론이 나지 않는 소모적인 논쟁으로 평가하고 있는 것이

---

8) 『與猶堂全書』Ⅰ-11, 「五學論1」, 19ㄱ, "古之爲學者, 知性之本乎天, 知理之出乎天, 知人倫之爲達道, 以孝弟忠信爲事天之本, 以禮樂刑政爲治人之具, 以誠意正心爲天人之樞紐".

다.

다산은 성리학의 기본 개념과 논쟁 및 주장들을 비판할 뿐만 아니라, 예악·형정·威儀 등에 대한 당시 성리학자들의 편협한 견해를 맹렬히 비판한다. 효제와 충신을 실행하는 규칙과 기쁨으로서의 예악, 효제충신을 실행하게 하는 보조 수단인 형정, 효제충신의 실천을 유지시켜 가는 수단인 威儀를 당시의 성리학자들은 불필요한 것으로 취급한다는 것이다. 이것은 성리학자들이 개인의 내면적인 수양에만 매몰되어 자신들의 행위를 통제하는 객관적인 방법과 수단을 무시하는 경향을 비판한 것이다.

그러나 무엇보다도 성리학에 대한 다산 비판의 핵심은 인륜세계를 건립하기 위하여 수립한 주자학의 도덕적 형이상학 체계가 사실적 근거를 지니고 있지 못하다는 점에 있다. 주지하듯이 성리학에서는 天理를 우주와 인간사를 관통하는 본체로 파악하고, 그 실현을 통하여 궁극적으로는 天人의 合一을 실현하고자 한다. 주자학에 따르면 사람은 우주론적 원리이자 도덕적 원리인 天理를 자기의 본성으로 부여받고 있으며, 각 개인이 사물의 이치를 궁구하고 자기의 본성을 실현하기만 하면 인간 사회 전체의 윤리질서가 확립될 뿐만 아니라 천지가 만물을 창생하는 과정에도 동참할 수 있다.[9] 이것은 인륜세계가 사람이 본성으로 지니고 있는 우주원리를 실현함으로써 성립될 수 있다고 보는 것이다.

주자건 다산이건 유학자로서 포기할 수 없는 것은 바로 사람들 사이의 관계를 인륜이라는 그물로 엮어내는 것이다. 인륜은 바로 개인들을 엮는 사회적 관계의 그물로서 하나의 공동체적 삶의 양식이자 공동의 선을 표현하는 유교적 개념이다.[10] 그런데 인륜세계를 지향한다고 하

---

9) 주자학적 세계관에 대한 보다 상세한 논의는 졸고, 「조선전기 도학적 세계관의 형성과 그 전개」, 『조선 건국과 경국대전체계의 형성』, 혜안, 2004 참조.
10) 유권종, 「다산 인간관의 재조명」, 『철학』, 9쪽.

더라도 그것을 만들어내는 방식은 다를 수 있다.

다산은 인륜이 자타간의 상호적 관계를 원만하게 질서지우는 원리라는 점에 주목한다. 그에 따르면 "천하의 일 가운데 인륜을 벗어난 것이 있겠는가? 부자·형제·군신·붕우로부터 천하 만민에 이르기까지 모두 인륜의 부류이다."[11] 그리고 그 천하의 일들은 모두 五倫이나 孝·悌·慈로 대변되는 윤리의 실질적인 행사를 통해서 이루어질 때라야 질서가 있고 화목한 사회가 형성될 수 있다. 이것은 인륜세계가 자타간의 상호 관계 속에서 요구되는 윤리덕목의 실천을 통해서 확립될 수 있다고 본 것이다. 이 때문에 다산학에서 중시되는 것은 孝·悌·慈 등 윤리덕목의 구체적 실천이다. 효제자의 실천은 내면적 도덕성의 실현이 아니라, 자타의 상호적 관계에서 요구되는 덕목의 실천을 뜻한다.

반면에 주자학은 효제충신 등 일체의 인륜적 도덕규범을 모두 하나의 형이상학적 도덕원리인 本性[天理]으로부터 도출해 내고자 한다. 말하자면 주자학은 인륜세계의 건립을 모두 '본성실현[盡性]'의 문제로 환원시킨 것이다. 이것은 자타간의 관계규율인 윤리가 모두 본성실현의 문제로 귀속되었음을 의미한다. 이 때문에 주자학에서 무엇보다 중시되는 것은 내면적 도덕성의 배양이다. 다산은 주자학의 이러한 인륜세계 건립 방식을 비판한다.

주자학에 대한 다산의 비판의 핵심은 윤리는 사람과 사람 사이의 상호적 관계에서 이루어지는 것이지, 본성으로부터 싹터 나오는 것이 아니라는 점이다. 이 점을 비판하기 위해서 다산은 천리의 형이상학적 실재성과 주재성을 부정하며,[12] 주자학의 제1명제라고 할 수 있는 '性

---

11) 『與猶堂全書』Ⅱ-12,「論語古今註」, 5ㄴ, "天下之事, 有外於人倫者乎? 父子兄弟君臣朋友, 以至天下萬民, 皆倫類也".

12) 다산에게서 리는 일체 존재물의 생성과 변화의 근원인 형이상학적 실재가 아니라, 구체적인 사물에 의존하여 존재하는 사물의 속성과도 같은 것으로 이해된다(『與猶堂全書』Ⅱ-4,「中庸講義」, 65ㄱ, "盖氣是自有之物, 理是依附之

卽理'를 근거 없는 것으로 비판한다.13) 그리고 주자학에서 도덕본성이 하나의 씨앗처럼 사람의 마음 가운데 내재되어 있다고 보는 사유는 선진유학 본래의 사유가 아니라 불교로부터 영향을 받은 것이라고 주장한다.14) 결국 주자학에 대한 다산의 비판은 주자학이 불교적 사유의 영향을 받아 선진유학 본래의 사유를 잃어버림으로써 인륜세계를 건립하는데 실패했다는 것이다.

(2) 양명학에 대한 비판

다산은 양명학을 異端으로 간주한다. 그 이유는 王陽明의 학문종지인 '致良知'가 사람들을 잘못된 길로 이끌 수 있기 때문이다. 다산은 한 구절의 말을 宗旨로 삼는 학문은 모두 異端이 되었다고 본다. 비록 그 한 구절의 말이 성인에게서 나왔다고 하더라도 그것을 종지로 삼게 되면 반드시 그로 인한 폐단이 생기기 때문이다. 그리고 그 실제적인 논거를 왕양명을 따르는 무리들이 악하게 된 경우가 많았다는 점에서 찾는다. 종지를 깨우쳤다고 하는 自得과 自樂에서 大患이 생기는 것을 우려하고 있는 것이다.15)

다산은 또 양명의 치양지설은 논리적으로 모순을 범하고 있다고 주장한다. '致'와 '良知'는 그 의미상 서로 연속될 수 없는데 서로 이어놓았다는 것이다.16) 양명학의 치양지에 대한 다산의 비판이 적실한가의

品. 而依附者, 必依於自有者"). 그리고 다산에 의하면 주자학에서 말하는 理는 영명성이 없기에 주재의 기능을 지닐 수 없다(『與猶堂全書』II-6, 「孟子要義」, 38ㄴ, "凡天下無靈之物, 不能爲主宰.……況以空蕩蕩之太虛一理, 爲天地萬物主宰根本, 天地間事其有濟乎?").

13) 『與猶堂全書』II-2, 25ㄴ.
14) 『與猶堂全書』II-2, 28ㄱ~28ㄴ.
15) 『與猶堂全書』I-12, 「致良知辨」, 18ㄱ~19ㄱ, "王陽明以致良知三字, 爲法門宗旨.……此陽明之所以爲賢者, 而陽明之學之所以爲異端也. 凡立一句語爲宗旨者, 其學皆異端也.……人於其自得而自樂也, 正所以生大患也".
16) 『與猶堂全書』I-12, 「致良知辨」, 18ㄴ, "獨恨夫以陽明之高文達識, 曾不知致

여부를 떠나서 다산이 우려하는 것은 치양지설을 통해서는 인륜질서
의 세계를 건립하기 어렵다는 데 있다. 즉 사람들이 보편적으로 지니
고 있는 내재적인 도덕본체인 양지의 실현만으로는 사람들 사이의 관
계가 인륜 질서가 유지되는 관계로 엮어지기 어렵다고 본 것이다.

어쨌든 왕양명의 철학이나 다산의 철학이 모두 형이상학적 天理에
의거하여 천인을 관통하고자 하는 주자학적 사유체계에 대한 반성적
인 작업을 시도하고 있다는 점에서 기인하는 유사성이 있을 수 있다.
양명학과 다산학은 천리의 만물내재성에 대한 비판, 사물에 내재되어
있는 이치탐구를 통하여 활연관통에 이를 수 있는 학문방법론에 대한
비판, 선지후행을 비판하고 실천을 앞세우는 학문성격을 공유하고 있
는 것이다. 그럼에도 불구하고 양명학과 다산학에는 커다란 차이점이
있다. 먼저 양명학은 여전히 天人을 관통하는 이론체계를 지니는 반면
에 다산학은 天과 人의 合一을 부정한다. 그리고 양명학에서는 선천적
으로 내재하는 밝은 덕성인 양지를 일상생활 가운데서 실현함으로써
사회의 질서가 유지될 수 있다고 보는 반면에 다산학에서는 孝·弟·
慈의 실천적 도덕규범을 '明德'으로 간주하고, 그것은 구체적인 실천을
통해서만이 그 의미를 지니는 것으로 이해한다. 천인합일적 사유체계
를 지닌다는 점, 그리고 내면적 덕성의 자발적 실현을 통해서 인륜질
서를 확보하고자 한 점에서 보자면 양명학은 다산학보다는 주자학에
훨씬 더 가깝다. 따라서 주자학적 사유체계에 대한 반성을 시도하고
있다는 점에서 양명학과 다산학이 공유하는 점을 찾을 수는 있겠지만,
그 양자의 반성 내용은 매우 큰 차이가 있다고 하겠다.

(3) 훈고학에 대한 비판

다산은 또 훈고학의 본래 취지에 입각하여 당시의 漢나라의 훈고학

與良之不得相屬, 而創千古所無之說, 以示天下萬世之人而不疑, 何蔽之至是
也".

만을 존숭하는 잘못된 학문풍토를 비판한다. 그에 의하면 훈고학은 "경전의 글자 뜻을 밝혀 道學과 名敎의 旨趣를 알게 하는 것이다."17) 흔히 훈고학은 글자의 정확한 뜻을 밝히는 학문으로 이해된다. 그러나 다산은 경전의 글자의 뜻을 밝히는 것만으로 훈고학의 역할이 끝나는 것으로 보지는 않는다. 글자의 바른 뜻을 찾는 까닭은 결국엔 도학과 명교의 취지를 알게 하고, 그 가르침을 체득하여 실행하게 하려는 데 있다는 것이다. 그런데 기존의 훈고학의 학문전통은 훈고학 본래의 학문취지에서 벗어난 점이 있다. 즉 漢代의 오경박사, 魏晉 시대의 훈고학자들, 그리고 孔穎達과 賈公彦 등의 주석 작업은 비록 글자의 뜻을 밝히고 구절을 바로잡는데 어느 정도 공헌이 있지만, 도학과 명교의 근원을 밝히는 데까지 이르지는 못하였다는 것이다. 반면에 주자는 漢・魏 때의 훈고 이외에도 별도로 正義를 찾아서 集傳, 本義, 集注, 章句 등을 만들어 유학을 부흥시킨 공로가 크지만, 그 주해가 다 옳은 것은 아니라고 평가한다. 따라서 경전을 연구하는 바른 태도는 "漢나라 학자들의 注解를 고증하여 훈고를 찾고, 주자의 集傳을 가지고 義理를 찾는 것"이라고 말한다. 다산은 漢・宋의 학문방법을 절충하는 태도를 취하고 있는 것이다.

(4) 문장학 · 과거학 · 술수학에 대한 비판

다산은 참된 문장의 의미를 밝히고 그에 반하는 문장학을 유학에 해가 되는 것으로 비판한다. 다산에 의하면 참된 문장은 '육경'과 『논어』 ・『맹자』・『노자』처럼 가슴 속에 깊이 축적된 인격과 지식이, 구체적인 사물을 만나서 일어나게 된 감응을 서술하여 드러냄으로써, 사람과 천지와 귀신까지도 감동시킬 수 있는 것이다. 그런데 대다수의 문장가들은 이와는 달리 내적으로 쌓인 것이 없이 외적인 표현에만 몰두한

---

17) 『與猶堂全書』Ⅰ-11, 「五學論2」, 20ㄱ, "詁訓之學, 所以發明經傳之字義, 以達乎道敎之旨者也".

다. 예를 들면 司馬遷은 禮義를 외면하였고, 揚雄은 도를 몰랐고, 劉向은 讖緯에 빠졌고, 司馬相如는 스스로를 자랑하였으며, 韓愈와 柳宗元은 근본을 망각한 채 외형만 답습하여 스스로 걸출한 체 하였다. 이러한 문장학은 '修己治人'의 학문과는 거리가 멀 뿐만 아니라, 사람들로 하여금 그 일을 잊어버리게 한다는 점에서 유교를 좀먹는 좀벌레와 같은 것이다. 그 해독은 楊朱·墨翟·老子·佛敎보다 심하다. 양주·묵적·노자·불교는 논지의 차이는 있지만 결국엔 자신을 억제하여 사욕을 끊음으로써 선을 행하고 악을 버리자는 것을 궁극적인 요점으로 삼고 있는 반면에 문장학은 문장 그 자체를 목적으로 여기기 때문이다. 따라서 수기치인의 학문을 드러내기 위해서는 문장학을 엄중하게 비판하지 않을 수 없다.

과거학에 대한 다산의 비판은 역시 과거학을 통해서는 요순의 문하로 들어갈 수 없다는 데서 찾는다. 과거는 백성들을 다스릴 수 있는 유능한 인재를 선발하기 위하여 만들어진 제도이다. 백성들을 잘 다스리기 위해서는 자기수양과 백성을 다스리는 실질적인 방법에 대한 지식을 지닌 사람이 선발되어야 한다. 따라서 과거학도 수기치인의 방법을 익히는 학문이 중심이 되어야 한다. 그런데 다산 당시의 과거학은 일정한 격식에 맞게 문장을 꾸미는 방법만을 익히고 있다. 그 학문내용이 수기치인과는 거리가 멀다. 따라서 효제충신을 실천하는 방법인 예악형정을 멀리하게 되고, 또 과거에 급제하였다고 하더라도 실무에는 무능하여 쓸모없는 사람이 되어버리고 만다. 이러한 과거학은 폐지되고, 인재를 선발하는 방법을 변경하는 것이 백성들에게 복이 된다는 것이 다산의 입장이다.

술수학에 대한 다산의 비판은 명료하다. 술수학은 사람을 미혹시키는 술책일 뿐 학문이 아니라는 것이다. 말하자면 학문으로서의 기본 요건조차 갖추지 못하였다는 것이다. 그것은 술수학의 대상이 실질적인 내용을 지닌 그 무엇이 아니라, 증험되지 않는 거짓된 것들이기 때

문이다.[18]

(5) 서학에 대한 비판

다산 시대에 유행하고 있었던 또 하나의 학문으로는 西學이 있다. 다산은 서학 가운데 자연과학기술과 천주교를 분리해서 이해한다.[19] 자연과학기술에 대한 다산의 태도는 대체로 긍정적이다. 그는 그것을 능동적으로 수용하여 일상생활 가운데서 적극적으로 활용하고자 한다. 반면에 천주교에 대한 그의 태도는 그렇게 간단하지는 않은 듯하다. 기존의 연구보고에 따르면 다산과 천주교와의 관계에 대해서는 다양한 관점이 제시되고 있다. '外儒內耶'[20]라는 말이 대변하듯 유학과 서학이 뒤섞인 혼합주의적 태도를 취한 것으로 보기도 하고, 마테오 리치처럼 천주교의 우위적 입장에서 유교에 적응하려는 補儒論的 태도를 취한 것으로 읽히기도 하며, 또 유학과 천주교를 깊이 이해하고 그 고유성을 확신함으로써 유학과 서학이 대등하게 만날 수 있고 공존할 수 있다는 입장을 취하였다고 보는 주장이 있다.[21] 이러한 견해들은 모두 다산사상 가운데 서학의 영향이 깊이 자리 잡고 있다고 보는 점에서는 공통적이다. 이들은 다산사상 가운데 서학으로부터 영향을 받은 것들을 밝혀내는 작업을 해왔다. 즉 다산의 상제관·이기론·음양오행론·귀신론·인성론·선악론을 포함한 덕행론·수양론을 겸한 사천론 등이 서학의 영향을 받아 이루어진 것이라고 주장한다.[22]

---

18) 『與猶堂全書』 I-11, 「五學論5」, 23ㄱ, "術數之學, 非學也, 惑也".
19) 최익한에 따르면 조선의 지식인들은 천주교와 서학을 구분하는 입장을 지니고 있었다. 즉 종교로서 수용한 정약종, 황사영, 홍교만, 최창현 등과 달리 이익, 이가환, 정약용 등은 학문으로서 수용하였다(『실학파와 정다산』, 1955, 288쪽)고 한다. 그는 특히 정약용이 이벽 등의 영향으로 초기에 천주교를 받아들였다가 신앙은 버리고 과학과 기술만을 섭취하였다고 보았다(위의 책, 195쪽).
20) 李相殷, 「實學思想의 形成과 展開過程」, 『創造』 2, 1972, 122쪽.
21) 최석우, 「茶山 西學에 관한 논의」, 『茶山 丁若鏞의 西學思想』, 47쪽 참조.

그러나 다산이 서학으로부터 받은 영향을 아무리 강조하더라도 그를 천주교도로 규정하기는 어려운 것으로 보인다. 다산 자신이 천주교도임을 공식적으로 부인하는 상소문을 正祖에게 올리고 있기 때문이다.23) 물론 당시의 정치적인 상황이 그로 하여금 천주교에 대한 배교를 선언하도록 강요한 것은 사실이다. 그렇지만 그의 배교선언에는 정치적인 것으로만 해석할 수 없는 진정성이 있어 보인다. 말하자면 다산은 천주교의 교리 가운데서 자기의 신념체계인 유학의 가르침과 근본적으로 배치되는 점이 있음을 깨달았던 것이다. 그것은 바로 천주교에서는 '조상신에게 제사를 지내지 않는다'는 설이다.24) 유학에서 조상신을 섬기는 것은 인륜성의 확보와 밀접한 연관이 있다. 조상신에게 제사를 지내는 것은 자기를 낳고 길러주신 부모님의 은혜에 보답하는 報恩의식의 한 표현이다. 그것은 인륜의 가장 기본적인 덕목인 효도의 실천인 것이다. 인륜세계의 건립을 학문의 궁극적인 지향점으로 삼고 있는 다산의 입장에서 볼 때 천주교에서 제사를 거부하는 것은 곧 인륜을 해치는 것으로 이해되었던 것이다. 이것은 다산으로서는 도저히 용납하기 어려웠다. 이로부터 그는 천주교를 '미워하기를 원수처럼 하였고, 성토하기를 흉악한 역적같이 하였다'25)고 고백한다. 다산은 천주교로부터 많은 영향을 받고 있지만, 천주교를 통해서 인륜세계를 건립할 수는 없다고 보았던 것이다. 그가 천주교로부터 많은 사상 자료들을 취하고 있는 것은 사실이다. 그렇지만 그는 그것들을 인륜세계 건립이라는 유학 본연의 목적을 실현하기 위한 사상 자료들로 활용하고 있다.

이상에서 보듯이 다산은 당대의 학문들, 즉 성리학·양명학·훈고학·서학 등을 통해서는 인륜질서의 세계를 건립할 수 없음을 발견하게

22) 위의 논문, 66~69쪽 참조.
23) 『正祖實錄』正祖 21年 6月 庚寅.
24) 上同.
25) 上同.

된다. 이들 학문 가운데서도 다산이 극복해야 할 학문은 역시 당시 학문의 주류를 형성하고 있었던 성리학이었다. 그는 당시 대부분 지식인들의 의식과 생활을 지배하고 있는 주자학적 세계관에 대한 반성적 비판 위에서야 새로운 세계관이 성립될 수 있음을 자각적으로 인식하고 있었던 것이다. 그럼 다산이 주자학적 세계관을 어떻게 극복하고 자신의 새로운 세계관을 제시하고 있는지 살펴보도록 하자.

3. 새로운 세계관의 확립

동서문화가 충돌하는 소용돌이 속에서 다산은 기존의 학술을 전면적으로 반성하고 현실의 제반문제들을 처리할 수 있는 새로운 세계관을 모색하였다. 인간의 도덕적 행위의 형이상학적 근거가 되어왔던 천리의 객관실재성이 부정되자, 각 개개인들은 그들을 묶어 놓았던 天理로부터 풀려날 수 있게 되었다. 그러나 그렇다고 해서 다산은 천리로부터 풀려난 개인들을 방임상태로 내버려두지는 않았다. 그도 역시 인륜세계 건립을 통하여 사회전체의 질서와 조화를 도모하고자 하는 유가 본래의 관심으로부터 벗어나 있지 않다. 주자학적 체계의 진리성을 회의하는 그로서는 사람들을 하나로 묶을 수 있는 또 다른 장치를 계발해 내야 했다. 이제 다산의 철학적 과제는 天理라는 하나의 형이상학적 관념에 근거하지 않고도 인륜질서의 세계를 건립할 수 있는 방안을 마련하는 데 있었다. 다산은 육경에 대한 재해석을 통하여 天觀·人間觀·社會觀 등을 새롭게 규명한다.

1) 天觀

(1) 주자학의 '理法天' 관념에 대한 비판

'天'은 흔히 세 가지 의미로 사용되어 왔다. 바로 蒼蒼天·主宰天·

理法天이다.[26] 그런데 주자학에서 이 세 가지 의미의 天은 理에 의해
통일된다. 주자는 "하늘이 하늘된 까닭은 理일 따름이다. 하늘이 이 도
리를 소유하지 않는다면 하늘이 될 수 없으니 푸르고 푸른 하늘도 이
도리의 하늘인 것이다."[27]라고 하고, 또 "이른바 '하늘이 명한 것을 본
성이라고 한다'는 것은 도를 말한 것이며, 이른바 '하늘의 푸르고 푸름'
은 형체를 말한 것이며, 이른바 '오직 상제가 아래 백성들에게 정성스
러운 마음을 내려주셨다.'고 한 것은 帝를 말한 것이다. 이 理를 부여
하였기 때문에 주재의 뜻이 있게 되었다."[28]고 말한다. 앞의 인용문은
하늘이 맑고 맑은 까닭을 理에서 찾은 것이고, 뒤의 인용문은 하늘의
주재성을 理에서 찾은 것이다. 이처럼 주자학에서는 창창천과 주재천
을 모두 이법천으로 귀속시켜서 이해하고 있다. 시각적으로 감각되는
맑고 맑은 하늘의 모습에서 하늘을 그렇게 만든 理法을 보고 있으며,
하늘이 쉬지 않고 운행하면서 만물을 생성하고 주재하는 것도 그러한
理法이 있기 때문이라고 보는 것이다. 이렇게 해서 주자학에서는 天대
신 理가 일체 존재의 생성과 변화를 주재하는 가장 근원적 실재로 등
장하게 된다.

　　그러나 다산은 주자학에서처럼 天을 理로 규정하는 理法天 관념을
부정한다.[29] 주자학의 이법천 관념에는 리를 일체 존재를 성립할 수
있는 가장 근원적인 독립적 실재로서 일체의 사물변화를 주재하고 있
을 뿐만 아니라, 사람이 마땅히 따라야 할 바의 도덕법칙이 의거하는

---

26) 『朱子語類』卷1, 「理氣上」, 5쪽, "要人自看得分曉, 也有說蒼蒼者, 也有說主
宰者, 也有單訓理時".

27) 『朱子語類』卷25, 「論語七・八佾篇」, 621쪽, "天之所以爲天者, 理而已. 天非
有此道理, 不能爲天, 故蒼蒼者卽此道理之天".

28) 『朱子語類』卷68, 「易四・乾上」, 1684쪽, "所謂'天命之謂性', 此是說道; 所謂
'天之蒼蒼', 此是形體; 所謂'惟皇上帝降衷於下民', 此是謂帝. 以此理付之, 便
有主宰意".

29) 『與猶堂全書』Ⅱ-4, 『中庸講義』, 21ㄱ, "今人以天爲理, 以鬼神爲功用, 爲造
化之跡, 爲二氣之良能, 心之知之, 杳杳冥冥, 一以無知覺者".

형이상학적 원리로 간주하는 생각이 전제되어 있다. 그런데 다산은 리의 '독립적 실재성'과 '주재성' 및 '도덕적 가치의 근원성'을 인정하지 않는다. 그에 의하면 理는 어떤 사물이나 사태 속에 들어 있는 '결(脈理)'을 의미한다.30) 理는 개별 사물들 밖에 자립적으로 존재하는 '自由之物' 즉 독립적 실체가 아니라, 사물에 의뢰하여 존재하는 '依附之品' 즉 속성에 불과하다는 것이다. 이것은 리의 '독립적 실재성'을 부인하는 것으로서, 리를 일체 사물이 성립할 수 있는 형이상학적 존재로 파악하는 주자학적 관점을 비판한 것이다. 다산은 또 理의 주재성을 부인한다. 그에 의하면 '주재성'은 '영명함'으로부터 나온다. 그런데 理는 영명한 지적능력을 지니고 있지 않다. 그러한 리는 사물의 운동 변화와 사람의 일체 행위를 주재할 수 없다. 다산은 또 리를 도덕원리, 즉 '所當然之理'로 간주하지 않는다. 도덕원리는 사람의 행위를 이끌어나가는 능동적 주재성을 지니고 있어야 한다. 그러나 리는 능동성과 주재성을 띠고 있지 않다. 따라서 理는 일체의 도덕적인 행위를 가능하게 하는 근원일 수 없다. 리의 '독립적 실재성'과 '주재성' 및 '도덕적 가치의 근원성'에 대한 부인은 리를 존재와 가치의 총근원으로 간주하는 주자학의 理法天 관념을 부정한 것이다.

(2) '蒼蒼天'과 자연세계

'理法天'을 부정한 다산은 天을 '蒼蒼天'과 '主宰天'의 두 가지로 분류한다.31) 여기에서는 먼저 '창창천'에 관한 다산의 생각을 살펴보도록 하겠다.

다산은 "저 푸르고 푸른 형체가 있는 하늘은 우리 인간에게 있어 지붕처럼 덮고 있는 것에 불과하고, 그 등급도 땅·물·불과 똑같은 등

---

30) 『與猶堂全書』II-6, 「孟子要義」, 38ㄴ 참조.
31) 『與猶堂全書』I-8, 「中庸策」, 3ㄱ, "高明配天之天, 是蒼蒼有形之天. 維天於穆之天, 是靈明主宰之天".

급이 되는 데 지나지 않으니, 어찌 우리 인간의 성·도의 근본이겠는
가?"[32]라고 말한다. 감각적으로 지각할 수 있는 창창천의 일차적인 특
성은 형체가 있다는 점이다. 이로 해서 그것은 땅·물·불과 같은 만
물 가운데 하나인 자연적 존재물에 불과하다. 창창천의 또 하나의 특
성은 靈的 존재가 아니라는 점이다. 이 때문에 그것은 그 무엇을 주재
할 수 없다. 따라서 그것은 인간에게 어떤 본성을 부여할 수도 없고,
어떤 행위를 하도록 이끌 수도 없다. 말하자면 性과 道의 근본이 될 수
없는 것이다. 그것은 사람이 자신의 본성과 도리에 따라 삶으로서 펼
쳐내는 인문세계의 건립과는 전혀 무관하다. 창창천의 이러한 특성은
그것이 氣로 이루어져 있는 존재라는 점에서 비롯된다.

　다산은 자연세계에 존재하는 일체의 존재물은 모두 물질적 존재인
氣로 이루어져 있는 것으로 파악한다. 그는 일찍이 우주의 생성을 '氣
인 太極'에서부터 일어나는 것으로 설명한 바 있다. 그에 따르면 太極
의 一氣가 分化되어 天·地의 二氣가 되고, 그것이 다시 天·地·
水·火의 四氣가 되며, 그 넷의 상호작용으로 '山·澤·風·雷'가 더
해져 八物이 되고, 그 다음에 '만물'이 형성된다.[33] 氣는 형체는 있으
나 그 어떤 지각 능력을 지니고 있지 않다. 말하자면 '형체는 있으나
영명함은 없는' 존재이다. 다산에 의하면 그 무엇을 주재할 수 있기 위
해서는 영명함이 있어야 한다. 영명함이 없는 氣的 존재는 자신의 운
동 변화만이 아니라 다른 존재물의 운동 변화를 주재할 수 있는 능력
이 없다. 따라서 太極 一氣로부터 萬物로 분화되어 나가는 그 造化의
과정은 太極 자체의 자기 運動因에 의한 것이라고 보기 어렵다. 그 조
화의 주체는 따로 설정되어야 한다. 그 존재가 바로 主宰天으로서의
上帝이다.

---

32) 『與猶堂全書』Ⅱ-6, 「孟子要義」, 38ㄴ, "彼蒼蒼有形之天, 在吾人, 不過爲屋
　　宇蚌蠔, 其品級不過與土地水火, 平爲一等, 豈吾人性道之本乎?"
33) 『與猶堂全書』Ⅱ-46, 「邵子先天論」과 「論河圖爲八卦之則」 참조.

(3) '主宰天'과 인문세계

다산에게서 '주재천'은 上帝를 가리킨다.[34] 이 상제는 唯一無二한 절대적 존재로서,[35] 어떤 형체나 형질이 없지만[36] 영명성[37]과 주재성[38]을 지니고 있는 정신적 실재이다. 無形의 靈明한 주재자인 상제는 하늘·땅·귀신·사람의 밖에서 하늘·땅·귀신·사람·만물의 부류를 造化시키며 주재하고 편안히 길러낸다.[39] 이 규정에는 천지만물과의 관계에서 상제의 존재론적 지위와 그 기능에 대한 설명이 담겨져 있다.

먼저 상제의 존재론적 지위를 살펴보면, 다산은 상제를 천지만물 밖에 존재하는 초월적 존재로 규정한다. 이것은 동양의 전통적 세계관에서 근원적 실재를 자연세계 내에 설정하는 것과 다르다. 동양의 전통적 세계관에서는 근원적 실재를 天·道·太極·氣·理·心 등 가운데 무엇으로 규정하는가의 차이는 있지만, 그것들을 자연세계 내에 존재하는 것으로 이해한다는 점에서는 별 차이가 없다. 근원적 실재를 자연세계 내에 설정할 경우에는 자연계의 운행원리[天道·理]가 사람이 본받아야 할 행위원리[人道]로 간주된다. 이것이 바로 天人合一的 세계관의 특성이다. 그런데 다산처럼 궁극적 실재를 초자연적 존재로 간주할 경우에는 상황이 달라진다. 이때에는 궁극적 실재가 자연세계의 理法에 구속되지 않는 절대적 존재로 부각된다. 이러한 체계에서

---

34) 『與猶堂全書』Ⅱ-6,「孟子要義」, 38ㄴ, "天之主宰爲上帝, 其謂之天者, 猶國君之稱國, 不敢斥言之意也".

35) 『與猶堂全書』Ⅱ-27,「尙書古訓6」, 26, "皇天上帝, 唯一無二, 至尊而無匹"; 『與猶堂全書』Ⅱ-36,「春秋考徵」卷4, 16ㄴ, "昊天上帝, 唯一無二之位".

36) 『與猶堂全書』Ⅱ-33,「春秋考徵」卷1, 15, "皇皇上帝, 無形無質".

37) 『與猶堂全書』Ⅱ-3,「中庸自箴」卷1, 5, "天之靈明, 直通人心".

38) 『與猶堂全書』Ⅰ-8,「中庸策」, 30.

39) 『與猶堂全書』Ⅱ-36,「春秋考徵」卷4, 24ㄱ, "上帝者, 何? 是於天地神人之外, 造化天地神人萬物之類, 而宰制安養之者也. 謂帝爲天, 猶謂王爲國, 非以彼蒼蒼有形之天, 指之爲上帝也".

자연계의 만물은 내재적인 자연의 운행원리에 의해 지배되기보다는
上帝의 명령에 의해 지배된다. 따라서 자연물 가운데 하나인 인간 존
재 역시 자연의 운행원리에서 자기의 행위원리를 찾기보다는 상제의
명령에서 자기가 해야 할 바를 찾아야 한다. 天道에의 合一이 아니라
상제를 밝게 섬기는 것이 사람이 해야 할 일로 제시된 것이다.

천지만물과의 관계에서 상제의 기능은 천지만물을 造化·宰制·安
養한다는 것이다. 여기에서 상제가 천지만물을 宰制하고 安養한다는
것은 별로 어렵지 않다. 말 그대로 상제가 천지만물을 주재하고 편안
히 길러낸다는 것이다. 그런데 문제는 '造化'의 의미를 어떻게 이해할
것인가에 있다. 즉 '造化'가 '天地創造'의 의미까지 담고 있는 것으로
볼 수 있는가 하는 점이다. '조화'가 '천지창조'의 의미를 담고 있다면
상제는 천주교의 '天主'처럼 창조주의 지위를 획득하게 된다.

대개 '造化'는 '生成化育'을 의미한다. 그런데 '造化'의 주체와 그 대
상 및 양자의 관계를 어떻게 설정하는가에 따라서 그 '造化'의 구체적
인 모습도 달라진다. 기존 동양의 전통적 우주관인 天地萬物觀에서는
'造化'의 주체를 '天地(陰陽)'로, 그 대상을 '萬物'로 이해한다.[40] 그리
고 천지는 만물을 초월해 있지 않다. 여기에서 造化 즉 생성화육은, 天
(陽)과 地(陰) 두 기운 자체의 상호 교감을 통하여 이루어진다. '造化'
가 바로 천지만물의 자연세계 내부에서 천지의 상호교감 작용을 통하
여 이루어지는 것이다. 이와 달리 다산은 천지를 만물의 부모로 보는
천지만물관을 부정하고 '造化'의 주체를 '上帝'로, 그 대상을 '天地萬
物'로 이해한다.[41] 그리고 조화의 주체인 상제는 그 대상인 천지만물
을 초월해 있다. 여기에서 조화 즉 생성화육은 오로지 상제가 천지만
물을 制作해 내는 작용으로 이해된다. '조화'가 바로 천지만물의 자연

---

40) 『書經』, 「泰誓上」, "唯天地, 萬物父母".
41) 『與猶堂全書』Ⅱ-31, 「梅氏書評」 卷3, 12, "'惟天地, 萬物父母', 於三代古經,
　　絶無此言.……造化發育之本, 自有皇天上帝".

세계 밖에 존재하는 상제의 창조능력에 의해서 이루어지는 것이다. 이로써 보면 다산에게서 造化는 천지창조의 의미까지도 담지한 것으로 이해할 수 있다. 이상에서와 같이 다산은 영명성과 주재성을 지닌 유일한 절대적 실재인 상제가 천지만물을 조화하고 주재하며 안양한다고 본 것이다.

그런데 다산철학에서 上帝가 중요시되는 까닭은 역시 인간과의 관계에서이다. 다산은 상제와 인간을 '상호 연관 관계' 속에서 파악한다. 즉 상제와 인간을 각각 자기 활동의 주체로 인식하면서도 양자가 각자 자신의 의지를 주고받음으로써 서로 소통할 수 있는 관계를 지니는 것으로 이해하는 것이다.42) 상제와 인간은 바로 '명령하고' '섬기는', '命'과 '事'의 행위를 통하여 서로 연결되어 있다. 상제는 자신의 선한 의지를 인간에게 명령하여 실현하고자 하며, 인간은 상제를 섬기고 그 뜻을 받듦으로써 자신이 원하는 것을 얻게 된다.

다산에 의하면 사람에게 내리는 상제의 命은 두 가지 형태로 나타난다. 하나는 사람이 태어날 때 好善惡惡의 경향성을 지닌 영명한 마음을 부여하는 것이며, 다른 하나는 사람이 살아가는 동안에 사람의 행위를 항상 밝게 감찰43)하는 것이다. 그 호선오악의 경향성은 바로 사람이 따라야 할 바의 본성의 형태로 주어져 있으며, 사람의 행위를 감찰하는 상제의 영명성은 道心의 형태로 나타난다. 상제는 이 두 가지 명령의 행위를 통하여 인간을 주재한다.

사람은 상제의 명령에 따라 그를 밝게 섬겨야 한다[昭事上帝]. 상제가 사람에게 내린 명령은 本性과 道心이다. 따라서 사람이 상제의 명령을 수용하여 그를 밝게 섬기는 양태는 好善惡惡의 본성에 따르는

---

42) 이처럼 양자의 관계를 '양자가 각자 자기의 의사를 직접적으로 주고받음으로써 서로 소통할 수 있는 관계로 이루어져 있는 것'으로 인식하는 사유형태를 이 글에서는 논의의 편의상 '상관적 사유'라고 부르겠다.
43) 『與猶堂全書』II-3, 「中庸自箴」卷1, 5ㄴ, "天之靈明, 直通人心, 無隱不察, 無微不燭, 照臨此室, 日監在玆. 人苟知此, 雖有大膽者, 不能不戒愼恐懼矣".

모습과 道心에 비추어 자신의 행위를 살피는 모습으로 나타난다. 이것
이 바로『중용』의 이른바 '率性'과 '戒愼恐懼'이다. 이 양자는 모두 상
제의 명령을 수용하는 인간의 태도를 의미한다.44) 이처럼 상제와 인간
의 관계는 '명령[命]'과 '섬김[事]'에 의해 직접적으로 서로 소통하는 관
계로 이루어져 있다. 그럼 상제와 인간이 직접적으로 소통할 수 있는
'命'과 '事'의 실질 내용은 무엇일까?

　다산은 상제와 인간을 소통시키는 '命'과 '事'의 실질 내용을 '人倫'
으로 파악한다.

　　"천이 사람의 선악을 살피는 바는 항상 인륜에 있다. 그러므로 사람
　이 修身하고 事天하는 바는 역시 인륜으로서 노력을 다하는 것이다."45)

　상제는 인간에게 인륜을 실천하도록 명하고, 인간은 인륜을 실천하
여 상제를 섬김으로써 서로 소통할 수 있다고 보는 것이다. 따라서 인
간의 입장에서 볼 때 상제와 소통하기 위해서 중요한 것은 역시 윤리
실천이다. 윤리를 실천하기 위해서는 愼獨, 誠, 戒愼恐懼 등의 자기 수
양이 있어야 한다. 자기를 수양하고, 타인과의 관계에서 요구되는 윤리
를 실천하는 것이 바로 상제를 밝게 섬기는 방법이다. 이로써 보면 다
산이 상제를 끌어들인 이유는 결국 인륜세계의 건립에 그 목적이 있었
다고 할 수 있다. 다산이 신적인 대상으로서의 하늘을 상제라 하여 두
려운 감시자로 부각시킨 것은 인간의 종교적 외경심을 끌어내어 현실
에서 강력한 윤리 실천의 동기를 부여하고자 했던 의도가 반영된 것으
로 볼 수 있다.46) 다산은 윤리가 실현되는 사회를 만들기 위하여 각 구
성원의 의식과 행위를 통제할 필요가 있었고, 그 하나의 방안으로 선

---

44) 유권종, 「다산의 천관」,『정약용』, 113쪽.
45)『與猶堂全書』II-3, 「中庸自箴」卷1, 2ㄴ～3ㄱ, "天之所以察人善惡, 恒在人
　倫. 故人之所以修身事天, 亦以人倫致力".
46) 박홍식, 「다산의 천사상과 세계관」,『동양철학연구』27, 101쪽.

하고 영명하여 인간의 행위를 감찰하고 주재하는 절대자를 내세우게 된 것이다. 다산은 철저하게 인륜세계의 건립이라는 현실적 목적을 위해서 상제를 끌어들이고 있다. 그는 천주교에서와 같은 내세의 구원에는 전혀 관심이 없다.

그런데 다산이 말하는 상제를 천주교의 하나님과 연관지어서 이해하려는 경향이 있다.47) 다산이 천주교로부터 받은 영향을 무시할 수는 없다. 어쩌면 다산이 윤리관을 재정립하기 위한 다양한 방안을 모색하는 가운데 천주교의 '天主'에서 좋은 착안점을 발견했을 수도 있다. 그리고 다산이 제시한 상제의 성격과 기능도 '천주'와 유사한 점이 많다.48) 그러나 인륜을 중시하는 다산의 상제관을 천주교의 천주와 일치시키는 것은 그들 사이에 내재하는 본질적인 성격의 차이를 간과한 것이라고 하지 않을 수 없다. 다산은 神主를 불태우는 천주교도들과 같은 길을 갈 수는 없었다. 그의 배교 선언에는 유교와 천주교 사이의 근본적인 괴리에 대한 인식이 있었던 것이다. 우리는 이제 다산을 자신의 신념을 표현하는 데 성실한 인물로 이해해 주어야 한다.

2) 인간관

(1) 주자학의 '天人合一的' 人間觀에 대한 비판

天人관계에 대한 유학의 전통적인 이해 가운데 하나는 사람을 天의 德性을 이어받아 그에 合一할 수 있는 존재로 파악하는 것이다. 殷周之際에 자리 잡힌 '天人合德'과 '天人合一'이 천인관계를 규정하는 유

---

47) 다산의 '상제'관념이 천주교의 '천주'관념의 영향을 받은 것으로 보는 입장은 학계의 일반적인 견해이다. 이러한 입장을 표명하고 있는 대표적인 인물로는 금장태, 송영배, 최석우 등이 있다.
48) 다산에게서 上帝는 1) 인격성, 2) 영명성(과 지각성), 3) 주재성, 4) 초월성, 5) 편재성, 6) 항상성, 7) 降臨性을 지닌다(박홍식, 「다산의 천사상과 세계관」, 『동양철학연구』 27, 99~100쪽 참조). 상제가 지니는 이러한 성격은 천주교의 '천주'가 지니는 성격과 유사하다.

학 전통의 보편적인 견해였던 것이다. 天人合一的 사유의 등장으로 말
미암아 天과 인간의 관계가 친밀해져 갔고, 결국엔 天의 본성을 인간
의 본성으로 내면화시킴으로써 '天과 人', 혹은 '上帝와 인간' 사이의
수직적 관계가 떨어져 나가고 '天을 자기 안에 포섭하고 있는' 인간만
이 남게 되었다. 인간의 본성 실현이 바로 天의 덕성 실현을 의미했다.
천은 더 이상 어떤 두려움이나 섬김의 대상이 아니었다. 天에 의뢰하
지 않고도 인간은 자신의 본성을 잘 계발해내기만 하면 질서와 조화가
유지되는 인륜세계를 건설할 수 있다고 본 것이다. 천인관계에 대한
유학의 이러한 전통적 이해를 가장 잘 대변하고 있는 것이 바로 주자
학이다.

　주자학에서는 인간을 理와 氣라는 형이상학적 개념으로 설명한다.
주자에 의하면 사람은 다른 만물과 마찬가지로 理와 氣로 구성되어 있
다. 陰陽五行의 氣를 부여받음으로써 형체를 이루고, 그와 함께 氣의
변화 원리인 理를 본성으로 부여받고 있다고 보는 것이다.49) 주자학에
서 말하는 바의 '性卽理'는 사람의 본성을 '우주의 생성과 변화원리[天
理]'로 이해한 것으로서, '性[理]'에 의해 天과 人을 통일시킨 것이다.
그리고 사람은 자기에게 본성으로 내재되어 있는 天理를 따르기만 하
면 사람으로서 해야 할 바의 도리를 다하는 것이 된다. 이와 같이 주자
학에서는 天理를 우주와 인간사를 관통하는 본체로 파악하고, 그 실현
을 통하여 궁극적으로는 天人의 合一을 실현하고자 한다. 이렇게 해서
주자학에서는 어떻게 하면 우주원리인 본성을 실현할 것인가의 문제
가 최대의 과제로 떠오르게 된다.

　다산은 유가 전통의 天人合一的 사유 방식을 반성하고, 천인관계를
새롭게 규명한다. 특히 주자학에서 天을 理로 이해하는 관점과 '性
[理]'에 의해 天과 人을 통일적으로 파악하는 관점을 비판한다. 앞에서

---

49) 『中庸』 首章, 朱子注, "天以陰陽五行化生萬物, 氣以成形, 而理亦賦焉, 猶命
　令也. 於是人物之生, 因各得其所賦之理, 以爲健順五常之德, 所謂性也".

살펴본 바 있는 理法天 관념의 실재성에 대한 다산의 비판은 '性卽理'에 대한 비판의 의미를 이미 담고 있다. 사람의 본성을 리라고 말할 수 있기 위해서는 '리'의 실재성이 먼저 확보되어야 한다. 그런데 주자학에서 말하는 것과 같은 天理가 이미 실재하는 것이 아닌 이상, '性卽理'도 그 진실성을 담보 받지 못한 거짓 명제에 불과하다.

'天卽理'와 '性卽理' 두 명제의 진실성에 대한 다산의 비판은 주자학적 세계관에 대한 전면적인 부정을 의미한다. 이것은 형이상학적 측면에서는 자연과 인간을 天理에 의해 통일적으로 이해하려는 구도를 받아들이지 않는 것이며, 윤리학적 측면에서는 인간의 윤리적 행위의 근거를 형이상학적 원리(性卽理)로부터 도출하려는 것을 거부한 것이다. 천리는 더 이상 자연과 인간을 통합하는 원리일 수 없으며, 또 도덕실천의 근거일 수 없다고 본 것이다. '天卽理'의 理法天 관념과 '性卽理'를 부정한 다산은 인간존재를 새롭게 규명한다.

(2) '神形妙合'의 인간 존재

다산은 주자학의 추상적이고 관념적인 인간이해로부터 벗어나 현실에서 살아 움직이는 인간의 모습을 사실적으로 해명하고자 한다. 다산은 행위주체로서의 인간존재, 즉 '己'나 '身'을 정신[神]과 신체[形]가 오묘하게 융합되어 있는 존재로 규정한다.[50] '形'은 형체가 있는 耳目口鼻四肢 등을 가리키며, '神'은 형체가 없는 영명한 마음(靈明之心)에 깃들어 있는 神明한 정신능력을 가리킨다.

그런데 이 '形'과 '神'은 그 존재론적 근원을 달리한다. '形'은 물질적 존재로서 氣에 근원하고 있는 반면, '神'은 정신적 존재로서 上帝에 근원한다. 뿐만 아니라 '形'과 '神'은 각각 그 고유한 욕구를 지니고 있다. 즉 耳目口鼻四肢 등의 신체는 形軀의 기호를, 영명한 정신은 靈知의

---

50) 『與猶堂全書』II-2, 「心經密驗·心經總義」, 25ㄱ, "神形妙合, 乃成爲人. 故其在古經, 總名曰'身', 亦名曰'己'".

기호를 지니고 있는 것이다. 이것은 인간을 하나의 욕구체, 즉 형구로
부터 비롯되는 물질적 욕구와 정신으로부터 비롯되는 정신적 욕구를
함께 지닌 존재로 이해한 것이다. 이와 같이 다산에게서 인간존재는
그 존재론적 근원과 성격을 달리하는 두 개의 실체인 '形'과 '神'으로
구성되어 있다. 그런데 다산은 이 '形'과 '神'이 각자 자기의 독립적 지
위를 지니고 있으면서도 양자가 '오묘하게 융합'되어 있는 것으로 인식
한다. 여기에서도 우리는 다산의 상관적 사유를 볼 수 있다.

그럼 존재론적으로 그 근원이 전혀 다른 두 실체, 즉 '形'과 '神'이 어
떻게 오묘하게 융합되어 있는가? 이에 대해 다산은 다음과 같이 말한
다.

"옛날 경전에서 말하는 심이라는 것도 大體만 가리키는 이름은 아니
다. 오직 안에 함축되어 있다가 밖으로 운용하는 것을 심이라고 한다.
참으로 五臟의 가운데 있는 것으로써 혈기를 주관하는 것이 심이다.
정신과 형체가 묘하게 합하여져 있으니, 그것이 작용을 일으키는 데에
는 모두 혈기를 필요로 한다. 이에 혈기를 주관하는 것을 빌려서 內衷
의 통칭으로 삼았다."51)

정신과 신체가 그 존재론적 근원과 속성을 달리하는 두 가지 실체이
지만, 그 둘 모두 자기 작용을 일으키기 위해서는 血氣를 필요로 한다.
血氣가 돌아야 耳目口鼻四肢 등의 신체가 자기 기능을 발휘할 수 있
으며, 영명한 능력을 지닌 神도 역시 자기 기능을 발휘할 수 있다. '形'
과 '神'을 살아 움직일 수 있도록 血氣를 주관하는 것이 바로 心臟이
다. 심장은 혈기를 주관함으로써 '形'과 '神'이 제 기능을 발휘할 수 있

51)『與猶堂全書』II-2,「心經密驗·心經總義」, 25ㄱ, "若古經言心, 非大體之專
名. 惟其含蓄在內, 運用向外者謂之心. 誠以五臟之中, 其主管血氣者, 心也.
神形妙合, 其發用處, 皆與血氣相須. 於是假借血氣之所主, 以爲內衷之通
稱".

게 하며, '形'과 '神'은 血氣를 주관하는 心臟에 의해 오묘하게 융합되어 있는 것이다. 이와 같이 '形'과 '神'을 '妙合'하는 것이 바로 '心'이다.[52]

'神'과 '形'이 妙合되어 있는 존재가 '身'이고, '神'과 '形'을 묘합하게 하는 존재가 바로 '心'이다. 이 '神形妙合'의 '身'과 그것을 주재 운용하는 주체인 '心'은 오묘하게 합해져서 둘로 나눌 수 없다.[53] '神形妙合'의 '身'은 '心'에 의하여 주재 운용되고, '心'은 '身'을 통하여 드러난다. 따라서 神形妙合의 인간존재를 이해하기 위해서는 그것을 주재 운용하는 '心'에 대한 이해가 무엇보다 중요하다.

(3) 思惟와 道德 주체로서의 心

다산은 '心'을 '인간의 내면에 함축되어 있다가 밖으로 운용하는 것'[54]으로 규정한다. 그리고 '心'의 개념을 '五臟之心', '靈明之心', '心之所發之心'[55]의 세 가지 유형으로 구별한다. '五臟之心'은 오장 가운데 하나로서 혈기를 주관하는 심장을 가리키고, '靈明之心'은 허령한 지각능력을 지니고 만물에 오묘하게 대응하는 영명한 本體心이며, '心之所發之心'은 영명한 마음이 발현되어 나타나는 일체의 현상심이다. 영명한 본체심과 그것이 드러난 현상심은 줄기[幹]와 가지[枝]의 관계에 있다.[56] 즉 하나의 줄기에서 다양한 갈래의 가지가 뻗어 나오는 것

---

52) 『與猶堂全書』II-5,「孟子要義」, 32ㄱ-ㄴ, "神形妙合, 乃成爲人, 神則無形, 亦尙無名, 以其無形, 故借名曰神(借鬼神之神), 心爲血府, 爲妙合之樞紐, 故借名曰心(心本五臟字, 與肝肺同)".

53) 『與猶堂全書』II-1,「大學公議」卷1, 29ㄴ, "原來身心妙合, 不可分二."

54) 『與猶堂全書』II-2,「心經密驗・心經總義」, 25ㄱ, "惟其含蓄在內, 運用向外者謂之心".

55) 『與猶堂全書』I-19,「答李汝弘」, 30, "心之爲字, 其別有三, 一曰'五臟之心', ……二曰'靈明之心',……三曰'心之所發之心'."

56) 『與猶堂全書』I-19,「答李汝弘」, 30, "第一第二, 皆全言者也. 其第三, 則可一可二可三可四……, 與靈明本體之心, 有幹枝之別耳."

처럼 하나의 영명한 본체심에서 다양한 현상심이 생겨나는 것이다.

세 가지 유형의 마음 가운데 '神形妙合'의 身을 주재하여 만물에 오묘하게 대응할 수 있는 의식주체는 바로 영명한 지각능력을 지닌 본체심이다. 다산은 이 無形의 靈明한 本體心에 대해서 다음과 같이 말한다.

> 이는 온갖 形狀을 포괄하고 온갖 이치를 오묘하게 깨달아 능히 사랑하거나 능히 미워할 수 있는 것으로서, 내가 태어날 때 하늘이 나에게 부여해 준 것이다.[57]

허령불매한 본체심은 모든 존재를 사유대상으로 삼고, 그 이치를 깨우칠 수 있는 지적 능력을 지니고 있을 뿐만 아니라, 선을 사랑하고 악을 미워할 수 있는 도덕적 판단과 실천능력을 지니고 있다. 그리고 그러한 능력은 상제가 인간에게 부여해준 것으로서 인간이면 누구나 선천적으로 지니고 있다. 이점에서 인간은 다른 동·식물들과 질적으로 구분된다. 초목과 금수 등은 化生하는 처음에 하늘로부터 끊임없이 생산해가는 이치로서 '生生之理'를 부여받았기 때문에 種으로서 種을 전하여 각각 성명을 온전히 하는 것으로 규정되는 반면, 인간 존재는 '靈明'을 부여받음으로써 지적 측면에서는 시간과 공간적인 제약을 벗어나서 사물의 이치를 궁구할 수 있고,[58] 도덕적 측면에서는 선악을 판단하고 선을 실천할 수 있다. 이처럼 다산은 인간존재를 사물의 이치를 궁구하고 지식을 획득하여 인간의 삶에 유용하게 사용할 수 있는 지적 능력을 지닌 존재이며, 또 시비선악을 판단하고 선을 실천함으로

---

57)『與猶堂全書』Ⅱ-2,「大學講義」, 3ㄴ, "是無形之體, 是不屬血肉者. 是能包括萬狀, 妙悟萬理, 能愛能惡者, 是我生之初, 天之所以賦於我者也".

58)『與猶堂全書』Ⅱ-2,「心經密驗」, 37ㄴ, "心之爲物, 活動神妙, 窮推物理, 卽日月星辰之運, 天地水火之變, 遠而萬里之外, 邃而千古之上, 可以放遣此心任其窮".

써 인류세계를 건립할 수 있는 도덕적 존재로 이해한다. 그리고 지적
능력과 도덕적 능력은 모두 심의 영명성에서 비롯된다.

그런데 다산은 심의 영명성을 지적 차원보다는 주로 도덕적 차원에
서 논의한다. 이것은 세계에 대한 그의 관심이 인간이 자기의 이익을
실현하기 위하여 활용할 수 있는 지식의 확장보다는 인류세계를 세우
려는 데 있었음을 의미한다. 그럼 이 '영명한 본체심'이 어떻게 인류세
계를 건립할 수 있는 내면적 근거일 수 있을까?

다산은 영명한 본체심에는 그 '本性'과 '權衡' 및 '行事'의 차원에서
달리 말할 수 있는 세 가지 이치가 있다고 본다.

> 영체의 안에는 세 가지 이치가 있다. 그 본성을 말하면 선을 즐거워
> 하고 악을 부끄러워하니, 이것이 맹자의 이른바 성선이다. 그 권형을
> 말하자면 선할 수도 있고 악할 수도 있으니, 이것이 고자의 소용돌이
> 치는 물의 비유와 양웅의 선악이 뒤섞여 있다는 설이 만들어지게 된
> 까닭이다. 그 행사를 말하자면 선하기는 어렵고 악하기는 쉬우니, 이것
> 이 순자의 성악설이 만들어지게 된 까닭이다. 순자와 양웅은 성자에
> 대한 인식이 본래 잘못되어 그 설이 어긋났지만, 우리 영체의 안에 본
> 래 이 세 가지 이치가 없는 것은 아니다.[59]

영체는 영명한 본체심이다. 그것의 본성은 '선을 즐거워하고 악을 부
끄러워하며(樂善恥惡)', '덕을 좋아하고 악을 부끄러워하는(好德恥惡)'[60]
성향이 있다. 성리학에서 性을 마음의 본체로 간주한 것과 달리, 다산은
性을 마음의 '嗜好'로 파악한 것이다. 성리학에서는 성이 일체 도덕적

---

59) 『與猶堂全書』II-2,「心經密驗」, "靈體之內, 厥有三理. 言乎其性則樂善而恥
惡, 此孟子所謂性善也. 言乎其權衡, 則可善而可惡, 此告子湍水之喩, 揚雄善
惡渾之說所由作也. 言乎其行事, 則難善而易惡, 此荀卿性惡之說所由作也.
荀與揚也, 認性字本誤, 其說以差, 非吾人靈體之內, 本無此三理也".
60) 『與猶堂全書』II-5,「論語古今註」, 10ㄴ, "天於生人之初, 賦之以好德恥惡之
性, 於虛靈本體之中, 非謂性可以名本體也. 性也者, 以嗜好厭惡而立名".

인 행위의 근거가 되는 仁義禮智의 도덕성이자 도덕원리이다. 그것은 도덕본질을 지시하는 개념으로서 의식현상의 총체를 의미하는 心과는 질적으로 구분되는 독립적 지위를 지닌다. 반면에 다산에게서 성은 '선을 좋아하고 악을 싫어하는' 마음의 선지향성으로서, 마음과 질적으로 구분되는 어떤 독립적 지위를 가지고 있지 않다.

다산은 도덕적 가치를 실현할 수 있는 내적 근거를 사람의 영명한 마음이 선을 좋아한다는 데서 찾는다. 그리고 영명한 마음이 선을 좋아하는 것을 상제가 사람에게 똑같이 부여한 본성으로 규정함으로써 그 선지향성의 보편성과 필연성을 확보한다. 따라서 이 선을 좋아하는 본성을 따르기만 도덕적 가치가 실현될 수 있다.

그러면 선을 좋아하고 악을 싫어하는 기호를 선천적으로 지니고 있는 사람이 어떻게 실제로는 선을 행하기도 하고 악을 행하기도 하는가? 이 물음에 대한 답변으로 마련된 것이 바로 다산의 이른바 마음의 '權衡'이다.

영명한 본체심에는 선을 좋아하는 경향성만이 아니라, 선을 행할 수도 있고 악을 행할 수도 있는 '권형'이 있다. '권형'은 사물의 경중을 재는 척도 내지 기준이다. 따라서 마음에 선을 행할 수도 있고 악을 행할 수도 있는 권형이 있다는 것은, 마음에 선·악을 헤아리고 선택할 수 있는 자주권이 있음을 의미한다. 다산은 이 마음의 '權衡', 즉 '自主權'에 대해서 다음과 같이 말한다.

하늘이 사람에게 자주권을 주어 사람이 선을 하고자 하면 선을 행하게 하고, 악을 하고자 하면 악을 행하게 하였다.……그러므로 선을 행하면 실제로 자신의 공이 되고, 악을 행하면 실제로 자신의 죄가 된다. 이것은 심의 권리이지 이른바 성이 아니다.[61]

61) 『與猶堂全書』II-5,「孟子要義」, 34ㄴ, "天之於人, 予之以自主之權, 使其欲善則爲善, 欲惡則爲惡,……故爲善則實爲己功, 爲惡則實爲己罪, 此心之權也, 非所謂性也".

상제는 사람에게 선을 지향하는 본성만이 아니라, 선이나 악을 자율적으로 선택할 수 있는 자주권까지 부여하고 있다. 인간은 선악을 자율적으로 선택할 수 있는 자유의지를 지님과 동시에, 자율적 선택을 통하여 이루어진 선행이나 악행이 빚어낸 결과에 대해서 응분의 책임을 져야 한다. 이처럼 다산이 인식한 인간의 마음은 자율적인 의지의 판단에 따라 선·악이 실현되는 도덕적 주체인 것이다.[62]

그런데 인간이 비록 선을 지향하는 본성과 자율적으로 자신의 행위를 선택할 수 있는 자주권을 부여받고 있다고 할지라도 그들의 실제적인 삶의 모습을 들여다보면 선행보다는 악행을 더 많이 짓고 있다. 이것은 실제로 일을 행하는 과정에 선을 행하기는 어렵고 악을 행하기는 쉬운 요소가 있기 때문이다. 그 요소를 다산은 '形軀'에서 찾는다.

다산은 "하늘은 이미 사람에게 선할 수도 있고 악할 수도 있는 권형을 부여하였다. 그리고 아래로는 또 선을 행하기는 어렵고 악을 행하기는 쉬운 육체를 부여하였으며, 위로는 또 선을 즐거워하고 악을 부끄러워하는 성을 부여하였다."[63]고 말한다. 인간은 '본성'과 '권형' 이외에 선을 행하기는 어렵고 악을 행하기는 쉬운 육체를 부여받았다는 것이다. 이목구비사지 등의 형체는 맹자가 말하는 바의 小體로서, 자기 나름의 고유한 기호를 지닌다. 이 形軀의 기호는 개체가 지니는 형질의 사사로운 욕구에 제한되어 있다. 사사로운 욕구로 제한되어 있는 형구의 기호를 따르면서, 타인에 대한 배려를 하기란 쉽지 않다. 선행이 타인과의 관계를 잘 도모하는 데서 이루어지는 것이라면, 형구의 기호를 따르는 것과 선의 실현 사이에는 괴리가 있다. 형구의 기호는 육체적인 생명을 실현하려는 데서 오는 하나의 자연적인 욕구이다. 이 형구의 자연적인 욕구를 따라 드러난 마음이 바로 人心이다. 우리는

---

62) 금장태, 『다산실학탐구』, 소학사, 109쪽.
63) 『與猶堂全書』II-2, 「心經密驗」, "天旣予人以可善可惡之權衡. 於是就其下面, 又予之以難善易惡之具, 就其上面, 又予之以樂善恥惡之性".

살아오면서 이 人心에 많이 익숙해져 있다. 인심을 따르기가 그만큼 쉬워진 것이다. 인심을 따르기가 쉬워진 만큼 선을 실현하기란 더욱 어려워진다. 그러면 어떻게 하면 형구의 욕구를 따르지 않고, 선을 좋아하는 본성을 실현할 수 있을까?

상제로부터 부여받은 우리의 영명한 본체심이 그 본성을 따라 그대로 드러난 마음이 바로 '道心'이다. 따라서 "도심과 천명은 두 가지로 나누어 볼 수 없다.……하늘의 경고는 형체가 있는 귀와 눈으로 말미암지 않고 언제나 형체가 없이 신묘하게 작용하는 도심을 따라 이끌어 주고 가르친다."[64] 그 道心에는 상제가 인간에게 고하는 명령, 즉 天命이 깃들어 있다. 천명이 도심을 통해 인간에게 드러나는 것이다. 인간이 본성을 실현하기 위해서는 천명이 깃들어 있는 이 도심에 비추어 자신의 행위를 살펴야 한다. 다산은 육경사서의 경전에서 제시된 수많은 공부법들을 모두 도심에 깃들어 있는 천명을 따름으로써 好善惡惡의 본성을 실현하는 것으로 풀이한다. 즉 道心을 통해서 나오는 상제의 소리에 경건하게 귀를 기울이는 태도가 바로 愼獨과 戒愼恐懼이고, 그 명령을 성실하게 이행하려고 하는 것이 誠意와 正心이다. 그리고 '사욕을 버리고 천명을 따르며 악을 버리고 선을 좋아서 이 미미하여 장차 없어지려고 하는 한 점의 도심을 보존하는 것이 바로 존심이고',[65] '오늘 한 가지 착한 일을 하고 내일 한 가지 착한 일을 하여, 의를 모으고 선을 쌓아 가서 선을 즐거워하고 악을 부끄러워하는 성을 기름으로써, 호연지기가 충만하여 주리지 않게 하는 것이 바로 양성이다.'[66] 그런데 앞에서 살펴본 대로 다산에게서 '도심에 깃들어 있는 천명'의 실질 내용은 바로 '인륜'에 있다. 그 인륜의 도덕 가치는 마음의 내적 수양만으로 완성되는 것이 아니라, 사람들과의 관계에서 그것을 직접 실

---

64) 『與猶堂全書』Ⅱ-3, 「中庸自箴」, 5, "道心與天命不可分作兩段看.……天之儆告, 亦不由有形之耳目, 而每從無形妙用之道心, 誘之誨之".
65) 『與猶堂全書』Ⅱ-6, 「孟子要義」, 37ㄴ.
66) 『與猶堂全書』Ⅱ-6, 「孟子要義」, 37.

천함으로 해서 완성된다. 그 실천의 장이 바로 사회이다. 그럼 다산은 사회를 어떻게 인륜의 도덕 가치가 실현되는 사회로 만들고자 했을까?

3) 社會觀

(1) 개인과 개인의 관계와 '恕'

다산은 사람과 사람의 관계가 상호의존적 관계로 이루어져 있는 것으로 이해한다. 그는 "무릇 나와 함께 똑같이 머리를 둥글게 하고 모난 발을 하고서 하늘을 이고 땅을 딛는 자는 모두 나와 더불어 서로 의지하고[相須] 서로 돕고[相資], 서로 교제하고[相交], 서로 접촉하되[相接] 서로 바로잡으면서 살아가는 존재이다."[67]고 말한다. 이것은 나와 타인이 각자 행위주체자로서 독립적 지위를 지니면서도 서로 밀접하게 연관되어 있는 존재임을 언급한 것이다. 이러한 체계에서 개인은 늘 다른 이와의 구체적인 관계 속에서 언급된다. 아버지와의 관계에서는 자식으로, 자식과의 관계에서는 아버지로, 임금과의 관계에서는 신하로, 신하와의 관계에서는 임금으로, 윗사람과의 관계에서는 아랫사람으로, 아랫사람과의 관계에서는 윗사람으로 드러난다. 개인 그 자체가 주체 독립적으로 규정되는 것이 아니라, 다른 사람과 맺고 있는 구체적인 관계에 따라서 다양한 모습으로 규정되는 것이다. 그리고 그에 따라 개인이 해야 할 바의 행위도 달라진다.

타인과의 교제관계를 떠날 수 없는 개인에게 중요한 것은 그 교제관계를 잘 맺을 수 있게 하는 도리를 알고, 그것을 실천하는 것이다. 다산은 "개인과 개인이 교제하게 되면 그 사이에서 교제를 잘 맺게 하는 도리, 즉 弟·友·慈·忠·信·睦·嫻 등의 예법이 생겨난다."[68]고

---

67) 『與猶堂全書』Ⅱ-13, 「論語古今註」卷7, 43ㄴ, "凡與我同圓顱而方趾, 戴天而履地者, 皆與我相須相資相交相接, 胥匡以生者也".

68) 『與猶堂全書』Ⅱ-13, 「論語古今註」卷7, 43ㄴ, "我一人彼一人, 兩人之間, 則生交際. 善於際則爲孝爲弟爲友爲慈爲忠爲信爲睦爲嫻. 不善於際則爲悖爲

본다. 개인과 개인의 구체적 관계에 따라 양자의 교제를 잘 맺게 해주는 다양한 윤리규범들이 형성되는 것이다.

그런데 다산은 사람과 사람 사이에서 생겨나, 사람을 사랑하는 마음씨인 仁이 인륜을 관통하고 있다고 본다. 따라서 "사람이 따라야 할 바의 길은 仁을 구하는 것을 벗어나지 않고, 仁을 求하는 것은 인륜을 벗어나지 않는다."[69]고 말한다. 그리고 자기를 미루어 타인을 헤아리는 '恕'를 仁을 구하는 방법이자, 인륜을 실천하는 방법으로 규정한다. '恕'가 바로 타인과의 교제를 잘 맺게 하는 방법이자,[70] 일체의 인륜을 처리하는 一貫之道[71]라고 본 것이다.

(2) '君'과 '民'의 유기적 통일체로서의 국가

다산에게서 개인은 그가 속해 있는 사회나 국가 공동체로부터 벗어나 독립적으로 존재할 수 없다. 다산이 살고 있었던 시대에는 군주, 관료[大臣], 백성 등의 계급적 차별이 있었다. 그에게서 현실적으로 존재하는 이러한 계급을 타파하려는 의식은 찾아보기 어렵다. 그의 사회정치적 관심은 계급사회의 전체 질서를 어떻게 확립할 것인가에 있었다. 그는 먼저 국가 전체를 하나의 유기체로 파악한다. 그는 "조정은 백성의 심장이요, 백성은 조정의 사지이다. 힘줄과 경락의 연결과 혈맥의 유통은 순간의 막힘이나 끊김도 있어서는 안 된다."[72]고 말한다. 심장

逆爲頑爲囂爲奸爲慝爲元惡爲大憝. 吾道何爲者也? 不過爲善於其際耳. 於是作爲禮法, 以道其善, 以遏其惡".

69) 『與猶堂全書』II-14, 「論語古今註」 卷8, 15ㄴ, "人道不外乎求仁, 求仁不外乎人倫".

70) 『與猶堂全書』II-13, 「論語古今註」 卷7, 43ㄴ~44ㄱ, "善於際何謂也? 所惡於上, 毋以使下, 所惡於下, 毋以事上……, 斯之謂善於際也. 括之以一字, 非卽爲恕乎?"

71) 『與猶堂全書』II-14, 「論語古今註」 卷8, 15ㄴ, "恕者, 所以處人倫, 一以貫之, 故一字而可終身行之".

72) 『與猶堂全書』I-19, 「與金公厚」, 15ㄴ, "朝廷者, 生民之心肝, 生民者, 朝廷

에 해당하는 조정과 사지에 해당하는 백성, 그리고 심장과 사지를 연결하는 힘줄·경락·혈맥에 해당하는 지방 관료가 하나의 유기적 통일체를 이루고 있다고 보는 것이다. 유기적 관계로 짜여 있는 이 하나의 생명 공동체가 유지되기 위해서는 군주가 중심이 된 조정과 지방관료, 그리고 백성이 각자 자기의 책무를 충실히 이행해야 한다.

君·民을 유기적 통일체로 간주하는 데에는 무엇보다 먼저 君과 民의 주체적 지위가 인정되어야 한다. '君'이 정치 주체라는 사실에 대해서는 두말할 나위가 없다. 문제는 다산이 '民'을 어떻게 인식하고 있는가 하는 점이다. 다산이 '民'을 하나의 정치주체로 인식하고 있는지? 그렇다면 어떤 점에서 그런지? 그의 '민'에 대한 인식이 기존의 '민'에 대한 인식과 어떤 차이가 있으며, 그 함의는 무엇인지 등의 문제들이 논의되어야 한다.

앞의 인용문에서 보이듯이 다산은 '民'을 국가를 구성하는 하나의 중요한 구성성분, 즉 '君'에 상대되는 구성성분으로 인식하고 있다. '君'과 '民'은 기본적으로 지배와 피지배, 명령과 섬김의 관계에 있다. 그러나 양자의 관계가 일방적인 지배와 예속의 관계로 짜여져 있지는 않다. 다산은 '民'도 나름대로 자기의 욕구를 지닌 존재로 인식하고 있으며, '君'은 '民'의 욕구를 실현시켜줄 때라야 자기의 존재의미를 지니는 것으로 파악한다. '君'과 '民'은 각자 자기의 독립적 지위를 지니면서도 서로 분리될 수 없이 밀접하게 연관되어 있는 관계로 규정되는 것이다. 그리고 그 관계를 제대로 맺기 위해서는 각자 자기들이 맡은 바 책무를 다해야 한다.

무엇보다 먼저 군주는 목민관으로서 백성을 살려내야 할 책무가 있다. 백성을 윤택하게 만들고, 그들이 각자 바라는 것을 실현시켜 주어야 한다. 군주는 민생을 책임진 최고의 통치자이다. 그는 군주와 백성의 의사소통을 방해하고 국가 전체의 생명을 해치는 일체의 요소들을

之四體也. 筋絡連湊, 血脈流通, 不能一息容有隔絶".

배격하고 제거해야 하며, 백성들이 孝・悌・慈의 인륜을 실천하여 서
로 화목하게 지내도록 해야 한다. 그리고 지방 관료는 군주의 뜻을 받
들어 백성에게 전달하고, 백성의 소리에 귀를 기울여 그것을 군주에게
전달함으로써 군주와 백성을 소통시켜야 할 책무가 있다.

한편 백성은 군주를 믿고 따르며 섬길 수 있어야 한다. 그들은 인륜
도덕과 사회의 규범을 익혀야 하며, 윤리실천을 통하여 다른 사람들과
조화로운 관계를 유지해야 한다. 그리고 노동이 뒷받침되는 구체적인
생산 활동을 통하여 자신의 생계를 도모하고 국가의 이익을 창출해야
한다.

이처럼 군・민은 각자 자기의 독립적 지위를 지니면서도 유기적으
로 서로 연관되어 있다. 그리고 이 군・민이 밀접하게 서로 소통할 때
라야 국가 전체의 질서와 생명이 유지될 수 있다. 이 때문에 군주는 늘
'民'의 뜻이 어디에 있는지를 살펴야 하며, '民'은 군주의 뜻을 받들어
섬기려는 노력을 해야 한다.

그런데 다산에게서의 '民'을 서양의 근대적 의미의 개인과 연관을
지어보려는 경향이 없지 않다. 그러나 다산의 '민'에 대한 이해는 서양
근대에서의 '개인'에 대한 이해와 다른 점이 있다. 근대적 의미의 개인
은 자신의 고유한 생명과 재산 및 명예를 보호할 수 있는 권리를 누구
나 부여받고 있다는 점에서 평등하다. 그 권리는 사회나 국가로부터
부여된 것이 아니라 천부적으로 주어진 것이다. 따라서 그러한 권리를
지니고 있는 개인은 사회나 국가로부터 분리 독립적으로 존재할 수 있
는 개별적 자아이다. 그러한 개인들이 참여하여 사회를 구성하게 되며,
이때의 각 개개인들은 모두 자기의 이익을 실현하기 위하여 움직이는
정치주체이자, 경제주체이다. 이들이 공동체를 구성하는 방식은 인륜
을 매개로 하지 않는다. 그들은 구성원 상호간에 지켜야 할 내용을 法
으로 만들고 그것을 통하여 자기의 이익을 실현하며 공동체의 질서를
바로 잡고자 한다. 여기에는 개인을 공동체와 분리시켜 이해하려는 사

유방식이 내재되어 있다.

반면에 다산에게서는 개인과 개인, '民'과 '君主'는 서로 분리될 수
없는 유기적 구조 속에서 이해되고 있다. 그는 공동체와의 연관 속에
서 개인의 의미를 찾고자 했던 것이다. 이것은 인간에 관한 유교 본래
의 담론의 방식을 회복하고자 한 것이라고 말할 수 있다. 이러한 다산
에게서 근대적 사회관의 징후를 발견하고자 하는 것은 섣부른 기대가
아닌가 싶다.

4. 경학과 경세학의 통합적 학문체계

1) 학문에 대한 새로운 규정

다산의 세계에 대한 이해의 변화는 학문 규정·학문 대상·학문 방
법 및 주된 논의 내용의 변화를 가지고 왔다. 그의 학문은 인류세계의
새로운 건립·민생 안정과 복지·만물의 육성을 지향한다.

다산이 추구하고자 하는 학문은 요·순·주공·공자를 통해서 내려
오는 유학이다. 그 학문은 성인이 되기를 지향하는 군자의 학문이다.
다산은 이 군자의 학문을 '修己治人', 혹은 '修身牧民'의 학문으로 규
정한다.[73] 이것은 다산만의 독특한 점이라고 보기는 어렵다. 『논어』에
서 이미 군자를 '修己以安百姓'[74]으로 언급한 바 있고, 『대학』에서는
대인군자의 학문을 '明明德'과 '親民', 즉 修己와 治人으로 말하고 있
기 때문이다.[75] 다산의 특징은 '修己'와 '治人'의 의미 및 그 관계 규정
에 있다. 다산은 그것을 다음과 같이 말한다:

---

73) 『與猶堂全書』 I-13, 「牧民心書序」, "君子之學, 修身爲半, 其半牧民".
74) 『論語』, 「憲問」.
75) 『朱子語類』 卷14:10, "亞夫問大學大意. 曰: '大學是修身治人底規模. 如人起
屋相似, 須先打箇地盤. 地盤旣成, 則可擧而行之矣.' 時擧"(64 이후).

"군자의 학문은 두 가지를 벗어나지 않는다. 하나는 '修己'이고, 다른 하나는 '治人'이다. 修己란 자신을 선하게 하는 것이며, 治人이란 남을 사랑하는 것이다. 자신을 선하게 하는 것은 義이고, 남을 사랑하는 것은 仁이다. 仁과 義는 서로 사용해야지 한쪽에 치우쳐 다른 쪽을 없애서는 안 된다. 두 가지 가운데 어떤 하나에 집착하여 변통할 줄 모르면 이는 잘못된 것이다."[76]

　흔히 修己는 자신의 덕성을 밝게 닦는 내적 수양공부를 가리킨다. 성리학에서는 일체의 도덕적 행위를 산출하는 내적 근원인 도덕적 본성을 존양하고 사욕을 제거하는 '敬'공부가 바로 修己에 해당한다. 그런데 다산은 행위주체인 '자신을 선하게 하는 것'을 修己로 규정하고 있다. '자신을 선하게 한다'는 것은 '자신의 곧은 마음을 실행하는 것'이며, '선을 실천하는 것'이다. 다산의 이러한 견해는 구체적인 도덕 실천, 즉 '德行'을 통해서야 修己가 이루어진다고 본 것으로서 성리학의 덕성을 함양하기 위한 내향적이고 정적인 수양론과는 차이가 있다. 이러한 차이는 『대학』의 이른바 '明德'에 대한 풀이에서 단적으로 드러난다. 성리학에서 '명덕'은 선천적으로 부여받은 덕성, 즉 도덕적 본성을 가리킨다. 그러나 다산은 본래적으로 부여받은 덕성이란 없으며 '선'을 실천한 뒤에라야 덕의 개념이 성립[77]된다고 보아서 '명덕'을 '德行'이 아닌 '德行'의 개념으로 이해한다.
　다산은 또 '治人'을 '다른 사람을 사랑하는 것'으로 풀이하고, 그것을 곧 '仁'의 실천으로 규정한다. 그에 따르면 인은 "두 사람 사이의 관계에서 그 본분을 다하는 것"[78]이다. 그에게서 인은 천부적으로 구비된

---

76) 『與猶堂全書』, II-5, 「孟子要義」, 44, "君子之學, 不出二者, 一曰修己, 二曰治人. 修己者, 所以善我也. 治人者, 所以愛人也. 善我爲義, 愛人爲仁, 仁義相用, 不可偏廢. 二者各執其一, 不知變通, 是其謬也".
77) 『與猶堂全書』II-4, 「大學公議」, "心本無德, 惟有直性, 能行吾之直心者, 斯謂之德. 行善而後, 德之名立焉. 不行之前, 身豈有明德乎?"
78) 『與猶堂全書』II-4, 「中庸講義」卷1, 36, "凡二人之間, 盡其本分者, 斯謂之

어떤 '덕성'이 아니라, 나와 타인과의 관계에서 사랑이라는 구체적인 실천을 통하여 드러나는 '덕행'의 개념으로 이해되고 있는 것이다.

다산은 또 修己와 治人의 관계에 대한 규정에서도 나름대로의 특성을 드러낸다. 첫째, 수기와 치인을 선후관계로 보지 않는다는 점이다. 주자학에서는 修己와 治人의 관계를 先後관계로 이해한다. 朱熹는 "대저 도의 근본은 수신하는 데 있으니, 그런 뒤에야 치인에 미칠 수 있다."[79]고 하여, 자기 수양이 이루어진 뒤에야 다른 사람을 다스리는 일이 가능하다고 본다. 그러나 다산은 수기 이후에 치인이 아니라, 치인의 과정 속에서 수기가 이루어지는 것으로 본다. 그래서 그는 '백성이 편안하지 못한 것이 바로 자기가 아직 닦여지지 않은 것'[80]이며, '성기와 성물이 모두 수신을 통해서 이루어진다'[81]고 말한다. 이것은 마치 왕양명이 『대학』의 '명명덕'과 '친민'의 관계를 친민을 통하여 명명덕이 이루어지는 구조로 파악한 것과 같다. 둘째, 수기와 치인을 本末관계로 이해한다는 점이다.[82] 근본에 해당하는 수기와 말단에 해당하는 치인이 함께 갖추어져야 군자의 학문의 온전한 체계가 완성된다고 본 것이다. 그리고 '六經四書'를 修己를 위한 학문으로, 『經世遺表』와 『牧民心書』 및 『欽欽新書』의 '一表二書'를 治人을 위한 학문으로 제시한다. 셋째, 수기와 치인을 모두 오륜을 밝히는 人倫之學으로 파악한다는 점이다. 그에게서 수기와 치인은 모두 덕행이며, 그 '德行'의 구체적인 내용은 孝 · 弟 · 慈의 인륜이다. 그리고 孝 · 弟 · 慈의 인륜을 意 · 心 · 身 · 家 · 國 · 天下에 밝히는 것을 明德을 밝히는 것으로

仁".

79) 『論語集註』 「先進」, 제24장 註, "蓋道之本, 在於修身, 而後及於治人".

80) 『與猶堂全書』II-7, 「論語古今註」, 39, "孫月峰云, 堯舜非以百姓之不安爲病, 病己之不修, 無以安百姓也. 百姓有未安處, 乃己未修也. ○ 案此說甚精".

81) 『與猶堂全書』II-1, 「大學公議」, 13ㄱ, "聖人之道, 雖以成己成物爲始終, 成己以自修, 成物亦以自修, 此之謂身敎".

82) 『與猶堂全書』I, 「自撰墓誌銘」 卷16, 17, "六經四書以之修己, 一表二書以之爲天下國家, 所以備本末也".

풀이한다.

> "대개 명덕이라는 것은 오륜이다. 오륜을 意에 밝히는 것이 誠意이
> 고, 마음에 밝히는 것이 正心이고, 몸에 밝히는 것이 修身이고, 집에
> 밝히는 것이 齊家이고, 나라에 밝히는 것이 治國이고, 천하에 밝히는
> 것이 平天下이다. 요컨대 이는 한결같이 오륜을 밝히는 일로써 수기와
> 치인의 구별이 있을 뿐이다. 밝힌다는 것은 말로 밝히는 것이 아니고
> 실행한 뒤에 밝아지는 것이다."[83]

다산은 주자학과는 달리 『대학』을 8조목의 체제가 아니라 6조목의
체제로 이해한다. 그에 따르면 格物은 物의 본말을 헤아리는 것이고,
致知는 일의 선후를 아는 것일 뿐, 어떤 조목이 아니다. 그는 誠意・正
心・修身・齊家・治國・平天下 가운데 意・心・身・家・國・天下를
物로 간주하고, 誠・正・修・齊・治・平을 事로 간주한다. 그리고
『대학』의 이른바 誠意・正心・修身・齊家・治國・平天下의 修己와
治人의 일을 모두 五倫의 인륜을 밝히는 일로 본 것이다. 다산은 修己
治人의 학문을 통하여 결국은 오륜이 행해지는 인륜세계를 건립하고
자 했음을 알 수 있다. 그럼 어떻게 修己治人할 것인가? 修己治人을
위해서 필요한 학문 대상은 구체적으로 무엇인가?

2) 학문의 주요 대상과 연구 방법

군자의 학문을 '修己治人'으로 규정한 다산에게서 '수기치인'에 도움
이 되는 일체의 학문이 탐구의 대상이 된다. 거기에는 경학과 역사서,
그리고 실용지학에 필요한 내용을 담고 있는 경제와 관련된 글들이 포

---

83) 『與猶堂全書』 I -18, 「上弇園書」, 40ㄱ, "蓋明德者, 五倫也. 明五倫於意爲誠
意, 明五倫於心爲正心, 明五倫於身爲修身, 明五倫於家爲齊家, 明五倫於國
爲治國, 明五倫於天下爲平天下. 要之是一箇明五倫之事, 而有修己治人之別
耳. 明者, 非以言語講明之, 行之然後乃明".

함된다.[84] 육경사서를 연구하는 학문인 경학은 주로 修己 방면에 활용
되며, 역사서는 국가경영의 방법을 익히는 데 활용되고, 경제문자는 백
성의 삶을 윤택하게 하는 실질적인 방안을 마련하는 데 활용된다. 다
산은 이들 학문에 대한 연구를 통하여 자기만의 독특한 학문체계, 즉
경학과 경세학이 하나로 통합되는 체계를 만들어낸다. 경학에 관한 연
구는 육경사서에 대한 상세한 주석의 형태로 나타났고, 경세학에 대한
탐구로 『經世遺表』・『牧民心書』・『欽欽新書』라는 一表二書의 결실
을 맺게 되었다. 다산은 "육경사서로써 수기하고, 일표이서로써 천하국
가를 다스린다."[85]고 말할 만큼 자신의 연구 성과에 자신감을 드러낸
다. 실제로 다산의 연구 성과는 오늘날에도 의미 있는 것으로 평가되
고 있다.

다산은 경학을 통해서 덕을 완성할 수 있다고 본다. "경의 뜻이 밝혀
진 뒤에야 도체가 드러나고, 그 도를 터득한 뒤에야 심술이 비로소 바
르게 되고, 심술이 바르게 된 뒤에야 덕을 이룰 수 있기 때문이다."[86]
그리고 유배지에 있었던 18년 동안 경전에 전심하여 육경사서를 정밀
히 연구하고 깨쳐서 성인의 본지를 많이 얻었으며, 그것을 주석서의
형태로 엮어낸다.

다산 경학의 특성은 첫째, 그 체계상에서 경학을 '육경사서'의 체계
로 설명하고 있다는 점이다. 이것은 주자학의 사서 중심의 경학체계를
벗어난 것으로서 다산이 경전 해석에서 주자학의 전통적 권위로부터
해방되었음을 의미한다.

---

84) 『與猶堂全書』I-21, 「寄二兒・壬戌十二月二十二日, 康津謫中」, 4ㄴ, "吾嘗
     慼之, 必先以經學立著基址, 然後涉獵前史, 知其得失理亂之源, 又須留心實
     用之學, 樂觀古人經濟文字, 此心常存澤萬民育萬物底意思, 然後方做得讀書
     君子".
85) 『與猶堂全書』I-16, 「自撰墓誌銘」, 18ㄱ, "六經四書以之修己, 一表二書以之
     爲天下國家, 所以備本末也".
86) 『與猶堂全書』I-17, 「爲盤山丁修七贈言」, 40ㄴ, "經旨明而後道體顯, 得其道
     而後心術始正, 心術正而後可以成德, 故經學不可不力".

둘째, 경전해석 방법상에서 경전에 대한 기존의 다양한 해석을 두루 참조하고 주체적이고 비판적인 입장에서 자신의 독창적인 해석을 제시하고 있다는 점이다. 그는 경전을 연구하는 데 치밀한 고증학적 접근방법을 사용하고 있다. 무엇보다도 글자의 의미를 중시한다. "글자의 의미를 먼저 밝혀야 구절의 의미가 통하고, 그런 다음에 장의 뜻이 분석되고 장의 뜻이 통한 연후에 편의 대의가 밝혀진다"87)는 것이다. 다산은 또 '以經證經'의 방법을 중시한다. 그것은 경전의 어떤 부분의 의미를 그 경전의 다른 부분은 물론 관련된 사실을 다룬 다른 경전의 내용과 상호 비교분석함으로써 모호한 의미를 분명히 해석하거나 해당 문장의 진위를 판별하는 방법이다.88) 이것이 가능한 까닭은 유가 경전의 내용과 기본정신이 경전들 사이에 서로 겹치는 부분이 많기 때문이다.

셋째, 다산 경학에서 가장 중요한 특성은 역시 육경사서의 내용을 '사람의 심술을 바르게 하고 덕행을 이루게 하는' '修己'書로 간주한다는 데 있다. 그의 경전에 대한 탐구에는 예나 이제나 인간의 '삶의 도리'는 같기 때문에 경전의 본의만 제대로 이해하게 되면 그것은 언제라도 활용할 수 있다는 생각이 바탕에 놓여 있다. 그리고 그 삶의 도리는 바로 인륜이며, 심술을 바르게 하여 인륜도덕을 실천함으로써 궁극적으로는 인륜세계를 건립하고자 하는 것이 그의 경학이 지향하는 바이다. 여기에서 그의 경학은 바로 경세학의 의미를 함께 지니게 된다.

다산은 역사서와 경제 방면의 서적을 두루 탐구하여『경세유표』·『목민심서』·『흠흠신서』의 일표이서를 짓는다.『경세유표』는『周禮』의 체제에 기초하여 법제적 측면에서 중앙행정기구를 비롯한 제도적 개혁책을 제시한 것이다. 그는『경세유표』를 지은 기본취지를 설명하

---

87)『與猶堂全書』II-21,「尙書古訓序例·尙書知遠錄序說」, 1ㄴ, "余惟讀書之法, 必先明詁訓, 詁訓者, 字義也. 字義通而后句可解, 句義通而后章可釋, 章義通而后篇之大義斯見".

88) 장승구,「다산경학의 특성과 연구 현황」,『다산경학의 현대적 이해』, 25쪽.

기를, "관료제도·군현제도·토지제도·부역납세·조달시장·창고·
군사제도·과거제도·어로세금·상업세금·역마행정·선박업·도성
경영제도 등 구체적 세무에서 당시의 적용 방법에 구애되지 말고 원칙
을 세우고 기준을 베풀어 우리의 오랜 나라를 새롭게 하고자 하였다."[89]
고 말한다. 『경세유표』에서는 행정의 운용제도를 논하면서도 법의 본
래정신이 禮에 있으며, '예'란 보편적 법칙(天理)과 인간적 정감(人情)
에 합당한 것이라 하여, 법률의 공정성과 인간성을 강조하였다.[90] 『목
민심서』는 행정기술, 관료로서 요구되는 유교적 덕성을 제고한 저서로
서 목민관이 백성을 살리기 위하여 해야 할 일들을 자세히 기술하였
다. 다산에 의하면 목민이란 '오늘날의 법에 근거하여 우리 백성을 다
스리는 것'이며, 목민관은 律己·奉公·愛民의 정신을 갖추어야 한다.
『경세유표』가 시대적 한계에 구애되지 않는 근본적 개혁책을 제시한
것이라면, 『목민심서』는 시대적 현실을 반영한 개혁안으로서 『경세유
표』에 대한 보완으로 이해된다. 『흠흠신서』는 형률을 다룬 것이다. 그
런데 특징적인 것은 옥사를 결단하는 재판의 근본이 하늘을 공경하고
인간을 긍휼히 여기는 마음에 있으며, 일을 엄숙히 다루되 인간을 사
랑하는 것임을 밝히고 있다는 점이다.[91] 다산 경세론의 특징은 첫째,
유학 전통의 민본사상을 발휘하고 있다는 점이다. 이것은 '목민관이 백
성을 위해서 존재한다'는 그의 입장 표명에 잘 나타나 있다. 둘째, 법제
를 언급하면서도 법의 본래 정신을 禮에 둔다는 점이다. 이것은 그의
경세론이 사람들 사이의 관계를 규정하는 禮, 곧 윤리의 실천을 지향
하고 있음을 의미한다. 셋째는 백성들의 삶과 목민관의 행태 등에 대
한 경험적 관찰의 토대 위에서 백성들을 살려내는 데 실질적으로 사용

89) 『與猶堂全書』I-16, 「自撰墓誌銘」, 18ㄱ, "經世者, 何也? 官制·郡縣之制·
   田制·賦役貢市倉儲軍制·科制·海稅商稅馬政船法營國之制,　不拘時用,
   立經陳紀, 思以新我之舊邦也".
90) 금장태, 『정약용-한국실학의 집대성-』, 97쪽.
91) 금장태, 위의 책, 98쪽.

할 수 있는 구체적인 방안을 모색하고 있다는 점이다.

5. 맺음말

다산이 주자학적 세계관을 반성적으로 성찰하고 있다는 것은 이론의 여지가 없어 보인다. 그러나 그 반성의 의미에 대한 이해와 평가는 다양하다. 우리는 주자학에 대한 다산의 비판을 인륜세계를 건립하는 방법에 대한 비판이라는 측면에서 검토하였다. 다산은 주자학에서 도덕적 본성이 마음 가운데 씨앗처럼 주어져 있고, 그 본성을 실현함으로써 인륜세계를 건립하려는 것은 유가 본래의 방식이 아니라 불교로부터 영향을 받은 것이라고 본다. 인륜세계의 구현을 개인의 내면적 본성 실현의 문제로 환원시켜버린 주자학적 사유체계로는 그 실질적 효과를 거두기 어렵다고 생각한 것이다. 주자학에서 제시하는 방법이 실질적 효용성을 지닐 수 있기 위해서는 먼저 도덕적 본성이 내재되어 있음을 자각해야 하고, 그것을 배양해야 하며, 그것이 발현하여 정감으로 드러날 때 사욕이 개입하지 않도록 살펴야 한다. 그런데 이러한 방법에는 '天理'라는 자연세계의 생성과 변화의 원리가 사람의 마음 가운데 도덕본성으로 내재한다는 생각이 전제되어 있다. 다산은 이러한 주자학적 사유체계를 하나의 형이상학적 가상이라고 비판한 것이다.

주자학에 대한 다산의 비판에는 주자학을 통해서는 당시의 어지러운 현실을 바로잡기 어렵다는 인식이 바탕에 놓여 있다. 이것은 오랜 세월 통치이념의 역할을 해왔던 주자학의 위상이 뿌리로부터 흔들리고 있는 시대상과, 현실을 구제할 수 있는 새로운 이념과 구체적인 방안이 시급히 마련되어야 한다는 시대적 요구를 담고 있다.

주자학을 비판한 다산은 인륜세계를 건립할 수 있는 새로운 방안을 마련해야 했다. 그는 육경사서의 경전에 대한 탐구를 통하여 경전에 담겨 있는 유가 본래의 사유양식이 유의미함을 발견한다. 洙泗學으로 대변되는 유가본래의 사유양식은 '사람과 사람 사이의 상호적 관계'를 중시한다. 다산은 孝悌慈와 같이 자타간의 상호적 관계를 규율하는 윤리덕목의 구체적인 실천을 통해서야 인륜세계의 건립이 가능하다고 생각한 것이다. 이것은 불교의 영향을 받은 주자학을 넘어서서 유학본래의 사유 양식을 복원시키고자 한 것이기도 하다.92)

우리는 사람과 사람 사이의 상호적 관계를 중시하는 유학 본래의 전통적 사유양식이 다산의 세계관에 어떻게 드러나고 있는가에 초점을 맞추어 다산의 천관·인간관·사회관을 살펴보았다. 우리는 다산이 '상제와 인간', '정신[神]과 형체[形]', '개인과 개인', '군주와 백성'의 관계를 모두 상호 연관성을 중시하는 사유체계 속에서 설명하고 있음을 발견할 수 있었다. 이러한 상관적 사유의 특징은 대립하고 있는 양자가 각기 자기의 독립적 지위를 지닌다는 점, 양자의 상호 원활한 소통을 중시한다는 점, 그리고 상대방과의 구체적인 관계에 따라 자신이 해야 할 바가 결정된다는 점을 들 수 있다. 다산은 이러한 상관적 사유의 틀 속에서, 天人·神形·人我·君民의 관계를 설명하면서, 양자를 소통시키는 계기를 '인륜'에서 찾는다. 이것은 다산이 인륜세계를 구현하려는 유가 본래의 관심으로부터 떠나 있지 않음을 의미한다. 그리고 다산이 새롭게 제시하는 경학과 경세학의 통합적 학문체계인 '修己治人'의 학문도 역시 인륜을 밝히는 학문 가운데서 논의된다.

92) 원형인식-현재개혁 : 과거의 원형과 미래의 이상 일치(금장태, 위의 책, 200쪽 참조).

19세기 전반 勢道政治의 형성과 政治運營

김 용 흠[*]

1. 서론

19세기는 조선왕조의 체제적 모순이 극에 달한 시기였다. 17세기 이래로 농업 생산력 발전에 기초한 상품화폐경제가 확대 발전함에 따라 地主制 역시 확대되어 農民層 分解가 지속적으로 전개되었다. 이로 인해 地主佃戶制의 모순이 극대화되는 가운데 富農과 貧農 사이의 대립을 비롯한 여러 계급·계층 간의 대립·갈등 역시 심화되었다. 여기에 三政의 문란으로 지칭되는 賦稅制度의 모순이 가중되면서 封建 王朝國家는 존립의 위기에 직면하게 되었다. 19세기 전반의 정부와 지배층이 이에 대해 적절한 대책을 마련하지 못함으로써 마침내 대대적인 民亂이 발생하여 국가적 위기는 더욱 심화되었다.

兩亂期의 국가적 위기를 배경으로 하여 제기된 國家再造論의 연장선상에서 19세기에도 이러한 국가적 위기를 타개하기 위한 여러 유형의 개혁론이 제출되었다. 한국사에서 19세기가 封建的 사회질서가 해체되고 새로운 사회로의 이행이 준비되는 역사 변혁기였다고 한다면 開港 이전에 이미 그러한 '봉건적 위기'를 해소하고 近代國家로 나아가기 위한 제반 개혁론이 재야 지식인들에 의해 제기되었던 것이다.[1]

---

* 연세대 국학연구원 연구교수, 국사학

1) 19세기 '봉건적 위기'의 제양상에 대해서는 고동환, 「농민항쟁 발생의 객관적 기초」, 『1862년 농민항쟁』, 동녘, 1988, 34~39쪽 참조. 개항 이전에 재야 지식

개항 이후 甲午農民戰爭으로 표출된 근대국가 건설 방향을 두고 벌어
진 지주적 코스와 농민적 코스의 대립·항쟁은 이처럼 그 연원이 깊은
것이었다.[2]

  그럼에도 불구하고 19세기 전반 정부와 지배층은 봉건 왕조국가의
체제적 모순에 대하여 적극적이고 능동적으로 대응하지는 못하였다.[3]
소위 '勢道政治'라는 표현은 그러한 지배층의 자세와 태도에 대한 비
판적 인식의 소산이었다.[4] 그렇지만 19세기 지배층의 그러한 대응이
유별난 것은 아니었다. 그것은 그 이전부터 지배층 일각에 존재하고
있던 국가적 위기에 대한 특정한 대응 태세가 보다 두드러지게 드러난
것이었을 뿐이었다.

  19세기 세도정치의 파행성은 18세기 蕩平政治의 부정적 유산을 상
속한 결과 초래된 것이었다.[5] 18세기 蕩平論은 단순한 정치운영론을

인들에 의해 제기된 개혁론에 대해서는 金容燮, 「哲宗朝의 應旨三政疏와
    '三政釐正策'」, 『韓國史研究』 10, 1974 ; 『新訂 增補版 韓國近代農業史研究
    Ⅰ』, 지식산업사, 2004, 453~565쪽 참조.
  2) 金容燮, 「近代化過程에서의 農業改革의 두 方向」, 『韓國資本主義性格論
    爭』, 대왕사, 1988 ; 『증보판 韓國近現代農業史研究』, 지식산업사, 2000, 11~
    36쪽 참조.
  3) 19세기 정치사에 연구에 대해서는 다음과 같은 연구사 정리가 있어 참고된
    다. 윤정애, 「정치사 연구의 동향과 과제」, 『조선정치사(1800~1863)』(상), 청
    년사, 1990 ; 朴光用, 「조선후기 정치사 연구동향(1989~1994)」, 『韓國史論』
    24, 國史編纂委員會, 1994① ; 金明淑, 「19世紀 政治史 理解 過程에 대한 檢
    討」, 『同大史學』 1, 1995 ; 朴光用, 「朝鮮時代 政治史 研究의 成果와 課題」,
    『朝鮮時代 研究史』, 韓國精神文化研究院, 1999.
  4) '勢道政治'의 개념에 대해서는 金興洙, 「勢道政治研究」, 『邊太燮華甲記念史
    學論叢』, 1985 참조. 본고에서는 勢道政治를 19세기 특유의 개념으로 보아야
    한다는 주장을 수용하면서도, 특히 이것을 17세기 宋時烈의 世道政治論이
    18세기 탕평정치를 경과하면서 변질된 독특한 형태로 보고 이 용어를 사용하
    고자 한다. 자세한 내용은 본고의 3-1. '勢道政治의 성립과 탕평론의 왜곡' 참
    조.
  5) 19세기 세도정치에 대해서는 다음과 같은 연구가 있다. 이선근, 「근세 세도정
    치의 역사적 고찰」, 『국사상의 제문제』 5, 1959 ; 李瑄根, 「朴齊炯의 近世朝

넘어선 國家論의 한 형태였다. 地主制와 兩班制의 모순을 약화 내지
해소하고 국가를 유지 보존하기 위한 논리, 즉 近代指向的 改革論을
현실정치에서 구현하기 위한 정치론이었다. 17세기 후반 이래의 進步
的 農民的 입장의 國家再造論 즉 實學의 政治論이 바로 탕평론이었
다.6) 18세기 탕평정치기의 蕩平 대 反蕩平의 대립 구도에는 改革 대

鮮政鑑과 大院君時代의 再檢討」,『芝陽申基碩博士華甲紀念學術論文集』,
1968 ; 崔完秀,『金秋史硏究艸』, 知識産業社, 1976 ; 李泰鎭,「朝鮮時代의 政
治的 葛藤과 그 解決」,『朝鮮時代 政治史의 再照明』, 汎潮社, 1985 ; 李泰鎭,
『朝鮮後期의 政治와 軍營制變遷』, 韓國硏究院, 1985 ; 金興洙,「勢道政治硏
究-그 用例의 檢討와 意味의 究明」,『邊太燮華甲紀念史學論叢』, 1985 ; 鄭
奭鍾,「丁若鏞(1762~1836)과 正祖·純祖年間의 政局」,『歷史와 人間의 對
應』, 한울, 1985 ; 朴光用,「조선 후기 정치사의 시기구분 문제」,『한국근대사
연구휘보』 1, 1987 ; 유봉학,「19세기 前半 勢道政局의 동향과 燕巖一派」,
『東洋學』 19, 檀國大 東洋學硏究所, 1989 ; 한국역사연구회 19세기정치사연
구반,『조선정치사(상·하)』, 청년사, 1990 ; 朴光用,「19세기 전반의 정치사
상」,『國史館論叢』 40, 1992 ; 洪順敏,「19세기 왕위의 承繼過程과 正統性」,
『國史館論叢』 40, 1992 ; 裵祐成,「純祖年間의 政局과 軍營政策의 推移」,
『奎章閣』 14, 1992 ; 延甲洙,「대원군 집정의 성격과 권력구조의 변화」,『韓
國史論』 27, 서울대 국사학과, 1992 ; 정석종,「순조 연간의 정국변화와 다산
解配 운동」,『조선후기의 정치와 사상』, 한길사, 1993 ; 유봉학,『연암일파 북
학사상 연구』, 일지사, 1995 ; 朴光用,「19세기 초·중반의 정치와 사상」,『역
사비평』 35, 1996 ; 오수창,「세도정치의 성립과 운영 구조」,『한국사』 32, 국
사편찬위원회, 1997 ; 오수창,「세도정치의 전개」, 위의 책, 1997 ; 金明淑,『勢
道政治期(1800~1863)의 政治行態와 政治運營論』, 한양대 박사학위논문,
1997 ; 鄭萬祚,「19세기 전반기 조선의 정치개혁 움직임과 근대화」,『韓國學
論叢』 21, 국민대, 1998 ; 유봉학,『조선후기 학계와 지식인』, 신구문화사,
1998 ; 權奇奭,「19世紀 勢道政治 勢力의 形成 背景-조선후기 집권세력의
通婚關係網 분석을 중심으로」(上),『震檀學報』 90, 2000 ; 연갑수,『대원군집
권기 부국강병책 연구』, 서울대 출판부, 2001 ; 정병삼 외,『추사와 그의 시
대』, 돌베개, 2002 ; 김명숙,『19세기 정치론 연구』, 한양대 출판부, 2004.
6) 金駿錫,「탕평책 실시의 배경」,『한국사』 32, 국사편찬위원회, 1997, 19~46쪽
; 金駿錫,「兩亂期의 國家再造 문제」,『韓國史硏究』 101, 1998①, 115~143
쪽 ; 金駿錫,「18세기 蕩平論의 전개와 王權」,『東洋 三國의 王權과 官僚
制』, 國學資料院, 1998② ; 金駿錫,『韓國 中世 儒敎政治思想論Ⅱ』, 지식산

反改革의 대립 구도가 포괄되어 있었다. 19세기 세도정치의 파행성은 그러한 18세기 탕평정치의 대립 구도에서 개혁세력이 약화 내지 도태된 가운데 반탕평론이 기초하고 있던 朱子學 政治論, 특히 朱子學 義理論이 정국운영의 원칙으로서 재차 강화되면서 초래된 필연적 결과였던 것이다.

본고에서는 19세기 전반의 정치운영을 政治論의 시각에서 접근하여 勢道政治를 뒷받침한 정치론의 연원과 계통 및 성격을 규명하고, 그것이 정치운영에 적용되는 구체적 실상을 드러내어 그 반동적 본질의 실체에 접근하고자 하였다. 이를 위해서 세도가문뿐만 아니라 이들과 함께 정국을 주도했던 大臣들을 몇 사람 추출하여 그들의 사상을 검토하는 방법을 취하였다. 이는 세도정치가 단순히 몇몇 世道 家門의 私的인 이해관계에 의해서만 전개된 것이 아니라 이 시기 지배층 일각의 사상 경향을 반영한 것임을 보이고자 하는 의도에서이다.

2. 18세기 蕩平政治의 성과와 한계

1) 탕평정치의 등장 배경과 蕩平論의 성격

탕평론은 당쟁의 폐단에 대한 지배층 일각의 자각의 산물이었다. 따라서 당쟁이 격화되기 시작하는 것과 함께 탕평도 논의되었다. 宣祖代에 '士林' 계열 官人·儒者들이 정국 주도권을 장악하자마자 東人·西人으로 분열하여 정치적 대립이 격화되자 李珥가 破朋黨論을 제기한 것이 그 출발점이었다.[7] 당시 이이의 파붕당론은 『經國大典』 체제의

업사, 2005 ; 金容欽, 『朝鮮後期 政治史 硏究 I』, 혜안, 2006.
  7) 鄭萬祚, 「朝鮮時代 朋黨論의 展開와 그 性格」, 『朝鮮後期 黨爭의 綜合的 檢討』, 韓國精神文化硏究院, 1992 ; 朴光用, 『朝鮮後期 '蕩平' 硏究』, 서울대 박사학위논문, 1994② ; 金駿錫, 앞의 논문, 1998② 등에서 모두 이이를 탕평론의 출발점으로 거론하고 있다.

모순으로 인해 조선 왕조국가가 직면한 제반 문제점을 극복하기 위한 更張論과 함께 제기되었는데, 당대에는 그 자체가 당쟁의 소용돌이에 휘말려들어 실효를 거두지 못하였다.8) 그렇지만 그가 파붕당론을 경장론의 전제로서 제기하였다는 것은 후대의 탕평론의 성격과 관련하여 눈여겨보아야 할 대목이었다.

이후 탕평론이 다시 제기된 것은 17세기 말 肅宗代였으며 탕평책이 본격적으로 추진된 것은 英祖代인 18세기 전반의 일이었다. 그 일차적인 계기는 물론 붕당간 대립이 격화된 것에 있었다. 17세기 내내 反正과 分黨, 處分과 換局 등으로 당쟁이 격화되면서 양반 지배층 자신의 위기의식은 고조되었다. 양반 지배체제 자체를 유지하기 위해서도 지배층 내부의 상호항쟁은 자제되어야 한다는 인식이 그 폭을 넓혀갔던 것이다. 그렇지만 이 시기에 탕평론·탕평책이 대두하게 된 보다 근원적인 배경은 새로운 정치이념·정치질서의 확립을 지향하는 아래로부터의 요구가 한층 넓게 형성되어 있었다는 점에 있었다. 그것은 바로 이 시기의 경제발전과 사회변동에 수반해서 성장하는 새로운 사회계층, 이와 반대로 몰락 失勢해 가는 기성 양반층, 그리고 流離逃散하는 광범한 농민층 일반에서 일어나는 정치적 기대와 불만이었다.9)

兩亂 이후 농업생산력의 발전과 地主制 확대로 농민층 분해가 촉진됨으로써 無土不農之民이 광범하게 창출되는 것과 함께 富民·饒戶로 불리는 經營型富農·庶民地主가 등장하였다.10) 18세기에 이르면서 이러한 현상은 더욱 현저해지고 이것이 수공업·광업·상업을 중심으로 한 유통경제의 발달과 연결되고 있었다. 성장하는 부농층과 私

---

8) 金容欽, 앞의 책, 2006, 45~63쪽 참조.

9) 金駿錫, 앞의 논문, 1998②, 259~263쪽 참조. 이하 이 부분의 서술은 이 논문에 크게 의존하였다.

10) 金容燮, 『增補版 朝鮮後期農業史硏究』II, 一潮閣, 1990 ; 金容燮, 『증보판 朝鮮後期農業史硏究』I, 지식산업사, 1995 ; 李景植, 「17세기의 土地開墾과 地主制의 展開」, 『韓國史硏究』9, 1973 참조.

匠・德大・富商大賈 등 상공인층을 중심으로 형성되는 이들 신흥계
층에게서는 자신들의 경제적・사회적 역할에 상응하는 사회의식이 싹
터서 정치적 기대나 요구로 분출되기 마련이었다. 이들 신흥 경제세력
의 대극에서 몰락 소외되는 계층의 정치적 불만은 보다 더 심각한 것
이었다. 예컨대 농촌 양반층에서 탈락한 閒遊者들은 물론, 토지에서
밀려난 賃勞動層을 비롯한 僧侶・才人・巫覡・白丁과 같은 사회 기
층민들이 현실에 불만을 품고 새로운 변화를 기대하고 있었다. 그런가
하면, 胥吏・武官・譯官 등 양반 정치의 외곽을 형성하는 중간층에서
도 그 나름의 변화를 바라면서 정치동향에 촉각을 곤두세우고 있었다.
  이들 정치적 불만 계층은 세력화해서 變亂을 일으키거나 政變에 가
담하고 있었다. 숙종대 甲戌換局에 中人・商人・庶孼이 가담한 것,[11]
都城 안에서 明火賊이 銀貨를 약탈한 사건, 노비들이 香徒契를 중심
으로 劍契・殺主契를 조직한 사건, 彌勒信仰과 연결된 승려・地師・
무당들이 대궐 침입을 기도한 사건, 광대 도적 張吉山 사건 등은 그러
한 사례에 해당된다.[12] 戊申亂(李麟佐의 亂, 1728)은 老論의 정치공세
로 위기에 몰린 少論 강경파와 일부 南人系 인사들이 이러한 지방의
정치 불만 계층을 규합하여 일으킨 대규모 정치 변란이었다.[13] 정부와
지배층에 의해 무신란은 일단 진압되었지만 사회저변의 저항적 분위

---

11) 鄭奭鍾, 『朝鮮後期社會變動研究』, 一潮閣, 1983, 79~130쪽 참조.
12) 鄭奭鍾, 위의 책, 1983, 22~78, 131~173쪽 ; 홍순민, 「17세기 말 18세기 초
    농민저항의 양상」, 『1894년 농민전쟁연구 2』, 역사비평사, 1992, 31~65쪽 참
    조.
13) 吳甲均, 「英祖朝 戊申亂에 관한 考察」, 『歷史敎育』21, 1977 ; 李鍾範, 「1728
    년 戊申亂의 性格」, 『朝鮮時代 政治史의 再照明』, 汎潮社, 1985 ; 鄭奭鍾,
    「영조 무신란의 진행과 그 성격」, 『조선후기의 정치와 사상』, 한길사, 1994 ;
    鄭豪薰, 「18세기 政治變亂과 蕩平政治」, 『韓國 古代・中世의 支配體制와
    農民』(金容燮敎授停年紀念韓國史學論叢 2), 지식산업사, 1997 ; 정호훈, 「18
    세기 전반 蕩平政治의 추진과 『續大典』 편찬」, 『韓國史研究』127, 2004① 참
    조.

기나 불만 세력의 움직임은 수그러들지 않았다. 凶書·掛書 事件이나
明火賊의 활동은 오히려 더 활발해졌으며 作變·放火의 횡행, 妖言·
訛言이나 秘記·圖讖說의 유포,『鄭鑑錄』 사상의 확산, 邊山賊·海浪
賊의 출몰, 그리고 '海島의 擧事陰謀'說 등등이 파다하였다.[14] 이로 인
한 양반 지배층의 위기 의식은 탕평책을 추진하는 견인차가 되었던 것
이다.

이와 같이 탕평론·탕평책은 이 시기의 사회변동과 역사발전의 방
향에 따라서 지배층 일각의 새로운 모색과 아래로부터의 기대를 일치
시켜 가는 가운데 제기되고 추진되었다고 할 수 있겠는데, 그것은 또
한 兩亂 이후 국가적 위기 타개를 위한 사상적 모색과 밀접하게 결부
되어 있는 것이기도 하였다. 兩亂期, 즉 胡亂을 전후한 17세기 전반기
가 '再造藩邦'論에서 '國家再造'論으로 이행되는 시기였다면,[15] 17세
기 후반 이후의 정치·사상적 지향은 크게 두 가지 흐름, 즉 '再造藩
邦' 논리의 연장선상에서 舊秩序·舊法制의 보수·개량에 의한 국가
재조를 생각하는 논의와 이에 반대하고 새로운 인식태도와 방법론을
모색하여 구래 法制의 전면적 改廢·變革에 의한 變法的 수준의 국가
재조를 구상하는 논의로 양립하게 되었다.[16] 전자가 兩班制와 地主制

---

14) 韓相權,「18세기 중·후반의 농민항쟁」,『1894년 농민전쟁연구 2』, 역사비평
   사, 1992, 67~107쪽 ; 韓相權,「18세기 前半 明火賊 활동과 정부의 대응책」,
   『韓國文化』13, 1992 ; 高成勳,『朝鮮後期 變亂硏究』, 동국대 박사학위논문,
   1993 참조.
15) 金駿錫, 앞의 논문, 1998① ; 金容欽, 앞의 책, 2006 참조.
16) 國家再造論의 개념과 논리 구조에 대해서는 다음의 여러 논고가 참고된다.
   金容燮,「朱子의 土地論과 朝鮮後期 儒者」,『延世論叢』21, 1985(앞의 책,
   1990, 388~423쪽 재수록) ; 金駿錫,『朝鮮後期 政治思想史 硏究-國家再造
   論의 擡頭와 展開』, 지식산업사, 2003 ; 白承哲,『朝鮮後期 商業史硏究』, 혜
   안, 2000 ; 吳永敎,『朝鮮後期 鄕村支配政策 硏究』, 혜안, 2001 ; 정호훈,『朝
   鮮後期 政治思想 硏究-17세기 北人系 南人을 중심으로』, 혜안, 2004 ; 具萬
   玉,『朝鮮後期 科學思想史 硏究 I』, 혜안, 2004 ; 원재린,『조선후기 星湖學
   派의 학풍 연구』, 혜안, 2004 ; 金容欽, 앞의 책, 2006.

를 유지·고수하기 위해 正統 朱子學에 충실한 宋時烈-韓元震 계통
의 입장이었다면 후자는 土地制度의 개혁을 포함한 지주제와 양반제
의 폐지 내지 억제를 지향하는 柳馨遠-李瀷 계통의 反朱子 내지 脫
朱子學의 입장이었다.

이와 같은 상호 대립적인 두 가지 계통의 국가재조론은 學淵·門地
·血緣과 관련된 정치적 사상적 처지에 따라서 형성되어 당색·정파
와 결합된 격렬한 대립으로 표출되었다. 17세기 후반의 西人과 南人의
대립, 18세기의 老論과 少論·南人의 대립은 그러한 사상적 차이를 반
영한 것이었다. 이러한 정치적 대립 과정에서 朱子道統主義가 확립되
어 정계와 사상계를 지배하였는데, 여기에 반발하는 일군의 官人·儒
者들에 의해 朱子學 政治論에 반대하는 蕩平論이 제출되었던 것이다.
따라서 탕평론은 국가재조론의 두 노선 가운데 진보·개혁적 입장의
정치론으로 규정할 수 있을 것이다.

사실 朱子學 政治論과 현실정치 사이의 모순은 이미 주자학이 정착
되는 과정에서부터 드러나고 있었다. 소위 '勳舊'와 '士林'의 갈등으로
표출된 '士禍'도 기실은 朱子學 名分論과 義理論에 기초한 朱子學 政
治論의 모순에 그 중요한 원인이 있었다.17) 즉 명분론과 의리론에 기
초한 주자학 정치론은 궁극적으로 在地士族의 입장을 반영하여 君主
權이 행사되는 것을 지향하였다. 그것은 이 시기에 君主聖學論으로 집
약되었으며, 官人·儒者들의 政治 言論을 통하여 극단적인 형태로 표
출되었다. '權歸臺閣', '政出多門', '朋黨的 행태의 등장' 등은 그러한
모순된 현실을 표현하는 말들이었다. 이에 대한 국왕과 집권 훈구세력
의 반발이 士禍로 나타난 것이었다.

朱子學 名分論과 義理論에 기초한 朱子學 政治論의 폐단과 모순은
士林세력이 정계를 장악한 宣祖代에는 東·西 分黨과 대립으로 표출

---

17) 김용흠, 「조선전기 훈구·사림의 갈등과 그 정치사상적 함의」, 『東方學志』
124, 2004 참조.

되었다. 선조대에 조정에서 이에 대해 가장 적극적으로 문제를 제기한
것은 栗谷 李珥였다. 明宗 末에서 宣祖 初에는 戚臣政治의 잔재 청산
에 진력하였던 그는 그 연장선상에서 中宗·明宗 年間 勳戚政治에 의
해 국가가 위기에 직면하였다고 진단하고 이를 해결하기 위한 방안으
로서 누적된 弊法의 改革, 즉 變通論을 강력하게 제기하였다.[18] 그는
선조대 士林이 집권한 뒤 이러한 폐정개혁에 앞장서지 않고 修身 위
주 義理論을 내세우면서 是非 논쟁에 몰두하여 士類의 분열을 조장하
는 정치 행태에 대해 매우 비판적이었다. 그는 우선 이러한 현상이 당
시 執權 官人·儒者 일반에게 治者로서의 責務意識이 결여되었기 때
문에 초래되었다 보고 大臣 주도의 責任政治를 역설하였다.[19] 그리고
東·西 分黨 사태에 직면해서는 '東正西邪'를 公論=國是로 내세우는
東人들을 비판하고, 兩是兩非論에 입각한 調劑保合論을 주장하였는
데, 그는 이러한 사림의 대립이 '浮議'에 의해 격화되었다고 보고 賢者
=大臣에게 '委任責成'해야만 '政在臺閣', '政在浮議'의 폐단을 극복하
고 '罷朋黨'을 실현할 수 있을 것이라고 주장하였다.[20]

李珥가 이처럼 破朋黨을 실현하고 變通=更張을 실천할 수 있는 관
건으로서 제기한 大臣 責任政治는 大臣이 百官을 통솔하여 '各執其
職'하게 함으로써 구현되는 것이었으므로 銓曹 郎官의 通淸權이나 自

18) 『栗谷全書』 卷3, 「玉堂陳時弊疏」(己巳), 民族文化推進會: 『標點影印 韓國
文集叢刊』 44책, 60~65쪽(이하 '叢刊 44-60~65'로 표기함), 25ㄴ(좌측면)~
35ㄱ(우측면, 이하 같음) ; 同, 「陳弭災五策箚」, 叢刊 44-65~67, 35ㄴ~39ㄴ.
19) 당시 治者로서의 責務意識의 결여에 의한 士類 일반의 無責任性에 대한 비
판은 李珥의 거의 모든 상소문에서 나타난다. 『栗谷全書』 卷3, 「陳弭災五策
箚」(己巳), 叢刊 44-66, 36ㄴ~37ㄱ ; 同 卷5, 「辭直提學疏 三疏」(癸酉), 叢刊
44-94, 5ㄴ ; 同, 「玉堂陳戒箚」(癸酉), 叢刊 44-95, 7ㄴ ; 同, 叢刊 44-96, 9ㄱ
; 同, 叢刊 44-97, 10ㄴ ; 同, 「萬言封事」(甲戌), 叢刊 44-101, 18ㄴ~19ㄴ,
'臣鄰無任事之實' 항목 ; 同, 44-105, 26ㄱ.
20) 『栗谷全書』 卷7, 「陳時弊疏」(壬午), 叢刊 44-146, 29ㄱ~ㄴ, '政亂於浮議者
何謂也' ; 同, 叢刊 44-149, 35ㄱ ; 同 卷4, 「論朋黨疏」(壬申), 叢刊 44-87, 39
ㄱ, "殿下以罷朋黨之責 委重於大臣".

薦制를 폐지하라고 주장하는 것은 지극히 자연스러운 일이었다.[21] 또한 그의 이러한 주장이 治者의 責務意識에 기초하고 있었으므로 臺諫의 呈病을 억제하고 避嫌하는 관행을 금지하여 官職久任論을 제기한 것도 같은 맥락에서 나온 주장이었다.[22]

李珥의 이러한 破朋黨論과 更張論은 仁祖反正 이후에는 李貴와 崔鳴吉 등 主和論 계열 官人들에 의해 확대·발전되었다. 반정 직후 가장 정력적으로 變通 指向 經世論을 주장하였던 李貴는 責任論에 입각한 政治的 現實主義의 입장에서 기존의 붕당을 인정하면서도 黨色을 떠나 '재능에 따른 인재 등용(隨才收用)', 즉 調劑論을 주장하였다. 이귀의 破朋黨論은 인물 등용의 기준을 變通 指向 經世論에 둠으로써 調劑論이 調停論으로 빠져드는 위험성을 극복하고자 하였다. 인물 등용의 기준을 經世에 두고 그것을 責任있게 수행할 수 있는 賢者·能者에게 믿고 맡겨야 한다는 이귀의 '得賢委任'論은 최명길의 大臣責任論을 골자로 한 官制變通論으로 구체화되었다.[23]

崔鳴吉의 官制變通論은 趙光祖에서 李珥를 거쳐 李貴로 이어지는 士林 계열 變通論의 계보를 이은 것이었으며, '國事와 民事의 일치를 추구하는 保民論'의 발현이기도 하였다. 이것은 최명길보다 한 세대 뒤 宋時烈이 趙光祖에서 李珥를 거쳐 金長生으로 이어지는 士林 계열 義理論을 계승한 것과 대비된다.[24] 大臣責任論에 기초한 최명길의

---

21) 『栗谷全書』 卷8, 「辭吏曹判書 三啓」(壬午), 叢刊 44-169, 13ㄴ~14ㄱ.
22) 李先敏, 「李珥의 更張論」, 『韓國史論』 18, 서울대 국사학과, 1988, 246~247쪽 참조. 趙光祖에서 李珥로 이어지는 이러한 大臣 責任論은 鄭道傳의 宰相政治論과는 구별된다. 양자는 모두 大臣=宰相을 정치의 중심으로 삼는 점에서는 동일하지만 정도전의 宰相政治論은 삼사의 권한이 활성화되기 전에 나온 것이었으므로 신권론의 발현이었다고 한다면 조광조와 이이의 대신 책임론은 삼사의 권한이 군주권을 위협하는 상황에서 나온 것이었으므로 오히려 왕권론으로 발현하였다는 점에서 결정적으로 다르다.
23) 金容欽, 「遲川 崔鳴吉의 責務意識과 官制變通論」, 『朝鮮時代史學報』 37, 朝鮮時代史學會, 2006① 참조.

官制變通論은 송시열의 世道宰相論과 유사한 듯이 보이지만 중요한
차이점이 있었다. 송시열이 兩亂 이후 지배층 일반에 만연한 위기의식
을 배경으로 하여 君主聖學論에 입각한 論相說·世道宰相論을 제기
한 것은 잘 알려진 사실이다.[25] 그 역시 군주가 '賢相'을 얻어서 백관
을 통솔할 책임을 부여하여 '委任責成'하게 할 것을 주장한 것은[26] 최
명길 등의 주장과 유사해 보인다. 그러나 송시열의 세도재상론이 '復讐
雪恥'라는 春秋義理=尊周義理의 실현을 목적으로 하고 있지만 崔鳴
吉 등의 大臣責任論은 '國事와 民事의 一致를 추구하는 保民論'에 입
각한 變通·更張의 실현을 지향한다는 점에 결정적 차이가 있었다.

또한 송시열의 그것이 사실상 士林의 '領袖'를 '世道'宰相으로 설정
함으로써 朋黨肯定論에 기초한 君子一朋黨論을 지향하는 것에 대해
서 최명길 등의 그것은 破朋黨을 大臣의 責務로 규정하여 破朋黨論
을 지향한 점도 중요한 차이점이다. 무엇보다도 송시열의 그것이 政務
의 全權을 宰相에게 위임할 것을 요구하는 臣權論의 입장이었다면 최
명길의 그것은 군주의 최종 정무 재결권을 인정하고 大臣이 자신의 정
책에 대해서 군주에게 책임을 지는 王權論의 입장이라는 점도 간과할
수 없는 차이점이다. 따라서 송시열은 公議·公論·公論政治의 대표
자로서 世道宰相을 설정하고 있었으므로 삼사 언론의 문제점에 대한
인식이 결여되어 '官制의 變通'을 주장할 필요를 느끼지 않았지만 최
명길 등에게서는 義理論에 기초한 三司의 무책임한 政治 言論을 규제
해야만 大臣 責任政治를 실현하여 王權을 강화시킬 수 있을 것으로
보았으므로 官制變通論을 제출하게 된 것이었다.

---

24) 李俸珪, 「조선 성리학의 전통 속에서 본 송시열의 성리학 사상」, 『韓國文化』
   13, 서울대 한국문화연구소, 1992, 437~439쪽 참조.
25) 金駿錫, 앞의 책, 2003, 272~283쪽 ; 도현철, 「17세기 주자학 도통주의의 강
   화와 지주제 유지론」, 『조선후기 체제변동과 속대전』, 혜안, 2005, 112~117
   쪽.
26) 『宋子大全』 卷5, 「己丑封事」(8月), 叢刊 108-195~196, 18ㄴ~19ㄱ.

이와 같이 최명길 등의 大臣 責任論은 송시열의 世道宰相論과 유사해 보이지만 變通論·破朋黨論·王權論 대 義理論·君子―朋黨論·臣權論으로 그 지향점을 분명하게 달리하고 있었다.[27] 이것은 이들이 모두 趙光祖에서 李珥로 이어지는 西人 계열 朱子學 政治思想을 계승하고 있으면서도 17세기의 '國家再造' 방략과 관련하여 이들의 朱子學 政治論이 서로 다른 두 방향으로 分化되고 있음을 분명하게 보여준다. 그리고 孝宗·顯宗 연간에는 '反淸斥和'를 기치로 삼는 對明義理論의 본영이었던 西人 山林 계열 내부에서도 兪棨·尹宣擧 등에 의해 大臣責任論에 입각한 變通論이 제기되어 宋時烈 등과 갈등을 빚고 있었다.[28] 肅宗代 西人이 老論과 少論으로 분화된 배경에는 이와 같은 주자학 정치론의 분화에 그 근본 원인이 있었던 것이다.

仁祖代 李貴·崔鳴吉 등에 의해 주장된 變通論·破朋黨論·王權論에 기초한 大臣責任論은 肅宗代 朴世堂·朴世采·崔錫鼎 등에 의해 蕩平論으로서 제출되었다.[29] 이들은 숙종대 換局政治期를 살면서 西人과 南人, 그리고 老論과 少論 사이에 격화되는 소모적 정치투쟁을 해소하기 위한 방안으로서 이를 주장하였던 것인데, 여기에는 정치의 중심 과제를 變通 指向 經世論에 두어야 한다는 전제가 깔려 있었다. 그리고 그 방향은 兩班制와 地主制의 폐단을 극복하고 위기에 처한 國家와 民生을 동시에 구제하기 위한 '國事와 民事의 일치를 지향

27) 송시열의 義理論·君子―朋黨論·臣權論에 대해서는 金駿錫, 앞의 책, 2003, 228~301쪽 참조.
28) 김용흠, 「17세기 정치적 갈등과 주자학 정치론의 분화」, 『조선후기 체제변동과 속대전』, 혜안, 2005 참조.
29) 朴世采가 李貴의 저술인 『李忠定公章疏』에 序文을 써서 그 '經濟之術'과 '事功'을 높이 평가한 것(『南溪集』卷66, 「忠定公章疏序」(辛酉 6월 8일), 叢刊 140-359~360), 그리고 朴世采이 崔鳴吉의 禮論과 主和論에 공감한 것(『西溪集』卷11, 「領議政完城府院君崔公神道碑銘」, 叢刊 134-230, 40ㄴ) 등은 그 사상적 동질성을 의미한다고 볼 수 있다. 崔錫鼎은 崔鳴吉의 손자이다.

하는 保民論'을 구현해야 한다는 것으로 모아져 있었다.[30] 탕평론이
국가재조론의 두 노선 가운데 진보·개혁적 입장의 정치론으로 규정
되는 소이는 여기서도 찾아볼 수 있다.

2) 英·正祖代 蕩平政治와 改革의 좌절

영조대 탕평책에 가장 직접적인 영향을 끼친 것은 朴世采의 皇極蕩
平論이었다.[31] 박세채는 顯宗代 禮訟을 이어서 肅宗代 換局으로 붕당
단위의 黜陟이 반복되는 정치적 파행을 극복하기 위해서는 붕당 간의
'調劑保合'이 요구된다고 보고 '惟才是用'에 의한 인재 등용을 주장하
였다.[32] 그는 이와 함께 李珥·成渾의 變通論은 물론이고, 李貴의 軍
政變通論, 崔鳴吉의 官制變通論, 趙翼의 공교육 강화론 등 仁祖代 西
人 주화론 계열의 변통론을 모두 제기하면서,[33] 李珥가 제안한 '經濟

---

30) 인조대 變通 指向 經世論의 성격에 대해서는 金容欽, 「17세기 前半 經世論
   의 두 경향」, 『역사문화연구』 24, 한국외국어대 역사문화연구소, 2006② 참조.
31) 영조대 탕평책에 대해서는 다음을 참조. 鄭萬祚, 「英祖代 初半의 蕩平策과
   蕩平派의 活動」, 『震檀學報』 56, 1983 ; 崔完基, 「英祖朝 蕩平策의 贊反論
   檢討」, 『震檀學報』 56, 1983 ; 朴光用, 「蕩平論과 政局의 變化」, 『韓國史論』
   10, 서울대, 1984 ; 朴光用, 「英·正祖代 南人勢力의 위치와 西學政策」, 『한
   국교회사논문집』 II, 한국교회사연구소, 1985 ; 鄭萬祚, 「英祖代 中半의 政局
   과 蕩平策의 再定立」, 『歷史學報』 111, 1986 ; 朴光用, 앞의 논문, 1994② ;
   朴光用, 「영조대 탕평정국과 왕정체제의 정비」, 『한국사』 32, 국사편찬위원
   회, 1997 ; 정호훈, 앞의 논문, 1997 ; 金駿錫, 앞의 논문, 1998② ; 정호훈, 앞
   의 논문, 2004①.
32) 朴世采에 대해서는 다음 논문 참조. 姜信曄, 「朝鮮後期 南溪 朴世采의 禮治
   論」, 『慶州史學』 9, 1990 ; 「17世紀 後半 朴世采의 蕩平策」, 『東國歷史教育』
   2, 1990 ; 鄭萬祚, 앞의 논문, 1992 ; 鄭景姬, 「肅宗代 蕩平論과 '蕩平'의 시
   도」, 『韓國史論』 30, 서울대 國史學科, 1993 ; 朴光用, 앞의 논문, 1994② ; 禹
   仁秀, 「朝鮮 肅宗朝 南溪 朴世采의 老少仲裁와 皇極蕩平論」, 『歷史教育論
   集』 19, 1994 ; 정경희, 「17세기 후반 '전향 노론' 학자의 사상」, 『역사와 현실』
   13, 1994 ; 金成潤, 『朝鮮後期 蕩平政治 研究』, 지식산업사, 1997, 54~76쪽 ;
   金駿錫, 앞의 논문, 1998②.

司'를 설치하여 이와 같이 개혁한 제반 법과 제도를 法典으로 편찬하
자고 주장하였다. 이른바『續大典』편찬론이었다.34) 영조대에는 박세
채 문인이기도 했던 趙文命·趙顯命 등이 老論의 집요한 반발에도 불
구하고 이를 적극 실천에 옮기고자 하였다.

18세기 전반에 이러한 영조의 탕평책에 반대한 노론의 논리를 대표
한 것은 宋時烈의 世道政治論과 이를 계승한 韓元震의 老論 專權政
治論이었다. 송시열은 朋黨 사이의 상호견제나 保合調劑를 일체 거부
하고 오직 西人－老論만이 유일한 正黨='君子黨'이라는 관점에서 南
人·少論을 小人으로 몰아 일방적인 해체와 승복을 요구하였다. 즉 양
반 지배층은 老論 一色으로 결집하고 그 가운데서 덕망 있는 宰相을
세워서 世道政治를 실현해 가야 한다는 정치운영 구상이었다. 이를 계
승한 한원진은 朱子學 名分論과 義理論을 송시열 못지 않게 자기 논
리로 수용하여 少論을 亂臣賊子로 몰아 규탄함으로써, 소론을 영조와
노론의 共同敵으로 규정하고 영조와 노론의 동지적 입장을 확증하려
하였다. 그는 老·少 分黨을 尹拯의 송시열에 대한 배반 행위로 규정
한 背師說, 景宗·英祖의 왕위계승 과정을 둘러싼 老·少 對立을 소
론의 반역·패륜 행위로 몰아간 忠逆 是非 등을 통해서 이것을 논증
하였다.35)

즉위 초기에 老·少論 사이의 忠逆是非에 휘말려 환국적 정국운영
에 내몰렸던 영조는 戊申亂을 계기로 하여 적극적으로 蕩平策을 추진
하였다. 그는 우선 朱子學 名分論과 義理論에 기초한 신료들의 정치
공세에 대응하기 위한 논리로 尊王論, 君師論을 내세웠다. 尊王論은

---

33) 李貴의 軍政變通論, 崔鳴吉의 官制變通論에 대해서는 金容欽, 앞의 책,
   2006 참조. 趙翼의 공교육 강화론에 대해서는 金容欽, 「浦渚 趙翼의 學問觀
   과 經世論」,『韓國 實學의 새로운 摸索』, 景仁文化社, 2001 참조.
34)『南溪集』卷12, 「陳時務萬言疏」, 叢刊 138-230~254 ; 정호훈, 앞의 논문,
   2004 참조.
35) 金駿錫, 앞의 책, 2003, 474쪽 참조.

尊周論을 차용한 것이었는데, 尊周論은 朱子學 名分論과 義理論에 입각하여 중국과 조선의 국제 관계를 규정하는 핵심적인 논리로[36] 세도정치론의 이론적 바탕을 이루고 있었다. 영조가 이러한 존주론 대신 존왕론을 내세운 것은 현실의 君主와 그 계통을 강조하려는 의도에서 나온 것이었음은 물론인데, 여기에는 天理의 절대 이념을 떠나서 現實의 形勢 또는 力關係를 중시하는 발상이 가로놓여 있었다.[37] 즉 이는 주자학 명분론과 의리론을 절대화하면서 군주권을 견제하고자 하는 군주성학론을 비롯한 신료 일반의 신권 중심 정치론에 대한 대응 논리이기도 하였다.

君師論은 군주를 의리의 창조자이며 주도자로 적극 규정함으로써 山林을 중심으로 이루어지는 黨論을 '自作義理'로 규정하여 부정하고 군주가 제시하는 의리가 표준적 규범임을 주장하는 논리였다. 禮說과 斯文 是非 때문에 당론이 생겼고, 이로 인해 老·少論 사이에 景宗代의 辛壬獄事나 戊申年의 변란이 발생하였다고 보고, 군주 스스로가 士夫·學人의 스승으로서 정치의 기본원리·의리를 창출하여 제시하여야만 그 같은 일이 종식될 수 있다고 보았다.[38] 영조는 君師論에 의거하여 각 붕당에서 내세우는 義理나 禮說·斯文 是非는 물론 士論·淸議까지도 모두 배척함으로써 붕당의 폐단을 뿌리뽑고, 斯文의 맥, 世道의 기본 질서는 국왕이 정하겠다는 의지를 과시하였다.[39] 즉 사림

---

36) 朝鮮後期 尊周論의 구조와 내용에 대해서는 정옥자, 『조선후기 조선중화사상 연구』, 일지사, 1998 참조.

37) 정호훈, 앞의 논문, 2004①, 85~87쪽 참조.

38) 朴光用, 앞의 논문, 1984 ; 정호훈, 앞의 논문, 2004①, 88~89쪽 참조.

39) 『英祖實錄』卷103, 英祖 40년 甲申 5월 丁丑, 國史編纂委員會 간행 『朝鮮王朝實錄』영인본 44책 168쪽(이하 '44-168'로 줄임), "噫 彼東西 起於郎通 噫彼大小 分於義理 噫彼南西 激於禮說 噫彼老少 痼於斯文 一轉再轉 三轉四轉 初則互相斥以賢邪 末則互相加以忠逆 醸成千古所無之戊申亂逆. 噫 泰耆之爲泰耆 欲掩彼先正 此先正甘作領袖 眞儒之爲眞儒 挺身一對 同歸鏡夢 戊申勘亂錄後 其若懲創 豈有乙亥 闡義昭鑑. 嗚呼 閉閤却膳 古豈有之 而吁

정치를 막후에서 사실상 주도해 온 山林의 義理主人으로서의 역할을
부정하고 이를 군주 자신이 대신하여 군주권을 강화시킴으로써 당쟁
을 종식시키겠다는 의도의 표현이었다.

영조는 이와 같은 尊王論과 君師論에 의거하여 肅宗·景宗 연간의
西人·南人, 老論·少論의 대립을 해소하고 調劑保合에 의한 정국운
영을 밀고 나가려 하였다. 정책 과정에서 서로 반대되는 논의를 하나
로 묶어 처리하는 '兩治兩解', 人事에서 양편의 인물을 함께 추천하는
'雙擧互對'의 원칙을 마련한 것은 이러한 탕평 정국의 구체적 운영 방
식이었다. 景宗代 老·少論 사이의 대립으로 빚어진 忠逆 義理 是非
에 대해서는 擇君說과 '三黨俱逆'論에 의거하여 각 당파의 의리를 부
정하는 것으로 대응하였다.[40]

그리고 주자학 명분론과 의리론에 기초한 士林政治·公論政治의
폐단을 개혁하기 위해 제기된 崔鳴吉의 官制變通論을 계승·발전시
킨 柳壽垣의 주장을 받아들여 吏曹 郎官의 通淸權과 翰林의 會薦權
을 파기하고 大臣 責任政治를 구현하고자 하였다.[41] 아울러 박세채의
『續大典』편찬론을 수용하여 이를 실천에 옮김으로써 公論政治 대신
'法治'의 이념과 방법을 강화하고자 하였다.[42] 이러한 일들은 老論 反
蕩平派의 집요한 정치 공세와 반대 공작에도 불구하고 少論 蕩平派와
영조의 탕평책이 이루어낸 성과로 평가할 수 있을 것이다.

經世論의 측면에서는 오랜 논쟁을 거듭해 오던 軍役制 釐正 문제가
均役法으로 타결되었는데, 이는 李光佐·趙顯命 등 소론 탕평파가 反
改革 세력에 맞서 良役變通을 집요하게 제기한 결과였다.[43] 그것은

嗟予心 陟降昭臨 物極則反 理之常也……噫 今則於老於少於南於北 其皆聯
章 咸曰濊舊 時不可踰 機不可誤".

40) 『英祖實錄』卷33, 英祖 9년 癸丑 正月 辛丑, 42-328 ; 甲辰, 42-330.

41) 朴光用, 「蕩平論의 展開와 政局의 變化」, 『朝鮮時代 政治史의 再照明』, 汎
潮社, 1985, 347, 354쪽 참조.

42) 정호훈, 앞의 논문, 2004① 참조.

소론 탕평론의 調劑保合에 의한 破朋黨論이 變通 指向 經世論을 실현시키기 위한 수단으로서 제기되었다는 그 연원에 비추어 보아서 지극히 자연스러운 일이었다. 영조 역시 자신의 탕평책의 중요한 구성요소로 吏郎·翰林·均役·山林을 거론하고 있는 것은 탕평책이 단순한 정국 운영론에 머무는 것이 아님을 분명하게 의식하고 있었다고 보아야 할 것이다.[44] 균역법이 비록 그 긴 논의 과정에 비해서는 그 개혁성이 크게 후퇴한 것이었지만, 그렇더라도 그것은 均平과 大同이라는 아래로부터의 요구를 일정하게 수용하여 '國事와 民事의 일치를 지향하는 保民論'을 구현하였던 것이다.

이러한 성과에도 불구하고 영조대 탕평책은 많은 한계를 또한 노출시켰다. 우선 무엇보다도 그의 尊王論과 君師論이 朱子學 義理論을 원용한 것이라는 점에 이미 그 한계는 내재되어 있었다. 敎化·義理의 의의와 忠孝 윤리의 봉건적 성격을 그대로 수용하고 있는 점, 그것을 華夷的 세계관의 기본틀인 尊周論에 맞추어 제기한 점 등이 바로 그것이다. 이는 왕권의 정통성과 관련된 忠逆 是非에서 그가 노론의 집요한 공세에 말려들 수밖에 없었던 중요한 요인으로 간주된다. 이로 인해 擇君說과 三黨俱逆論에 의거하여 각 붕당의 의리를 모두 부정하였던 己酉處分(1729)으로부터 후퇴하여, 辛壬獄事에 자신이 관련되어 있다는 혐의를 벗어나는 대가로 庚申處分(1740)과 辛酉大訓(1741)에 의해 노론의 忠逆 義理를 일방적으로 인정할 수밖에 없었다.[45]

그리고 이에 대해 반발하는 소론 당인 수백여 명을 尹志의 羅州掛書事件을 계기로 하여 처벌한 乙亥獄事(1755년)에 이르면 영조의 탕

---

43) 朴光用, 앞의 논문, 1994②, 97쪽 참조.
44) 『英祖實錄』 卷107, 英祖 42년 丙戌 10월 庚申, '44-232', "上曰 吏郎翰林均役 山林 予守固矣". 영조는 균역법을 시행하는 것을 '大同之政'으로 부르고 있었다(『英祖實錄』 卷71, 英祖 26년 庚午 7월 癸卯, 43-374, "敎曰……初意其 欲除良民之苦 行大同之政 而因其掣肘 至於減定").
45) 鄭萬祚, 앞의 논문, 1986 참조.

평책은 형해화 되었다고 보아야 할 것이다.46) 이후에는 皇極蕩平說에
근거한 調劑保合이 아니라 왕권과 군신의리에 의거한 정파의 이합과
개편이 '蕩平'이라는 이름 아래 거듭되었다. 그리하여 영조대 후반에는
소수의 老·少論 완론 탕평론자를 제외하면 영조와 그 측근의 척족들
만이 탕평정국의 대세를 가름하는 주도 세력으로 남게 되었다. 그리고
이를 견제하는 세력으로는 노론계 여러 정파를 범주로 하는 이른바
'淸明黨'의 존재가 고작이었다.47) 그리하여 이 시기에는 노론의 辛壬
義理가 절대화되는 가운데 송시열-한원진 계열의 世道政治論이 관
철되어 갔으며, 1762년 영조는 이에 대해 반발하는 代理聽政하던 왕세
자를 처단하는 심각한 대가를 치러야만 했다(壬午禍變).48) 이와 같이
노론의 특정 분파에 의해 권력이 독점되고 義理論 위주의 정국운영이
가속화되자 영조는 乙亥獄事에 이은 노론의 집요한 공세로 관작이 추
탈된 李光佐·趙泰億·崔錫恒의 관작을 회복시키는 것으로 이러한
흐름을 저지해 보려 하였지만 역부족이었다.49)

또한 영조의 탕평책이 老·少論의 調劑保合을 추구하였지만 忠逆
義理 是非가 정국운영의 중심을 이루다보니 變通 指向 經世論을 구
현하기 위한 진정한 의미의 調劑論이 아니라 老·少論을 안배하는 調
停論에 머문 것도 중요한 한계였다.50) 이것은 영조대 사회경제적 개혁
이 미온적으로 처리될 수밖에 없었던 결정적 요인이 되었다. 경세론의
측면에서 볼 때 당시에는 鄭齊斗·李瀷·柳壽垣 등에 의해 토지개혁
론으로서 限田論이 제론되고,51) 소론의 梁得中, 남인의 吳光運 등에

---

46) 李相培, 「英祖朝 尹志掛書事件과 政局의 動向」, 『韓國史硏究』76, 1992.
47) 金駿錫, 앞의 논문, 1998②, 283쪽 참조.
48) '壬午禍變'의 배경과 경위에 대해서는 崔鳳永, 「壬午禍變과 英祖末·正祖初
   의 政治勢力」, 『朝鮮後期 黨爭의 綜合的 檢討』, 韓國精神文化硏究院, 1992
   참조.
49) 『英祖實錄』卷119, 英祖 48년 壬辰 8월 甲申, 44-434 ; 11월 庚戌, 44-441.
50) 調劑論과 調停論을 朋黨打破論과 朋黨肯定論으로 구별하여 접근한 논고로
   서는 金容欽, 앞의 책, 2006, 109~120쪽 참조.

의해서는 柳馨遠의 『磻溪隨錄』이 개혁의 지침서로 활용되는 상황에서,52) 양역변통론이 균역법이라는 지극히 타협적인 형태로 귀결된 것도 영조 탕평책의 한계를 반영한 것이라고 말하지 않을 수 없다.

正祖의 탕평책은 英祖 탕평책의 이러한 한계에 대한 반성적 자각 위에서 추진되었다.53) 영조 못지않게 어려운 여건 속에서 조부인 영조로부터 왕위를 승계한 정조는 개혁을 거부하는 다수 신료들에 의해 둘러싸인 상태에서도 탕평책 추진을 통해서 變通 指向 經世論을 정치의 중심 문제로 끌어들이는 수완을 발휘하였다. 이를 위해서 국왕 정조는 朱子學 義理論은 물론이고, 儒學의 權道論, 明代의 陽明學, 淸朝의 考證學, 老莊思想, 심지어는 西學까지도 폭넓게 섭렵하면서 학문적으로 천착하였을 뿐만 아니라 生父 사도세자의 죽음에 얽힌 壬午義理마저도 적대 세력을 견제하고 제압하는 수단으로 활용하는 철저한 면모를 보였다.

우선 정조는 정국운영의 지향점으로서 개혁정책을 전면에 내세웠다. 정조 2년 6월에 반포된 「大誥」가 바로 그것이었다. 여기서 정조는 民

---

51) 金容燮, 앞의 책, 1990, 435~439쪽 참조.
52) 金成潤, 앞의 책, 1997, 76~93쪽 참조.
53) 정조대 탕평책에 대해서는 다음을 참조. 鄭玉子, 「正祖의 抄啓文臣敎育과 文體反正」, 『奎章閣』 6, 서울대, 1982 ; 朴光用, 앞의 논문, 1984·1985 ; 鄭奭鍾, 앞의 논문, 1985 ; 鄭玉子, 『朝鮮後期文化運動史』, 一潮閣, 1988 ; 朴光用, 「正祖 연간 時僻黨爭論에 대한 재검토」, 『韓國文化』 10, 서울대, 1990 ; 裵祐成, 「正祖年間 武班軍營大將과 軍營政策」, 『韓國史論』 24, 서울대, 1991 ; 李泰鎭, 「正祖의 『大學』 탐구와 새로운 君主論」, 『李晦齋의 思想과 그 世界』, 成均館大 大東文化硏究院, 1992 ; 薛錫圭, 「정조의 政治運營論」, 『朝鮮史硏究』 1, 1992 ; 李泰鎭, 「正祖-儒學的 계몽 절대군주」, 『韓國史 市民講座』 13, 一潮閣, 1993 ; 朴光用, 앞의 논문, 1994② ; 朴光用, 「정조대 탕평정국과 왕정체제의 강화」, 『한국사』 32, 국사편찬위원회, 1997 ; 金駿錫, 앞의 논문, 1998② ; 유봉학, 「정조시대 정치론의 추이」, 『정조시대의 사상과 문화』, 돌베개, 1999 ; 박현모, 『정치가 정조』, 푸른역사, 2001 ; 유봉학, 『정조대왕의 꿈』, 신구문화사, 2001.

産·人才·戎政·財用의 네 가지 항목으로 당시의 개혁 과제를 요약
하였는데 조선후기 봉건사회의 기본모순인 토지 문제를 가장 심각한
문제로서 제기하였다. 그리고 각 항목과 관련하여 제도의 폐단을 극론
하고 '懋本'·'懋實'의 원칙에 입각한 제도 개혁의 필요성을 천명하였
다.54) 실로 正祖는 토지개혁을 포함한 봉건제도의 제반 모순에 대한
개혁을 정치의 목표로서 천명한 조선왕조 유일의 군주였다고 하겠다.
   다음 정조는 이러한 자신의 개혁의지를 朱子學 義理論과 道統說에
입각하여 정당화하였다. 그는 조선후기 개혁정치의 대척점에 서 있는
정통 주자학자인 송시열을 추숭하는 사업을 국가 사업으로 추진하고
주자학을 '正學'으로 규정하여 연구·보급에 앞장서서 학자 군주로서
의 면모를 과시하였다.55) 또한 그는 여기서 한발 더 나아가 儒敎의 유
구한 道統을 국왕 자신이 계승한다는 논리를 세웠다. 君主道統說이
그것이었다.56) 山林 대신 義理主人을 자처하고 '萬川明月主人翁'임을
천명하는 발상도 같은 맥락이었다.57) 이는 孔子 이래 道學과 政治가
두 갈래로 나뉘어졌고, 그 때문에 理想社會, 즉 王道政治가 실현될 수
없었으므로 斯文=朱子學의 과업은 갈라진 두 길을 하나로 합하는데
두어야 한다고 확신하는 朱子와 宋時烈의 열망을 정조 자신이 체현한
다는 의미를 띠고 있었다. 말하자면 영조의 尊王論이 君師와 先師를
겸행하는 것에 초점을 두었다면 정조는 도학과 정치의 일치를 구현하
는 임무를 스스로 짊어지겠다고 나선 것이었고, 그럼으로써 군주의 전
제권이 주자학의 道統的 지위를 압도하는 초월적 존재임을 천명하려

---

54) 『正祖實錄』卷5, 正祖 2년 戊戌 6월 壬辰, 45-27.
55) 金文植, 『朝鮮後期 經學思想硏究』, 一潮閣, 1996, 39쪽 ; 김문식 編, 「정조의
    주자서 편찬과 그 의의」, 『정조시대의 사상과 문화』, 돌베개, 1999 ; 金文植,
    『정조의 경학과 주자학』, 문헌과 해석사, 2000 ; 김준석, 「『朱書百選』의 번역
    에 붙임」, 『朱書百選』, 혜안, 2000 참조.
56) 정조의 君主道統說에 대해서는 金成潤, 앞의 책, 1997, 200~210쪽 ; 金駿錫,
    앞의 논문, 1998② 참조.
57) 李泰鎭, 앞의 논문, 1993 참조.

는 의도였다. 정조는 이러한 초월적 군주권에 입각하여 전반적인 제도 개혁을 蕩平의 '大義理'로서 추진하려 하였다.[58] 여기서 그가 말하는 '義理'는 각 붕당의 의리가 아니라 개혁의 의리를 말하는 것으로 보아야 할 것이다.[59]

셋째로 정조는 개혁을 반대하는 압도적 다수의 신료들에 둘러싸인 상태에서 제반 제도 개혁을 정치의 중심 문제로 끌어들이기 위해 調停

58) 『正祖實錄』卷1, 正祖 즉위년 丙申 5월 丙戌, 44-580, "蕩平不害於義理 義理不害於蕩平 然後方可謂蕩蕩平平之大義理. 今予所言 卽義理之蕩平 非混淪之蕩平也".

59) 朴光用과 유봉학은 모두 위의 사료를 근거로 정조의 蕩平論을 '義理' 蕩平論으로 규정하고 있는데, 박광용은 그것이 각 붕당의 의리를 인정하는 것은 아니며 士林政治와는 다른 것으로 보았다면(朴光用, 앞의 논문, 1994, 192~193쪽), 유봉학은 그것을 각 붕당의 의리를 인정하는 것으로 본 것(유봉학, 앞의 논문, 1999)이 서로 다르다. '붕당의 의리'를 인정한다면 '蕩平'은 불가능하다고 보아야 할 것이다. 따라서 '의리' 탕평론이라는 용어는 재고를 요한다고 생각된다. 그리고 그 근거로 제시한 주 58)의 사료의 앞부분에서 均役·蕩平·濬川 세 가지를 영조의 업적으로 들고 있는 것을 보면("先大王事實 則均役蕩平濬川也. 蕩平爲五十年大政 而說去之際 若只書蕩平二字 不無混淪之嫌"), 均役과 濬川과 같은 '事功', 즉 개혁정치를 탕평의 목표로 간주하였다고 생각되며 이것을 '蕩蕩平平之大義理'로 규정하고, 이것과 괴리된 영조 말년의 '탕평'을 빙자한 노론 전권 정치를 '混淪之蕩平'이라고 비판한 것으로 해석하는 것이 보다 합리적이다. 정조는 朱子學 義理論에 의거한 君主道統論으로 초월적 君主權을 합리화하였을 뿐만 아니라 신료들에게 개혁정치에 동참을 촉구할 때에도 마찬가지 논리를 동원하였다(『正祖實錄』卷16, 正祖 7년 癸卯 10월 己卯, 45-401, "先朝五十年御極之化 幾乎混物我 齊彼此 政敎之美 功化之盛 求諸千古而罕有 質諸百世而不疑. 其政令之因革 規模之宏遠 彷彿三代之損益 則大聖人作爲 尙矣無論 而逮予否德 叨承丕基 所遵守者 先王之法 所模範者 先王之治也. 然而試看今日 風習不古 趨向漸乖 非但黨論之難祛 甚至忠逆之立判 無論東西黑白 其勢之難合 殆如水火氷炭之不侔 而擧皆急於功名 銳於進取 不念先公之義 只憑營私之計 其居家立朝規模 惟以不言二字 橫着肚裏 不分是非 不辨曲直 看作能事. 如是而尙何望淬礪名節 奮發事功耶"). 끝 부분의 '名節을 단련하여 事功에 분발하게 한다(淬礪名節 奮發事功)'는 표현은 그것을 잘 보여준다.

論은 물론이고, 以熱治熱·大乘氣湯 등과 같은 극단적인 통치술을 통하여 적대 세력인 노론 벽파를 포용하면서 견제하고 개혁정책으로 견인하려 하였으며, 때로는 채찍과 당근을 병용하여 최소한 개혁에 반대하지 못하도록 묶어두는 정치적 수완을 발휘하였다.60) 또한 정조대 각종 역모사건에 연루된 恩全君 李燦, 恩彦君 李裀, 和緩翁主(정조의 고모, 鄭致達의 妻)의 처벌 문제에 대해서는 權道論으로 대응하였다.61) 특히 자신의 生父 思悼世子의 죽음과 관련된 壬午義理조차도 적대세력을 위협하고 견인하는 수단으로 활용하면서 이를 權道論으로 합리화였다.62)

넷째로 정조는 영조의 관제개혁을 계승하여 士林政治·公論政治의 폐단을 제거하고 破朋黨을 통한 大臣 責任政治를 구현하고자 하였으며, 개혁세력을 육성하기 위한 제도 마련에도 주력하였다. 정조는 즉위 초년에 노론 의리론자들의 공세에 밀려 영조대 폐지되었던 전랑권을

---

60) 박현모, 앞의 책, 2001, 115~124쪽 참조. '以熱治熱'의 통치방식이란 한 당파에서 반역자가 나오면 그를 반대 당파의 반역자와 대비시켜 다스리는 방식을 말한다(박현모, 위의 책, 116쪽). '大乘氣湯'의 탕평책이란 매우 능동적인 인사정책으로서, 국왕의 정책을 지지하는 세력과 반대하는 세력을 맞서게 하되 두 정치세력을 중재할 수 있는 제3의 세력을 함께 등장시켜 서로 조화를 이루고 각기 장점을 발휘할 수 있게 하는 방식을 가리킨다(박현모, 위의 책, 122쪽).

61) 박현모, 위의 책, 2001, 61~92쪽 참조.

62) 『正祖實錄』 卷35, 正祖 16년 壬子 5월 己未, 46-311, "予於伊時 因下詢 質言於前席 則若於先朝賓天之後 謂可以惟意所欲爲 一反甲申之對 則是豈事死如事生之義乎 且況聖教中慟惜二字 卽追悔之聖意 予奉以銘肺 將爲死且瞑目之端. 然不可抑者至慟也 不可遏者至情也. 大倫所在 血讎在彼 於是乎參前倚衡 求權於經". 정조는 崔鳴吉의 主和論을 예로 들면서 자신의 權道論을 합리화하기도 하였다(『正祖實錄』 卷39, 正祖 18년 甲寅 4월 庚午, 46-464, "上曰 卿等之守經 予亦不以爲非 而亦有不得不從權處矣. 卿等知故相 崔鳴吉 事何如耶 豈不知和議之不如斥和 而不能爲三學士耶. 此所謂守經 時亦有用權處也"). 최명길의 主和論과 權道論에 대해서는 金容欽, 앞의 논문, 2006① 참조.

복구할 수밖에 없었지만 한림천거제 복구 주장은 수용하지 않았으며, 전랑권도 정조 13년에는 다시 혁파해 버렸다.63) 그리하여 翰林(玉堂) -銓郞(三司)-文任職을 축으로 운영되던 기존의 청요직 중심의 권력 체계를 약화시키고, 그대신 大臣權을 강화시키는 한편 奎章閣을 설치하고 抄啓文臣制度를 도입하여 새로운 청요직으로 부상하게 만들어 奎章閣(抄啓文臣)-大臣 중심체제로 정치를 운영하려 하였다.64) 이것은 두말할 것도 없이 老論 一黨專制를 막고 자신의 개혁정책에 동조하는 정치세력을 육성하여 개혁정치를 추진하기 위한 노력의 일환이었다.

다섯째로 정조는 조정의 신료들은 물론 지방의 수령, 재야 지식인들로부터 광범위하게 개혁을 위한 의견을 수렴하였을 뿐만 아니라 民庶들의 의견을 직접적으로 순문하기도 하는 등 개혁 방안을 마련하기 위한 여론 수렴에 적극적인 노력을 기울였다. 正祖 10년에 있었던 群臣의 所懷謄錄,65) 정조 22년의 民隱疏,66) 정조 22, 23년의 農政疏를67) 비롯하여 수많은 上言·擊錚이 있었던 것이68) 그것을 말해준다. 이것은 물론 英祖代 鄭齊斗 등이 제기한 君民一體說을 수용하여 君民一體를 구현하는 啓蒙 絶對君主로서의 臣民觀을 몸소 실천하려는 태세를 보인 것이기도 하였다.69) 그러한 그의 지향은 庶孽許通의 확대, 상

63)『正祖實錄』卷28, 正祖 13년 己酉 12월 己未, 46-80.

64) 金成潤, 앞의 책, 1997, 157~210쪽 참조.

65)『正祖丙午所懷謄錄』, 서울대학교 古典叢書, 1970 ; 이에 대한 연구로는 韓㳓劤, 「正祖丙午所懷謄錄의 分析的 硏究」,『서울대 論文集』제11집, 1965, 3~51쪽 참조.

66)『承政院日記』1794~1806冊의 正祖 22년 7월에서 23년 3월까지 사이에 비교적 소상하게 수록되어 있다. 이에 관해서는 安秉旭, 「朝鮮後期 民隱의 一端과 民의 動向」,『韓國文化』2, 1981 참조.

67) 金容燮, 「18世紀 農村知識人의 農業觀」,『韓國史硏究』2, 1968 ; 金容燮, 앞의 책, 1995.

68) 韓相權,『朝鮮後期 社會와 訴冤制度』, 一潮閣, 1996 참조.

69) 정제두의 君民一體說에 대해서는 정두영, 「18세기 '君民一體' 思想의 構造와

공인 세력의 육성, 이와 관련한 새로운 정치・상공업 도시의 건설 등의 정책으로 구체화되었다.[70] 이를 통해서 그가 시민세력의 출현을 기대했으며 절대군주와 시민층의 결합에 의해 봉건세력에 대한 견제와 이에 의한 정치・사회 개혁을 시도하고자 했음을 볼 수 있다. 또한 봉건제의 기본모순에 해당하는 地主制의 모순을 개혁하기 위한 土地改革 논의가 정조 재위기간 내내 조정에서 논의되었으며, 그와 함께 노비제 혁파 논의, 量田을 둘러싼 논의 등이 계속되었다.[71]

정조는 이러한 개혁정책을 그의 탕평책을 통해서 구현하려 하였는데, 신료들 사이에서는 이에 대한 찬반이 결국 時派와 僻派의 분립으로 나타났다. 時僻 문제는 정조의 생부 思悼世子 문제와 관련한 扶洪派 대 攻洪派에 뿌리를 두고 있었는데, 정조가 탕평을 추진하는 과정에서 점차 그 성격이 변질되고 집단적 범주가 강화되었다. 결국 時僻은 정조가 자신의 개혁정치의 정당성 여부를 生父의 신원과 연관시킴으로써 해결하고자 하는 정조의 독특한 정국운영 방식에 의해 탕평 대 반탕평의 구도에서 점차 개혁 대 반개혁의 대립으로 그 의미가 변화되고 있었다. 즉 時僻은 壬午義理에 대한 强穩의 입장이라는 당쟁적 성격에서 개혁에 대한 찬반으로 그 성격이 변화되어 갔던 것이다.

그리하여 애초에 時僻 對立과 무관했던 비노론계 세력들은 국왕의 개혁 추진에 대응하는 속에서 점차 時僻의 구도로 흡수되어 갔다. 정조대의 붕당세력은 국왕이 강력하게 破朋黨 정책을 추진하는 한편 改革 事案에 대한 찬반을 강요하는 상황에서 그 붕당적 집단성을 상실해 갔다. 토지제도 개혁과 노비제 혁파 문제에 대한 찬반에서 노론・소론・남인 모두 입장이 찬반으로 나뉜 것은 이러한 사정을 잘 보여준다. 붕당이 집단적 공조를 보인 것은 붕당의 정치적 명분과 관련된 사

性格」, 『朝鮮時代史學報』 5, 朝鮮時代史學會, 1998 참조.

70) 金成潤, 앞의 책, 1997, 241~274쪽 참조.

71) 金容燮, 앞의 논문, 1968 ; 金成潤, 앞의 책, 1997, 211~241쪽 ; 金容燮, 「朝鮮後期 賦稅制度 釐正策」, 앞의 책, 2004, 328~331쪽 참조.

항으로 축소되었다. 이에 대신하여 家門이 정치적 · 정책적 공조를 유지하는 기본 단위가 되어갔다. 결국 정조대에는 기존의 붕당 중심 체제가 상당히 동요할 수밖에 없었고 이는 정조 탕평책의 성과로 간주할 수 있다. 그러나 정조 말년에 時 · 僻派가 정치세력을 양분하여 붕당구도를 대신하여 새로운 대립 구도를 보였지만, 僻派가 기존의 붕당적 기반과 학연 · 가문적 기반을 비교적 충실하게 유지한 반면 時派는 국왕의 조정 능력 외에는 그 내부의 이질적인 붕당적 · 가문적 · 학연적 기반을 극복하고 내부적 통합을 유지할 수 있는 새로운 조직원리를 확보하지 못하였다. 이리하여 시파 계열은 국왕 정조의 서거 이후 급속히 기존의 붕당적 · 가문적 기반으로 환원되어 갈 수밖에 없었다. 이 점은 정조 사후 勢道政治期에 탕평정치의 목표가 굴절되어 간 중요한 요인이 되었다.[72]

　이와 같이 정조는 그의 탕평책을 통해서 반개혁 세력은 물론 반탕평파까지 포용하면서 개혁을 추진하려고 시도하였으며, 그를 위해서 국왕이 군주도통설에 입각한 義理主人을 자처하면서 밀고 나갔다. 즉 주자학 의리론을 부정하지 않고 군주도통설로 지양하려 하였던 것이다. 그 결과 정조 조정에서는 반개혁 세력은 물론, 반탕평의 세력과 논리가 온존되는 결과를 초래하였으며, 정조의 갑작스러운 죽음으로 먼저 반탕평 세력의 대대적 반격에 직면하여 개혁세력이 제거되고, 탕평은 긍정하되 개혁에는 반대하는 세력의 집권으로 세도정치가 열렸던 것이다.

3. 19세기 전반 勢道政治의 성립과 전개

1) 勢道政治의 성립과 탕평론의 왜곡

---

72) 金成潤, 앞의 책, 1997, 318쪽 참조.

정조의 죽음 이후 19세기 전반의 정국에서는 朱子學 義理論이 전면
에 내세워지면서 개혁세력은 도태되고 탕평은 부정 또는 왜곡되었다.
이것은 정조 탕평책이 주자학 의리론에 가탁한 君主道統說에 의해 추
진되었다는 내재적 한계에도 그 원인이 있었다. 時派든 僻派든 모두
先王, 즉 정조에 대한 義理論으로 자파의 입지를 정당화한 것은 그것
을 말해준다. 그러는 가운데 정조의 개혁정치는 폐기되었으며, 정국운
영 원리로서 탕평조차도 결국은 부정되기에 이르렀던 것이다.

정조의 급작스러운 죽음은 먼저 朱子學 義理論을 앞세운 반탕평 세
력의 대대적인 공세를 불러 일으켰다. 貞純王后 수렴청정기의 벽파에
의한 시파 공격이 그것이었다. 우선 '闢異端'을 내세우면서 천주교 탄
압을 빙자하여 南人 時派의 대부분이 정계에서 제거되었다. 여기에 李
家煥·丁若鏞·權哲身 등과 같은 남인 내부의 개혁세력이 대부분 연
루되어 처형되거나 유배되었다.73) 뿐만 아니라 思悼世子의 追崇을 주
장하였다는 죄목으로 洪樂任·尹行恁을 비롯한 老論 時派도 다수 처
벌되었다.74) 정조 개혁정치의 이론가로서 정조의 총애를 받던 朴齊家
역시 여기에 연루되어 유배당하였다.75) 이 시기에 정순왕후와 함께 정
국을 주도한 인물은 그 친정 인물인 金觀柱·金日柱·金龍柱·金魯
忠 등과 領議政 沈煥之였다. 이들 노론 벽파는 자신들의 정치 공세를
정조 24년 5월의 下敎인 '五晦筵敎'를 내세우면서 정당화하였다.76) 朱

---

73) 鄭奭鍾, 앞의 논문, 1985 참조.
74) 오수창, 「정국의 추이」, 『조선정치사 1800~1863』, 청년사, 1990①, 75쪽 참조.
75) 金龍德, 『朝鮮後期思想史硏究』, 乙酉文化社, 1977, 제1부 제2편 「貞蕤 朴齊
    家 硏究」 참조.
76) 『純祖實錄』 卷1, 純祖 卽位年 庚申 12월 丙寅, 47-439. 정조의 '五晦筵敎'는
    사실 사도세자의 죽음과 관련된 壬午義理에 대한 노론 벽파의 책임을 추궁
    하면서, 자신의 개혁정책에 반대하지 않으면 이를 문제삼지 않겠다는 내용으
    로서 이는 개혁정치에 대한 노론 벽파의 반발을 무마하려는 정조 탕평책의
    마지막 승부수를 담고 있었다(김성윤, 앞의 책, 1997, 309~311쪽 참조). 그런
    데 그의 죽음 이후 노론 벽파는 이것을 자신들의 정당성을 정조가 인정한 것

子學 義理論은 물론 '先王의 義理'를 내세워서 자신들의 입장을 분식하려는 의도에서였다.

그러나 노론 벽파의 이러한 시도는 순조 4년 순조의 親政 시작으로 흔들리기 시작하여 이듬해 정월 정순왕후의 죽음으로 결정적 타격을 받았다. 순조 5년 12월 벽파 의리를 재정립하려는 右議政 金達淳의 初筵 筵奏를 계기로 촉발된 소위 '丙寅更化'는 그것을 말해 준다. 김달순은 정조 연간에 사도세자의 추숭을 주장했던 이우 등 嶺南萬人疏의 주모자를 처벌하자고 주장하였을 뿐만 아니라 英祖代 사도세자의 모함에 앞장섰던 인물인 朴致遠과 尹在謙을 褒奬하자고 주장하여 사도세자의 죽음과 관련된 노론 벽파의 행동을 정당화하고, 정조의 '五晦筵敎'마저 부정하려 하였다.77) 즉 '벽파의 의리'를 '정조의 의리'로 가장하던 이전의 태도를 벗어버리고 壬午義理를 부정하고 사도세자의 잘못을 인정하는 '벽파 의리' 그 자체의 정당성을 주장하기 시작한 것이었다.

이러한 벽파의 시도는 국왕 순조는 물론 시파의 격렬한 반발을 받았다. 그리하여 刑曹參判 趙得永이 金達淳을 공격하고 나선 것을 계기로 하여78) 벽파 세력은 결정적으로 패퇴하였다. 金達淳은 삭출에서 중도부처로 점차 처벌의 강도를 높이다가 마침내 賜死당하였으며, 金漢祿이 대역률로 追削된 것을 비롯하여 沈煥之·鄭日煥·金龜柱도 추삭되었고, 金龍柱·金日柱는 유배당했으며, 金觀柱는 유배 중 죽었다.79) 이때 영의정 徐邁修도 축출되었으며, 徐有榘의 仲父 徐瀅修는

으로 왜곡하였다.
77)『純祖實錄』卷7, 純祖 5년 乙丑 12월 丙午, 47-519. 정조대에는 朴致遠·尹在謙의 凶書·凶計를 계기로 사도세자가 죽음에 이르렀다는 것이 시파의 일반적인 인식이었으며(『正祖實錄』卷35, 正祖 16년 壬子 5월 己亥, 46-304), 정조는 그것이 노론의 사주에 의한 것으로 간주하였다(『正祖實錄』卷34, 正祖 16년 壬子 윤4월 庚寅, 46-299).
78)『純祖實錄』卷8, 純祖 6년 丙寅 正月 癸亥, 47-522.
79) 오수창, 앞의 논문, 1990①, 81쪽 참조.

靈巖郡 秋子島에 안치되었고,[80] 李書九 역시 폐고되었다.[81] 순조 7년
에는 李敬臣 옥사를 계기로 벽파의 이념적 지주라고 할 수 있는 金鍾
秀 · 金鍾厚 형제의 관작이 추탈되었으며, 김종수가 정조 묘정에서 黜
享됨으로써 丙寅更化는 마무리되었다.[82]

　이후 순조의 국구인 金祖淳 일파가 서서히 정계의 중심으로 부상하
여 소위 '勢道政治'가 본격화되었다. 그리하여 純祖-憲宗-哲宗 3대
60여 년에 걸친 세도정치가 전개되었다. 이 시기 정치의 가장 중요한
특징은 朱子學 義理論이 다시 강화되었다는 것이다. 18세기 蕩平君主
論, 즉 영조의 尊王論이나 정조의 君主道統說과 같은 초월적 절대 군
주론에 의한 견제가 사라진 상태에서 이제 주자학 의리론은 다시 그
절대적 권위를 회복하였으며, 이 시기 정치세력 전반을 지배하였다. 그
리고 이에 입각하여 老論 時派의 義理가 지배세력의 의리로 공인되었
으며, 이에 대한 도전은 용납되지 않았다.

　그러나 주자학 의리론에 기초한 朱子學 政治論의 문제점은 표면화
되지 않았다. 그것은 탕평책으로 주자학 정치론의 모순이 어느 정도
제거되었기 때문이었다. 18세기 英 · 正祖代 탕평책이 본격적으로 추
진되는 동안에는 三司를 억제하고 大臣 責任政治를 구현함으로써 군
주권을 강화하고, 그 위에서 비변사 중심으로 중앙집권적 관료체제가
강화되었다.[83] 비변사를 움직이는 것은 비변사 제조를 맡은 전임당상

---

80)『純祖實錄』卷8, 純祖 6년 丙寅 4월 丁酉, 47-545. 이때 徐有恂, 徐淇修 등도
　　연루되었다. 徐有榘는 金達淳 獄事에 직접 관련된 것은 아니었으나, 그의 仲
　　父 徐瀅修가 처벌받아서 같이 폐고되었던 것 같다. 서유구에 대해서는 유봉
　　학, 앞의 책, 1995, 192~193쪽 참조.

81)『純祖實錄』卷8, 純祖 6년 丙寅 4월 壬午, 47-542. 유봉학은 이서구가 벽파
　　가 아니라 벽파로 몰렸다고 하였으나(앞의 책, 1995, 172~173쪽) 前掌令 李
　　敬臣의 상소(『純祖實錄』卷7, 純祖 5년 乙丑 7월 庚申, 47-513)를 보면 그가
　　純祖妃 간택에 반대한 權裕를 옹호한 것이 분명하므로, 沈煥之 등 벽파와 정
　　치적 입장을 같이 하였다고 보는 것이 온당할 것이다.

82) 오수창, 앞의 논문, 1990①, 82쪽 참조.

들이었다. 즉 비변사의 정치적 행정적 기능들은 專任堂上 가운데 임명되는 비변사 내부의 직임들인 有司堂上과 8도 句管堂上, 공시·제언사·주교사 당상 등에 의해서 수행되었으며, 특히 도제조 가운데서도 현직 의정과 전임당상 가운데서 유사당상을 맡은 인물들이 중요한 역할을 하였다. 19세기 전반의 비변사는 18세기 말엽까지 형성된 이러한 조직구성의 원칙 위에서 운영되었는데, 이것은 명백히 탕평책의 성과로 간주할 수 있다.[84] 이러한 중앙의 비변사 중심 지배체제는 수령 중심의 관 주도 향촌통제책에 의해 뒷받침되었다.[85]

그러나 문제는 이러한 지배체제를 누가 어떤 방향으로 끌고 가느냐에 있었다. 앞서 언급한 바와 같이 정조는 지주제·노비제와 같은 봉건사회의 모순을 제거하는 개혁정치를 통해서 이러한 중앙집권적 관료체제의 모습을 일신하고자 탕평책을 추진하였다. 여기에는 이를 추진할 수 있는 강력한 군주권과 이를 뒷받침하는 大臣 責任政治, 그리고 새로운 정치세력이 요구되었다. 그러나 19세기에는 그러한 개혁 지향의 강력한 군주가 사라진 가운데 朱子學 義理論에 기초한 世道政治論이 관철되었다. 여기에 19세기 勢道政治의 중요한 특징이 있었다. 즉 그것은 18세기 탕평책의 성과에 편승하면서도, 탕평책을 왜곡하여 몇몇 세도가문의 권력을 관철시키는 방향으로 전개되었던 것이다.

잘 알려져 있는 바와 같이 순조·헌종·철종대에는 金祖淳 가문, 朴準源 가문, 趙萬永 가문 등 왕실 외척이 교대로 정권을 장악하였다. 순조대, 특히 1811년 평안도 농민전쟁 이후로는 金祖淳이 정권을 오로지하였으며, 김조순 사후 헌종 6년까지는 金逌根이, 헌종 친정기에는 趙

83) 박광용, 앞의 논문, 1997, 64~67, 85~89쪽 참조.
84) 오종록, 「비변사의 조직과 직임」, 『조선정치사 1800~1863(하)』, 1990 참조.
85) 고석규, 『19세기 조선의 향촌사회연구』, 서울대 출판부, 1998 참조. 고석규는 소위 '수령-이·향지배체제'가 '세도정권의 속성과 정확히 일치하였다'고 보았는데(49쪽), 이것은 수령 중심의 관 주도 향촌통제책이 갖는 양면성을 간과한 소이인 것 같다.

寅永 및 趙秉龜가, 헌종 11년 조병구가 죽은 뒤로는 趙秉鉉이, 철종대
에는 金左根이 권력의 정점에 있었다.[86] 이들이 문제가 되는 것은 왕
실 외척이라는 점 못지않게 이들의 정치 행위가 朱子學 義理論에 기
초한 世道政治論에 입각하고 있다는 점에 있었다.

　金祖淳이 순조대 世道를 장악한 것은 정순왕후가 매양 강조한 대로
正祖의 遺囑이 가장 큰 이유였다.[87] 그렇지만 그것은 정조의 죽음을
전제로 한 것이 아니라 정조가 순조에게 양위하고 상왕으로서 수원 화
성으로 물러난 이후 개혁정치를 강력하게 추진하기 위한 일종의 안전
장치로서 구상된 것이었다. 그런데 정조가 갑자기 서거하고, 노론 벽파
와 시파에 의해 차례로 개혁세력이 제거된 이후 김조순은 정조의 뜻을
왜곡하여 정국을 운영하였다. 그것은 주자학 의리론에 의거하여 정국
을 운영하면서 變通 指向 經世論을 정국의 중심 문제에서 철저하게

---

86) 오수창, 「권력집단과 정국 운영」, 『조선정치사 1800~1863(하)』, 청년사, 1990
　②, 599쪽 참조.
87) 오수창, 위의 논문, 1990②, 597쪽 ; 유봉학, 앞의 책, 1998, 153쪽 참조. 유봉학
　이 김조순에 의해 세도정치가 시작된 것을 정조의 外戚世道論의 결과로 보
　는 것은 정조 탕평책에 대한 오해에서 연유한 것 같다. 그가 그 근거로 제시
　한 「迎春玉音記」의 기록은 外戚世道 그 자체에 대한 주장이라기보다는 老論
　僻派에 맞서 時派를 개혁정치의 우익으로 붙잡아두려는 정치적 의도의 소산
　으로 해석할 수도 있다고 생각된다. "敎曰 試看今日所謂士夫者 科士夫樣乎.
　此輩反爲古之戚里之所不爲者 此豈可曰用士夫乎. 且古則廷臣與人主之間有
　戚里. 故上下有間隔 國體世道 有尊重矣. 今則萬人皆欲直接於上 其弊實甚
　於戚里有弊之時矣. 予於近來益覺其然 而旣行之規模 不可猝變 予則不得不
　限予世而行之. 然若後嗣王 決不可復用予法. 只可用戚里 以還國朝本色 然
　後國可以爲國矣"(『楓皐集』 卷17, 別集 「迎春玉音記」; 유봉학, 위의 책,
　1998, 153쪽에서 재인용). 그리고 정조가 김조순에게 세도를 부탁한 것은 정
　조의 華城 移御, 즉 갑자(1804)년 구상을 염두에 둔 것이지 자신의 죽음을 전
　제한 것이 아니었으며, 이것은 당시의 비상 시국에서만 쓸 수 있는 통치술이
　지 '後嗣王'에게까지 허용될 수 있다고는 보지 않았다는 점 등으로 미루어 보
　아도 그렇다. 이것을 '외척의 역할에 기대어 왕권의 강화를 기대했다'고까지
　주장하는 것(유봉학, 앞의 논문, 1999, 106~107쪽)은 지나친 확대 해석으로
　생각된다.

배제하는 것으로 나타났다.

그가 세도정치의 성립 과정에서나 세도를 장악한 이후에도 調停論의 입장에서 사건을 온건하게 처리하고 政敵까지도 포용하는 입장을 취한 것은 그나마 정조 탕평론의 여진으로서 그가 장기간 권력을 유지할 수 있었던 요인이었다.[88] 그러나 그는 朱子學 義理論에 입각한 君主聖學論을 견지하였고,[89] 그가 주력한 사업은 정조의 묘인 健陵의 移葬과 같은 일이었으며, 혜경궁과 효명세자가 죽었을 때 誌文을 작성하기도 하고,[90] 왕실 전례에 관하여 적극적으로 의견을 개진한 것 정도가 그의 주된 행적이었다.[91]

그러나 그는 영조대 탕평파가 주도하였던 均役法에 반대하는 입장을 취하였으며, 1811년 평안도 농민전쟁 이후 평안도 관찰사가 호포법을 시행하려 하자 이를 저지하였다. 그가 서얼허통에 찬성 입장을 표명하고 내시노비 혁파도 불가피한 것으로 간주한 것은 정조의 입장을 계승한 것이었지만 그 재원을 보충하고자 장용영의 재원을 전용한다는 명분 아래 정조가 심혈을 기울여 조직한 壯勇營 혁파에 찬성한 것은 정조의 탕평책을 왜곡한 것이었다.[92] 무엇보다도 그는 '謹愼하는 태도가 지나쳐 매사에 다분히 '常道를 좇아' 정책과 사업에서 '功業'을 세우는 것에 '自居'하지 않았다는[93] 평가에서 잘 드러나듯이 變通 指向 經世論을 정치의 중심 문제에서 철저하게 배제하는 태도를 취하였다.

憲宗 친정기의 세도를 주도했던 趙寅永(1782~1850)은 김조순보다

88) 유봉학, 위의 책, 1998, 159쪽 참조.
89) 『純祖實錄』 卷14, 純祖 11년 辛未 7월 戊子, 47-697.
90) 오수창, 앞의 논문, 1990②, 599쪽 참조.
91) 『純祖實錄』 卷14, 純祖 11년 辛未 7월 戊寅, 47-696 ; 卷30, 純祖 28년 戊子 8월 庚辰, 48-314.
92) 유봉학, 앞의 책, 1998, 159쪽 참조.
93) 『純祖實錄』 卷32, 純祖 32년 壬辰 4월 己卯, 48-376, "然素性過於仁厚 篤好人倫 故其流也 或至於泛博 又謹愼之至 事多循常 蓋不以功業自居也".

도 훨씬 더 朱子學 名分論과 義理論을 정국 운영의 원칙으로 강조하
였다.[94] 그는 이에 기초한 君主聖學論을 강조해 마지않았을 뿐만 아
니라[95] 이른바 '公論政治'의 중요성을 강조하여 탕평정치 이전의 붕당
정치로 회귀하였다.[96] 그리하여 송시열과 효종대를 이상적인 정치의
모델로 간주하고 송시열의 世道政治論을 답습하였다.[97] 그리고 '崇用
山林'을 표방하여 주자학 명분론과 의리론의 상징적 존재인 山林을 徵
召하여 聖學을 보도하게 할 것을 주장하였다. 그리하여 산림 우대책은
조인영이 獨相으로서 정국을 주도하던 헌종 5년부터 7년 사이에 집중
적으로 행해졌다. 전대의 산림 宋穉奎와 吳熙常에게 시호를 내려 추숭
하였고,[98] 당대의 산림인 宋啓幹·宋來熙·成近默·金仁根을 예우·
징소하였으며,[99] 洪直弼과 金邁淳을 등용하였다.

　뿐만 아니라 그는 노론의 辛壬義理를 의리 변별의 기준으로 삼았고,
이의 추숭 작업을 통하여 그 정당성을 확보하고자 하였다. 그는 辛壬
獄事에서 희생된 尹志述·李健命 등의 봉사손을 등용하고, 영조 초에
신임의리를 주장하다가 죽은 西齋 任徵夏의 문집에 서문을 쓰는 등
辛壬義理를 강조하였다. 그리고 헌종 5년 이후 斥邪政策을 주도하면
서 壬午義理에 동조하는 南人의 입지에 압박을 가하는 등 다른 당색
은 배제하고 노론 중에서도 신임의리를 인정하는 세력만으로 정국을

---

94) 김명숙,「雲石 趙寅永의 정치활동과 정치운영론」, 앞의 책, 2004 참조. 단 김
　　명숙은 정치세력의 측면에서 접근하여 조인영이 안동김씨에 반대하는 '반외
　　척세력'으로 규정하였는데, 여기서는 정치사상적 측면에서 접근하여 안동김
　　씨보다 勢道政治의 본질에 충실한 정치인으로 보았다.
95)『雲石遺稿』卷8,「勉聖學啓」(己亥), 叢刊 299-153～155 ;「勉聖學啓」(己酉),
　　叢刊 299-161.
96)『雲石遺稿』卷6,「袖箚」(辛丑), 叢刊 299-127.
97)『雲石遺稿』卷6,「辭右議政疏」, 叢刊 299-121～2.
98)『憲宗實錄』卷8, 憲宗 7년 辛丑 正月 丙申, 48-483.
99)『憲宗實錄』卷8, 憲宗 7년 辛丑 正月 戊戌, 48-483. 물론 이 시기 山林은 17
　　세기와 같이 義理主人으로서의 위세를 과시하지는 못하였다(유봉학,「老論
　　학계와 山林」, 앞의 책, 1998, 제1부 제2장 참조).

운영하려 하였다.100) 실로 이는 정조대 탕평정치를 철저하게 부정한 노론 벽파의 義理論으로 회귀한 것이었다.

조인영은 대외적으로 淸과의 현실적인 외교관계는 인정하면서도 관념화된 明의 존숭을 내세우며 對明義理論을 강조하는 이중적인 태도를 보였다. 이러한 華夷觀에 입각한 闢異端의 차원에서 1839년 천주교 탄압을 주도하였으며, 이어 반포된 「斥邪綸音」에서는 西學을 異端(邪學)으로 몰아서 배척하고 正學(性理學)을 수호할 것을 강조하였다.101)

경세론과 관련해서는 군주성학론의 연장선상에서 道學的 經世論으로 일관하였다. 三政을 비롯한 재정 문제에서 민의 부담을 줄여야 한다고 강조하고 이를 위해서는 기본적으로 국가의 지출을 줄여야 한다는 재정긴축론을 주장하였다. 부세제도에 대해서는 세원의 포착 징수보다는 수송체제의 정비와 같은 수취체제의 효율적인 운영에 더 비중을 두었다. 즉 그의 民隱 救弊에 대한 기본 입장은 민의 부담을 경감하는 차원에서 국가재정을 감축하고 부세제도 운영상의 중간 수탈을 방지하는데 목적을 둔 道學的 經世論 바로 그것이었다.102)

잘 알려진 바와 같이 19세기 전반에는 이미 재야에서 17세기 진보적 농민적 입장의 國家再造論의 연장선상에서 당시의 봉건적 모순을 해소하고 국가적 위기를 타개하기 위한 다양한 國家改革論이 제론되고 있었고,103) 18세기 영·정조대에는 앞서 살핀 바와 같이 이를 정책에 반영하기 위한 탕평정치가 추진된 바 있었다. 주목해야 할 것은 조인영 역시 당시의 상황을 국가적 위기로 인식하고 있는 것은 이들 뜻 있는 식자들과 마찬가지였으며, 英祖가 말한 '民惟邦本 本固邦寧' 8자를

100) 김명숙, 앞의 책, 2004, 135쪽 참조.
101) 김명숙, 위의 책, 2004, 146~147쪽 참조.
102) 김명숙, 위의 책, 2004, 153~157쪽 참조. 道學的 經世論에 대해서는 金容欽, 앞의 논문, 2006②에 자세하다.
103) 金容燮, 앞의 논문, 1974 ; 정호훈, 「조선후기 실학의 전개와 개혁론」, 『東方學志』 124, 2004② 참조.

되새기고 있었다. 그럼에도 불구하고 그가 제시한 대책은 제도 개혁을
통한 봉건적 모순의 극복 방안이 아니라 '立紀綱而正風俗 抑奢侈而杜
僥倖'과 같은 도학적 경세론의 범주에 머물러 있었다.104) 이것은 그가
18세기 탕평책을 부정하고, 朱子學 名分論과 義理論에서 한치도 벗어
나지 못한 그 사상적 한계에서 연유한다는 사실을 보여주는 것으로서
여기에 19세기 세도정치의 반동성이 존재하였던 것이다.

2) 義理論 위주의 政治運營과 民亂의 발생

19세기 전반 정치운영에서 朱子學 義理論이 강화되고 그에 입각한
君主聖學論과 道學的 經世論이 횡행하여 개혁을 거부한 것은 이들
세도가 몇 사람에 국한된 현상이 아니었다. 이들과 함께 정국을 주도
했던 대신들 역시 이들과 그 사상적 지향을 공유하고 있었다.

純祖代 金祖淳의 안동 김문을 견제할 목적으로 순조가 발탁하여 약
10여 년간(1807~1816) 정승을 지낸 金載瓚(1746~1827)은 가문이 老
論의 辛壬義理를 견지한 淸明黨 계열에 속하였지만 정조대에는 그의
부 金熤(1723~1790)과 함께 정조의 壬午義理를 인정하는 時派 입장
에서 정조 탕평책을 지지하였다.105) 그런데 순조에 의해 정승으로
발탁되자 김재찬은 辛壬義理를 견지하면서 노론이 주도하는 정치체제
를 이상으로 삼고 신임옥사와 관련된 노론계 인물에 대한 추숭 작업을
통해서 이를 재확인하고자 노력하였다. 그러면서도 金漢祿·金龜柱·

---

104) 『雲石遺稿』卷8, 「勉君德啓」, 叢刊 299-155, 6ㄱ, "此我英宗大王御書 民惟
邦本 本固邦寧 八字 以警于有位者也. 可不謹歟. 顧今國勢 甚於陵夷 民生
急於倒懸 加之以歉荒溢目 瞯賑當頭 茇業之憂 迫在朝夕 而臣未有以一籌半
策 少副委毗之盛意 乃爲此迂遠 不達時務之言者 豈有他哉. 世所稱時弊 不
可不釐正之 軍政田政糶政 以至立紀綱而正風俗 抑奢侈而杜僥倖 許多名目
較此四條 即不過節目間事也".
105) 김명숙, 「海石 金載瓚의 정치활동과 정치론」, 앞의 책, 2004, 제1부 제2장 참
조.

金鍾秀에 대해서는 三綱을 망치고 九法을 무너뜨린 역적으로 규정하고 벽파에 대한 엄격한 처벌을 주장하였다.

그 역시 당시를 국가적 위기로 보는 것은 식자 일반과 견해를 같이하였는데 그 해법은 朱子學 義理論에 기초한 君主聖學論에서 구하고 있었다.106) 그가 송시열과 효종대의 정치를 이상적으로 생각하고 있는 것을 보면 그의 군주성학론은 송시열의 그것과 성격을 같이 하는 것임을 알 수 있다. '崇用山林'을 주장하는 것도 마찬가지였다. 순조는 그의 주장을 받아들여 송시열의 후손으로서 호서 산림의 명맥을 이어가고 있던 宋穉奎와 宋煥箕를 산림으로 징소하였으며, 송준길의 후손인 宋啓幹이 서연에 출입한 것도 이때였다.107)

이것은 金祖淳 계열의 沈象奎(1766~1838)나 李相璜(1763~1840)도 마찬가지였다. 심상규는 1825년에 우의정이 되자 장문의 상소로 자신의 경세론을 개진하였다. 그는 먼저

"天生斯民 立君而牧之 是君爲民而立也 非爲君而與之民也……君之所以爲君 以其有民也……先儒以爲 舟卽君道 水卽民心 舟順水之道乃浮 違則沒 君得民之心乃固 失則危……"108)

라고 儒敎의 民本論에 입각한 君主論을 길게 전개하였다. 그리고 민폐에 대해서도 구체적으로 상세하게 제시하였다. 즉 田政·軍政·還穀의 폐단은 물론 '海滋之民'이나 '海尺浦作之民', '邊徼之民'에 이르기까지 '下民'들의 어려움에 대해서 구체적으로 지적하였다. 여기에는 武斷土豪의 횡포나 鄕廳·作廳, 面任·里任의 수탈상은 물론 各司의 侵漁로 인한 貢人·市人의 피해에 이르기까지 상세하게 언급되었다. 이로 인해 '危亂已兆 國勢大削'한 형편이라고 위기 의식을 표출하였

---

106) 『純祖實錄』卷7, 純祖 7年 丁卯 10월 己卯, 47-590.
107) 김명숙, 앞의 책, 2004, 87~89쪽 참조.
108) 『純祖實錄』卷27, 純祖 25년 乙酉 11월 壬寅, 48-256.

다. 그런데 이러한 제반 민폐의 해결 방안을 심상규는 묘당과 대각은
물론 관찰사와 수령의 紀綱을 확립하는 것에서 찾고 있었다. 그리고
최종적으로는 '人主의 心術'과 '聖志'의 '奮發'에 귀결시켰다. 즉 "奮發
聖志 勉勉不已 辨賢否而明黜陟 核功罪而信刑賞 恢大公至正之心 絶
偏私邪屑之害 親近忠讜 講明義理 恭己照臨 以大警勑之"라 하여 군
주 수신을 우선하는 전형적인 道學的 經世論이었다.

심상규는 이러한 폐단을 제거하기 위한 제도 개혁을 부정적으로 생
각하는 것이 평소 持論이었다.

> 公平素持論 每謂當平世 百僚恬嬉 庶務叢脞 此自然之勢也. 于是也
> 不度不量 遽欲爲大更張大設施 則舊弊未祛 新瘼反增 莫若先立紀綱
> 漸振頹俗 故若是縷縷也[109]

이러한 심상규의 지론은 18세기 개혁정치를 나름대로 관찰하고 나온
결론으로 보아야 할 것이다. 즉 '百僚恬嬉 庶務叢脞'한 현실은 헤아리
지 않고 갑자기 '大更張大設施' 해 봐야 낡은 폐단은 제거되지 않고
새로운 폐단만 오히려 늘어난다는 것이다. 그래서 그는 '先立紀綱 漸
振頹俗'하는 것이 최선이라고 말하여 제도 개혁에 의한 구폐 방안을
명백하게 부정하였다.

심상규와 앞서거니 뒤서거니 입상하여 순조대 말에 영의정까지 현
달한 李相璜도 경연에 나아가서 '勤講學 選長吏 正俗尙 立紀綱 抑宦
妾'을 반복하여 설파하였는데, '勤學問 擇牧守' 두 가지는 그의 '平生
藉手者'였다고 한다.[110] 그에게서도 역시 삼정의 문란에 대한 문제의
식이 없었던 것은 아니었지만 '蠲伍布 査陳結 減田稅 停正賦 退糴限'
을 청하는 데서 그치고 있었다. 이러한 李相璜에 대하여 정원용은 그
가 '不喜更張'하여 民事에 '多有茂績'하였다고 칭찬하였다.[111]

---

109) 『雲石遺稿』卷20,「領議政斗室沈公象奎謚狀」, 叢刊 299-407, 21ㄴ~22ㄱ.
110) 『經山集』卷14,「領議政文翼李公相璜神道碑」, 叢刊 300-293, 3ㄱ, 4ㄴ.

憲宗 7년에 右議政이 되어 憲宗 14년에 領議政까지 현달하고, 哲宗
연간을 거쳐서 高宗 초년까지 상부에 재직했던 鄭元容(1783~1873)은
명실상부하게 세도정치기를 대표하는 정치인이라고 할 수 있었다. 정
원용이 우의정이 되어 맨 먼저 개진한 것은 '勤學愛民', '勉容諫', '勉恤
獄'이었는데, 특히 그는 '勤學', 즉 君主聖學을 강조하였다.[112] 그는 憲
宗 8년에는 자신이 '勤學仰勉'하였음에도 불구하고 '空言'이 되고 말았
다고 헌종을 압박하였으며, 憲宗 14년 영의정이 되어서는 그 '厭學怠
政'을 질책하였다.[113] 이어서 그는 '重民牧 擇法官 愼起居 節財用 嚴
科試' 등을 제시하고 宮房이 魚鹽을 침탈하는 폐단을 痛禁하라고 주
장하였는데, 이 역시 道學的 經世論의 범주를 벗어난 것은 아니었다.
그는 자신의 이러한 소신 때문에 憲宗과 마찰을 일으켜 파직되는 것도
불사하였다.[114]

철종 연간에도 그의 이러한 자세는 흔들리지 않았다. 철종이 즉위하
자마자 '典學'과 '讀書'를 강조했던 그는 철종 연간 내내 이를 끊임없이
환기시켰다. 철종 3년에는 '經筵法講'의 중요성을 누누이 강조한 뒤,
'民事之急務'로서 '恤窮', '寬刑獄', '久任守令' 세 가지를 제시하였는데,

---

111) 『袖香編』, 「桐漁六入中書」, 同文社(영인본), 1970판, 151쪽.
112) 『經山集』 附錄 卷2, 「朝鮮國大匡輔國崇祿大夫議政府領議政兼領經筵弘文館藝
　　　文館春秋館觀象監事原任奎章閣提學文忠鄭公行狀」(이하 「鄭元容行狀」으로 약
　　　함), 叢刊 300-483, 12ㄱ.
113) 『經山集』 附錄 卷2, 「鄭元容行狀」, 叢刊 300-485, 15ㄱ.
114) 『憲宗實錄』 卷15, 憲宗 14년 戊申 10월 乙丑, 48-533. 물론 이것은 吏曹正郞
　　　柳宜貞이 상소하여 '勉聖學 崇節儉'과 함께 삭직된 金興根을 용서하라고 청
　　　하였는데, 정원용이 이를 두둔하였기 때문이었다. 중요한 것은 그의 실제 의
　　　도가 金興根을 비호하는데 있었다하더라도 그것을 君主聖學論, 道學的 經世
　　　論과 함께 개진하면서 그 정당성을 주장한다는 점이다. 그가 이것을 三司의
　　　公論에 맡기자고 주장하는 것에 이르면 그가 朱子學 名分論과 義理論에 입
　　　각한 朱子學 政治論 그 자체의 신봉자임을 웅변하는 것으로 보지 않을 수 없
　　　다. 이와 관련된 헌종대 정국 동향에 대해서는 오수창, 앞의 논문, 1990①,
　　　114~115쪽 참조.

그는 이것을 각각 英祖, 正祖, 純祖가 심혈을 기울인 것이라고 先王의 권위로 합리화하였다.[115] 철종 13년의 三政釐正策 논의에서 還穀制 釐正을 위한 大變通論인 '罷還歸結'을 정원용이 저지한 것은 무엇보다도 그의 이러한 도학적 경세론에서 연유된 것으로 보아야 할 것이다.[116]

이와 같이 도학적 경세론을 견지하면서 제도 개혁에 소극적 입장을 취하였던 정원용이 철종조에 주력한 사업은 대왕대비와 선왕의 덕을 추모하는 사업이었다. 철종 3년에는 대왕대비인 순원왕후에게 존호를 가상할 것을 제안하여,[117] 결국 순조와 함께 존호를 가상하는 것으로 결정되었다.[118] 철종 4년에는 국왕이 익종과 헌종에게 존호를 추상하는 것을 제기하자 정원용이 적극 찬동하였으며,[119] 이듬해에는 또 사도세자에게 존호를 추상하였다.[120] 철종 8년에는 또 순조를 '祖'라고 칭하는 사업을 주도하였다.[121] 이후에도 그는 神貞王后·哲仁王后와 太祖·哲宗에게 존호를 추상하는 사업에 가담하고 있었다.[122]

---

115) 『經山集』 附錄 卷2, 「鄭元容行狀」, 叢刊 300-487, 20ㄱ~ㄴ.
116) 『哲宗實錄』 卷14, 哲宗 13년 壬戌 윤8월 辛卯, 48-656. 그는 '罷還歸結'에 대하여 '還不可罷 結不可敍'이라고 반대하였으며(『經山集』 附錄 卷2, 「鄭元容行狀」, 叢刊 300-491, 27ㄴ), 결국 그의 주장으로 인해 환곡은 다시 복구되었다(同, 28ㄱ). 그리하여 환곡제 이정은 결국 小變通으로 귀결되기에 이른다(金容燮, 앞의 책, 2004, 383쪽 참조). 물론 당시 '罷還歸結'이 실현되지 못한 것은 1862년 농민항쟁 때문이기도 하였다(송찬섭, 「삼남지방의 민중항쟁」, 『한국사』 36, 국사편찬위원회, 1997, 327~330쪽 참조). 그러나 정원용이 이를 반대하면서 '不治其本而於其末何哉'(『經山集』 附錄 卷2, 叢刊 300-491, 28ㄱ)라고 말하였는데, 여기서 그가 말하는 근본이란 제도 개혁을 말하는 것이 아니라 '紀綱'의 확립과 같은 도학적 경세론의 범주에 속하는 것이었다.
117) 『哲宗實錄』 卷4, 哲宗 3년 壬子 正月 壬戌, 48-574.
118) 『哲宗實錄』 卷4, 哲宗 3년 壬子 11월 戊午, 48-579.
119) 『哲宗實錄』 卷5, 哲宗 4년 癸丑 8월 辛巳, 48-582.
120) 『哲宗實錄』 卷6, 哲宗 5년 甲寅 11월 戊辰, 48-589.
121) 『哲宗實錄』 卷9, 哲宗 8년 丁巳 8월 戊午, 48-615.
122) 『經山集』 卷11, 應製文, 叢刊 300-231~240 참조.

세도정치기에는 세도가문에서 왕실의 전례를 주도하여 권력의 이념
적 기반을 강화하였다. 예를 들면 순조의 世室禮는 헌종의 외조부 趙
萬永이 건의하여 실현되었고, 헌종에 대해서는 국구인 金汶根이 발론
하여 시행하였다. 앞서 김조순이 정조의 묘인 健陵의 이장을 주도한
것도 그러한 사례에 해당된다.[123] 그런데 철종조에는 이와 유사한 사
업을 정원용이 주로 주도하였던 것이다. 이것은 그가 朱子學 義理論에
입각한 君主聖學論, 道學的 經世論, 公論政治를 주장하는 것과 표리
를 이루면서 전개되었다고 보아야 할 것이다.

이와 같이 朱子學 義理論에 입각한 君主聖學論・世道政治論・道
學的 經世論 등은 勢道政治期를 관통하는 지배적 政治論이 되었다.
이것은 君主道統說에 입각한 蕩平君主論・大臣 責任政治를 통해서
봉건제의 모순을 개혁하려 하였던 18세기 탕평책을 왜곡 내지 부정하
고, 宋時烈・韓元震 계통의 朱子道統主義로 회귀한 것이었다. 이로
인해 성장하는 신흥계층의 기대와 욕구는 정책에 반영되지 못하였을
뿐만 아니라 탕평정치기를 경과하면서 강화된 중앙집권적 국가권력의
집중적 수탈 대상으로 전락하였다. 이들에게 몰락 失勢한 기성 양반층,
流離逃散한 광범위한 농민층이 가세하면서 소위 '三政의 紊亂'을 계기
로 전국적인 범위에서 民亂이 폭발하였다. 철종 13년에 전국적으로 발
생한 1862년 농민항쟁이 바로 그것이었다. 실로 1862년 농민항쟁은 朱
子學 義理論에 기초한 君主聖學論・世道政治論・道學的 經世論이
현실 적합성을 상실한 반동적인 政治論이었다는 것을 폭로한 일대 사
건이기도 하였던 것이다.[124]

이에 대해 봉건 정부는 전통적인 求言敎의 형태로 그 수습 방안을
위한 여론을 수렴하고 '三政釐正策' 마련을 서둘렀다. 그리하여 應旨

---

123) 오수창,「세도정치의 성립과 운영 구조」,『한국사』32, 국사편찬위원회, 1997,
   216~217쪽.
124) 1862년 농민항쟁에 대해서는 망원 연구실, 앞의 책, 1988 ; 송찬섭, 앞의 논문,
   1997 참조.

上疏의 형태로 정치인과 지식인들이 三政의 문란을 해소하는 방안을 제기하였는데, 그것은 크게 다음과 같은 네 가지 방안으로 요약된다.[125] 첫째는 民亂을 유발한 三政紊亂을 그 제도 자체에는 결함이 없고 다만 운영상의 폐단이 문제라고 보아 三政改善으로 사태를 수습하려는 방안이다. 둘째는 삼정의 수취질서는 그대로 유지하되, 그 운영을 개선함으로써 해결할 수 있는 것은 이를 개선하고, 그 法制를 개혁해야 할 필요가 있는 것은 이를 과감하게 개혁해 나가자는 부분 개혁의 방안이다. 셋째는 三政의 收取秩序 그 자체를 좀 더 합리적인 방향으로 전면 개혁하는 방안이다. 넷째는 삼정은 물론이고 地主制까지도 개혁하는 방안이었다. 이러한 방안 가운데 세도정치기의 道學的 經世論은 첫째 방안을 그 기본 입장으로 삼고 있었던 것이다. 이 시기의 삼정 이정책이 둘째와 셋째의 均賦均稅論의 방향에서나마 마련되고 있었던 것은 농민항쟁의 결과로 보아야 할 것인데, 이는 朱子學 義理論에 기초한 道學的 經世論이 民의 항쟁에 의해 극복되어 나가는 과정을 보여주는 것이었다.

4. 결론

19세기 전반 봉건 조선왕조 국가에서 전개된 세도정치는 몇몇 세도 가문이 왕실 외척이라는 지위만으로 편법적으로 권력을 오로지 한 단순한 정치 형태는 아니었다. 나름대로의 정연한 정치론에 입각하고 있었고, 그것을 관철시킬 수 있는 지배 체제를 갖추고 있었다. 그러한 파행적 정치형태가 60여 년이라는 장기간에 걸쳐 지속될 수 있었던 것은 바로 그것 때문이었다.

19세기 세도정치의 파행성은 18세기 蕩平政治의 부정적 유산을 상

---

125) 金容燮, 앞의 책, 2004, 562~565쪽 참조.

속한 결과였다. 蕩平論은 朱子學 政治論에 기초한 朋黨政治의 폐해를 극복하고 당시의 국가적 위기를 제도 개혁을 통해서 타개해 보려는 지향을 담고 있었다. 兩亂 이후 국가적 위기 타개 방안과 관련해서는 상호 대립적인 두 가지 방향의 國家再造論이 제출되어 있었다. 즉 舊秩序·舊法制의 保守·改良에 의한 國家再造를 구상하는 방안과 이에 반대하고 새로운 인식태도와 방법론을 모색하여 구래 法制의 전면적 改廢·變革에 의한 變法的 수준의 국가조재를 구상하는 논의가 그것이었다. 전자가 兩班制와 地主制의 유지·고수를 전제로 하면서 正統朱子學에 충실한 입장이라면 후자는 土地制度의 개혁을 포함한 지주제와 양반제의 폐지 내지 억제를 지향하는 脫朱子 내지 反朱子學의 입장이었다. 이러한 지주적 보수적 입장과 농민적 진보적 입장의 대립 구도 속에서 탕평론은 진보·개혁적 입장의 정치론이었던 것이다. 정치론에서는 이러한 대립 구도가 世道政治論 대 大臣責任論, 君子一朋黨論 대 破朋黨論, 臣權論 대 王權論의 대립으로 나타났는데 탕평론은 물론 후자의 大臣責任論·破朋黨論·王權論에 입각하여 제출된 정치론이었다.

18세기 탕평정치는 이와 같은 상호 대립적인 세력과 사상을 모두 끌어안으면서 정책 방향을 진보·개혁적 입장으로 견인해내야 한다는 과제에 직면하였다. 일견 모순되고 불가능해 보이는 이러한 상황을 타개하기 위해 영조와 정조는 朱子學 義理論을 원용하였다. 영조의 尊王論과 정조의 君主道統說과 같은 蕩平君主論은 바로 그러한 의도에서 제기된 것이었다. 이를 통하여 강력한 군주권을 바탕으로 '國事와 民事의 일치를 지향하는 保民論'을 구현하고자 한 것이었다.

英·正祖代 蕩平策은 朱子學 政治論의 모순을 일정하게 해소하고, 『續大典』·『大典通編』과 같은 법전을 편찬하여 '公論政治' 대신 '法治'의 이념과 방법을 강화하였으며, 均役法·辛亥通共 등의 제도개혁이 이루어지는 등의 성과를 거두었다. 정조대에는 토지제도의 개혁을

포함한 봉건제도의 제반 모순을 해소하기 위한 논의가 본격화되기도
하였다. 그러나 반탕평 세력의 반발로 인하여 이 시기의 제도 개혁에
는 한계가 분명하였고, 이를 극복하기 위한 본격적인 시도가 착수되기
도 전에 국왕 정조가 급서하여 미완의 개혁으로 그치고 말았다. 그리
고 蕩平君主論은 사상적으로 朱子學 義理論을 온존시키는 명백한 한
계를 안고 있었다.

19세기 勢道政治는 18세기 탕평책의 성과에 편승하면서도 탕평책을
왜곡하여 몇몇 세도가문의 권력을 관철시키는 방향으로 전개되었다.
개혁 지향의 강력한 군주가 사라진 가운데 朱子學 義理論은 강화되었
으며, 그에 기초한 君主聖學論·世道政治論·道學的 經世論이 세도
정치의 주요 정치론으로 자리잡았다. 이들 정치론은 17세기에 이미 형
성되어 18세기 탕평론에 대항해 온 정치론이었는데, 19세기에 다시 부
활되어 세도정치를 뒷받침하였던 것이다. 그리고 그것은 단순한 부활
이 아니었다. 18세기를 경과하면서 강화된 비변사 중심의 중앙집권적
관료체제에 편승하여 강력한 국가권력으로 표출되었다. 이로 인해 봉
건제의 모순은 심화되었으며, 결국 대대적인 民亂으로 터져 나왔다.
1862년 농민항쟁은 朱子學 義理論에 기초한 君主聖學論·世道政治
論·道學的 經世論이 역사 발전을 가로막는 反動的 政治論이었다는
것을 폭로한 일대 사건이었다. 이에 대한 정부의 대책으로서 마련된
三政釐正策은 均賦均稅論의 방향을 취하고 있었는데, 이는 朱子學 義
理論에 기초한 道學的 經世論이 民의 항쟁에 의해 극복되어 나가는
과정을 보여주는 것이었다.

19세기 농민저항의 정치
: 1862년 농민항쟁, 官民 관계 위기와 법 담론

김 선 경[*]

1. 머리말

19세기에는 민들이 도망·유리 등 개인적 저항을 넘어서서 집단적 저항을 본격적으로 개시하였다. 19세기 농민저항의 사회·역사적 의미는 무엇인가? 19세기 농민저항에 대해서는 상당한 연구 성과가 축적되었지만 최근에는 연구가 더 이상 진전되지 못하고 있다. 지금 농민저항의 의미를 새롭게 부각시키기 위해서는 이전의 연구 경향을 되돌아보고 새로운 문제제기가 필요하다.

그동안 농민저항 연구는 운동 자체에 관심을 집중하여 저항이 왜 일어났는가, 민들의 지향은 무엇이었는가를 파악하는 데 초점을 두었다. 좀 더 구체적으로 말하면 저항 주체의 계급 분석과 요구 조건 분석, 저항의 전개 과정의 해명에 주력하였다. 그 같은 연구를 통해 19세기 농민저항의 존재를 드러내는 데는 일정하게 성공하였다. 하지만 농민저항의 성격이나 필연성이 일정 정도 전제되었기 때문에 역설적으로 저항이 사회적 힘으로서 어떻게 작동하였는지는 제대로 해명되지 못했다. 오늘날처럼 어떤 운동도 필연적인 것으로 인식되지 않는 시대에는 운동이 왜 그렇게 전개되었는지는 설명을 요구한다. 그리고 농민저항

* 서울대학교 규장각한국학연구원 선임연구원, 국사학

이 있었다는 것을 지적하는 것만으로 그 의미가 당연히 전제되지 못하는 상황에서 역사적 의미를 부여하기 위해서는 그것이 사회에 어떤 영향을 미쳤으며 개별 주체에게 어떤 의미를 지닌 것이었는지를 되물어야 한다.

이 같은 요구와 물음에 답하기 위해서는 무엇보다도 저항 주체와 사회 제 구성원과의 교섭 과정이 포착되어야 한다. 그리고 그러한 교섭이 일어나는 정치·사회·경제·문화적 場으로 연구자의 시야가 확대되어야 하며, 상호 교섭하는 場 자체가 새로이 변용되고 생성되는 동적인 것으로 인식될 필요가 있다. 이 글에서는 저항 주체가 운동을 전개하고 운동이 사회 제 구성원을 상호 교섭의 장으로 불러들여 사회에 영향을 미치고 개별 주체에 의미를 주는 과정을 '저항의 정치'로 개념화하고자 한다. '저항의 정치'는 저항 주체인 민도 저항의 대상인 정부나 지배층도 모두 행위 주체로서 참여한다. '저항의 정치'는 저항의 국면에서 이들이 그들 내부에서 그리고 그룹을 넘어 상호간에 영향을 주고받는 정치를 의미한다.

이 글에서는 19세기 농민저항 가운데서도 1862년 농민항쟁을 연구대상으로 삼으려고 한다. 1862년 농민항쟁은 지방사회는 물론이고 중앙 정계를 포함한 사회의 제 계층을 '저항의 정치' 속으로 끌어들이며 정치적 움직임을 촉발하였으므로 '저항의 정치'라는 개념을 적용하기 적합하다. 이 글에서 '저항의 정치'라는 개념이 1862년 농민항쟁을 사회적 연관관계 속에 배치하는 동시에 농민항쟁을 동적 과정으로 포착하는 도구가 되기를 기대한다.[1]

---

1) 1862년 농민항쟁에 대한 연구는『1862년 농민항쟁』(망원한국사 연구실, 동녘, 1988)을 비롯하여 많은 성과가 쌓였지만 현재는 연구가 정체된 상황이다. 최근 연구로는 다음 연구들이 있다. 송찬섭,「1862년 농민항쟁과 진주」,『진주농민운동의 역사적 사명』, 역사비평사, 2003 ; 김준형,『1862년 진주농민항쟁』, 지식산업사, 2001 ; 김용섭,「철종조의 반란발생과 그 지향-진주 민란안핵 문건의 분석」,『한국근대농업사연구』Ⅲ, 지식산업사, 2001.

1862년 농민항쟁은 전국적으로 보면 1년여 동안 진행되었다. 민들은 자신의 요구를 조직적으로 그리고 폭력적으로 제출함으로써 새로운 정치의 장을 만들어내었다. 민의 저항 정치에 맞닥뜨린 국왕과 정부, 지배층, 식자층은 민들의 요구와 행위 방식을 놓고 민들 자신이 언어화하지 못한 부분까지 해석을 가하고 의미를 규정하며 대응하는 정치에 나섰다. 항쟁 민들은 지방 정치의 주도권 문제, 사회신분 문제, 官民位階관계 문제, 국가와 관리의 조세수탈 문제, 토지 문제, 양반과 토호층의 인민수탈 문제 등 다방면의 문제를 제기하였다. 민이 제기한 여러 문제 가운데서도 국가와 지배층이 민감하게 반응한 것은 조세 문제와 관민관계 위기 상황의 조성이었다. 이 글은 특히 후자에 주목하여 민들이 조성한 관민관계 위기 상황을 지배층이 어떻게 경험하고 해석하였으며, 민·관인·식자층이 새로운 관민관계의 구축을 위해 어떤 법 담론을 전개하였는지 살펴보려고 한다.

이 글의 구성은 다음과 같다. 2절에서는 『龍湖閒錄』이란 자료를 통해서 농민항쟁이 사회 구성원에게 전파되는 과정을 재구성한다. 3절에서는 중앙정부가 관민관계 위기 상황을 어떻게 받아들이고 해석하였는지를 살펴본다. 4절에서는 경상도 선무사로 파견되었던 이삼현이 농민항쟁 현장에서 관민관계 위기를 어떻게 경험하였는지를 살핀다. 5절에서는 관인·식자층이 새로운 관민관계 구축을 위해 전개한 법 담론을 살펴본다.

2. 농민항쟁의 전파

1862년 농민항쟁은 삼남을 중심으로 70개 군현에서 발발하였다. 농민항쟁이 이와 같은 규모로 전개되었다는 것을 처음 밝힌 연구는 『1862년 농민항쟁』이다.[2] 이 연구에서 그와 같은 농민항쟁의 규모를

밝힐 수 있었던 것은『용호한록』이라는 자료를 발굴하였기 때문이다.3)
『용호한록』은 1800년대부터 1884년 무렵까지 그때그때 필자가 입수한
각종 자료를 대부분 원문 그대로 채록한 일종의 비망록이다. 그 속에
1862년 농민항쟁에 관한 기록이 포함되어 있다.『용호한록』의 농민항
쟁 기사 내용이 풍부한 것은 기록 주체와 관련이 깊다. 본 절에서는 기
록 주체를 추정하고 그 기록 주체가 수집한 소식, 자료를 좇아가면서
농민항쟁이 전파되는 과정을 재구성하고자 한다.

　『용호한록』의 필자가 누구인가는 아직 정확히 밝혀지지 않았다. 국
사편찬위원회에서『용호한록』을 활자화할 때 필자를 은진 송씨, 그 가
운데서도 宋近洙로 추정하였다. 하지만 당시 송근수는 비변사 유사 당
상으로서 서울에 있었으므로,『용호한록』의 필자가 서울의 기별을 '京
奇'라는 제목으로 싣고 있는 점과 들어맞지 않는다.4) 다만 필자가 은
진 송씨임은 宋氏 '宗中 通文'을 당사자로서 싣고 있는 대목이나 송준
길・송시열 관련 기사가 많은 점으로 보아 확실해 보인다.5)

　『용호한록』에는 <龍湖藏書>라는 藏書印이 찍혀 있어 필자 추정에
단서가 된다. 규장각에는 <龍湖藏書>라는 藏書印이 찍힌 책이 7종
있는 것으로 확인된다. 그 가운데는 宋來熙라는 인물이 지은『經義哀
辯』,『市津宋氏世稿』,『散錄』이 포함되어 있다. 특히『經義哀辨』첫째
책의 뒷 표지에는 '이 3책은 同春先生의 후손이며 號가 錦谷인 宋來
熙의 저술이며 龍湖藏書印은 宋來熙의 도장이다'라는 기록이 있다.6)

---

2) 망원한국사 연구실, 위의 책.
3)『龍湖閒錄』은 규장각 소장 자료(古 0320-2)로서, 국사편찬위원회에서 활자
　화하였다(국사편찬위원회, 1979. 7). 따라서 엄밀하게는 자료의 발굴이 아니
　라『용호한록』속의 1862년 농민항쟁 관련기사를 발굴하여 활용한 셈이다.
4)『備邊司謄錄』249冊, 철종 13년 4월 7일.
5)『龍湖閒錄』2, 118~128쪽(이하 인용은 국사편찬위원회 간행본의 쪽수임).
6) "『經義哀辯』은 三經과『大學』,『中庸』의 原文을 考定하고 기존 주석의 오류
　에 대한 필자의 견해를 정리한 책. 본서의 필자는 1책의 뒷 표지에 '經義哀辨
　3책은 同春先生의 후손이며 號가 錦谷인 宋來熙의 저술이며 龍湖藏書印은

따라서 일단 송내희를 『용호한록』의 필자가 아닌지 검토해 볼 필요가 있다. 송내희의 문집인 『錦谷先生文集』에 따르면 송내희는 1855년 전라도 錦山 桐谷으로 이주하였으며, 1867년에 그곳에서 사망하였다.[7]

『용호한록』의 필자가 전라도 錦山 사람이라는 것은 『용호한록』의 본문 기사에 의해서 확인된다. 우선 『용호한록』은 1862년 농민항쟁 시기에 어느 지역보다도 전라도의 소식을 자세히 전하였으며 전라 감영으로부터의 소식을 營奇라 하여 다른 접두사를 붙이지 않고 수록하였다. 이는 전라도가 필자 자신이 속한 곳이기 때문일 것이다. 그는 營奇를 통해서 전라도 각 군현의 수령이나 향리들이 영문에 올린 첩정, 문안들을 그대로 전해 듣고 있었다. 그런데 『용호한록』에는 농민항쟁 기사 중간에 '錦山各處樵牧等上書'와 이에 대한 답장이 수록되어 있다.[8] 금산의 초군이 어느 사족에게 글을 올리고, 그 글을 받은 인물이 답장한 것이다. 군 단위 농민항쟁 기사 가운데 아무런 설명 없이 이 글들이 등장하는 것은, 초군으로부터 편지를 받고 답장을 한 장본인이 필자이기 때문이지 않을까? 또 『용호한록』에는 '東一面任'에게 보내진 전령을 그대로 채록한 기사가 있는데,[9] '東一面'은 금산에 속하였다. 따라서 『용호한록』의 필자는 錦山 東一面 사람이라는 추정이 성립한다.

그러면 錦山 桐谷에 살았으며 <龍湖藏書>라는 藏書印의 소유자이며 <龍湖藏書>라는 장서인이 찍힌 책의 저자인 송내희가 『용호한록』

　　宋來熙의 도장이다.'는 기록이 있어 宋浚吉의 7代孫인 宋來熙(1791~1867)인 것으로 추정된다(규장각 해제 인용).”

　7) 宋來熙 : 1791(정조 15)~1867(고종 4). 본관은 恩津. 자는 子七, 호는 錦谷, 宋俊吉의 후손. 1838년(헌종 4) 經筵官에 임명되어 이후 사헌부의 掌令·執義 등을 거쳐 1853년(철종 4)에 成均館祭酒에 천거되었다. 저서로는 『錦谷先生文集』이 있다(『한국민족문화대백과』 참고). 송내희의 부친은 회덕 松村에 살다가 龍田으로 이사했으며, 송내희는 회덕 용전에서 다시 錦山 桐谷으로 이사하였다.

　8) 『龍湖閒錄』 3, 78쪽, '各處樵牧等上書' ; 79쪽, '各處樵牧等上書回答'.

　9) 『龍湖閒錄』 4, 242쪽, '東一面任開坼'.

의 필자인가? 답은 '아니다'이다. 그는 1867년에 사망하였는데『용호한록』에는 1884년도의 기사까지 수록되어 있다. 또『용호한록』에는 송내희를 지칭하는 것으로 보이는, 필자 門中의 웃어른인 '桐谷'이 門中 일에 관해 교시하는 대목이 직접 등장하기 때문이다.[10]

하지만『용호한록』의 필자가 송내희와 매우 가까운 친족 관계의 인물이라는 점은 확실하다. 송내희가 살았던 桐谷이 바로 필자가 살았던 '東一面'에 속하였으며,[11]『용호한록』에 수록된 "四月初一日, 備邊司草記, 頃有宋儒賢家, 衣資食物更爲輸送之敎, 而緣於喉司之不爲行會"[12]의 宋儒賢이 바로 송내희를 가리키며,[13] '桐谷'으로 지칭된 인물이 필자에게 매우 가까운 웃어른인 것으로 보이기 때문이다.[14]

『용호한록』의 필자를 송내희와 가까운 친족관계의 인물로서 전라도 금산 거주자라고 하면『용호한록』에 전라도 기사가 두드러지게 많으며 지리산·덕유산 인근의 경상도·전라도·충청도 접계 지역에 관한 소식을 자세히 전하고 있다는 점이 설명된다.『용호한록』의 필자는 송내희의 정보망을 통해서 농민항쟁의 기사를 풍부하게 수집하였을 것이다. 그 자신도 송씨의 세거지인 회덕을 비롯한 인근 충청도 지역과 밀접한 관계망을 가지고 활동하였다. 그는 자신이 소속한 전라도의 감

---

10)『龍湖閒錄』2, 472쪽, '彼邊所示鰲村題敎' ; 4, 501쪽, '宗中通文'.

11)『戶口總數』참고.

12)『龍湖閒錄』3, 60쪽.

13)『錦谷先生文集』附錄 年譜, 壬戌 정월조에 '丙戌有衣資食物賜給及存問之命'이라는 기사가 있다.『용호한록』에 수록된 "四月初一日, 備邊司草記, 頃有宋賢儒家, 衣資食物更爲輸送之敎, 而緣於喉司之不爲行會" 기사는『비변사등록』에도 그대로 수록되어 있다(『備邊司謄錄』249冊, 철종 13년 4월 1일). 송내희는 농민항쟁 당시 祭酒였으나 여러 차례 고을과 道를 경유하여 사직상소를 올리는 것으로 보아, 당시 錦山에 거주하고 있었던 것으로 파악된다.

14)『龍湖閒錄』의 저자가 송내희가 아니라면,『용호한록』에 <용호장서>라는 장서인을 찍은 인물도 송내희가 아니라『용호한록』의 필자 본인일 것이다. 이 추정이 맞다면 그는 송내희로부터 소장 도서와 <용호장서>라는 藏書印을 물려받은 자손일 확률이 높다.

영으로부터 많은 정보를 입수하였으며,『용호한록』의 농민항쟁 기사는 경상도·전라도·충청도 접계의 전라도 錦山 士族이 서울에서 받은 기별, 전라감영에서 받은 기별, 기타 傳聞 등 자신의 모든 정보력을 가동하여 얻은 내용을 기록한 것이다. 농민항쟁이 한참 벌어지는 가운데 지방 사족이 자기 인근에서 벌어지는 항쟁 소식에 촉각을 곤두세우고 시시각각의 상황을 기록하였다는 점이『용호한록』에 다른 자료에 없는 풍부한 내용이 담긴 이유이다.

『용호한록』은 내용이 풍부할 뿐 아니라 농민항쟁의 상호 연관성을 해명할 수 있는 단서들을 포함하고 있다. 그는 처음에 농민항쟁을 소문으로 들었다. 그리고 그 傳聞을 다음과 같이 기록하였다.[15]

1) 진주민 수만 명이 다시 모여들어 성 아래 진을 쳤다. 그리고 또 며칠 전에는 17세 총각이 발령하여 함양민 오십여 명을 이끌고 가평의 정씨 거주 촌락에 들이닥쳐 기와집·초가집을 불질러 수십 호가 모두 없어지고 단지 빈터만 남았다. 또 읍내로 향하여 관속의 집을 모두 부수고 이서 셋, 민 둘 하여 모두 5인을 살해하고 이어서 계속 진을 치고 있다. 함양 수령은 몰래 영문으로 도망하여 화를 피하였다. 둔취한 적들이 또 장수현의 민에게 통문하여 만약 원통한 일이 있다고 하면 장차 장수로 옮겨 가겠다고 하였다 한다. 또 인근 읍에 통문하여 徒黨을 불러 모으니 무뢰지배가 많이 붙좇았다고 하는데 장차 어찌할지는 알지 못한다고 한다. 또 본현 일동면은 함양 경계와 70여 리 정도밖에 떨어져 있지 않아[16] 함양사람들이 난을 피하여 옮겨온다고 말하는 자가 매우 많다. 이는 며칠 전의 일이다.

2) 익산의 일은 매우 패악하다. 그 행위가 진주보다 심하다. 익산 한 군

---

15)『龍湖閒錄』3, 51쪽, '三南民擾錄 上'.
16) '本縣 一東面'의 本縣은 長水縣이 아니라 鎭安縣을 의미하는 것으로 보인다. 장수에는 일동면이 없기 때문이다. 아마도 바로 앞에 진안현에 관한 기사가 착오로 결락되고 이어서(진안현) 일동면에 관한 이야기를 기록한 것으로 보인다.

만이 아니라 진안 고을의 일로 말하자면 수만여 명이 吏逋를 민간
에 나누어 징수한 일을 들어서 포흠한 이서를 살해하겠다고 하며
삼일 전에 이미 읍내에 둔취하였다고 한다. 그 외의 일의 상황은 아
직 듣지 못하였다. 남원은 함양에 진치고 있는 적이 통지하기를 이
서배 가운데 흉악자 7명을 타살한 다음에 답통하라고 하면서 만약
명령을 따르지 않으면 장차 옮겨가서 타살하겠다고 하였다고 한다.
주변 여러 읍의 민이 뒤따르지 않음이 없어 모두 하얀 수건을 둘렀
으니, 진주의 남은 무리가 각지로 흩어져서 같은 목소리로 호응하는
듯하다. 임실, 금구, 장수, 거창에도 이와 비슷한 통지가 있었으므로
수령들이 중도에서 늑장을 부리고 있다고 한다. 영문 아래서 모두들
하는 말이 오래지 않아 팔도가 모두 그러할 것이다 하며, 그 가운데
서 완영이 가장 먼저 피해를 볼 것이다 한다고 한다. 지산의 민이
그 수령을 찔렀는데 이 역시 진주의 무리라고 한다. 함양 근처 읍
가운데 민이 흰수건을 쓰고 둔취한 곳이 10여 읍에 이른다고 하는
데 어느 읍인지 아직 자세하지 않다. 매우 패악한 일이다.

진주 무리가 항쟁을 전파한다는 기사이다. 자기 고을 가까이로 농민
항쟁의 조짐이 확산된다는 소문을 듣고 우려하는 기록자의 마음이 기
사에 그대로 드러나 있다. 이 기사에는 농민항쟁 확산의 초기 상황과
함께 항쟁 소식의 전파에 관한 정보가 담겨 있는 셈이다.
처음 이 기사를 접하면 다른 자료에는 이런 정황이 나오지 않으므로
과연 이런 일이 있었는지 의심이 든다. 그러나 鄭童의 존재 여부는 확
실하지 않지만 함양에 진주항쟁의 餘黨이 屯聚하면서 인근 지역에 항
쟁을 전파하는 데 주요한 역할을 하였다는 것은 사실일 확률이 높다.
진주에서 항쟁이 일어난 이후 진주는 空官 상태였다. 박규수는 3월 1
일 안핵사로 차정되어 진주로 내려오다가 선산에 도착하여 진주 민에
게 효유문을 내렸다. 그런 다음 진주로 곧바로 들어가지 않고 대구 감
영으로 갔다가 3월 18일에야 진주로 들어갔다. 그 이유에 대해 그는 진
주가 空官 상태이고 심리해야 할 대상이 아직 체포되지도 않은 상태라

안핵을 착수할 수가 없어 목사와 병사의 부임을 기다렸다고 말하였다.[17]

함양 수령이 감영에 보고한 바에 따르면 함양은 3월 16일부터 21일까지 농민항쟁이 일어났다.[18] 당시 함양은 空官 상태였다. 이는 이삼현이 선무행으로 함양에 들렀을 때, '3월 16일 공관 때에 항쟁이 일어났다'는 군수 오경선의 말로 알 수 있다.[19] 그 자신의 말에 따르면 자신은 科擧 때문에 3월에 관아를 비웠고, 이를 틈타 농민항쟁이 일어나 여러 달 동안 항쟁의 기운이 지속되었다는 것이다. 이에 대해 『용호한록』은 '함양 수령은 영문으로 도망갔다'고 표현하고 있다. 함양 수령이 농민항쟁 때문에 도망갔는지 공관 시에 농민항쟁이 일어났는지는 불분명하지만 『용호한록』의 기사는 함양이 공관 상태였음은 정확히 전달해주고 있다.[20] 이즈음은 진주에 목사와 병사가 부임하고 안핵사가 도착하여 심리에 착수하는 시점이었기 때문에 함양의 공관을 틈타 진주민의 일부가 함양으로 옮겨와 둔취하였을 가능성이 충분하다. 또한 함양에 둔취한 민들이 여러 고을에 그처럼 發송하였는지는 불분명하지만 사람들이 함양에 몰려들었다가 다시 자기 고을에 돌아가 항쟁을 전파하였을 개연성이 농후하다.

『용호한록』은 3월 29일 기사에서 함양 인근의 10여 읍에서 민이 둔취하고 있다고 하였다. 실제로 경상도 농민항쟁은 2월 4일 단성, 2월 14일 진주에서 항쟁이 일어난 지 한 달여가 지난 3월 중순 이후로 급

---

17) 『壬戌錄』, 6~7쪽, '안핵사장계'.
18) 『壬戌錄』, 6~7쪽, "咸陽 郡守牒呈內, 本郡鄕民等, 謂以革弊, 三月十六日發文聚會, 毁燒邑村吏民之家, 至爲十五處之多, 乃於二十一日各散, 而當初光景, 則始具衣冠而會議, 終乃擧棒而毁家云云".
19) 『壬戌錄』, 215쪽, 「鐘山集抄」, "飯後又前發五十里至咸陽郡, 郡守 吳敬善出見, 聞於三月十六日適値空官之時, 亂民輩以田稅高價事, 燒毁邑村十六戶, 近稍沈息, 而發通之狀頭三漢, 自營門始有移囚之題, 旋卽分揀, 使之將功贖罪云耳, 申後宣編".
20) 주 15) 참고.

속히 확산되었다. 함양은 3월 16일, 거창은 3월 20일, 성주는 3월 26일, 상주는 3월 말경, 울산은 4월 1일, 선산은 4월 2일, 개령은 4월 7일, 인동은 4월 9일, 밀양은 4월 초에 항쟁이 일어났다.21)

왜 진주항쟁 이후 한 달여간 다른 지역으로의 전파의 움직임이 없다가 갑자기 항쟁이 확산되기 시작했을까? 이에 대해서『용호한록』의 필자는 진주 여당의 전파, 또는 그 영향이라고 설명하였다. 이러한 설명은 함양으로부터 그리 멀지 않은 전라도 금산 사람이 들은 傳聞인만큼 무시하기 어렵다. 특히 함양이 空官이었기 때문에 진주 여당이 둔취할 수 있는 조건이 되는 것처럼 거창, 성주, 상주 등도 항쟁 즈음 空官이었다는 사실은 이들 지역도 함양과 비슷한 방식으로 진주항쟁의 영향을 받았을 것이라는 설명이 가능하다.

경상도 선무사 이삼현에 따르면 거창은 3월 20일 부사가 진주의 안핵에 참여하러 간 사이에 항쟁이 일어났다. 군수는 이 소식을 듣고 영문에 말미를 얻어 그대로 상경하여 이삼현이 들른 5월 9일까지도 아직 돌아오지 않았다. 이후 거창의 농민항쟁은 지속되어 이삼현은 이곳에서 큰 곤욕을 치렀다.22) 성주도 3월 26일 공관 상태에서 농민항쟁이 일어났다.23) 선산도 4월 2일 교체된 수령이 부임한 7일 만에 항쟁이 일어났다. 그렇다면 수령 부임 전에 상당기간 空官 상태였다는 말이다. 항쟁이 일어나자 선산 수령은 곧바로 영문으로 달려가 사직을 청하며 한 달여를 영문에 있다가 비로소 돌아왔다고 한다.24) 상주 역시 공관

21) 망원한국사연구실, 앞의 책, 농민항쟁일지 참고.
22)『壬戌錄』, 215쪽,「鐘山集抄」, "五十里至居昌宿, 府使 黃鍾奭, 參蒭晉州之際, 亂民作挐, 燒毀吏校家十六戶, 自聞此報得由於營門, 仍爲上京, 而空官之致, 民擾尙不息, 有一吏來告曰, 亂民輩, 又復發通, 以明日邑內場市日, 齊會邑內, 將爲大鬧, 三班將欲逃避之際, 適值次入府, 未敢散去, 而緣由敢此先告矣, 余聞之不能無恐怯, 而不可不示其鎭靖之意".
23)『壬戌錄』, 217쪽,「鐘山集抄」, "十二日, 星州 五十里至星州牧中火, 仍留宿, 牧使 鄭基洛新莅纔數日也, 本州三月二十六日亂民輩, 以結弊·還弊事, 値空官, 燒毀人家四十餘戶, 尙撓撓不息".

때 움직인 민들의 마음이 아직 진정되지 않고 있다고 하였다.[25] 이들 지역은 공관을 틈타 항쟁을 일으켰고 선산, 거창은 공관 상황 속에서 항쟁이 지속되었다.

『용호한록』의 필자는 4월 초까지 경상도의 상황에 주의를 기울이고 주로 傳聞을 기록하였다.

진주 일은 들리는 소식에 따르면 안핵사가 내려온 초기에……울산 變의 소식이다. 4월 초1일에 읍에 둔취하였던 민들이 먼저 울산부로 향하였는데, 울산 수령이 관이 어찌 민의 願을 따르지 않겠느냐고 하자 방향을 돌려 병영으로 향하였다. 이에 병사는 관군을 시켜서 4문을 폐쇄하고 지켰다. 주민들이 몰래 동야문으로 잠입하자 병사가 군사를 시켜서 격퇴하였다. 민 가운데서 포를 맞고 죽은 자가 2인이고 창에 찔려 죽은 자가 2인이고 형벌을 받다 죽은 자가 5인이다. 그러자 주민들이 말하기를 "죽기가 소원이다"고 하면서 다시 향회를 열어 일이 아직 해결되지 않았다고 한다. 성주 變은 거리가 조금 멀어서 자세한 소식을 듣지 못했으나 진주의 일 못지않다고 한다. 선산의 變은 민이 이서 5인을 살해하였으며, 그들의 집을 불태운 것이 수십여 채라고 한다. 개령의 變은 이서와 민이 서로 공격하였다고 한다. 밀양의 變은 무리지은 민이 역시 관부에 쳐들어가 수령은 영문으로 도망가서 營吏의 집에 숨었다고 한다.[26]

---

24) 『壬戌錄』, 206쪽, 「鐘山集抄」, "六十里到善山仍宿, 善, 先兄曾莅之邑也, 距今纔五六年, 素以完邑稱, 而風俗不古, 各面亂民輩, 以結錢事, 四月初二日, 齊集官庭, 脅勒官長, 成出八兩完給之文, 而燒毀吏家及班戶, 爲近五十戶, 尙撓撓不息, 本倅閔致序, 自長興相換, 赴任第七日逢此變怪, 仍往營下, 屢呈辭單, 不得請, 遂留營下近一望, 日昨始還官云耳, 亂民之魁, 卽全範祖云者, 捉囚營獄, 忽蒙放還, 兼有巡甘使全哥, 專管下納擧行, 本倅入見, 有還爲捉送營門之議".

25) 『壬戌錄』, 221쪽, 「鐘山集抄」, "玄風·尙州·善山, 必將又撓, 尙·善則見値空官, 已動之民心, 無以鎭靖, 玄風則本官太木剛, 將有激發之慮云故也, 席未散, 居昌·尙州等地, 又有燒火民家之報".

26) 『龍湖閒錄』 3, 61쪽, '按覈使曉喩'.

경상감사가 4월 7일 개령에서 항쟁이 일어났다고 중앙에 보고했을
때, 이미 "경상도 내에서 개령 이외에도 仁同·咸陽·善山·尙州 等
여러 고을에서 모두 민란이 있었는데, 다만 人吏를 태워 죽인 것은 아
니기 때문에 경상감사가 보고하지 않았다"는 소문이 서울까지 파다하
였다.27) 『용호한록』의 필자 역시 그 같은 소문을 전해 듣고 기록한 것
일 것이다.

『용호한록』 농민항쟁 기사의 또 하나의 중요 정보는 바로 전라도 지
역의 농민항쟁 소식이다. 그동안 경상도의 농민항쟁은 『임술록』 등의
자료를 통해서 어느 정도 밝혀졌으나 전라도 지역은 자세히 알려지지
않았다. 그는 자신의 거주지 금산군이 속한 전라도의 소식을 영문 기
별을 통해서 자세히 듣고 있었다. 그는 營門으로 들어온 전라도 各郡
의 보고문, 營門이 입수한 宣撫使 狀啓 謄本 등을 거의 그대로 전재하
거나 초록하여 놓았다. 그의 기사를 통해 전라도 농민항쟁을 재구성해
보자.

그는 자료 1)의 전문 기사를 통해 진주·함양의 영향이 이웃한 전라
도 지역에도 전해졌다고 말하였다. 그는 함양 둔취민의 통기를 받거나
영향을 받은 곳으로 임실, 장수, 금구, 남원, 진안 등을 꼽았다. 또 그는
京奇·營奇 등의 소식통을 통해서 익산, 함평, 장흥, 순천, 금구, 부안,
강진, 무주, 진산, 능주, 동복, 여산, 고산, 무안, 순창, 무장, 영광 등의
농민항쟁에 대해 기록하였다. 그는 해당 군현 공형이나 수령이 감영에
보고한 文狀·牒呈 등을 통해서 각 지역 항쟁의 자세한 사정을 파악
하였다.28) 그는 京奇·營奇와 자신이 전해들은 傳聞을 종합하여 전라

27) 『壬戌錄』, 201쪽, 「鐘山集抄」, "其外 仁同·咸陽·善山·尙州等諸邑, 皆有
民鬧, 但不燒殺人吏, 故竝不修啓, 而傳說甚藉藉".
28) 『龍湖閒錄』 3, 70쪽, '營奇', "順天府, 呈以民人數千名, 今十五日屯聚, 燒毁
人家後, 吏房 金百權打殺緣由事.
茂朱公兄, 以亂民作梗緣由, 報狀于營門, 而營門, 使礪山捕校, 捉其狀頭矣,
茂朱之民, 成羣作黨, 無數亂打 捕校, 遂奪其狀頭以去 珍山亦以亂民作梗報

도의 농민항쟁 발생 상황을 다음과 같이 정리하였다.

> 1) 도내 민란이 일어난 곳으로 보고한 고을(19개 고을) : 益山, 咸平,
>   茂朱, 珍山, 高山, 礪山, 金溝, 扶安, 井邑, 長城, 靈光, 羅州, 南平,
>   長興, 興陽, 樂安, 玉果, 順天, 昌平[29]

狀, 而自官捉囚狀頭幾人矣".
『龍湖閒錄』3, 82~83쪽, '營奇',
ー. 綾州 同福樵軍數百餘名以禁松事, 侵入本郡, 毀破家舍, 毆打愼民, 方在
　死境, 而魁首金基石 李彦忠等事.
ー. 益山罪人座首通引吏房等十名, 五月初十日梟首事.
ー. 礪山亂民輩數三千名, 所謂鄉里士族四十三戶衝火, 或破壁或毀破事, 本
　邑事.
ー. 咸平亂魁鄭翰淳等二十二名, 捉囚營獄事.
ー. 金溝 泰仁 臨陂 和順 全州暗行御史出道事.
ー. 高山舊官卽時狀罷, 新官徐載元下送事.
ー. 務安縣 朴昌應等, 以各邑如此之事・方張發通是如可, 入於營庶, 捉上嚴
　刑二十度後, 着枷下獄事.
ー. 巡使道分付內, 若有府中浪遊人, 一併捕捉事.
ー. 京奇內, 若有受由上京 守令, 則一併狀罷是矣, 該道臣爲先從重推考事.
ー. 淳昌亦有亂民事, 而自營推捉魁首, 至於中路奪去魁首, 毆打校卒事.
ー. 宣撫使膽移內, ……忽初九日, 扶安縣中路悖民, 無慮千餘名, 結聚店街,
　先訴捄弊之狀……又於十一日路由 於金溝邑, 而一境民屢千餘名, 謂之
　捄弊, 通文齊會邑中, 攔入官庭……
ー. 順天府使回報內, 今十七日量, 亂民數三千名, 突入官庭, 如干還結與兔徵
　之說, 姑捨勿論, 打殺舊吏房 金晋悅, 而所告內, 今吏房, 又欲訪矣, 遠避
　他處, 故未及患難事.
ー. 扶安亂民數三千名, 成羣作黨, 毀破人家三十六戶, 此亦無前之事也.
ー. 茂長亂民數三千名, 毀破四十餘戶事.
ー. 咸平罪人二十二名, 捉囚鎭營獄事.
ー. 靈光民五六人, 持其本官捄弊節目, 更入巡營, 欲成節目是如可, 所謂其中
　首徒, 嚴刑二十度, 其餘, 各笞二十度事.
29) 『龍湖閒錄』3, 70쪽, '道內作變邑報來', "益山 咸平 茂朱 珍山 高山 礪山 金
　溝 扶安 井邑 長城 靈光 羅州 南平 長興 興陽 樂安 玉果 順天 昌平".

2) 민란이 일어났으나 보고하지 않은 고을(12개 고을) : 臨陂, 長水, 龍潭, 高敞, 務安, 和順, 珍島, 淳昌, 泰仁, 求禮, 鎭安, 錦山[30)

그는 항쟁 지역을 보고한 지역과 하지 않은 지역으로 나누어 놓았는데, 어디에 보고하고 하지 않고 했다는 것일까? 바로 전라감영이다. 그가 보고한 고을로 지목한 곳은 자신이 營奇에 의거해 상황을 간단하게나마 기록한 곳이 대부분이다. 따라서 보고하지 않은 고을은 영문에도 보고하지 않은 고을들이다. 그는 아마도 傳聞에 의거하여 이 고을들에서 항쟁이 일어났다는 사실을 파악하였을 것이다. 그는 자기네 고을인 금산을 비롯하여 인근한 진안·장수, 어느 정도 근접한 구례·용담·순창·화순, 상당히 거리가 있는 무안·고창·임피·태인·진도 등까지도 다양한 소식통을 통해서 사정을 파악하고 있었다.

전라감영은 적어도 보고한 고을 17곳에서는 공형의 문장이나 수령의 첩정 등을 받았을 터인데도 중앙에는 몇 개 지역만 보고하였다. 이는 경상감영에서 농민항쟁 발생 사실을 되도록 보고하지 않으려고 한 것과 같은 맥락이다. 보고를 하였건 하지 않았건 간에 중앙정부와 감영, 기타 지배층들은 다양한 루트를 통해서 사태를 파악하고 있었다는 것을『용호한록』기사가 응변한다.

『용호한록』에서 보고하지 않은 읍으로 꼽은 무안과 순창은 그가 2차로 營奇를 정리한 데 간략하게 사정이 기록되어 있다. 이로 미루어 보아 그가 보고한 읍과 보고하지 않은 읍을 정리한 시기는 아마도 2차 營奇를 받아보기 전인 5월 15일 경일 것이다. 그런데 그가 정리한 보고/비보고읍에는 앞의 함양민이 통지를 했다는 전라도의 남원과 임실은 포함되지 않았다. 함양의 통지가 있었는지는 확실하지 않지만 남원이나 임실의 호응은 없었던 것으로 보아야 할 것이다. 하지만 바로 필

---

30)『龍湖閒錄』3, 70쪽, '有作變不報邑', "臨陂 長水 龍潭 高敞 務安 和順 珍島 淳昌 泰仁 求禮 鎭安 錦山".

자 거주지 일대인 금산, 진안, 장수는 비보고읍으로서 농민항쟁 발생
지역으로 꼽힌 것으로 보아 진주·함양으로부터 직접적인 영향을 받
았음에 틀림없다. 필자 자신은 4월 25일 경 樵軍을 칭하는 고을 민들
로부터 山林 廣占에 대한 항의를 받았다.

전라도 錦山의 초군들은 바로 항쟁이 각지에서 한창이던 그 시기에
『용호한록』의 필자에게 다음과 같은 글을 보냈다.

> 금산 一二南·富東·富西·南西 樵牧 등은 어르신께 삼가 100번 절
> 하며 우러러 단자를 올립니다. 엎드려 아뢰건대 '山林川澤은 민과 함
> 께 이용한다'는 것은 聖王의 성스러운 法입니다. 저희들은 모두 숯 굽
> 는 곳 가까이 사는 민입니다. 또한 모래가 많은 하천은 松板이 아니고
> 서는 제방을 쌓을 수가 없으니 목숨 줄이 의지하는 바가 柴場이 아님
> 이 없습니다. 그런데 곳곳에 標를 묻고 산지기를 시켜서 한 짐에서 절
> 반의 땔감을 거두어들이고 도끼와 낫을 빼앗으며 한 줌의 풀에도 소나
> 무 값을 거두오니, 모래 하천은 막을 길이 없어 폐농하고 호구대책이
> 전혀 없어 굶주려 죽을 지경입니다. 죽게 된 마당에 무엇을 돌아보겠
> 습니까? 先生宅의 소나무 언덕임을 나타내는 標를 임의로 파내어서
> 어른을 섬기는 도리를 손상시켰으니, 이에 감히 처분을 내리시기를 엎
> 드려 청하옵니다.[31]

초군배가 매우 조심스러운 언사로 말을 한 것 같지만 사실은 '山林
川澤與民共之'는 '聖王의 聖典'인데 당신 집이 이를 어기고 민들에게
행패를 부려왔다는 고발이며 앞으로 어떻게 하겠느냐는 으름장이었다.
이 글을 받은 인사는 자신이 標를 묻기는 했으나 민들이 소나무 가지
를 자르거나 풀을 베거나 해도 전혀 붙잡아 다스린 적이 없고 심지
어 무덤을 쓰는 사람도 금지하지 않았는데 왜 탈을 부리느냐고 반문하
면서 앞으로는 초군배가 임의대로 하라고 하며, 다음과 같이 답신을

31) 『龍湖閒錄』 3, 78쪽, '各處樵牧等上書'.

보내었다.

　年前에 과연 標를 묻은 일이 있었다. 그러나 아직까지 솔가지를 자
르고 풀을 베는 자들을 한사람도 붙잡아다 추궁한 적이 없다. 심지어
는 묘를 쓰는 일마저도 금지하지 않았다. 그런데 초군배들이 무슨 탈
잡힐 일이 있다고 이처럼 말하는지 실로 알지 못하겠다. 이제까지도
초군배들에게 탈 잡힐 일이 별달리 없었으니 지금도 초군배의 뜻대로
하도록 일임할 것이다. 그렇게 알도록 하라.[32]

　초군배의 뜻을 정확히 전달받은 『용호한록』의 필자는 상황이 상황
인 만큼 양보하지 않을 수 없었던 것이다.
　도내 항쟁 발생 지역을 보고/비보고로 정리한 이후로도 그는 계속
營寄를 받아보았고 이를 다시 간략히 기록해두었다. 그가 추가로 발생
사실을 기록한 지역은 동복, 능주, 무장(3개 고을)이다. 그리고 강진의
兵使 체임시 사건(1개 고을)도 중앙의 논의 사실로서 기록하였다.[33]
『용호한록』에서 파악한 전라도의 농민항쟁, 또는 농민들의 시위가 일
어난 곳은 총 35개 고을이다. 여기에 8월에 일어나는 제주도의 제주,
대정, 정의 3개 고을을 합치면 전라도 38개 고을에서 농민항쟁, 또는
농민 시위가 일어난 것으로 파악된다. 『1862년 농민항쟁』에서 전라도
38개 고을에서 농민항쟁이 일어났다고 파악할 수 있었던 것은 바로
『용호한록』에 근거하였기 때문이다. 『용호한록』 기사로 미루어 볼 때
전라도 농민항쟁은 진주 · 함양의 영향을 받아 3월 중순 이후 움직임이
시작되었다. 3월 말 이후로는 익산 · 함평의 영향을 동시에 받아 각지
의 항쟁이 전개된 것으로 보인다.
　『용호한록』이 또 하나 자세히 소식을 전하고 있는 곳이 바로 충청도
이다. 금산은 오늘날은 충청도에 속하는 지역으로서, 당시 충청도와 전

---

32) 『龍湖閒錄』 3, 79쪽, ‘壬戌四月卄五日各處樵牧等上書回答’.
33) 『龍湖閒錄』 3, 93쪽, “全羅舊兵使遞歸時, 見敗於移秧之民事”.

라도의 경계에 위치한 전라도 지역이었다. 그는 송씨 일문으로 회덕등지에 긴밀한 인적 관계망을 가진 사람으로서 농민항쟁이 집중되었던 충청도 山郡 지역에 관심이 많았다. 충청도의 농민항쟁은 충청감사가 대부분 항쟁이 일어나면 곧바로 중앙에 보고하였기 때문에 중앙 기록에도 잘 나타나 있다. 『용호한록』도 충청감사의 장계를 수록하고 있기 때문에 연대기나 『임술록』과 내용이 비슷하다. 그러나 그는 장계 啓本을 그대로 수록하거나 일부를 그대로 발췌하여 수록하였기 때문에 상황을 매우 생생하게 전달하고 있다.

충청도는 5월 10일에 회덕 · 공주 · 은진, 13일에 청주, 14일에 회인 · 문의, 17일에 임천, 그리고 5월 중순경에 진잠 · 연산 · 진천에서 농민항쟁이 발생하였다.[34] 이들 지역에서는 대부분 樵軍에 의한 士族家 공격이 발생하였다. 樵軍들은 생계 보충의 수단이 되는 땔감을 못하게 한다든가, 토지로부터 떨어져 나와 산지 개간이나 화전 경작에 의존하고자 했던 빈농층의 마지막 생계 수단을 박탈하는 사족층의 山林 廣占에 대한 분노를 표현한 것이다. 특히 청주목은 "초군 수천 명이 송참봉 教熙家에 불을 질러 온 마을이 일시에 연소되었으며 宋班欽三家도 불에 탔다." 문의현에서도 "縣民 수천 명이 宋班家와 宋贊善家 墓幕에 방화를 하였다"고 한다. 충청도 山郡 일대에 산림을 광점하고 있던 양반들은 전라도 금산의 사족과 별반 다르지 않은 경험을 하였을 것이다. 『용호한록』의 필자는 충청도에 사는 자신들의 인척이나 知人의 처지를 보고 들었음에 틀림없다.

다음은 『용호한록』에 실린, 공주항쟁을 보고하는 충청감사의 장계이다.

공주 各面 草軍 수백 명이 금월(5월) 초 10일에 무리를 지어 5里쯤 떨어진 錦江 나루터에 모였습니다. 그 무리의 품은 생각이 무엇인지는

---

34) 망원한국사 연구실, 앞의 책, 농민항쟁 일지 참고.

모르지만 바야흐로 농사철에 여러 백성이 모임을 갖는 것은 놀랍고 근심할 만한 일이므로 그 가운데 사리에 밝은 수십 인만 들어와서 품은 생각을 고하고 나머지 사람은 즉각 물러나 돌아가라고 전령을 내려 신칙하였습니다. 그러나 우매한 민들이 깨닫지 못하고 다음날 다시 모였는데 거의 6천 명에 달했습니다. 이들은 곧바로 本府로 향하여 호소하였으나 營門으로서도 매우 우려되어 그들을 營門 마당에 불러들여 조사하였더니 한 장의 소지를 바쳤습니다. 그 내용은 다음과 같습니다.

一. 稅米는 언제나 7냥 5전을 거두는 것으로 아주 정할 일.
一. 각종 軍布는 小民에게만 편중되게 걷지 말고 모든 호에 고루 분배하여 거둘 일.
一. 還餉의 폐단을 없앨 일.
一. 군역과 환곡을 보충하기 위해 結에서 거두는 것을 시행하지 말 일.
一. 吏校의 폐단과 使令의 침탈을 금단할 일.
一. 작부하여 세금을 걷는 일을 기일보다 먼저 하지 말 일.
一. 내가 되거나 하천으로 떨어져 나가는 등의 피해를 입은 災結과 예부터 내려오는 災結, 새로 발생한 災結에 공평하게 조세를 면해줄 일.
一. 各面 主人이 의례히 結에서 받는 명목과 各廳이 稧房을 맺어 거두는 것을 시행치 말 일.
一. 士大夫家에서 標를 묻고 산을 넓게 차지하는 것을 금단할 일.
一. 各面 書員이 의례히 받는 것과 周卜 名色을 시행치 말 일.
一. 本府 各班 下人에게 주는 돈은 원래 정한 대로 액수를 줄일 일.

이들 조건은 모두 小民이 견디기 어려워하는 단서이므로 민의 願대로 시행하기로 허락하자 민들이 모두 말하기를 앞으로 폐단이 제거될 것이니 자기들의 소원대로 되었다고 하였습니다. 어언 시간이 흘러 마침 날이 저물어서 민들이 각기 집으로 돌아가는데, 가는 길에 읍내와 바깥 촌락의 班·常 합쳐서 10여 호 人家에 방화하였습니다.······35)

35)『龍湖閒錄』3, 77쪽, '錦伯啓本十六日'.

공주의 '草軍'은 '사대부가가 山地를 광점하는 것을 금지시켜라'는 樵軍으로서의 요구는 물론이고 小民으로서 軍布를 小民에게만 편중되게 걷지 말라고 요구하였다. 나아가서 고을 민 일반의 이해를 대변하여 결가를 언제나 같게 정하라, 환곡의 폐단을 없애라, 각종 침탈을 없애라고 요구하였다. 소민·초군이 자신들의 요구와 고을민 일반의 이해를 잘 결합하여 그들의 의사를 대변하면서 항쟁을 전개하였다는 것은 항쟁의 국면에서지만 그들이 고을 정치의 장에서 주도적 위치를 확보했다는 것을 보여준다.

공주의 초군은 '士大夫家에서 標를 묻고 산을 넓게 차지하는 것을 금단하라'고 요구하였다. 이는 금산의 초군이 『용호한록』의 필자에게 '聖王의 聖典'에 따르면 '山林川澤은 민과 더불어 함께하는 것[山林川澤與民共之]'이니 당신네 집안의 산림 광점을 인정할 수 없다고 한 주장과 같다. 전라도 능주·동복의 초군도 '禁松事'를 이유로 본군에 침입하였다.[36] 충청도의 항쟁민이 스스로를 '草軍', '樵軍'으로 지칭하였다는 점은 경상도 진주·함양 인근 지역의 농민항쟁의 영향을 그대로 보여준다. 경상도 樵軍의 영향이 충청도 樵軍에 전파되는 징검다리가 바로 전라도 장수, 진안, 금산이었다는 사실이 『용호한록』을 통해서 드러난다.

『용호한록』의 필자는 그가 사는 곳이 항쟁의 확산에 중요한 역할을 한 진주, 함양, 거창에 근접한 전라도 금산에 살고 있었기 때문에 항쟁의 초기 확산 상황을 잘 전해주었으며, 또 자신이 속한 전라도의 감영 소식통을 통해서 전라도의 농민항쟁 소식을 매우 자세히 기록하였다. 그리고 금산이 충청도 농민항쟁 중심지인 충청도 山郡과 연계되어 있고 자신의 활동 영역이 그곳까지 미쳤기 때문에 충청도의 항쟁에 자세한 관심을 가지고 상황을 전달하였다. 『용호한록』은 사회 제 구성원이 농민항쟁을 직접 행하거나 또는 영향을 받으면서 '농민항쟁의 정치' 국

---

36) 『龍湖閒錄』3, 82쪽, '營奇'.

면에 포섭되어 가는 과정을 보여준다.『용호한록』필자 가까이에 있었
던 인물인 송내희는 삼정이정청이 개설되고 국왕의 策問이 발표되자
이에 호응하여 삼정책을 올렸다.[37]

3. 중앙정부의 농민항쟁 해석

이미 농민항쟁이 불붙기 시작한 4월까지도 중앙정부에 올라온 항쟁
보고는 많지 않았다. 경상도의 진주, 개령, 전라도의 익산, 함평 정도였
다.

2월 29일에 진주항쟁에 관한 보고가 올라왔다. 진주에서는 2월 14일
부터 농민항쟁이 시작되었으며 19일에는 민들이 진주 읍내의 객사 앞
장터에서 집회를 갖고 경상우병사 백낙신을 겁박하였다. 진주항쟁은
감영, 병영에 의해 중앙에 보고되었다. 민들이 병영의 '統還'과 진주목
의 '都結'을 문제 삼아 일어나서, 병영의 이방과 환곡을 포흠한 이서,
진주목의 이방을 죽이고 그 시체를 불에 던져버렸다는 소식이었다. 2
월 29일 진주항쟁에 관한 보고를 받은 비변사는 국왕에게 대응책을 말
하면서 다음과 같이 말하였다.

   진주의 일은 참으로 이전에 없던 변괴입니다. 이서의 포흠을 민에게
거두는 일은 근래 원망을 키우고 화기를 해치는 정사입니다. 그러나
민의 행태로 말하자면, 관에 소지를 올려 물리치면 영문에 올리고 영
문에 올려 물리치면 묘당에 올리며 여기서도 물리침을 당하면 擊錚할
수 있습니다. 그런데 이렇게 하지 않고 곧바로 사람들을 규합하여 이
같은 완특한 짓을 하다니, 그 거조가 호미와 괭이를 들고 감히 난을 칭
하는 자와 무엇이 다르겠습니까?[38]

---

37)『疏箚輯類』, '祭酒宋來熙上疏'(奎章閣 古 5120-50-v.6).
38)『備邊司謄錄』249冊, 철종 13년 2월 29일.

민들에게 허용된 행위의 범주는 어디까지나 관과 국왕에 청원하는 일이며 아무리 억울해도 이를 넘어서서는 안 된다는 것이다. 민이라면 관에 계속 호소하여야지 왜 이런 일을 벌이느냐는 것이다. 하지만 그들 역시 진주목사와 경상우병사의 잘못을 번연히 알기에 그들을 파직하고 처벌하는 조처를 취하고 박규수를 안핵사로 파견하였다. 철종은 3월 1일 안핵사 박규수를 불러놓고 이 사태를 원망을 키우고 화기를 해치는 정사로 말미암아 일어난 '犯分蔑法之擧'로 규정하면서도 민을 가엾게 여기는 발언을 하였다.[39]

3월 27일, 전라도 익산에서는 한층 심각한 사태가 발생하였다. 보고에 따르면, 민들이 관정에 돌입하여 동헌에 올라가 수령을 끌어내어 도랑에 처박고 의복을 찢고 발에 사슬을 채우고 조롱하다가 끝내는 고을 경계 밖으로 담아다 내버렸다. 이들은 본군의 印信·兵符와 본군에서 보관 중이던 이웃 고을 함열의 兵符를 탈취하여 향청에 갖다 주고 감영에 바치도록 하였다.[40] 4월 1일 보고를 받은 철종은 "관이 민에게 잘못하였다고 하여 민으로서 어찌 이와 같이 한단 말인가"고 한탄하였다.

4월 17일에는 4월 7일 발생한 개령의 사태가 보고되었다. 이에 대해서 철종은

> 첫째도 長吏의 죄다. 둘째도 長吏의 죄다. 그러나 억울함을 호소하고 弊瘼을 矯正하면 될 일을 어찌 그 길이 없을까 염려하여 반드시 인명을 살상하고 인가를 붙태우고 위협공갈하고 재화를 약탈하는가?[41]

---

39) 『壬戌錄』, 3쪽, '晉州按覈使 朴珪壽 到善山發關', "傳曰 日前晉州事 誠亦無前之變怪 爲官而罔存撫摩之方 爲民而敢肆頑悖之習 始因積怨干和之政 終成犯分蔑法之擧".

40) 『龍湖閒錄』3, 52~53쪽, '益山事完營狀啓'.

41) 『備邊司謄錄』249冊, 철종 13년 4월 17일.

라고 한탄하며 자세히 조사하여 크게 징계하고 새롭게 고칠 방안을 강
구하라고 명하였다.

4월 21일에는 4월 16일에 일어난 전라도 함평의 농민항쟁 보고가 올
라왔다. 수령을 동헌 아래로 고꾸라뜨리고 의관을 빼앗고 찢고 무수히
난타하여 기절시킨 다음 길거리에 버렸다고 하였다.[42] 함평의 사건을
보고 받은 왕은

> 금번 함평의 일은 군사를 일으켜 반란을 꾀하는 것보다 심하다. 세태
> 가 못하는 바가 없다. 설령 관에서 잘못한 일이 있더라도 民의 도리로
> 서 '犯分凌上'이 이보다 심할 수 있는가. 이제는 恒理와 恒法으로는 처
> 리할 수 없게 되었다. 묘당에서는 대처할 방도를 강구하여 올리라.[43]

고 하였다. 이에 대해서 비변사는 오로지 법으로 처단할 뿐이라고 답
하였다.

> 설령 관이 잘못한 바가 있어 민이 원망할 만 하여도 민은 관에 父母
> 의 道가 있는데 차고 때리고 밟다니 어찌 이럴 수가 있습니까? 이들
> 무리는 결코 고식적으로 처리하여 용인해서는 안 됩니다. 오로지 법으
> 로 처단할 뿐입니다.[44]

---

42) 『龍湖閒錄』 3, 57쪽, '壬戌四月十六日咸平公兄文狀', "各持竹槍, 攔入東軒,
破窓壁捽曳官家, 直仆於丈餘之軒下, 脫冠網裂衣冠, 無數亂打, 幾至氣絶, 仍
爲擔舁, 颺去于校村是白遣";『龍湖閒錄』 3, 57쪽, '咸平縣令罷黜狀啓', "各
持竹槍, 呼聲震動, 突入官爺, 冠網盡裂, 捽曳于臺下丈餘之下, 頭髮扶曳, 以
竹槍無數亂打, 傷處狼藉, 而破窓壁, 裂衾枕, 與書冊文簿, 房內等物, 盡爲搜
去是乎乙遣, 擔舁官家, 置于校村路上 昨年京債作錢稅米怨徵之說, 無數侵
困是如可, 酉時量奪取印符, 更爲擔舁移置於越境務安論峙之地是乎旀, 印符
段, 艱辛搜得, 實鄕色賚上爲在果".
43) 『備邊司謄錄』 249冊, 철종 13년 4월 22일.
44) 위의 주 43)과 같음.

민들은 수령, 이서, 일부 양반가를 매우 과격하게 공격하였다. 이들은 조세 문제를 일으킨 당사자들이거나 농민들을 억압하고 수탈한 인물들이다. 민들이 분노에 차서 우발적으로 일을 저지른 측면이 없지 않으나 치밀한 계산이 동시에 존재하였다. 진주의 민들은 병사를 저자거리에서 핍박하였지만 동헌에 난입하지는 않았다. 익산의 민들은 동헌에 난입하고 수령을 경계 밖으로 몰아내고도 印信·兵符는 향소를 시켜 감영에 갖다 바쳤다. 민들은 자신들의 행위가 조선왕조체제에서 어느 선까지 허용될 수 있을지를 저울질하며 행동하였던 것이다. 민들은 정치적 반응을 이끌어내기 위해 허용 여부가 갈리는 경계선에 자신의 행동 수위를 설정하였다. 민들의 이러한 행위는 국왕과 중앙정부, 지배층에 의해 해석되고 의미가 부여되었다.

국왕과 중앙정부는 민들의 행위를 곧바로 '亂'으로 규정하지는 않았다. 그러기에 정부는 잘못을 저지른 官을 파출하고, 안핵사라는 조사관을 파견하여 사태를 조사한 다음 항쟁의 주도자를 처벌함으로써 사태를 무마하려고 한 것이다. 그러나 이들이 보기에 민의 행위는 감히 상상할 수 없는 일이었다. 官은 민에게 부모의 도가 있는데, 어찌 이와 같이 한단 말인가?

민들의 '犯分凌上'의 행위는 수령을 파출하고 안핵사를 파견하는 것으로는 무마되지 않았다. 중앙에는 진주, 개령, 익산, 함평 항쟁이 보고되었을 뿐이지만 이미 각 지역의 항쟁 소식은 파다하게 전파되었다. 정부도 문제의 심각성을 알고 있었기 때문에 3월 26일 삼남에 암행어사 파견을 결정하였고 4월 15일에는 이삼현과 조구하를 각각 경상도와 전라도에 선무사로 파견하였다.

왕은 조구하를 전라도 선무사로 파견하면서 다음과 같은 윤음을 백성에게 전하도록 하였다.

民이 官을 사랑하고 윗 사람을 친애하는 것은 그 常性이고 彝心이다.……내가 비록 부덕하지만 민의 부모이고 항상 자식을 사랑하는 마음을 가지고 있다.……행호군 조구하를 선무사로 삼아 나를 대신하여 가도록 하였으니……너희들은 부모의 말을 듣는 듯하라.[45]

이처럼 심각한 사태를 당해서도 민이 여전히 예전의 민이기를 바라는 마음이 선무사에게 들려 보낸 왕의 윤음에 그대로 드러났다. 그러나 선무사를 맞는 민의 태도는 예전의 官民의 위계 관계 하의 그 모습이 아니었다.

5월 5일에 안핵사의 안핵보고서가 처음으로 올라왔다. 익산 안핵사 이정현의 보고를 받은 철종과 비변사는 항쟁민의 처벌을 논의하였다. 철종은 "국가가 유지되는 까닭은 오직 '法綱' 때문이라고 말하나 진실로 외경의 마음이 있다면 어찌 이 지경에 이르겠는가?"라고 하면서도 아직은 죄의 輕重에 따라 민들을 처벌할 것을 당부하였다.[46] 비변사는 국왕에게 아뢰기를

長吏는 조정에서 파견하므로 '조정의 임명을 받은 관리[命吏]'라고 이르니, 설혹 가혹한 정사나 규정 이외로 지나치게 거두는 일이 있다 하더라도, '조정의 임명을 받은 관리'를 무난히 쫓아내는 일이 일어나면 上下·中外의 紀綱 名分이 어찌 유지되겠습니까? 이날 관정 가까이에 발을 디딘 자는 먼저와 나중을 가릴 것 없이 모두 베어죽여야 할 것입니다.[47]

라고 하였다. 이어서 민을 모조리 강경하게 처벌하여야 할 것이지만 안핵사 보고의 죄의 등급 구분이 임금의 은덕에서 나왔으므로 이에 의

45) 『龍湖閒錄』, 55~57쪽, '綸音', "民之愛官親上 卽其常性也 彝心也……予雖否德, 民之父母也, 常所愛子之心……爾等如聞父母之言 則亦必油然而感動 互相告戒 尊居安土".
46) 『備邊司謄錄』 249冊, 철종 13년 5월 5일.
47) 위의 주 46)과 같음.

거하여 처리할 것을 말하였다. 진주와 개령은 아직 안핵사의 조사보고
도 올라오지 않았으며 함평은 주동자인 정한순을 아직 붙잡지도 못하
고 있었다. 傳聞으로 들려오던 경상도 여러 고을의 농민항쟁 소식이
경상감사의 장계로 확인되었다.

5월 들어 점차 강경해지던 중앙정부의 발언은 회덕의 보고 이후 초
강경으로 바뀌었다. 5월 12일에는 충청도 회덕현의 樵軍이 官長을 위
협하고 人家를 불태웠다는 보고가 올라왔다. 이번에는 철종이 단호한
언사로 亂民을 조금도 용서치 말라고 명하였으며, 비변사도 이들을
'化外必誅之輩'로 규정하며 해당 수령의 교체를 논하지 말자고 요청하
였다.[48]

이미 농민항쟁은 삼남 전역으로 번진 상황이었다. 농민항쟁이 삼남
일대로 번지고 점차 서울 가까이로 다가온다는 데에 두려움을 느낀 중
앙정부는 5월 14일 '先斬後啓'라는 비상조처를 결정하였다. 비변사는
왕에게

> 아직 悖民의 난을 일으키는 행태가 그치지 않는 것은 오로지 법으로
> 응징하는 것을 보이지 못하여, 민이 법을 두려워하지 않기 때문입니
> 다.……이후로 일어나는 난은 난을 일으킨 도당이 얼마이건, 인명을 살
> 상하고 인가를 불태운 것이 얼마이건 간에, 통문을 돌리고 사람을 규
> 합할 때 앞장선 놈들은 監·兵營에서 붙잡는 대로 효수하여 무리를 경
> 계한 후 계문하도록 합시다.[49]

라고 요청하여 그대로 결정되었다. 作頭들을 체포하면 영문에서 바로
斬하고 나중에 중앙에 보고해도 된다는 것이다. 이후 연이어 발생한
충청도 농민항쟁에 대해 주도자들을 신속하게 효수하고 있는 모습이
보인다.

---

48) 『備邊司謄錄』 249冊, 철종 13년 5월 12일.
49) 『備邊司謄錄』 249冊, 철종 13년 5월 14일.

하지만 이후로도 농민항쟁은 지속되었다. 임금을 대리하여 임금의 윤음을 선포하는 선무사마저도 민들에게 모욕당하고 협박당하는 상황이 전개되었다. 경상도 선무사 이삼현은 4월 말~5월 상순에 선무의 길에 나서서 성주, 상주, 선산 등의 지역에서 고을의 읍폐를 개혁하는 완문을 써주고 가라는 민들에게 길이 막혀 간신히 탈출하다시피 벗어났으며, 전라도 선무사 조구하는 부안과 금구에서 민들에게 크게 곤욕을 당하고 가는 곳마다 민들에게 가로막혀 선무도 제대로 하지 못하였다. 전라도에서는 병사가 이임해 가는데 이앙하던 민들이 작당하여 남자들은 褊裨를 끌어내려 무수히 구타하고, 여자들은 내행을 끌어내려 머리채를 잡아끌고 구타하여 옷이 거의 벗겨지고 혼절하는 사태가 벌어졌다. 마침내 정부는 민들의 문제 제기를 수용하여, 조세제도 개혁 작업에 나섰다. 정부의 조세제도 개혁방침이 발표된 후에야 항쟁은 수그러들기 시작하였다.

중앙정부가 농민항쟁을 통한 민의 문제제기로부터 읽어낸 것은 두 가지였다. 하나는 조세 문제가 심각하다는 사실이며, 다른 하나는 관민관계가 위기에 처해있다는 사실이었다. 민들은 官民관계의 측면에서는 자신들의 행위의 의미를 언어로 표현하지 못했지만 상대는 그 메시지를 전달받았다. 민이 난입하여 기물을 파손한 관정·동헌은 국가의 대민통치가 행해지는 공간으로서 官民의 위계질서가 구현되는 존엄한 공간이다. 동헌이라는 존엄한 공간에서 우러러 보아야 할 수령을 끌어내려 패대기치고 衣冠을 찢었다는 것은 조선사회를 지탱해온 '上下·中外의 紀綱 名分'을 전복하는 행위였다. 국왕, 정부, 지배층은 민들의 행위를 官民의 分義·綱常이라고 부르는 관민의 위계질서를 깨트리는 행위로 받아들였다. 이제 조선사회에서 官民·班常의 위계관계가 문제로 되어 감을 민이나 관이나 양반이나 인식하기 시작하였다. 각각의 입장에서 官民·班常의 상하관계가 없는 조선사회를 떠올려 볼 때 그들은 무엇을 느꼈는가? 적어도 민을 '官을 부모처럼 여기며, 관을 사랑하고 친애하는 본성을 가진' 존재로 볼 수 없다는 사실이 명백해졌다.
그렇다면 이제 조선 사회체제를 무엇으로 지탱하여야 할 것인가?

4. 경상도 선무사 이삼현의 경험

이삼현은 4월 15일 왕의 윤음을 받고 6월 2일 복명할 때까지 40여
일간 선무사로 활동하였다. 이삼현의 일기에 따르면 선무사는 조선왕
조에 들어와서는 한 번도 있어본 적이 없는 직책이고, 역사적으로도
당 개원 이래로 5번 밖에 없었던 직책이라고 한다. 조정에서 이 사태를
얼마나 중차대하게 생각했던가를 알 수 있다. 이삼현 자신도 사명감을
가지고 선무행에 나섰다.

이삼현은 경상도의 항쟁 지역 대부분을 순회하였다. 그는 상주로부
터 시작해서 선산, 인동, (대구), 현풍, 의령, 진주, 단성, 함양, 거창, 성
주, 개령 등지를 돌며 宣諭하였다. 경상도의 주요한 항쟁지를 순회한
셈이었다. 이삼현은 이 기간 동안의 일을 「교남일록」이라는 일기로 남
겼다.[50] 이 일기를 보면 지방민들이 선무사를 어떻게 대했는지가 잘
나타난다. 항쟁의 국면만이 아니라 일상적 국면의 민의 태도를 알 수
있다는 데에 의미가 있다. 선무사로서 잔뜩 위엄을 갖추고자 한 이삼
현의 기대는 당초부터 어긋났다. 백성들은 선무사의 선유를 순순히 받
아들이기보다는 선무사에게 자신들의 요구를 보장받기 위해 핍박도
서슴지 않았던 것이다.

이삼현은 4월 27일 상주 객사 마당에 大小民人을 모아놓고, 너희들
모두가 '蔑紀犯分'의 '法外亂民'이지만 성상이 가엾게 여기고 사랑하는
마음으로 너희를 살리고자 하여 자신을 보냈다고 하면서 윤음을 선포
하고, 대소민으로부터 고을 상황을 청취하였다.[51] 상주는 이미 3월에

50) 『壬戌錄』, 「鐘山集抄」, '嶠南日錄'.

한 차례 농민항쟁이 일어난 곳이었다. 이삼현이 보는 앞에서 대소민이 각기 논의를 하는데, 포흠된 환곡의 耗條 충당을 놓고 大民은 보통 환곡의 예대로 모조를 충당하자고 하고 소민은 結에다 부과하자고 주장하였다. 이삼현의 관찰대로 보자면 이미 대소민의 이해관계가 판이하게 달랐고, 小民의 입장을 무시할 수 없는 상황이었다. 결국 상주는 5월 14일부터 다시 항쟁이 일어나 6월 초까지 항쟁의 분위기가 유지되었는데, 항쟁 중에 양반가들이 많이 훼파되었다. 대소민의 견해를 청취한 다음 이삼현이 자리를 뜨려고 하는데 누군가가 그를 향해 작은 돌멩이를 던졌다. 이삼현은 서까래에서 흙덩어리가 떨어진 모양이라고 임기응변으로 자리를 모면하였다. 민으로부터의 이런 대접은 시작에 불과하였다.

이삼현은 4월 28일에 선산에 도착하였다. 선산은 4월 2일 한차례 항쟁이 일어났던 지역으로 이서가와 양반호 50여 호가 불탔고, 민들은 官을 윽박질러 결가 8냥 완문을 얻어내었다. 선산부사는 감영으로 도망가 거의 보름이나 있다가 선무행을 맞기 위해 바로 전날에야 돌아왔다. 항쟁의 주모자는 전범조라고 하는데 이 인물은 감영의 옥에 갇혔다가 돌연 풀려난 상태였다. 다음날 선유를 무사히 마쳤는데, 전범조가 또 발통하여 오후부터 민들이 모여들었다. 선무행을 만나 결가 8냥 완문을 확실히 보증 받으려는 계획이었다. 선산부사가 다시 민들에게 핍박을 받을까 전전긍긍하자, 이삼현이 전범조를 불러들였다. 전범조는 자신의 입장을 당당하게 밝혔다.

영문은 처음에는 저를 亂民으로 잘못 알아 捉囚하였지만 그 誠心으로 爲民하는 모양을 헤아려 풀어준 것입니다. 그리고 下納 일사를 專管하게 하였습니다. 結錢 8냥은 애초에 행할 수 없는 일이 아닙니다.

---

51) 『壬戌錄』, 205쪽, 「鐘山集抄」, '嶠南日錄', "自祖宗朝以來, 禮待異於他道, 而今見屑生之事, 皆蔑紀犯分之法外亂民也, 請行誅戮之典, 而聖上惻怛愛欲生之, 特下恩綸, 遣宣撫使布諭".

老退吏 김용집이란 자가 邑事에 通鍊하니 계산을 뽑고 문서를 조사하게 하면, 8냥으로 당하고 부족할 리가 없습니다.[52]

김용집이란 자도 "지금 만일 저로 하여금 문서를 잡아 조사하게 하면 비록 8냥으로 마련해도 여유가 있을 것입니다. 원컨대 전범조와 같이 조사하게 해 주십시오"라고 하였다. 이삼현은 여러 민들이 보고 있는 터라, 문부를 조사하겠다는 그들의 요청을 허락하지 않을 수 없었다. 저녁이 되어도 모인 민은 흩어지지 않고, 저들이 문부를 조사하면 8냥으로 가능하다는 결론이 나올 터이라, 이삼현은 임기응변을 도모하였다. 이삼현은 저들이 행동을 취하기 전에 미리 앞질러서 민의 요구대로 결가를 8냥으로 定給하고, 한걸음 더 나아가 김용집을 首吏로 차출하겠다는 전령을 내리는 길을 택했다. 그러고도 그는 무사히 선산을 벗어나지 못하고 완문에 宣撫 印蹟을 받지 못하면 물러나지 않겠다는 민의 협박을 당하기에 이르렀다. 또 다시 임기응변으로 간신히 선산을 벗어난 이삼현은 지금 잠시 위험을 구하였으나 구차하기가 막심하다고 한탄하였다. 선무사가 책임 있는 행동을 하지 못하고 임기응변으로 위험을 피하기에 급급한 반면에, 고을 문제를 책임지고 해결하려는 것은 오히려 민들이고 作頭들이었다.

이삼현은 5월 11일 거창에서도 결전사를 정급해 달라고 민들이 가로막는 길을 간신히 벗어났다. 5월 12일 성주목에서도 결가를 정급해 달라는 민의 요구에 부딪혀, 10냥을 정급해주었더니 다시 8냥으로 정급해 달라는 민들의 요구에 "7냥으로 정급한다"는 글을 대청 기둥에 내걸게 하였다. 이런 지경을 당하자 이삼현은 '눈앞에 맞닥뜨리는 것은 蔑綱無法의 世界'라고 하면서 자기가 모욕당하는 것은 그만두고 君命을 욕보이고 國綱을 떨어뜨리게 되었다고 한탄하였다.[53]

---

52) 『壬戌錄』, 207쪽.
53) 『壬戌錄』, 218쪽.

이삼현이 성주목을 출발하려고 하는데 민들이 다시 그를 둘러쌓다. 민들은 "각 면의 민이 아직 흩어지지 않은 것은 작일의 7냥 정급 甘結이 진노한 처분인 줄을 알고 있으므로, 10냥 처분이면 遵行하겠다"고 하는 것이다. 이삼현은 "결가는 내가 모르는 바이다. 7냥이 부족하면 5냥, 3냥으로 하랴?"고 호통을 쳤다. 이삼현의 호통에 나이 50~60되는 민이 갑자기 눈물을 흘리고, 좌우의 민들도 일시에 고개를 숙이고 감히 자신을 올려다보지 못하고 공손한 태도로 용서를 구하고 죄를 청하는 모습을 보였다. 이삼현은 이런 모습은 영남에 들어와서 처음 보는 광경이라고 감격하면서도 언제까지 갈지 의심스럽다는 눈초리로 바라보았다. 그러면서도 이 모습에 감격하였는지 감영에 와서는 감사에게 성주의 조세 문제 몇 가지를 해결하도록 요구하여 관철하였다.

이삼현이 경험한 경상도 지역은 수령들은 민이 두려워 전전긍긍하고 이서배는 도망가 버리고, 심지어 민들이 감영의 親裨를 붙잡아 놓고 갇혀 있는 사람을 풀어 달라 요구하자 감사가 이 요구를 들어주는 형국이었다.[54] 이삼현 자신도 민들이 달려들어 둘러쌀까 봐 두려워하면서 '내가 어이하여 이런 꼴을 당하나' 한탄하고, 임기응변으로 사태를 모면하기에 바빴던 것이다. 이삼현은 각 지역을 돌면서 항쟁의 작두들을 관찰하면서 '참 천부당 만부당한 인간'이라던가 '몰지각하고 말도 잘 못하는 괴한'이라고 평하였다. 이삼현은 농민항쟁을 두고 浮浪喜事之輩가 통문을 돌리고 어리석은 백성이 겁을 먹고 모여서 되지도 않는 일을 요구한다고 평하였다.

상주 진주 단성의 변을 시작으로 이웃의 민들이 서로 말하길 '某邑은 民鬧로 환폐가 장차 이정될 것이다. 某邑은 민요로 結價가 장차 감해질 것이다. 우리 읍의 폐는 저 읍에 못지 않은데 조용히 지나갈 것인가? 단지 일을 아는 사람으로 앞장설 사람이 없을 뿐이다' 하고서는 浮

---

54) 『壬戌錄』, 221쪽.

浪 喜事之輩가 통문을 만들어 각 면에 輪示하고 某日로 모임을 정해서 만약 불참한 자는 그 집을 당장 태우고 罰錢을 거둘 것이다 하면, 어리석은 백성이 서로 겁을 먹고 일제히 來集하여 官廷에 돌입하여 矯揉를 칭하고 매양 이치에 닿지 않고 행하기 어려운 일로 관장을 위협하고 문적을 만들라 한다.55)

하지만 이삼현의 평가와는 달리, 읍의 문제를 책임 있는 태도로 해결하고자 힘쓴 것은 수령도 아니고 선무사 이삼현도 아니고 바로 민들이고 作頭들이었다. 겨우 얻은 완문이 효력이 없을까봐 문적을 요구하고, 7냥으로 정급 받고도 그것으로는 결가가 부족하지 않을까 염려하고, 문서를 조사해서 가능하다는 것을 보이고자 한 것도 민이었다. 함평의 정한순은 자신들의 행위를 '報國爲民'이라 칭하고, 선산의 전범조도 자신의 '爲民'을 이야기하고 선산의 김용집도 자신들의 주장대로 하면 고을에 '再造之望'이 있을 것이라고 확신하였다.

이삼현은 5월 24일 추풍령을 넘어 귀로에 오르면서 호남 선무사 조구하의 소식을 들었다. 조구하는 5월 4일 익산에 가서 효유하고 전주에 들렀다가 함평으로 가기 위해 김제 부안 등지를 지나는데, 5월 9일 부안의 대소민 수천 명이 '이방 김진설을 타살하기 전에는 못 떠난다'고 행차를 가로막아 곤욕을 당하였으며, 5월 11일 금구에서는 '抽出錢' 누만 냥을 당장 출급해달라는 민들에 가로막혀 밤에 몰래 도망가는 지경에 이르렀다.56) 전라감사는 이 사건에 대해서, "민이 선무사에게 호소해야 할 원통함이 있으면 엎드려 기어서 정소하는 것이 마땅한데 작당하여 에워싸고 가지 못하게 막고 협박하다시피 하였으니, 이전에는 들어보지 못한 용서할 여지가 없는 干紀蔑法 행위를 저질렀다"고 보고하였다.57) 이에 비하면 이삼현 자신은 대창피 大顛跌은 면했다고 자

55) 『壬戌錄』, 224쪽.
56) 『龍湖閒錄』 3, 83~84쪽, '營奇'.
57) 『龍湖閒錄』 3, 75쪽, '扶安金溝兩邑罷黜啓草拔辭' ; 『備邊司謄錄』 249冊, 철

평하였다.

5. 식자층의 법 담론

농민항쟁은 조선사회 전체를 뒤흔들었다. 정부는 안핵사, 암행어사, 선무사를 파견하여 사태를 조사하고 대책을 제시하도록 요구하였다. 국왕에게 상소가 계속되었으며, 정부 자신이 나서서 일반 유생에게까지 대책문을 내도록 요구하였다.

5월 15일 '선참후계'령 이후로도 항쟁이 계속 발생하자, 정부는 강경 진압책만으로는 사태를 진정시킬 수 없다는 것을 깨닫고 5월 25일 삼정이정청을 설치하기로 결정하였다. 5월 25일 정원용, 김흥근, 김좌근, 조두순 등을 총재관으로, 비변사 당상들을 중심으로 당상을 선임하여 삼정이정청을 개설하였다. 국왕은 6월 10일 仁政殿에 나아가 '三政捄弊策問'을 발표하여, 文蔭의 당상·당하·참하인, 생원·진사, 幼學까지도 자신들이 품은 생각을 솔직하게 써내라고 당부하였다. 策問을 지방에도 내려 보내 試券을 제출하도록 하였다. 이정청 총재관으로서 讀券官이었던 정원용에 따르면 萬餘 장의 試券이 제출되었다고 한다.[58] 입격된 사람만도 100인에 이르렀다.[59]

적어도 만여 명 이상의 식자층이 자신들의 현 시국에 대한 입장, 국가의 개혁 방향을 제시하는 기회를 갖게 되었다. 일부는 국왕의 '삼정구폐책문'이 제시한 방향대로 삼정이정방안에 대해서만 이야기한 사람도 있었으며, 사회·국가 전체를 진단하며 전면적인 개혁 구상을 제출한 사람도 있고, 국왕이 주도권을 쥐고 정치를 잘 할 수 있는 방안을 제출한 사람도 있었다.[60] 정치에 관한 원론적인 이야기로부터 조세 문

종 13년 5월 21일.

58) 鄭元容, 『經山日錄』(연세대학교 중앙도서관 소장), 임술 윤8월 18일.

59) 『龍湖閒錄』 3, 75쪽, '京外對策試所榜 閏八月二十日'.

제 해결의 구체적인 방안, 국가제도 전반에 걸친 개혁안 등 자신들의 입장에 따라 자신들의 국량대로 많은 생각이 토로되었다.

그처럼 토로된 견해 가운데서 이 글에서 주목하고자 하는 것은 법 담론이다. 농민저항의 정치는 법 담론을 이끌어 내었다. 법 담론은 두 가지 형태로 전개되었다. 하나는 새로운 법 제정 관련 담론이다. 다른 하나는 官의 대민통치 상의 '불법'과 관련한 담론이다. 새로운 법 제정 담론은 삼정구폐책문 자체가 조세 법제의 새로운 제정을 위해 의견을 구하는 것이었으므로 조세법 등 새로운 법 제정과 관련한 이야기가 나올 것은 필연이다. 그런데 이와는 다른 방향에서 법에 관한 담론이 전개되었다. 그것은 바로 관민 사이의 '不法'에 관한 담론이었다.

전국에서 올라온 삼정책은 물론이고 그 이전의 상소문, 안핵사나 항쟁민들의 발언, 국왕과 정부의 논의에서도 농민항쟁의 주요한 원인인 관민 사이의 '불법'에 관한 담론이 전개되었다. 나아가서는 불법한 관에 대응한 민의 불법을 어떻게 보아야 할 것인가? 불법한 관에 대해서 민은 무엇을 할 수 있는가에 관한 논의가 뒤따랐다.

이제까지 조선사회에서 민과 관의 관계는 법 이전의 관계였다. 그랬기에 국왕이나 정부는 설령 관이 잘못하였다고 하더라도 민들은 어디까지나 억울함을 호소해야지 이런 불법적인 일을 행하면 되느냐는 발언을 하였다. 국왕은 민의 부모로서 자식을 사랑하는 마음으로, 民이 官을 사랑하고 윗사람을 친애하는 常性을 회복하기를 바랐다. 그러나 결국은 국왕과 정부는 도덕과 온정이 아니라 법을 앞세워 사태를 진압하였다. 국왕과 정부는 급박한 사태를 해결하기 위해서 그간의 온정적인 언사를 집어치우고 '先斬後啓'라는 초법적인 법을 들고 나와 항쟁민을 처단함으로써 사태를 해결하려고 하였다.

그동안 관은 통상적인 대민통치에서 굳이 법대로일 필요가 없었다.

---

60) 김용섭, 「철종조 임술개혁에서의 應旨三政疏와 그 農業論」, 『한국근대농업사 연구』, 1975.

민은 관의 명령이나 행위가 법대로인지 아닌지 따질 형편이 못되었으므로, 관의 대민 지배는 관행과 '官民分義' '紀綱名分'으로 충분히 통용되었다. 농민항쟁은 바로 그 익숙한 질서를 깨트렸다. 민은 관정에 돌입하여 수령에게 모욕을 가하고 이서를 살해하고 양반가를 불태웠다. 아무리 억울해도 차마 그렇게 할 수 없도록 규율해온 '官民分義', '上下中外紀綱名分'이 훼손된 것이다. 그동안 조선사회를 지탱해온 관민, 대소민간의 分義·紀綱·名分이 통하지 않게 된 상황에서 무엇으로 민을 다스릴 것인가?

박규수의 말처럼 '민들이 관장을 겁박하고 이서를 燒殺하고서도 당연히 할 일을 했다는 듯이 의기양양하고 조금도 두려워하지 않는' 마당에 국가가 내세울 수 있는 것은 法이었다. 정부는 강력한 법, 거의 초법적인 법을 내세워 백성을 진압하였다. 왕이나 조정 관리들은 민들이 통문을 돌리고 聚黨하는 자체가 '名敎가 불허하는 바이고 法理가 엄금하는 바'[61]라는 입장에서 '선참후계'의 초법적 법으로 대응하였다.

당장은 난리를 일으킨 민을 법으로 다스려 농민항쟁을 진압하였지만, 이제 더 이상 '官民分義' '上下中外紀綱名分'의 이름 아래 관의 불법을 참으려 하지 않는 민을 장차 어떻게 다스릴 것인가? 부모의 마음으로 적자의 민을 기대할 수 없게 된 마당에 국가가 의지할 것은 역시 법이다. 박규수는 다음과 같이 말하였다.

官長이 제대로 다스리지 못함은 어느 땐들 없겠는가? 이서가 민을 해치는 것은 어느 곳인들 없겠는가? 이들을 黜陟하는 政事와 죽이고 살리는 권한은 바깥에서는 감사에게 위임하고 안에서는 조정에서 품달하여 행하는 것이니, 오로지 위에 있는 사람의 法 행사[按法]에 속한다. 고금 천하에 백성이 떼지어 일어나 관장을 위협하고 이서를 불태워 죽이고 邑內와 外村에서 인가를 훼손하고 재물을 겁탈하고서도 마땅히 행해야 할 일을 한 듯이 조금도 위축되거나 두려워하는 기색이

---

61) 『壬戌錄』, 3쪽, '晉州按覈使朴珪壽到善山發關'.

없이 의기양양하다는 말을 듣지 못했다. 금일 이곳의 민 같으면 平民
이라고 해야 좋겠는가? 亂民이라 해야 좋겠는가?62)

박규수는 농민항쟁을 일으킨 민을 官民分義나 綱常이 아니라 법의
논리로 논박하였다. 그는 불법한 관장을 쫓아낼 권한이 민에게는 없다
고 말한다. 불법한 관장을 출척하고 처벌하는 이는 在上者, 궁극적으
로는 임금의 法 행사[按法]에 속하는 일이라는 것이다. 관리를 黜陟하
는 권한은 조정과 임금만이 행사할 수 있는 권한이므로 민은 조정과
임금이 법을 운용하여 그들을 출척하기를 기다려야 한다. 그것이 조선
왕조의 법이요, 체제이다. 조선왕조에서는 관민 사이에 관으로부터 민
으로의 힘의 작용은 가능하지만 민으로부터 관으로의 힘의 작용은 불
가능하다. 왜? 관은 임금으로부터 명을 받은 命吏이니까. 그리고 임금
은 하늘로부터 백성을 다스리는 권한을 부여받았으니까. 長吏는 命吏
고 命吏는 곧 임금에 의해서만 통제를 받는다. 민은 관리를 쫓아낼 수
없다. 법이 그렇다는 것이다.
이와 같은 조선왕조의 법 논리대로라면 불법한 관리의 처벌 권한은
국왕에게 있는데, 국가가 그러한 권한을 제대로 행사하지 않았다는 점
이 문제가 된다. 장령 정동직은 불법한 관리를 국가가 법대로 처벌하
라고 다음과 같이 상소하였다.

금번 贓吏 가운데서도 전 전라감사 김시연이 가장 불법을 많이 저지
른 자입니다. 民田을 늑탈하는 등 그 허다한 죄를 다 손으로 꼽을 수
없을 지경입니다. 온 도에 해를 끼쳐 원성이 들끓다가 익산·함평의
변괴가 일어나게 된 것입니다. 이러한 자를 贓法으로 논하지 않고 장
차 법을 어찌 시행할 것입니까? 엎드려 바라건대 전하께서는 과감하게
결단하여 贓法으로 처벌하십시오. 이렇게 하여 삼남의 민들을 위로하
면, 민들은 장차 "나라에 법이 있구나. 그가 이미 법에 의해 처벌되었

---

62) 『壬戌錄』, 5쪽, '到晉州行關各邑'.

으니 우리가 어찌 난을 일으킬 것인가"라고 할 것입니다.[63]

전 전라감사 김시연을 장법으로 다스리라는 내용이다. 그가 김시연을 처벌해야 할 이유로 든 것은 김시연이 온갖 불법을 저질러서 '民亂'을 초래했기 때문이다. 나아가서는 그를 법대로 처벌해야만 민이 나라에 법이 있음을 알고 난을 멈출 것이기 때문이다.[64]

그가 말한 '민이 나라에 법이 있음을 안다'는 것은 두 가지로 해석될 수 있다. 하나는 민이 법대로가 나에게는 물론이고 나를 다스리는 官에게도 적용된다는 것을 안다는 말이다. 또 하나는 민이 국왕과 중앙정부가 나를 다스리는 官長을 법대로 제어하는지 안하는지를 주시하고 있다는 말이다. 그가 생각하는 민은 적어도 자신을 다스리는 관장이 법대로 하는지 안하는지를 지켜보는 자이며, 나아가서는 국왕이 그 관장을 법대로 제어하는지 안하는지를 지켜보는 자이다. 그는 민을 법집행, 제정의 주체는 아니지만 적어도 만들어진 법이 제대로 권력자에 의해서 운용되는지를 주시하고 있는 존재로 보고 있는 것이다. 정동직은 물론 민을 주시하는 자 이상으로 설정하고 있지는 않다. 그가 제안한 것은 국왕과 정부, 官長이 민의 주시를 의식하면서 '법대로'에 구속되는 것이었다.

부호군 허전은 이 논리를 더욱 밀고 나아가서 '민이 不法을 자행하는 官長을 官長으로 대할 수가 있겠는가?'라는 질문을 던졌다.

지금 난을 일으킨 것은 민이지만 난을 초래한 자는 장리입니다. 한 도의 민을 탐학하여 난을 초래한 자는 한 도의 난의 괴수입니다. 한 고을의 민을 탐학하여 난을 초래한 자는 한 고을의 난의 괴수입니다. 저

---

63) 『壬戌錄』, 83쪽, '掌令鄭東直上訴'.
64) 물론 국가는 농민항쟁이 일어나자 해당 관리를 파직하고 처벌하였다. 그러나 그들은 贓法으로 처벌되지 않았다. 나라의 법에는 장법으로 처벌당한 장리는 자손까지도 등용되지 못한다.

들은 모두 祖宗成憲을 버리고 不法을 자행하였으니 무엄하게도 君父를 眼中에 두지 않은 것입니다. 이름하여 命吏가 君父를 안중에 두지 않는다면 어리석은 백성이 무엇을 본받아 저 長吏를 안중에 두겠습니까?[65]

'법을 무시하는 것은 임금을 무시하는 것'이며 '임금을 무시하는 장리를 민이 장리로 대우하겠는가?'라는 말은 '長吏와 民의 관계는 기본적으로 임금의 법의 토대 위에 성립한다'는 발언으로 해석된다. 장리와 민의 관계가 임금의 법에 토대를 둔 것이라면 임금의 법을 무시하는 장리는 민에게는 장리일 수가 없다. 그러면 민은 장리일 수 없는 장리를 어찌 대우할 것인가? 민이 난을 일으켜 그를 쫓아내지 않도록 하려면, 법체계 안에서 민이 그러한 長吏를 長吏로 대우하지 않을 수 있는 장치를 마련해주어야 한다.

허전이 제안한 것은 '부민고소금지법'의 해제였다. 조선왕조는 '部民告訴禁止法'을 통해서 민이 자신의 신상과 관련된 몇 가지 예외적인 경우를 제외하고는 수령을 고소할 수 없도록 하였다. 농민항쟁이 일어나자 국왕도 비변사도 민이 억울함이 있으면, 수령에게, 감사에게, 비변사에, 국왕에게 호소하는 길이 열려있다고 말한다. 그러나 '억울하면 감사에게 비변사에 국왕에게 호소하는 길이 열려있다'는 말은 민이 官을 고발할 수 있다는 말이 결코 아니었다. 허전은 이에 대해서 다음과 같이 말하였다.

『書』에서 말하길 "하늘은 우리 민의 눈을 통해서 보며, 민의 귀를 통해서 듣는다. 높으신 하늘도 민을 통해 보고 듣는데 하물며 사람이랴? 그러므로 반드시 억울함을 호소하는 길을 열어서 고할 데 없는 민으로 하여금 牒訴를 내어 사정을 다 말하도록 하여 그 이치가 바른지를 듣고 마침내 문서를 조사해서 실상을 파악하면 善惡과 黑白이 분별될

65) 『壬戌錄』, 366쪽, '副護軍許傳製進'.

것입니다. 혹자는 '호소하는 길을 열면 심하게 억울한 자는 수령의 혐의를 들추어내는 말을 할 텐데 이는 犯分이 아닌가?'라고 말한다. 그러나 이는 그렇지 않다. 범분은 까닭 없이 거짓말을 퍼트리고 비방하며 해를 입히고 난을 꾸미는 것을 가리키니, 唐의 蔡人이나 宋의 蜀民과 같은 부류이다. 만약 욕심 사납고 잔인한 관리가 虐政을 자행하여 민으로 하여금 부자·형제·부부가 서로 의지하여 살지 못하고 흩어지게 하며 심지어 酷刑으로 사람을 함부로 죽이기까지 하면 이는 원수이다. 이래도 범분이라고 말하면서 억울함을 펼 방도를 생각지 않을 수 있겠는가? 이는 天理와 사람됨의 이치에 어긋난다. 근래 암행어사가 행차하면 반드시 이서로부터 관장의 죄를 몰래 탐지하여 斷罪한다. 이서가 관장에 대해 고하는 말은 개인적인 원한으로 말미암은 비방이 아님이 없다. 이서가 관장을 비방하여 고하는 것은 범분이 아니고 민이 억울함을 호소하는 것은 홀로 범분인가?……비록 도척을 군수를 시키고 도올을 현령을 시켜 백주에 살인을 하더라도 자사에게 호소하는 길밖에 없다. 자사가 이를 억누르면 죽어가도 고할 데가 없다. 송나라 때는 민이 고소하는 것을 허락하였다. 주자가 浙東 提擧 때 知台州 당우중이란 자에 대한 민의 고소가 분분하였다. 주자는 세 번이나 章訴를 올려 이 자를 논하는데 힘썼다. 만약 義를 해치는 것이면 주자가 어찌 중우를 다스리고 민을 다스리지 않았겠는가? 이는 민이 관장을 고소하면 죄로 여기지 않고 오히려 구휼하여야 함을 말한다. 오늘날 우리 민은 어쩌다 감사에게 억울함을 호소하면 감사가 살피지 않는다. 요행히 살피더라도 '본관이 조사하라'고 제사를 내린다. 본관에게 억눌리어 여기에 이른 것을 모르는 것인가? 또 어쩌다 비변사에 호소하면 비변사에서도 살피지 않는다. 요행히 살피더라도 '본도에 가서 호소하라'고 제사를 내린다. 본도에서 억눌리어 여기에 이른 것을 모르는 것인가? 이와 같으니 민이 고소할 곳이 있겠는가? 그러므로 빨리 고소의 길을 열어야 한다고 말하는 것이다. 고소의 길이 열리면 萬里나 떨어진 곳도 감사와 수령의 잘 다스리고 못 다스림이 차례로 위에 전해진다.…… 지금 민이 난을 일으킨 것을 책망하는 자는 반드시 이렇게 말한다. "억울함이 있으면 어찌 호소할 길이 없겠는가?"라고 한다. 그러나 실로 억울함을 호소할 길이 없었으므로 난이 일으켜 여기에 이른 것이

다.66)

그는 "지금도 억울함을 호소할 길이 있다고 하지만 사실은 없다. 그러니 部民告訴法 같은 것을 시행하여 민이 수령을 고발할 수 있는 길을 열어주어야 한다, 이는 결코 犯分이 아니다"라고 말한다. 허전의 앞뒤 말을 종합하면 민은 수령을 고소할 수 있으며, 그 고소의 근거는 왕법대로 민을 다스리는가 아닌가에 있다.

민들은 더 이상 수령의 불법을 官民分義, 上下紀綱 때문에 참으려고 하지 않는다. 그렇다면 국가는 민들이 수령의 불법으로 난리를 일으키기 전에, 수령이 불법을 저지르지 못하게 해야 하며 만일 그들이 불법을 저지른다면 다스려야 한다. 국가가 수령을 이와 같이 제어하기 위해서는 민에게 수령의 불법을 고발하게 하는 것이야말로 가장 좋은 방법이다. 이것이 허전의 제안이다. 농민항쟁은 관민 사이에 법을 전면화시켰다. 그리고 법이 관민 사이에 개재될 때는 필연적으로 민이 법 운용의 한 주체로서 등장할 수밖에 없다는 사실을 허전은 일깨우고 있다.

농민항쟁에서 항쟁 주체 스스로의 입을 통해서도 법 담론이 제기되었다. 함평의 농민항쟁에서 정한순은 안핵사 앞에 민을 이끌고 스스로 걸어 나와 "舊伯과 舊官은 불법을 많이 저질렀다. 그 곤욕을 이기지 못하고 이 지경에 이르렀다. 다행히 금일 안핵사의 행차를 만났으니 그 등의 소원을 말하려고 이렇게 나타났다."67)고 하며, 관리의 탐학을 不法이라고 못박아 이야기하였다.

다음은 진주 민의 발언이다. 박규수가 안핵사로 내려와 조사를 하고 있는 기간에도 진주에서는 항쟁의 기운이 지속되었던 것으로 보인다. 이때 박규수가 민을 효유하여 많은 사람이 자수하기를 몇백 명이 넘었

---

66) 『壬戌錄』, 385~387쪽, '副護軍許傳製進'.
67) 『龍湖閒錄』 3, 72쪽, '營奇'.

다는 것이다. 이들을 보내려고 하자 민들이

> 왕명을 받고 내려왔으면 법은 법대로 일은 일대로 처리한 후 가는
> 것이 옳습니다. 어찌 법은 법대로 처리하지 않고 일은 일대로 처리하
> 지 않고 가려고 합니까?[68]

라고 하였다. 정확한 뜻은 알기 어려운데 아마도 박규수가 '법은 법대
로 일은 일대로' 제대로 처리해야 자신들이 물러나겠다는 의미로 해석
된다.

민이 직접 수령과 감사의 不法을 말하고, 안핵사에게 '법은 법대로'
할 것을 요구하였다. 민이 관민의 관계에서 법을 언급하기 시작하였다.
민이 官의 不法을 이야기하는 것은 기성의 정치적 장에서는 용인되지
않았다. 지방민이 조세 문제 때문에 등장, 의송, 소청, 격쟁하는 일은
호소이고 청원이지 결코 고발의 지위를 지니지 못했다. 호소가 먹히지
않자 민은 항쟁을 통해서 발언하지 않을 수 없었다. 민이 어떤 방식으
로 발언하였건 관민 관계의 불법을 관만이 아니라 민도 발언하는 주체
로 등장하였음은 엄연한 사실이다.

농민항쟁 과정에서 민들에 의해 제기된 법 담론은 1894년 농민전쟁
에서는 좀 더 구체화되어 제기되었다. 농민들이 봉기한 이후, 4월 19일
招討使에게 보낸 呈文을 보면 다음과 같은 내용이 있다.

> 방백과 수령은 牧民하는 사람입니다. 先王의 法으로 先王의 民을 다
> 스리면 천년이 지나도 그 나라는 번영할 것입니다. 오늘날 방백과 수
> 령은 王法을 돌아보지 않으며 王民을 생각하지 않고 탐학을 저지릅니
> 다. 軍錢을 때 없이 지나치게 배정하고, 還錢을 없앤다고 元本까지 독
> 촉하며, 無名雜稅를 거두고, 각종 烟役을 날마다 거듭 징수하며, 姻戚
> 의 조세까지 징수하는데 싫증낼 줄을 모릅니다. 轉運營은 규정외의 것

---

68) 『龍湖閒錄』 3, 62쪽, '按覈使曉諭'.

을 독촉하여 거두고 均田官은 結卜을 환롱하여 조세를 거두며 各司의
장교와 하인들은 무한히 토색합니다. 이 가지 가지를 더 이상 참고 견
딜 수가 없습니다.69)

이 呈文에서 가장 먼저 눈에 띄는 것은 방백과 수령의 탐학을 王法
과 王民이라는 차원에서 단죄하고 있다는 점이다. 방백과 수령은 王法
을 돌아보지 않고 王民을 생각지 않고 탐학을 자행하고 있다. 그리고
뒤에 열거한 조세수탈은 바로 수령들이 王法과 王民을 생각지 않고
저지른 탐학의 예로서 제시되고 있다. 민은 王民이라는 법적 지위에
있는 자신들을 王法으로 다스려 달라는 요구를 제기하였다.

전주화약 이후 전주성에서 물러난 농민군은 계속 정부에 폐정개혁
의 실시를 요구하였는데, 5월 11경 巡邊使 李元會에게 보낸 폐정개혁
14개조 가운데 제1조가 '軍還稅三政 依『通編』例 遵行事'였다. 王法에
따라 王民을 다스리라는 이전의 요구가 이제 조세수취를 법전에 의거
해서 하라는 요구로 좀 더 구체화된 것이다. '『大典通編』대로 하라'는
것은 기존의 법대로 하라는 복고적인 요구로 볼 수 있으나 사실은 이
제까지 민이 국가나 지배층에 대해 법 규정대로 하라는 요구를 한 적
이 없다는 점에 비추어 보면 법에 의거한 민의 권리와 의무를 요구하
는 주장으로 해석할 수 있다.

농민항쟁의 불법 담론이 농민전쟁에서는 '왕민'이라는 주체가 '왕법'
대로 다스릴 것을 요구하는 '법대로' 담론으로 발전했음을 보았다. 금
산의 초군들도 사족의 산림 광점 시정을 요구하며 '산림천택여민공지'
는 '聖王의 聖典'이라며 자신의 주장을 법 논리를 끌어들여 뒷받침하

69)『東匪討錄』, '湖南儒生原情于招討使文', 209쪽, "方伯守宰 牧民之人也 以先
王之法 治先王之民 則雖歷年千載 其國享久 今之方伯守令 不顧王法 不念
王民 貪虐無常 軍錢之無時濫排 還錢之拔本督刷 租稅之無名加排 各項烟役
之逐日疊徵 姻戚之排徵無厭 轉運營之加斂督索 均田官之弄結徵稅 各司校
隷輩之討索酷虐 不可條條忍耐".

였다. 민이 법에 대해서 발언할 때 비로소 민은 법에 의한 지위를 보장
받는다. 그동안 조선왕조도 법에 의해서 민을 다스렸지만, 실제로 지방
관이 법대로 민을 다스렸는가 아닌가를 문제 삼는 주체는 감사나 암행
어사, 궁극적으로는 국왕이었다. 중앙정부나 국왕은 지방 군현이 중앙
에 책임져야 할 조세만 중앙의 창고에 제대로 들어오면 지방 군현에서
민에게 법대로 조세를 부과하였는지 아니하였는지는 큰 관심을 두지
않았다. 어떤 측면에서 조선국가의 조세 법제는 법 운용의 주체인 중
앙정부와 지방 군현 간에 적용되는 규정이었다. 지방 군현이 법 규정
에 맞게 중앙정부에 조세를 내도록 하기 위해서 대민지배의 현장인 지
방 군현에서는 오히려 폭넓은 융통성을 용인해 왔던 것이 그동안의 관
행이었다.

그렇기에 그동안 민을 다스리는 현장에서 『대전통편』은 높은 전각
에 모셔두고 애초에 조정에 아뢰어 命令을 받지도 않고 법을 가벼이
고치'70)며, 조세 법제는 '읍에서는 恒規로 생각하는데 감영에서는 모르
고 있고, 감영에는 으레 그런 것으로 알고 있는데, 조정에서는 모르는
상황'71) 속에서 방치되어 왔다. 농민항쟁에서 문제가 되었던 법은 『대
전통편』이라는 법전에 실려 있는 그 법이고 그동안 대민지배의 현장에
서는 있는지 없는지 관심을 두지 않았던 바로 그 법이다. 이제 그런 상
황을 문젯거리로 만들고 법을 사회적 이슈로 만든 것은 민이었다.

새로운 법 제정에 대한 담론은 민의 조세개혁의 요구로부터 출발하
였다. 민의 조세 문제 해결의 요구는 조세 법제 개혁을 정치 일정으로

---

70) 『壬戌錄』, 368쪽, '副護軍許傳製進', "今晉州則尤甚於國法云 此何變也 通計
   八路都結之邑 則太半如此 其所寃徵 無慮十億萬金矣 民其聊生乎 且法者
   祖宗之法也 雖或有利於民國者 固非道臣守令之所敢擅改也 今大典通編 束
   之高閣 初不稟令於朝廷 而輕改之 流毒於下 歸怨上 何也".
71) 『壬戌錄』, 78쪽, "此事係三政而爲民瘼者 亦必有在邑則是若恒規, 而在營則
   不知 在營邑則認爲例套 而在廟堂則不知者 此豈故犯而然 實緣事勢所致 爲
   今之道 惟在務實 凡係此等 咸宜枚擧".

이끌어내어 조세 법제에 관한 담론을 낳았다. 정부는 농민항쟁을 수습하기 위해서도 현실의 변화에 맞게 법을 제정하여 구체적인 법 조목을 제시해야 할 시점에 이르렀다. 이미 국가의 조세법은 중앙정부와 지방 군현의 수령을 기본적인 법 주체로 하여 양자 간에 준수되는 것을 전제하는 것일 수는 없게 되었다. 이제 민이 조세 법제에 대해서 발언하기 시작한 이상, 조세 법제 조항은 개별 민까지 관철되는 것이어야 하며, 민이 법대로 시행을 요구하는 법주체가 되는 것을 전제로 해야 한다.

국가에서는 구체적인 조세 법제를 새로이 제정하기 위해서 전국 각 국의 실태를 파악하고 전국의 생원·진사, 幼學까지도 좋은 방안을 내도록 策問을 내었다. 이정청은 당시 좌의정이었던 조두순이 개혁방안 수립을 이끌어갔다. 이정청에서는 사람들의 의견을 수렴하면서 한편으로 각 道에 관할 군현의 조세 현황을 상세히 조사하여 보고하도록 하여 이정방안을 구체화하였다. 민들은 이미 농민항쟁을 통해서 자신들의 요구를 節目, 條目, 成冊으로 제시한 바였다.

8월 27일 좌의정 조두순이 '罷還歸結'을 골자로 하는 이정방안을 국왕에게 보고하였다. 이 방안에 대해 정원용은 환곡의 혁파하고 結斂으로 돌리는데 대해 반대 의사를 표명하였다. 당시 정국의 실세인 총재관 김흥근과 김좌근은 뚜렷한 소신을 갖지 못한 채 김흥근은 '탕환한다면 給代는 토지 소출로 하는 것이 마땅하다'는 의견을 내었고, 김좌근은 '각도의 방백과 수령에게 의견을 구하자'는 의견을 내었다.[72] 김좌근은 농민항쟁 초기에 영의정 자리를 사임하여 농민항쟁 국면을 정치적으로 이끌어가는 책임을 방기하였다. 이런 상황에서 철종이 '獨相'의 위치에 있던 조두순의 방안에 힘을 실어줌으로써, 이정청은 윤 8월 19일 삼정이정절목을 공포하기에 이르렀다.

이정절목이 공포되자 각 지역에서는 이정절목에 맞추어 구체적 시

---

72) 정원용, 『經山日錄』, 임술 윤8월 11일.

행 세칙을 다시 마련하였던 것으로 보인다. 각 고을에서는 조세를 거
둘 시기에 구체적 시행 준비에 들어갔고, 일부 지역에서는 蕩還하고
남은 나머지 虛留穀의 쇄환과 結價 책정에 들어갔는데 이때 다시 항
쟁이 일어나기 시작하였다. 9월 12일 제주도에서는 이정절목에서는 언
급되지 않은 화전세 문제로 삼 읍민이 항쟁을 일으켰고, 10월 23일 광
주민 수만 명이 도성에 몰려와 '결작미'를 문제 삼아 조두순과 정원용
의 집 앞에서 시위를 하였다. 10월 24일에는 함흥 농민들이 '파환귀결'
을 고을의 모든 환곡을 없애고 그 모곡만을 토지에서 2냥 걷는 것으로
이해하여, 고을에서 탕환받지 못한 허류곡을 거두려고 하자 항쟁을 일
으켰다. 또한 일자가 명확하지 않지만 경주, 신녕, 연일 농민들이 항쟁
을 일으켰다.

　이정절목 반포 이후 농민항쟁이 재연되었으며, 특히 광주민이 도성
에까지 와서 시위를 하였다. 당시에는 좌의정 조두순은 10월 19일자로
체직되었고 정원용이 영의정에 임명된 상황이었다. 정원용은 10월 29
일, "조두순이 시행한 파환귀결 조처를 여러 道에서 모두 불편하다고
하며, 또 민의 하소연이 있었으며, 광주민 만여 명이 結作米 때문에 시
위하였다"는 이유를 들어 '삼정의 復舊規'를 국왕에게 요청하였다. 정
원용은 자신도 총재관으로서 그 작성에 참여한 이정절목을 조두순이
반행했다고 책임소재를 꼬집어서 말하였다.[73] 국왕이 이를 받아들임으
로써 삼정이정절목은 시행에 들어가지 못하고, 이후 정원용 주도로 환
곡의 허류곡을 탕감하는 조처가 취해졌다. '復舊規' 이후 다시 항쟁이
발생하였다. 1월 19일 창원, 12월 29일 남해현 등에서 항쟁이 일어났
다.

　농민항쟁이 불러온 조세법 제정의 정치 국면은 무위로 돌아갔다. 이
리하여 祖宗成憲을 고친다는 비장한 심정으로 출발하여 마련한 三政
釐正節目이었지만 결국은 시행되지 못하고 '復舊規'의 조처로 폐기되

---

73) 정원용, 『經山日錄』, 임술 10월 29일.

었다. 舊規로 돌아간다는 것은 이전의, 법이 무슨 법인지 모르던 상황으로 돌아간다는 말이다.

1862년 농민항쟁은 어떤 지역에서는 3~4개월 이상 지속되었으며, 전국적으로 보면 1년 이상 항쟁 국면이 지속되었다. 정부의 대응은 사회적 반향을 더욱더 확대하였다. 농민항쟁의 정치를 전국적으로 확산시킨 주체는 또 한편으로는 정부였다고 할 수 있을 것이다. 그러나 중앙정부가 유일하게 추진하였던 새로운 조세법 제정을 포기함에 따라 '농민저항의 정치' 경험을 갖게 된 많은 사회구성원들은 깊은 실망감을 맛보았다.

그러나 농민항쟁은 민과 관 사이에 법을 등장시켰다. 민은 자신들의 항쟁 이유로 수령의 불법을 들었다. 국가의 대민지배가 '법대로' 이루어지지 않는다면 민은 항쟁하리라는 것을 정부나 사회구성원에 보여준 것이다. 민은 조세개혁을 구체적인 절목까지 제시하면서 요구하였다. 이는 스스로는 자각하지 못하였지만 법 주체로서 행위한 것이었다. 농민항쟁에 의해 촉발된 지배층의 법 담론에서도 민을 법 주체로 인정하는 인식의 단초가 나타났다.

6. 맺음말

19세기 농민저항의 정치는 민이 사회적 발언주체로서 등장하는 과정이었다. 민의 발언과 등장은 사회에 충격을 던져주었으며 사회 제계층의 정치적 움직임을 촉발하며 정치적 장을 만들어내었다. 이 글은 이와 같은 과정을 '저항의 정치'로 개념화하고, 1862년 농민항쟁을 저항의 정치의 관점에서 재조명하고자 하였다.

이 글에서는 먼저 『용호한록』이라는 자료를 통해 농민항쟁의 전파과정을 재구성하여 항쟁이 확산되면서 사회 제 구성원을 '저항의 정치'

로 끌어들이는 일단을 보았다. 다음으로 민들이 조성한 관민관계 위기 상황을 지배층이 어떻게 경험하고 해석하였으며, 민·관인·식자층이 새로운 관민관계의 구축을 위해 어떤 법 담론을 전개하였는지 살펴보았다.

민들은 농민항쟁을 통해 다방면의 문제를 제기하였는데, 사회적으로 커다란 반향을 불러일으킨 것은 조세 문제의 심각성과 관민관계의 위기 상황이었다. 그동안 이 모든 문제에도 불구하고 조선사회를 지탱해 온 것은 綱常과 法의 이름으로 포장된 권력관계였다. 항쟁이 일어나자 국가는 이번에도 이 두 가지 이름으로 민을 회유하고 처벌하여 사태를 무마하려고 하였다.

그러나 항쟁이 진행되자 국왕과 중앙정부는 더 이상 민을 '관을 부모처럼 여기며, 官을 사랑하고 친애하는 본성을 가진' 존재로 규정한 위에서 국가를 운영할 수 없다는 현실을 절감하였다. 경상도 선무사로 파견된 이삼현은 '官民分義'가 더 이상 통하지 않는 지방 현장을 경험하였다. 경상도 선무사 이삼현의 경험을 통해서 보면, 항쟁 국면의 지방사회에서 지역 문제 해결의 주체는 수령도 감사도 선무사도 아닌 민들과 민을 이끌었던 作頭들이었다. 이는 한정된 시간과 공간이었지만 전도된 힘의 역관계를 여실히 보여준다. 민들이 주도권을 잡고, 관이나 이서배, 토호 양반이 공격당하고 왕을 대신하여 민을 선유하러온 선무사가 민들로부터 핍박을 당하는 이른바 '犯分蔑法' '犯分凌上'의 상황이 전개되었다. 선무사 앞에서 제대로 고개도 들지 못하고 그 위엄에 감복하는 민을 보기를 원했던 이삼현의 기대는 무참히 깨어졌다. 문제 해결을 보증해 달라고 자신을 핍박하는 민들로부터 어떻게 하면 임기응변으로 이 국면을 모면할까 궁리하는 것이 그가 처한 위치였다.

'犯分蔑法' '犯分凌上'의 상황에서 조정이 빼어들 수 있는 칼은 법이었다. 국가는 항쟁하는 민을 '先斬後啓'라는 초강경 수단을 동원하여 진압하였다. 하지만 국가는 민을 그 같은 처지로 이끈 또 다른 범법자

를 법의 이름으로 처벌하지 않을 수 없었다. 이들을 처벌하기 위해『대
전통편』에 있는 贓吏에 관한 처벌규정이 불려나왔다.

관리의 不法이 논란되면서 민과 법의 관계에 관한 담론이 전개되었
다. '국가에 법이 있다면 그리고 국가가 이들 불법의 官吏를 법으로 다
스렸다면 민들이 난을 일으켰겠는가? 長吏와 民의 관계는 기본적으로
임금의 법의 토대 위에 성립한다. 임금의 법을 무시하는 長吏는 민에
게 長吏일 수 없다. 불법한 長吏를 민들이 고발하도록 하는 것이 그들
의 불법을 막는 지름길이다.' 이와 같은 논의는 식자층의 입에서만 나
온 것이 아니었다. 농민항쟁의 주도자나 일반 민들 역시 不法을 자행
한 감사와 수령을 자신들이 항쟁을 일으키도록 한 장본인으로 지목하
며 법은 법대로 일은 일대로 처리할 것을 주장하였다. 사족의 산림광
점에 항의하는 樵軍은 '성왕의 성스러운 법'을 근거로 내세웠다. 이는
1894년 농민전쟁에서 '王民을 王法으로 다스리라'는 요구로 발전하였
다.

관리들의 불법을 처벌하고 비난하면서 법이 문제로 떠올랐는데, 그
러면 그 법은 무슨 법인가? 사실상 조세 법제의 측면에서 보자면, '『대
전통편』이라는 법전 속의 법은 높은 전각에 고이 모셔두고 관리 마음
대로 일을 행하였고, 읍의 恒規를 營에서는 모르고, 營이 예사로 생각
하는 일을 조정에서 모르는 지경이었다.' 이 같은 무법의 상황에서 법
을 문제로 등장시킨 것은 바로 농민항쟁이었다.

민 자신이 법을 만드는 자도 운용하는 자도 아니었지만, 법을 만들
고 운용하는 자를 바라보는 민의 존재가 부각되었다. 민들이 수령을
고발할 수 있도록 하여 민들을 국가의 법 운영에 참여시키자는 주장도
나왔다. 그리고 항쟁 중에 민들이 제기한 절목, 조목, 成冊은 조세 법
규의 제안에 다름 아니었다. 민들이 관리의 불법을 탄핵하고 사회변화
와 민의 이익에 맞는 조세법규를 제안하는 마당에, 국가로서도 조세
법제를 새롭게 마련하는 작업을 수행하지 않을 수 없었다. 이른바 三

政釐整이 일정에 오르고, 이정안이 마련되었다.

하지만 '復舊規'의 조처로 어렵게 마련된 三政釐整節目은 무위로 돌아갔다. 농민항쟁의 정치로 정치화되었던 사회 제 계층은 깊은 실망감을 맛보지 않을 수 없었다. 그러나 농민항쟁 과정에서 일어난 사회적 관계의 변화, 법이 문제로 부각되었던 정치적 국면이 무위로 돌아간 것은 아닐 것이다. 이 점은 앞으로 더 천착해보야 할 문제인데, 19세기 후반의 정치상황은 사회 제성원이 1862년 농민저항의 정치를 경험하였다는 점을 전제하고서 설명되어야 할 것이다. 다만 여기서 지적할 수 있는 것은 대원군 정권이 급급하게 『대전회통』을 편찬하였던 데에는, 1862년 농민항쟁이 불러일으킨 법 담론이 일정하게 작용하였으리라는 사실이다.

제 2 부
새로운 사상 · 문화 활동과
주자학적 세계관으로부터의 탈피

朝鮮後期 實學的 自然認識의 전개와
世界觀의 轉變

구 만 옥[*]

1. 머리말

조선왕조의 19세기는 국왕 正祖의 急逝에 뒤이은 '辛酉邪獄'으로
시작되었다. 邪學(천주교) 죄인들이 연이어 討罪되고 頒敎文이 내려
짐으로써[1] 英·正祖代의 난숙했던 문화적 분위기는 상대적으로 硬化
되었고, "서양 서적이 宣祖 말년에 우리나라에 전래된 이후 名卿·碩
儒 가운데 보지 않은 이가 없었다"[2]고 했던 西學熱도 서양 과학이론
의 수용이 '不經之說'로 간주되어 邪學 신앙의 기준으로 거론되고,[3]
급기야 西學書를 보는 행위가 '罪案'이 되는 상황 속에서[4] 침식되고

---

* 경희대학교 문과대학 사학과 조교수, 국사학

1) 『純祖實錄』卷3, 純祖 元年 12월 22일(甲子), 64ㄴ(47책, 419쪽-영인본 『朝
   鮮王朝實錄』, 國史編纂委員會, 1970의 책수와 쪽수. 이하 같음), "行討邪陳
   賀于仁政殿 頒敎文 若曰……".
2) 『順菴集』卷17, 「天學考乙巳」, 1ㄱ(230책, 138쪽-『影印標點 韓國文集叢刊』,
   民族文化推進會의 책수와 쪽수. 이하 같음), "西洋書 自宣廟末年 已來于東
   名卿碩儒 無人不見".
3) 『與猶堂全書』I-15(第1集 第15卷, 신조선사본의 책수와 권수, 이하 같음),
   「貞軒墓誌銘」, 20ㄱ(281책, 327쪽), "(副司直 朴長卨上疏)又論公曾對天文策
   敢用淸蒙氣等不經之說 又論公曾爲同考官(庚戌秋 增廣東堂) 策問五行 而
   解元所對 專主洋人之說 以五行爲四行(解元卽余之仲氏) 請明正其罪".
4) 『與猶堂全書』I-15, 「貞軒墓誌銘」, 21ㄴ(281책, 328쪽), "若以看書爲一重罪

말았다.

　종전까지 夷狄의 하나로만 취급되었고, 대다수의 사람들이 풍문으로 전해듣거나 서적을 통해서, 또는 간헐적인 漂流를 통해서 간접적으로 접할 수 있었던 洋夷들이 純祖代 이후로 異樣船을 몰고 조선의 연안에 출몰하기 시작했다. 그동안 문화적·종교적 배척의 대상으로만 여겼던 서양이 정치적·군사적인 실체로 접근해 오기 시작했던 것이다. 그리고 이러한 우려는 1840년대를 경과하면서 현실로 나타나게 되었다.

　1840년 제1차 中·英전쟁(아편전쟁)이 발발하였다. 청군은 영국군에 철저히 패배했고, 이후 영토의 할양, 배상금 지불, 5개 항구의 개항을 약속하는 南京條約(1842년)을 체결해야만 했다. 그 이후에도 추가 개항과 중국 진출을 원했던 영국과 프랑스는 애로우(Arow)호 사건(1856년)을 빌미로 天津과 北京을 약탈했고(제2차 中·英전쟁), 天津條約(1858년)과 北京條約(1860년)을 강요하였다. 동아시아의 전근대적 세계질서는 붕괴되었고, 중국은 서구 열강의 침략 대상으로 전락하였다. 1860년 영국과 프랑스의 연합군이 북경을 점령했다는 소식은 조선왕조의 위정자들에게 커다란 충격을 던져주었다.

　1846년(憲宗 12) 6월 주청 프랑스 함대 사령관 세실(Cecile, 瑟西爾)은 군함을 이끌고 洪州 앞바다에 나타나 조선 정부에 프랑스 선교사 처형에 대한 해명을 요구하였고 이듬해 답서를 받으러 오겠다고 통고한 다음 되돌아갔다.5) 이듬해 7월에는 해군 대령 라삐에르(Lapierre, 拉別耳)가 군함 2척을 거느리고 조선 정부에 답서를 받기 위해 다시 나타났다. 두 척의 군함은 조난을 당해 전라도 薪峙島에 1개월여 체재하다 돌아갔다.6) 이처럼 서양 선박이 조선의 연안에 출몰하게 됨으로

　　案 則無以自解".

　5)『憲宗實錄』卷13, 憲宗 12년 7월 3일(丙戌), 9ㄴ～11ㄱ(48책, 515~516쪽), 忠淸監司趙雲澈狀啓, 外烟島島民與彼人問答記 참조.

　6)『憲宗實錄』卷14, 憲宗 13년 7월 10일(丁亥), 6ㄴ(48책, 522쪽);『憲宗實錄』

써 조선 정부는 곤욕을 치르게 되었고, 이에 따라 서양 세력에 대한 긴장은 고조되었다.

1866년(高宗 3) 미국 상선 제너럴 셔먼(General Sherman)호가 대동강을 거슬러 올라와 통상을 요구하는 사건이 벌어졌다. 이어 홍선대원군의 천주교 탄압을 구실로 프랑스군이 강화도에 침입하였다(丙寅洋擾). 미국은 제너럴 셔먼호 사건을 구실로 여러 차례 조선에 배상금 지불과 통상조약 체결을 요구했는데, 홍선대원군이 이를 거부하자 1871년(高宗 8) 조선을 침략하였다(辛未洋擾). 바야흐로 조선은 서구 열강의 개항통상 압력에 직면하게 되었다. 조선왕조 정부는 두 차례의 洋擾를 겪은 후 국방을 강화하는 한편 전국 각지에 斥和碑를 세워 개항통상에 대한 거부 의지를 분명히 했다.

이러한 시대 사조의 변동에 따라 조선 내부에서는 海防論 · 斥邪論(=闢邪論)이 발흥하였다. 1839년(憲宗 5) 冬至使의 서장관으로 중국에 갔던 李正履(1783~1843)는 이듬해 귀국하여 영국을 비롯한 서양 세력에 대한 해방론을 언급하였고,[7] 이정리의 동생으로 형과 함께 중국에 동행했던 李正觀(1792~1854)은 척사론의 효시라 할 수 있는 『闢邪辨證』(1839년)을 저술하였다. 그것은 魏源(1794~1856)의 『皇朝經世文編』(1827년 刊)에 크게 영향을 받은 저술이었고, 이후 李恒老(1792~1868)를 비롯한 척사론자들에게 많은 영향을 주었다.[8] 이처럼 19세기

卷14, 憲宗 13년 8월 9일(乙卯), 8ㄱ~ㄴ(48책, 523쪽) ; 『憲宗實錄』 卷14, 憲宗 13년 8월 11일(丁巳), 8ㄴ~9ㄱ(48책, 523~524쪽).

7) 『日省錄』 82책, 憲宗 6년(1840) 3월 25일(乙卯), 書狀官李正履別單, "今彼中既以此爲憂 我國亦宜另飭沿海守令 申嚴海防" ; 『闢衛新編』 卷7, 査匪始末, 733쪽(영인본 『闢衛新編』, 한국교회사연구소, 1990의 쪽수), "書狀官李正履聞見事件 備陳暎洋海防事宜 於是朝廷始聞之".

8) 『華西集』 卷25, 「闢邪錄辨」, 9ㄴ(305책, 158쪽), "往在己亥(1839년-인용자) 李禮山正觀作闢邪辨證 以草本寄余 使之刪潤……" ; 金平默(1819~1891), 『重菴集』 卷41, 「闢邪辨證記疑序」, 11ㄱ(320책, 137쪽), "仍記憲廟丁未(1847년-인용자)年間 得潛室李公正觀所著闢邪辨證一卷 妄有所記疑……".

중반 조선의 해방론·척사론은 군사적으로 서양 제국의 침입에 대비하는 한편 사상적으로 서양의 학문·종교, 과학·기술에 대한 비판의 논리를 만들어내는 작업이었다.

중·영 전쟁으로 인한 위기 의식과 異樣船 출몰에 대한 우려 속에서 1848년, 1850년, 1856년 등 여러 차례에 걸쳐 조선 정부는 海防을 지시하였다.9) 그런데 두 차례의 洋擾를 거치면서 조선의 위정자와 지식인들은 서양 군사력의 우위와 조선 해방의 취약성을 확인할 수 있었다. 해방을 위해서는 조선의 연해지리와 세계지리에 대한 이해가 필수적이었고, 방어수단인 화포와 선박 등을 제조하기 위한 새로운 기술이 요구되었다.10) 이에 따라 재야 지식인 가운데는 서양 세력의 위협을 우려하면서도 한편으로 서양기술 수용론을 주장하는 사람들이 등장하였다. 河百源(1781~1844), 李圭景(1788~?), 崔漢綺(1803~1877) 등이 그들이었다. 뿐만 아니라 '京華士族' 가운데서도 徐有榘(1764~1845), 朴珪壽(1807~1877) 등이 서양 문물의 도입과 통상론을 주장하기에 이르렀다.

이상과 같은 일련의 사태 변화는 기존의 중국 중심의 華夷論的 세계질서를 뿌리로부터 뒤흔들 수 있는 요소를 내포하고 있었다. 식민지 약탈을 위한 목적으로 전개된 19세기 西勢東漸은 이전의 그것과는 성격을 달리하였고, 그와 함께 전래된 문물의 내용 또한 이전의 그것과는 질적으로 다른 것이었다. 19세기 조선에 전래된 서학은 분명히 이

9) 李元淳, 「19世紀 中葉의 西歐勢力과 朝鮮」, 『한국사』 16, 국사편찬위원회, 1981, 31, 42~44쪽.
10) 조선 지식인들의 海防論에 많은 영향을 끼친 『海國圖志』「籌海篇」에서는 禦洋(西洋을 방어하거나 제어함)의 대책으로 議守·議功·議款의 세 가지를 거론하였다. 議守·議功은 군사적인 방어와 공격을, 議款은 외교적 방법으로 조약을 맺고 통상교역을 실시하는 것을 뜻한다(元載淵, 「『海國圖志』收容 前後의 禦洋論과 西洋認識-李圭景(1788~1856)과 尹宗儀(1805~1886)를 중심으로-」, 『韓國思想史學』 17, 韓國思想史學會, 2001 ; 원재연, 『서세동점과 조선왕조의 대응』, 한들출판사, 2003에 재수록).

전의 그것과는 성격이 달랐다. 본격적으로 서양 근대과학의 성과물들
이 도래하였기 때문이다. 로마 교황청이 코페르니쿠스(N. Copernicus,
1473~1543)의 『천구의 회전에 대하여』를 금서목록에서 해제한 것이
1757년이었고, 코페르니쿠스의 태양중심설이 중국에 정식으로 소개된
것은 1760년 蔣友仁(Michael Benoist, 1715~1774)에 의해서였다. 근대
천문학의 내용을 담고 있는 허셸(John Frederik Willian Herschel, 候
失勒, 1792~1871)의 『談天』이 번역·출간된 것은 1859년이었고, 서양
의 새로운 의학 이론을 담고 있는 홉슨(Benjamin Hobson, 合信, 181
6~1873)의 『全體新論』도 소개되었다. 이와 같은 서양의 근대과학을
수용한 논자들의 과학담론은 이전의 그것과는 내용의 폭과 깊이를 달
리하였다. 崔漢綺는 그 대표적 인물이라 할 수 있다.

한편 중·영전쟁에서의 패전 이후 해방론의 관점에서 저술된 중국
학자들의 책도 전래되었다. 魏源의 『海國圖志』, 徐繼畬(1795~1873)의
『瀛環志略』은 그 대표적인 서적이었다. 조선의 지식인들은 이러한 책
을 통해 서양을 비롯한 세계지리를 새롭게 인식하게 되었고, 각자의
현실인식과 사상경향에 따라 斥邪論·海防論·西器受容論을 가다듬
는 자료로 활용하였다.

개항 이전까지 조선왕조가 직면했던 19세기의 시대상황은 대략 이
러하였다. 19세기 조선의 지식인들은 이전 시기의 사상적 전통을 계승
하면서 변화된 당시의 제반 문제에 주체적으로 대응하고자 노력하였
다. 척사론과 해방론이 논의의 주류를 형성하고 있었지만 그 이면에는
화이론적 세계관의 동요·붕괴라는 도도한 시대적 흐름이 자리하고
있었다. 그 흐름에 순응하든 역행하든 서양과 서양의 과학기술은 피해
갈 수 없는 주제였다. 이 글은 그러한 시대적 변화를 염두에 두고 당시
의 자연관, 세계관의 변화 양상을 고찰해 보고자 한다.

2. 19세기 自然認識의 두 흐름

1) 斥邪論의 전개와 道理의 絶對化

19세기의 변화된 현실에 대한 조선 학계의 사상적 대응은 각각의 논자가 처한 정치적·현실적·학문적·계급적 처지에 따라 다양하게 나타났다. 그 가운데 하나가 기존의 朱子學을 絶對化하고 西學을 異端·邪敎로 철저히 배척하면서 일체의 과학적 담론을 거부하고 道理의 絶對化, 윤리·도덕학의 중시를 통해 당대의 사회 모순을 돌파하고자 했던 보수적 노선이었다. 李恒老(1792~1868)는 19세기의 시대 상황 속에서 朱子道統主義에 입각해 反西學論·斥邪論을 전개한 보수적 노선의 대표적 이론가였다.

일찍이 宋時烈(1607~1689)에 의해 제기된 '朱子聖人'論과 도통 계승 운동은 이후 그의 제자들을 통해 19세기까지 계승되었다. 그리고 그것은 '朱子聖人'論을 뛰어넘어 '宋子聖人'論으로까지 확산되었다. 李恒老 단계에 이르러 송시열은 공자와 주자에 버금가는 성인으로 자리매김 되었다. 李恒老는 하늘이 孔子와 朱子와 宋時烈을 배출한 것은 결코 심상한 일이 아니라고 주장하였다.11) 三綱五倫과 '尊華攘夷'라는 天地의 大義가 위기에 처했을 때 하늘은 이들 성인을 배출하여 인류를 구제하고자 하였다는 것이다. 다만 孔子와 朱子, 그리고 宋時烈이 처했던 각각의 시대적 상황이 달랐으므로, 그 공에 차이가 있다고 보았다. 즉 朱子의 시대는 夷狄의 침입을 받고 있던 때여서 孔子의 시대보다 상황이 어려웠으므로 朱子의 공이 孔子의 그것보다 빛나고, 宋時烈의 시대는 夷狄이 천하를 지배하는 때라서 朱子의 시대보다 어려웠으므로 宋時烈의 공이 朱子에 비해 더욱 빛난다는 것이었다.12) '孔子

---

11) 『雅言』卷11, 武王 第32, 10ㄴ(1161쪽-영인본 『華西先生文集』, 曺龍承 發行, 1974의 쪽수. 이하 같음), "孔朱宋三夫子 天之養得 最不尋常".

12) 『雅言』卷11, 武王 第32, 10ㄴ~11ㄱ(1161~1162쪽).

-朱子-宋子'로 이어지는 도통론에 따라 송시열은 주자를 계승하여
나타난 성인으로 推尊되었다. 따라서 송시열이 尊崇되지 못하면 주자
역시 尊崇될 수 없다고 보았다. 송시열은 '一國之士'나 '一代之賢'일
수 없었던 것이다.13) 이항로가 송시열의 작업을 계승하여『朱子大全
箚疑輯補』의 편찬에 힘을 기울이게 된 것14)은 바로 이러한 강렬한 도
통 인식에 기초하고 있었다.

그렇다면 이러한 도통론적 인식을 바탕으로 한 학문 연구의 태도는
어떠했을까? 이항로 역시 '朱子=聖人'論을 개진하였다. 그는 "말마다
다 옳은 분도 朱夫子요, 일마다 다 옳은 분도 朱夫子다"라는 송시열의
주장을 그대로 수용하였다.15) 그는 朱子가 경전을 해설한 공로를 舜임
금이 천하를 다스린 것과 그 규모가 동일하다고 보았다.16) 朱子의 경
전 해석을 절대화했던 것이다. 朱子의 말씀 가운데 한 구절, 한 글자라
도 어두워지게 되면 그 해는 백성들에게 미치고, 그 화는 후세에 미치
게 될 것으로 판단하였다.17) 따라서 그러한 朱子의 해석에 異論을 제
기하는 사람은 '逆臣'이라고까지 극언하였다.

朱子는 말씀마다 옳고 일마다 합당하여 이른바 三王에 상고해 보아
도 어긋나지 않고, 天地 사이에 세워놓아도 어그러지지 않고, 百世를
기다려 보아도 의혹되지 않으며, 費隱을 겸하고 細大를 포괄하여 一以
貫之하였으니 다른 賢人들과 비교할 수 있는 분이 아니다. 朱子를 따

---

13)『雅言』卷11, 易者 第33, 21ㄴ(1167쪽), "謂宋子繼朱子而作者也 宋子失尊 則
朱子不可獨尊 而世無知德 視之殆同一國之士 一代之賢 則非細憂也".
14)『雅言』卷11, 易者 第33, 21ㄱ~ㄴ(1167쪽).
15)『雅言』卷12, 堯舜 第36, 22ㄴ(1179쪽), "先賢有言曰 言言皆是者 朱夫子也
事事皆是者 朱夫子也".
16)『雅言』卷12, 堯舜 第36, 21ㄱ(1179쪽), "朱夫子解釋經傳 與大舜之治天下 同
一規模".
17)『雅言』卷11, 易者 第33, 20ㄴ(1166쪽), "先生謂朱子聖人也 其言一句一字 或
有所晦 則害流於生民 禍及於後世".

르는 사람은 佞臣이 아니라 純臣이며, 朱子를 어기는 사람은 忠臣이
아니라 逆臣이다.18)

그러므로 공부하는 학자는 먼저 朱子가 聖人이라는 사실을 염두에
두어야 한다. 그리고 자기 자신은 그러한 朱子에 미칠 수 없는 凡人이
라는 사실을 먼저 자각해야 한다. 따라서 나의 생각과 朱子의 생각이
같지 않은 것은 朱子에게 문제가 있어서가 아니라 그에 미치지 못하는
나 자신에게 문제가 있기 때문이었다. 결국 독서·공부의 방법은 나와
朱子의 일치하지 않는 부분을 파내어 버리고 나 자신을 변화시켜 朱子
와 동일해지기를 바라는 것뿐이었다.19)
그렇다면 朱子 학문의 범위와 내용은 어떤 것이었을까? 이항로는
그것을 다음과 같이 규정하였다.

머리를 들어 天地의 德을 관찰하고, 머리를 숙여 聖賢의 글을 읽어
그 全體大用의 학문을 발명한 분은 오직 朱夫子뿐이다.20)

이것은 朱子에 의해서 道理뿐만 아니라 物理까지도 모두 밝혀졌다는
믿음을 표명한 것으로 볼 수 있다. 즉 三綱五倫이나 尊華攘夷와 같은
인간·사회의 道理만이 아니라 天地의 德으로 표현되는 物理까지도
남김없이 밝혀졌다는 것이다.21) 이럴 경우 道理에 대한 새로운 해석이
나 物理에 대한 탐구는 모두 불필요한 것이었다. 오로지 주자의 논설

18) 『雅言』卷4, 蓋天 第12, 22ㄱ(1089쪽), "朱子言言皆是 事事皆當 所謂考三王
　　而不謬 建天地而不悖 俟百世而不惑 兼費隱 包細大 一以貫之 非他賢比也
　　順之者 非佞臣 乃純臣也 違之者 非忠臣 乃逆臣也".
19) 『雅言』卷12, 堯舜 第36, 22ㄱ~ㄴ(1179쪽).
20) 『雅言』卷12, 異端 第34, 4ㄴ(1170쪽), "仰以觀乎天地之德 俯以讀乎聖賢之
　　文 而發明其全體大用之學者 惟朱夫子是已".
21) 『雅言』卷12, 異端 第34, 4ㄱ(1170쪽), "蓋天地之德 語其大 則上覆下載而不
　　限其大矣 語其小 則花彫葉鏤而不遺其小矣".

에 따라 주자가 밝혀놓은 이치를 체득하는 학습의 과정만이 남아 있을
따름이었다.

이항로가 보기에 후세 사람들의 의논이 분분한 이유는 '朱子 定論'
에 대한 투철한 인식이 부족하기 때문이었다. 그는 "朱子의 註解는 初
年에는 講究를 극진히 하여 同異와 本末에 빠뜨린 바가 없고, 晩年에
는 折衷을 극진히 하여 은미한 말과 오묘한 뜻에 잘못된 바가 없다"고
보았다. 다만 후세 사람들은 주자가 초년에 여러 학설을 널리 구한 것
에 구애되어 도리어 만년의 정론을 헤아리지 못하고 있었던 것이다.[22]
이러한 관점에서 볼 때, 후세 학자들의 공부 방법은 자명해진다. 이미
주자에 의해 완성된 가르침을 가지고 반복해서 보고 침잠하여 그 뜻을
이해하도록 노력하는 것이었다. 스스로 얻은 바가 있다고 하여 주자와
다른 해석을 시도하는 것[別生新解]은 금물이었다. 일찍이 송시열이
'好新尙奇之病'을 경계한 이유가 바로 여기에 있었다.[23]

이와 같은 학문적 자세를 견지할 때 새로운 학설이나 주자와 다른
견해들은 읽을 필요조차 없었다. 심지어 기존의 經書를 공부할 때에도
주자의 주석 이외의 것은 읽지 않았다. 그 방법을 이항로는 다음과 같
이 말하고 있다.

반드시 朱子의 定本을 玩繹하여 通透하게 의심이 없게 하여 피부에
적셔지고 뼈에 사무치게 한 연후에 다른 학설을 보았다. 그것을 朱子
의 定本을 준거로 하여 합치되는 것은 따르고 합치되지 않는 것은 따
르지 않았다.[24]

---

22) 『雅言』 卷4, 蓋天 第12, 20ㄱ(1088쪽), "朱子註解 初極講究 同異本末 無所遺
   漏 晩極折衷 微辭奧旨 無所差謬 後之學者 不能潛心活觀 或滯初年同異廣
   求之實 反迷晩年折衷決案之正 是可懼也".
23) 『雅言』 卷4, 蓋天 第12, 20ㄴ~21ㄱ(1088~1089쪽).
24) 『雅言』 卷4, 蓋天 第12, 22ㄱ(1089쪽), "必須玩繹朱子定本 通透無疑 淪肌浹
   骨 然後看他說 準之以朱子定本 合者從之 不合者不從".

이상과 같은 학문 자세는 자연학의 경우도 마찬가지였다. 자연학 분
야 역시 주자의 언설을 통해 학문적 진리에 도달할 수 있다고 보았다.
기존의 학설과 가치를 절대화하고자 했던 것이다. 그런데 주자의 자연
학은『朱子大全』과『朱子語類』에 산견되어 있다. 따라서 주자 자연학
의 전체적인 모습을 파악하기 위해서는 그것을 체계화할 필요가 있었
다. 그것은 바로『朱子大全箚疑』와『朱子言論同異攷』라는 저술을 통
해 시도되었다.『주자대전차의』가 주자 언론에 대한 상세한 고증·주
석작업이었다면,『주자언론동이고』는 주자 언론의 통일과 그 無謬性
을 관철하기 위한 궁극적 작업이었다.25)

이항로는 당시 전개된 反西學論의 중심에 위치한 인물이었다. 그는
이미 이전 시기에 선진적인 지식인들에 의해 인정되었던 時憲曆의 정
확성마저 부정하였다.26) 물론 이항로도 서양의 기술이 중국이나 조선
의 그것에 비해 뛰어나다는 사실을 인정하지 않을 수는 없었다. 그러
나 그가 보기에 서양인들의 기술이란 해가 저물어가는 서쪽의 기운을
타고난 사람들에 의해서 形氣의 사사로움에 下達한 것에 불과할 뿐
性命의 善함에는 上達하지 못한 것이었다.27) 때문에 그것은 性命과
仁義禮智에 어둡고 통하지 못하여 그 화가 다른 사람에게까지 미치게
된다.28) 결국 道德과 術業은 가치론적으로 볼 때 도덕이 우월한 것이
며,29) 따라서 서양의 기술에 현혹되어 기존의 도덕을 돌아보지 않는

25) 金駿錫,「조선후기 畿湖士林의 朱子인식－朱子文集·語錄연구의 전개과정
－」,『百濟研究』18, 충남대학교 백제연구소, 1987 참조.
26)『雅言』卷2, 乾爲 第6, 16ㄱ(1064쪽), "世人之競新鬪奇者 皆曰 西曆非堯曆
可比 此則考之未精之過也".
27)『雅言』卷10, 尊中華 第30, 19ㄴ(1152쪽), "禀東方升之氣者 多上達性命之善
禀西方將夕之氣者 多下達形氣之私".
28)『雅言』卷10, 尊中華 第30, 19ㄴ(1152쪽), "凡人禀下愚昏貪之性者 類多形氣
利欲一邊 通人所不能通 測人所不能測 然於性命仁義禮智上 愈益昏塞不通
是以必戕身 禍必及人".
29)『雅言』卷10, 尊中華 第30, 20ㄱ(1152쪽), "明於道德 名以聖賢 能於術業 名

것은 커다란 잘못이라고 생각하였다.

그는 시대적 흐름에 따른 기술의 발전은 인정했지만 그것이 후세 사
람들이 더 지혜로워졌기 때문이라고 보지는 않았다.[30] 오히려 기술의
발전은 근본을 해칠 수도 있다고 파악하였다. 당시 널리 인정되고 있
던 시헌력의 우수성 역시 이런 관점에서 보면 비판의 대상이었다.

西洋의 曆法이 精細하고 詳密하지 않은 것은 아니다. 다만 그 대원
칙이 확립되지 않았다. 왜냐하면 堯임금 때의 曆法은 오로지 하늘의
마음을 공경하고 사람의 윤리를 밝히는 것으로써 근본을 삼았기 때문
에 시행하는 명령이 五倫五常에 관한 법이 아닌 것이 없었다.……지금
西洋에서는 天叙·天秩·天命·天討의 大綱과 細目을 전혀 거론하지
않고, 오직 하늘을 우러러 기도하여 죄를 없애주고 복을 내려주기를
바라는 것으로써 終日의 事業으로 삼고 있을 뿐이니, 어디에 이 天時
와 月令을 쓰겠는가.[31]

堯임금 때의 曆法은 오로지 天心을 공경하고 人倫을 밝히는 것으로
써 근본을 삼았는데, 西洋의 曆法은 오로지 天心을 업신여기고 人倫
을 폐지하는 것을 위주로 한다. 그 방법이 더 세밀한지 아니한지는 마
땅히 별도로 논해야 할 것이다.[32]

인간사회의 윤리·도덕이 배제된 자연법칙의 탐구란 비록 정확성이

以工匠 斯二者卽孟子所謂大人小人之分也".
30) 『雅言』卷10, 尊中華 第30, 21ㄱ(1153쪽), "百工技藝 後出愈巧 非前愚而後智
前拙而後巧也 其勢則然也".
31) 『雅言』卷10, 尊中華 第30, 21ㄱ～ㄴ(1153쪽), "西洋曆法 非不精細詳密 但大
本不立 何也 堯時曆法 專以敬天之心·明人之倫爲本 故所行之令 無非五倫
五常之典……今夫西洋則於天叙天秩天命天討之大綱細目 全不擧論 惟以仰
天祈懇·滅罪資福爲終日事業而止言 則烏用是天時月令爲哉".
32) 『雅言』卷10, 尊中華 第30, 21ㄴ(1153쪽), "堯時曆法 專以敬天心明人倫爲本
西洋曆法 專以慢天心廢人倫爲主 其法之加密與否 又當別論也".

뛰어나다 할지라도 그 가치를 인정할 수 없다는 주자도통주의자들의
완고한 입장을 여기에서 분명히 확인할 수 있다. 그것은 중세적 자연
관이 뛰어넘어야 할 뿌리 깊은 심연이었다.

한편 이항로는 지구설에 입각하여 중국이 세계의 중심이라는 기존
의 화이관에 의문을 제기하는 논자들의 주장[33]에 대해서도 그 나름의
논리를 가지고 반박을 도모하였다.[34] 그것은 하늘과 인체의 비유를 들
어 기존의 화이론을 옹호하고자 한 시도였으나, 그것이 과연 설득력을
가질 수 있는지는 의문이다. 그는 서양인들이 만든 세계지도의 정확성
과 신빙성에 대해서도 의심하였다. 그것은 그들의 추론에서 나온 것이
지 실제로 답사한 결과가 아니라는 억측이었다. 이러한 억측의 논리적
배경은 바로 陰陽思想이었다. 음양설에 입각하면 陰界와 陽界가 합하
여 땅이 된 것인데, 양계와 음계는 '大分之界'로서 양계의 인물이 음계
에 가서 살 수 없다는 것이다.[35] 이것은 북반구에 살고 있는 사람의 소
견으로서 북반구와 남반구는 상통할 수 없다는 억측에 불과했다. 그럼
에도 불구하고 이항로는 음양설에 입각하여 이것을 신념하였고, 그 결
과 세계지도를 부정하기에 이르렀던 것이다.

음양설은 주자도통주의자들이 서양을 이해하는 중요한 방법론이었
다. 이항로는 서양을 다음과 같이 이해하였다.

西洋은 天地의 大勢로써 말하자면 서쪽 끝의 肅殺의 치우친 기운이
며, 水國의 鱗甲과 동일한 流이다. 그러한 까닭으로 그 성질은 生을

33) 『雅言』卷10, 尊中華 第30, 28ㄱ(1156쪽), "或問天包地外 地在天中 上下四方
都是此地 今所謂中國者 特崑崙之東 丸泥之地也 自天觀之 均是地也 固無
華夷中外尊卑主客之別 而聖賢乃立中國外夷之說 而著尊攘之義 無乃傷於
不公乎".
34) 『雅言』卷10, 尊中華 第30, 28ㄱ(1156쪽), "曰 六合內外 均是天也 而太一之
居 獨天之樞也 四肢百體 均是身也 而方寸之心 獨身之主也 四方八面 均是
地也 而風氣之均 獨土之中也 知此說者 知夷夏內外之妙 尊攘扶抑之義矣".
35) 『雅言』卷2, 乾爲 第6, 18ㄱ~ㄴ(1065쪽).

가볍게 여기고 死를 편안하게 여기며, 그 마음은 利害에 밝고 義理에
어두우며, 그 기술은 속임수를 좋아하고 항상된 것을 싫어하니, 이것이
그 대강이다.36)

이항로가 이해한 서양의 모습은 '輕生樂死'(性), '喩利昧義'(心), '喜幻
厭常'(術)으로 대표되는 것이었다. 이러한 이해는 음양설에 입각한 자
연관에 기초한 것이었다. 東北의 氣는 陽과 義를 위주로 하고, 西南의
氣는 陰과 利를 위주로 한다고 이해하였다.37) 따라서 서양의 과학기술
역시 '喜幻厭常'의 범주에서 벗어나지 않는 것이었다.

이기론에서 道理를 중시한 이항로는 인식론에서도 物理의 인식보다
는 道理의 인식을 강조하였다.38) 이항로는 모든 事事物物은 道理와
形氣로 구성되어 있다고 파악하였다.39) 인식 주체는 이러한 도리와 형
기를 구분해 내는 것이 중요했다. 이항로는 형체를 따라갈 경우 궁해
서 통하지 못하게 되고, 의리를 따를 경우에는 통해서 막힘이 없게 된
다고 보았다.40) 요컨대 사물을 탐구한다는 것은 각 사물의 객관적 법
칙을 찾아내는 데서 그치는 것이 아니라 그러한 법칙을 가능하게 한
본원적 실체를 찾아가는 것이 중요하다는 주장이었다. 문제는 여기서
그가 말하는 본원적 실체라고 하는 것이 인간사회의 윤리·도덕적 이

---

36) 『雅言』卷10, 尊中華 第30, 18ㄴ(1151쪽), "西洋 以天地大勢言之 則西極肅殺
    之偏氣 水國鱗甲之同流 是以其性輕生而樂死 其心喩利而昧義 其術喜幻而
    厭常 此其大槩也".
37) 『雅言』卷10, 尊中華 第30, 19ㄴ(1152쪽), "東北之氣 主陽主義 西南之氣 主
    陰主利".
38) 李恒老의 인식론에 대해서는 김낙진, 「조선 유학자들의 격물치지론-자연 인
    식 방법과 관련하여」, 『조선 유학의 자연철학』, 예문서원, 1998, 113~118쪽
    참조.
39) 『華西集』卷25, 「格致說贈柳穉程」, 25ㄴ(651쪽), "盖事事物物 自有形氣 自
    有道理";『雅言』卷4, 生知 第11, 16ㄴ(1086쪽).
40) 『華西集』卷25, 「格致說贈柳穉程」, 25ㄴ~26ㄱ(651쪽), "從形體上去 則路窮
    而不通 從義理上去 則路通而不塞";『雅言』卷4, 生知 第11, 17ㄱ(1087쪽).

치라는 점이다.[41] 물리 탐구가 아무리 정밀하다고 할지라도 그것이 인간사회의 윤리·도덕의 본체를 밝히는 데 하등 도움이 되지 않는다면 그것은 폐기되어도 무방하다는 주장에 다름 아니었다.[42] 서양의 정밀한 물리 탐구에 대해 이항로가 부정적인 태도를 견지했던 것은 바로 이런 이유 때문이었다.

2) 道理와 物理의 분리

18세기 이래로 道理와 분리된 物理에 대한 적극적인 해석을 통해 자연학에 대한 관심을 증대시켜 갔던 일군의 학자들이 있었다. 近畿南人系, 少論系, 老論-洛論系 일각의 학자들이 그들이었다. 이들은 心性論·禮論 위주의 학계 풍토 속에서 物理에 적극적인 의미를 부여하였고, 그 연장선상에서 自然學을 人間學과 대등한 독자적 학문 분야로 自立化시켰다. 道理와 物理의 분리는 기존의 有機體的 自然觀의 해체를 의미한다. 그것은 한편으로 새로운 物理 탐구의 기초를 마련하였고, 다른 한편으로는 自然과 분리된 人間·社會의 독자적 구조를 정립할 수 있는 계기가 되었다.

물리에 대한 새로운 관심은 理氣論과 格物致知論으로 대변되는 기존의 세계관과 인식론의 변화에 수반된 것이었다. 주자학의 格物致知

---

41) 『雅言』卷12, 洋禍 第35, 9ㄱ(1173쪽), "四德卽天道之眞 五倫卽人道之常 外此則皆異端邪說也";『雅言』卷12, 洋禍 第35, 12ㄱ~ㄴ(1174쪽), "吾儒之所事者 上帝也……吾所謂上帝者 指太極之道也 太極之道 何也 至誠生生 上帝之心也 仁義禮智 上帝之性也 愛敬宜知 上帝之情也 父子有親·君臣有義·夫婦有別·長幼有序·朋友有信 上帝之倫也 有德則賞 賞有厚薄 有罪則罰 罰有輕重 是皆上帝之命也 非一毫人力所得而私也 是所謂理也".

42) 道理와 形氣를 이분법적으로 파악하고, 形氣보다 道理에 가치에 부여하는 李恒老의 기본 자세와 그에 입각한 西學 비판에 대해서는 임종태, 「'道理'의 형이상학과 '形氣'의 기술—19세기 중반 한 주자학자의 눈에 비친 서양 과학기술과 세계 : 李恒老(1792-1868)」, 『한국과학사학회지』 제21권 제1호, 한국과학사학회, 1999 참조.

論은 중세적 합리주의를 뒷받침하는 인식론으로서 중요한 기능을 담당하였으며, 事事物物에 대한 탐구를 중시한다는 점에서 종종 과학적인 방법론으로 평가되기도 한다. 그런데 이미 선행 연구에서 지적한 바와 같이 格物의 物은 自然 그 자체만이 아니라 관념적인 天의 의지이기도 했으며, 致知의 知는 과학적인 지식만이 아니라 윤리적인 규범을 의미하기도 했다. 『大學』의 8條目이 의미하는 바가 바로 이것이었다. 요컨대 자연법칙과 도덕규범을 연속시켜 자연의 物理와 인간의 道理를 통일적으로 파악했으며, 이에 따라 天地上下의 자연질서는 인간세상의 상하관계적 신분질서로 나타나게 되었다.[43]

요컨대 주자학의 격물치지론에서 말하는 물리의 의미는 오늘날 우리가 생각하는 자연법칙과는 일정한 거리가 있었고, 격물의 목표는 사사물물의 이치로 표현되는 바 인간사회의 원리와 자연세계의 법칙을 포괄하는 것이었다. 그것은 본질적으로 자연의 법칙에 대한 탐구가 아니라 인간의 도리에 대한 탐구였으며, 그 대상 역시 객관적 자연물이 아니라 聖經賢傳이었다. 조선후기 물리에 대한 새로운 인식은 이와 같은 기존의 방식에서 벗어나는 것이었다. 도리와 마찬가지로 물리의 가치를 설정했고, 자연물 자체를 탐구의 대상으로 삼았으며, 격물의 대상 역시 성경현전에서 벗어나 자연물로 확장되었다. 따라서 그 경우 학문의 성격은 天地萬物을 포괄하는 博學的 경향을 띠게 되었다.

일찍이 丁若鏞(1762~1836)은 「技藝論」에서 다음과 같이 말하였다.

智慮와 巧思가 있음으로써 사람들로 하여금 기예를 습득하여 스스로 자기의 생활을 꾸려가도록 한 것이다. 그러나 志慮를 짜내어 운용하는 것도 한계가 있고, 巧思로써 穿鑿하는 것도 순서가 있다. 그러므로 비록 聖人이라 하더라도 천만 명의 사람이 함께 의논한 것을 당해낼 수 없고, 비록 聖人이라 하더라도 하루 아침에 그 아름다움을 다할

43) 金泳鎬, 「韓國의 傳統的 科學技術思想의 변모」, 『人文科學』 2, 成均館大學校 人文科學硏究所, 1972, 122~124쪽 참조.

수는 없는 것이다. 따라서 사람이 많이 모이면 그 技藝는 더욱 정교하
게 되고, 세대가 아래로 내려올수록 그 技藝가 더욱 공교하게 되니[世
彌降則其技藝彌工], 이는 사세가 그렇지 않을 수 없는 것이다.[44]

대저 효도와 우애는 天性에 근본하는 것이며, 聖賢의 글에 밝혀져
있으니, 진실로 이를 넓혀서 충실하게 하고 닦아서 밝힌다면 곧 禮義
의 풍속을 이루게 될 것이다. 이는 진실로 밖으로부터 기대할 필요가
없는 것이요, 또한 뒤에 나온 것에 힘입을 필요도 없는 것이다. 그런데
利用厚生에 필요한 자료와 百工技藝의 재능은 뒤에 나온 제도를 가서
배우지 않는다면, 그 몽매하고 고루함을 타파하고 이익과 혜택을 일으
킬 수 없는 것이다. 이는 국가를 도모하는 사람으로서 마땅히 강구해
야 할 일이다.[45]

여기서 정약용은 孝弟·禮義로 표상되는 인간학(도덕학)과 利用厚生·
百工技藝로 대변되는 자연학(기술학)을 구분하였다. 그러면서 기예와
같은 것은 聖人이라 할지라도 하루아침에 그 아름다움을 다할 수는 없
으므로, '이용후생에 필요한 자료'와 '백공기예의 재능'은 '뒤에 나온 제
도[後出之制]'에 힘입을 필요가 있다고 주장하였다. 우리는 여기에서 技
藝에 관한 한 聖人 역시 미진한 점이 있을 수 있다는 지적과 百工技藝
는 후대로 내려올수록 더욱 정밀해진다고 하는 발전론적 관점에 주목
할 필요가 있다. 上古의 聖人들에 의해 인간사회의 도리는 물론 자연
세계의 물리까지 모두 밝혀졌다고 보는 입장에서는 물리를 새롭게 탐

---

44) 『與猶堂全書』 I-11, 「技藝論一」, 10ㄴ(281책, 236쪽), "以其有智慮巧思 使之
    習爲技藝以自給也 而智慮之所推運有限 巧思之所穿鑿有漸 故雖聖人不能
    當千萬人之所共議 雖聖人不能一朝而盡其美 故人彌聚則其技藝彌精 世彌
    降則其技藝彌工 此勢之所不得不然者也".

45) 『與猶堂全書』第1集 第11卷, 「技藝論三」, 12ㄱ(281책, 237쪽), "夫孝弟根於
    天性 明於聖賢之書 苟擴而充之 修而明之 斯禮義成俗 此固無待乎外 亦無
    藉乎後出者 若夫利用厚生之所須 百工技藝之能 不往求其後出之制 則未有
    能破蒙陋而興利澤者也 此謀國者所宜講也".

구하고자 하는 적극적인 자세가 나오기 어려웠다. 그런데 李瀷(1681~1763)을 비롯한 근기남인계 일부 학자들은 물리에 관한 한 성인도 부족한 점이 있다는 입장을 취하였고, 器數之法과 百工技藝는 후대로 내려올수록 더욱 정밀해진다는 '後出愈工'의 발전론적 관점을 견지하고 있었다.[46] 천지만물에 대한 학문적 관심과 서양과학에 대한 적극적인 수용은 이러한 자세에서 가능하지 않았을까 짐작된다. '百工技藝'를 '後出愈工'이라는 관점에서 이해하고, 그 나름의 가치를 인정하는 정약용의 태도는 이와 같은 맥락에서 출현한 것으로, 이러한 발상의 배후에는 물질의 생산방식, 그와 연관해서 자연학의 독자적 가치를 인정하는 관념이 깔려 있었다. 物理와 自然學에 대해 진전된 이해를 기초로 기술의 경험 축적을 통해 진보가 일어난다는 관념이 정립되고 있었던 것이다.

　李圭景(1788~?)은 그의 방대한 저술인 『五洲衍文長箋散稿』의 서문에서 다음과 같이 말했다.

　　明나라 말기에 이르러 중국의 인사가 점점 그(名物度數之學을 가리킴－인용자) 가운데로 파고 들어감이 習尙(습관이 되어 숭상함)을 이루어 이 道를 알지 못하는 것을 부끄럽게 여기게 되었다. 徐玄扈(徐光啓－玄扈는 徐光啓의 號)·王葵心(王徵－葵心은 王徵의 號)과 같은 부류가 학문이 끊어진 뒤에 우뚝 일어나서 계발한 바가 많아 象數學을 창시하니 名物度數가 다시 세상에 환하게 밝혀지게 되었으며, 이로부터 전문적인 名家들이 차츰차츰 나오게 되었다. 대저 名物度數의 방법은 설사 性命義理의 학문에는 미치지 못한다 하더라도 또한 한쪽으로 치워 버리고 강구하지 않으며 異端과 같이 보아서는 안 된다.……象數學은 비록 聖學의 심오함은 아니지만 쉽게 말해서는 안 된다.[47]

---

46) 서양과학을 '後出愈工'의 입장에서 이해한 李瀷의 태도에 대해서는 具萬玉, 『朝鮮後期 科學思想史 研究Ⅰ－朱子學的 宇宙論의 變動－』, 혜안, 2004, 372~374쪽 참조.
47) 『五洲衍文長箋散稿』序(上, 1쪽－영인본『五洲衍文長箋散稿』, 明文堂, 1982

여기서 이규경은 名物度數之學, 象數學의 중요성을 누차 강조하고 있다. 사실 명물도수지학이나 상수학의 구체적 내용에 대해서는 다양한 견해가 가능하다. 經學 연구의 일종으로서의 명물도수지학이나 易學 연구의 일종으로서 상수학을 거론할 수도 있다. 그러나 이규경의 경우에 명물도수지학·상수학은 명말에 徐光啓(1562~1633)와 王徵(1571~1644) 등에 의해 부활된 漢代 이래의 그것이었다. 널리 알려진 바와 같이 서광계는 적극적으로 서양과학을 수용하였고, 중국 농학을 집대성한 『農政全書』를 편찬하였으며 서양 水利 이론서인 『泰西水法』을 번역하였고 『幾何原本』을 비롯한 수학·천문학서를 번역·편찬하였다. 王徵 역시 龍華民·鄧玉函·湯若望 등의 선교사와 교유하였고, 鄧玉函과 함께 서양 과학기술 서적을 번역하였으며, 『奇器圖說』로 대표되는 서양 과학기술서를 편찬한 인물이었다. 따라서 이규경이 스스로의 학풍으로 자임한 명물도수지학은 자연학·박물학이라고 할 수 있을 것이다. 그는 이러한 학문을 '有用之學'으로 평가하였다.[48]

물론 이규경 자신이 경학으로 대표되는 전통적인 학문체계를 부정한 것은 아니었다. 명물도수지학이나 상수학이 性命義理之學과 聖學에 미치지 못한다는 그의 언급은 이를 말하는 것이었다. 그러나 여기서 중요한 것은 성명의리지학과 성학의 중요성 못지않게 명물도수지학과 상수학의 가치를 인정하는 그의 자세이다. 이는 성명의리지학·성학으로 대표되는 인간학, 윤리·도덕학과 명물도수지학·상수학으로 대표되는 자연학, 과학기술학을 병립적으로 사고하고 있었음을 말

의 책수와 쪽수. 이하 같음), "逮于皇明之末造 中土人士 駸駸然入于其中 打成習尙 以不知此道爲耻 如徐玄扈王葵心之流 崛起絶學之後 多所啓發 創始 象數之學 名物度數 煥然復明於世 從玆以後 崇門名家 稍稍出焉 大抵名物度數之術 縱不及性命義理之學 亦不可偏廢不講視若異端也……象數之學 雖非聖學之奧深 不可易言者也……".

48) 『五洲衍文長箋散稿』序(上, 1쪽), "不倿墨守章句 於此等有用之學 蔑如也 莫識其端倪 而其心則竊好之……".

해 준다. 그가 西學의 가치를 인정했던 것도 바로 이러한 차원에서 가
능한 것이었다.

　이규경은 전통적인 중국의 학문과 서양의 학문을 다음과 같이 구분
하였다.

　　中原(中國)은 理氣性命의 학문을 오로지 주로 하기 때문에 하늘과
　더불어 동화되니 이것은 形上의 道이다. 西乾(西洋)은 窮理測量의 가
　르침을 오로지 다스렸기 때문에 神과 더불어 능력을 다투니 이는 形下
　의 器이다. 그러므로 기묘한 기술로 교묘하게 만든 물건[奇技淫巧之
　物]들이 종종 서방에서 흘러 나왔다.[49]

중국을 대표로 하는 동아시아의 학문이 윤리·도덕을 중시하는 인간
학이라면 서양의 학문은 물리를 탐구하는 자연학이었던 것이다. 양자
는 각각의 학문적 가치를 지니고 있었다. 따라서 이와 같은 자연학에
능통하지 못했던 당시 조선의 현실에서 그것은 배워야 할 대상이었
다.[50]

　이처럼 이규경은 인간학과 분리된 자연학의 중요성을 인식하였다.
이는 이규경의 학문 방법론에도 일정한 영향을 끼치게 되었다. 그는
'격물치지'의 의미를 새롭게 해석하였다. 格物을 적극적인 자연 탐구
방법으로 변환시켰던 것이다. "우리나라는 格物을 매우 소홀히 한다.
천하의 일용하는 물건을 무용한 곳에 내버려두고 그것을 사용할 수 있
는 방도를 궁구하지 않는다"[51]라는 지적은 전통적인 격물치지론에 대

49)『五洲衍文長箋散稿』卷9,「用氣辨證說」(上, 295쪽), "中原則專主理氣性命之
　學 故與天乇化 此形上之道也 西乾則專治窮理測量之敎 故與神爭能 此形下
　之器也 故奇技淫巧之物 種種流出於西隅".
50)『五洲衍文長箋散稿』卷9,「用氣辨證說」(上, 295~296쪽), "其形上之學 猝難
　悟得 形下之用 則庶可學焉 而我人蒙不覺悟 可勝歎哉".
51)『五洲衍文長箋散稿』卷20,「煤炭辨證說」(上, 594쪽), "我東於格物最踈 爲天
　下日用之物 獨置諸无用 而不究其可用之道 可勝惜哉".

한 비판임과 동시에 새로운 자연탐구의 방법론을 제시한 것으로 볼 수 있다.

　격물치지론의 재해석에 따라 물리에 대한 탐구가 적극적으로 모색되었다. 격물의 대상이 聖經賢傳에서 벗어나 자연물로 확장되었던 것이다. 그것은 天地萬物을 포괄하는 博學的 성격을 띠게 되었다. 崔漢綺(1803~1877)는 曆算과 物理는 세월이 흐를수록 더욱 정교해진다고 보았다.[52] 그는 風俗·禮敎와 實用의 학문을 대비시키면서[53] 당시 필요한 것은 測量·計算의 학문과 輪機·風車·船制·碾式 등의 기계에 관한 실용학이라고 주장하였다.[54] 전통적인 지식인들은 우주론의 영역을 '六合之外'로 간주하고 '存而不論'의 자세로 학문적 대상에서 제외시키는 경우가 종종 있었다. 朴珪壽(1807~1877)는 天地四方을 '六合之內'로 해석하여[55] 우주론을 포괄한 자연학 영역을 적극적으로 학문의 대상으로 삼았다. 그리고 그것이야말로 堯舜의 학문을 계승하는 것이라고 주장하였다.[56]

　한편 南秉哲(1817~1863)은 서양과학의 '중국원류설'을 신랄하게 비판했다. 남병철은 일찍이 江永(1681~1762)의 『推步法解』를 본떠 『推步續解』를 저술하였다. 그가 왜 강영을 존중했는가 하는 점에 대해서는 다음의 문장이 그 해답을 제공한다.

---

52) 『氣測體義』序, 「氣測體義序」, 1ㄴ(一, 5쪽-영인본 『增補 明南樓叢書』, 成均館大學校 大東文化研究院, 2002의 책수와 쪽수. 이하 같음), "曆算物理 後來益明".

53) 『推測錄』 卷6, 「東西取捨」, 推物測事, 61ㄱ~62ㄴ(一, 215쪽).

54) 『推測錄』 卷6, 「東西取捨」, 推物測事, 61ㄴ(一, 215쪽).

55) 『尙古圖會文義例』 卷4, 第16部, 隱目, 或人論天體, 604쪽(영인본 『瓛齋叢書』一, 成均館大學校 大東文化研究院, 1996의 쪽수. 이하 같음), "夫所謂六合者 卽天地四方之謂也 天地四方 亦六合之內也".

56) 『尙古圖會文義例』 卷4, 第16部, 隱目, 或人論天體, 605~606쪽, "然則六合之外 當在於無筭之際 而遠自天之宗動·星之恒也 近至月日太白与辰 皆在六合之內也 苟認是爲六合之外而存而不論 則帝典之敬授人時 大舜之以齊七政 當何所憑據乎".

淸初로부터 지금까지 200여 년 동안 뛰어난 유학자[宏儒]가 배출되어 經學이 크게 갖추어졌고, 사실에 의거하여 진리를 탐구함으로써[實事求是] 六藝가 환히 밝아졌다. 象數學을 儒者가 당연히 힘써야 할 바로 여겨 王錫闡(1628~1682, 號 曉庵), 梅文鼎(1633~1721, 號 勿庵), 阮元(1764~1849, 號 芸臺)과 같은 분들이 혹은 전문적으로 다루고, 혹은 經學을 익히면서 널리 통해서 심오하고 미묘함[精奧淵微]에 도달하지 않음이 없었다. 그러나 나는 江永(1681~1762, 字 愼修) 선생이 최고라고 생각한다. 왜냐하면 西法을 확신하여 훼손시키지 않았기 때문이다. 西法을 믿어 훼손시키지 않은 것이 어째서 취할만한 것인가? 공평하기 때문이다.57)

서양과학의 우수성에 직면한 중국과 조선의 지식인들은 이 당혹스러운 현실을 어떻게 설명해야 할지 고민하였다. 그 과정에서 등장한 것이 이른바 서양과학의 '중국원류설'이었다.58) 위의 인용문에서 남병철이 지목한 梅文鼎과 阮元은 '중국원류설'의 대표적 주창자였다. 그런데 남병철은 이런 논리가 공평하지 못한 것이라고 지적하였다. 이러한 태도의 밑바닥에는 '步算之術'로 대변되는 천문역산학에 관한 한 서양의 그것이 중국보다 뛰어나다는 현실인식이 자리하고 있었다. 明末에 서법이 중국에 들어온 이후 그에 기초하여 시헌력을 만들었고, 중국의 선비들이 그 방법을 익힘으로써 종전에 알고 있던 것을 더욱

57)『圭齋遺藁』卷5,「書推步續解後」, 9ㄱ~ㄴ(316책, 632쪽), "粵自淸初 至今二百餘年 宏儒輩出 經學大備 實事求是 六藝昌明 以象數之學 爲儒者所當務 若王曉菴·梅勿菴·阮芸臺諸公 或專門用工 或治經傍通 莫不造乎精奧淵微 然余則謂以江愼修先生爲最 何哉 以其確信西法而不毁也 信西法而不毁 奚取焉 以其公平也".
58) 중국과 조선 학계의 '중국원류설'에 대해서는 朴星來,「西洋宣敎師의 科學」,『중국과학의 사상』, 電波科學社, 1978 ; 노대환,「조선 후기의 서학유입과 서기수용론」,『震檀學報』83, 震檀學會, 1997 ; 盧大煥,「正祖代의 西器收容 논의-'중국원류설'을 중심으로-」,『韓國學報』94, 一志社, 1999 ; 노대환,「정조시대 서기 수용 논의와 서학 정책」,『정조시대의 사상과 문화』, 돌베개, 1999 등을 참조.

정밀하고 상세하게 하였고, 일찍이 듣도 보도 못했던 것들을 많이 알
게 되었으며, 중국에 원래 있었지만 잘 알지 못했던 방법들도 서법으
로 인해서 통달하게 되었다고 한다. 요컨대 서법은 정밀하고 분명하며
간편해서 중국의 그것에 비해 매우 우수하다는 것이었다.59)

남병철은 '중국원류설'이 이와 같은 분명한 사실을 왜곡시키고 있다
는 점에서 공평하지 못하다고 판단했다. 그것은 魏文魁·吳明烜·楊
光先 등의 서학 배척이 실패한 이후 서법을 비난하거나 배척할 수 없
다는 것을 깨닫고 그것을 교묘히 취하거나 강탈하려는[巧取豪奪] 의도
에서 나온 것이었다.60) 터럭만큼의 유사함만 보여도 제멋대로 해석하
고[斷章取義] 억지로 꿰맞추어[敷演牽合] 끌어다 증거로 삼으니, 서양
의 우수한 과학기술 가운데 중국의 것이 아닌게 없게 되었다.61)

남병철은 '중국원류설'의 주창자들이 그들의 논리를 '尊華攘夷'라는
이념과 연결시키는 방식에 대해서도 비판하였다. 역법이라는 것은 천
문현상과의 정합성 여부[驗天]로 판단되기 때문에 '尊華攘夷'라는 이
념을 개재시킬 여지가 없다고 보았다.62) 종래의 천문역법에는 여러 가
지 방법이 사용되었지만 천문현상 자체는 객관적인 것으로 중국과 서
양을 선택하지 않으며, 오로지 정교한 관측과 계산[精測巧算]만이 그

---

59)『圭齋遺藁』卷5,「書推步續解後」, 10ㄱ(316책, 632쪽), "明萬曆間 西法始入
中國 今則用其法爲時憲 中國之士 乃通其術 不惟從前知者益精 言者益詳而
已 得其所不覩而所不聞者甚多 而亦有中國素有之法而不能通者 因西法而
始通者 乃知其法之精明簡易 過中國遠甚".
60)『圭齋遺藁』卷5,「書推步續解後」, 10ㄱ(316책, 632쪽), "於是中國之士病之
如魏文魁吳明烜楊光先諸人 前後譏斥之 然所以譏斥者 皆妄庸逞臆 徒欲以
意氣相勝 故擧皆自敗 而有聰明學識之士 知其法之不可譏斥 乃有巧取豪奪
之事".
61)『圭齋遺藁』卷5,「書推步續解後」, 10ㄴ(316책, 632쪽), "苟有一毫疑似髣髴者
則斷章取義 敷演牽合 援以爲徵……故一事一物 莫不奪之爲中國之法 而亦
莫不有其爲中國法之援徵".
62)『圭齋遺藁』卷5,「書推步續解後」, 11ㄱ(316책, 633쪽), "且以是爲尊華攘夷之
學問 故每見知識愈勝則其弊愈甚 盖曆法者 驗天爲長".

것과 합치될 수 있었다.63) 요컨대 천문현상은 인간 세계에 '尊華攘夷'
의 이념이 있다는 것을 알지 못하며, 西法이 잘 들어맞고 중국의 방법
이 틀린다는 객관적 사실은 원망하거나 탓할 수 있는 일이 아니었다.
따라서 역법의 경우 천문현상과의 정합성 여부만을 따지면 되는 것이
지 그것이 中華의 것인지, 夷狄의 것인지를 논할 필요는 없다고 보았
다.64)

　남병철의 '중국원류설'에 대한 비판에서 우리는 몇 가지 사실에 주목
할 필요가 있다. 먼저 그가 서양 과학기술의 독자성을 인정하고 있었
고, 그 우수성을 '測驗'으로 파악하고 있었다는 사실이다. 서양의 역법
이 중국보다 우수한 것은 측험에 정밀하기 때문인데, 그것은 한 사람
이 일시에 능통한 것이 아니었다. 종신토록 연구하고 대대로 전수하여
수많은 사람들이 오랜 세월에 걸쳐 각고의 노력을 통해 이룩한 성과였
다.65) 따라서 이것을 절취해서 자기 것이라고 우기는 '중국원류설'은
사람을 대하는 도리에 어긋나는 행위라고 보았고, 그 주창자들의 비판
은 지나쳤을 뿐만 아니라 그들의 학문 역시 서학에 영향 받은 바 크다
고 보았다.66)

　둘째는 천문역법으로 대표되는 자연학과 인간학의 상호 관련성에
대해서 부분적으로 비판하고 있었다는 사실이다. 남병철이 역법에 '尊
華攘夷'의 이념을 개재시키는 것을 비판하였다는 사실에서 이러한 짐
작이 가능하다. 그렇다고 하여 그가 '尊華攘夷'의 이념 자체를 부정하

63) 『圭齋遺藁』 卷5, 「書推步續解後」, 11ㄱ(316책, 633쪽), "天何言哉 大象寥廓
　　諸曜參差 不擇中西 惟精測巧算是合".
64) 『圭齋遺藁』 卷5, 「書推步續解後」, 11ㄱ~ㄴ(316책, 633쪽), "彼日月五星 安
　　知世間有尊華攘夷之義哉 故以西法則驗者多 而中法則不驗者多 此豈非不
　　可以怨尤者乎 是以只論天之驗否 不論人之華夷可也".
65) 『圭齋遺藁』 卷5, 「書推步續解後」, 12ㄱ(316책, 633쪽), "彼曆法之能勝於中國
　　者 一言以蔽曰精於測驗也 其測驗之精 實非一人一時之能 乃終之以身 傳之
　　以世 千百人爲羣 千百歲爲期 矻矻不已以得之也".
66) 『圭齋遺藁』 卷5, 「書推步續解後」, 13ㄱ~15ㄴ(316책, 634~635쪽).

는 것은 아니었다. 그는 일찍이 經學을 숭상했다고 하며,[67] 스스로도
孔子를 배우기를 원하며 中華를 사모한다고 말했다.[68] 그가 판단하기
에 서양 사람들이 우수한 재능을 보이는 曆象은 儒者의 일이기는 하
지만 技藝에 속하는 것이었다. 반면에 六德·六行·六藝 등으로 대변
되는 인륜·도덕과 관계된 것들은 중국 사람들이 능하다고 보았다. '尊
華攘夷'라는 이념이 개입할 수 있는 것은 바로 이와 같은 인륜·도덕
학의 영역이었다.[69]

  셋째는 이와 같은 비판들이 서양 과학기술의 적극적인 수용론으로
연결되고 있었다는 점이다. 물리쳐야 하는 것은 서양 사람들이지 그들
의 과학기술이 아니라는 주장이었다.[70] 남병철이 강영을 높이 평가한
것은 바로 그가 공평하게 서학을 수용하고 그 장점을 인정했다는 점에
서였다.

  위에서 살펴본 바와 같이 남병철의 의식 속에는 도리와 물리의 분리
에 대한 초보적인 견해가 자리하고 있었다. 그것은 인간·사회학의 영
역과 자연학의 영역을 분리해서 사고하는 방식이었다. 전근대 사회에
서 日食은 가장 중요한 재이로 인정되었다. 일식은 달이 해를 가리는
천문현상인데, 예로부터 해는 '君道'를, 달은 '臣道'를 상징하는 것으로
여겨졌으므로, 일식은 陰이 陽을, 신하가 군주를 침범하는 형상으로
간주되어 커다란 天變으로 인식되었던 것이다.[71]

---

67) 南秉吉, 『圭齋遺藁』跋, 「跋」, 1ㄱ(316책, 664쪽), "先伯氏圭齋太史公 素尙經
    學而詩文不屑爲也".
68) 『圭齋遺藁』卷5, 「書推步續解後」, 16ㄱ(316책, 635쪽), "所願則學孔子也 所
    慕則在中華也".
69) 『圭齋遺藁』卷5, 「書推步續解後」, 11ㄴ(316책, 633쪽), "然曆象雖爲儒者之事
    不過是一藝 西人之所能也 知仁聖義忠和之德·孝有目媚任恤之行·禮樂射
    御書數之藝咸通者 中國之士所能也 可尊也可攘也實在是".
70) 『圭齋遺藁』卷5, 「書推步續解後」, 11ㄴ(316책, 633쪽), "而且攘之者 卽攘其
    人 非幷其所能而攘之也".
71) 『圭齋遺藁』卷6, 「詩(日有食之)」, 讀書私記, 3ㄱ(316책, 647쪽), "日食者 月

그러나 이미 17세기 후반 이후 서학의 전래와 함께 서양의 과학적 일월식론이 수용됨으로써 종래의 일월식론은 심각한 비판에 직면하게 되었다. 일월식의 과학적 법칙성에 대한 인식의 진전은 중세적 자연학의 중요한 축인 재이설을 극복할 수 있는 이론적 기초가 되었다. 이러한 상황 변화에도 불구하고 일월식은 여전히 국가적 차원에서 중요한 재이로 간주되었다. 그것은 일월식이 지니고 있는 정치적 의미와 상징성 때문이었다. 유교 정치사상을 견지하고 있는 한, 군주는 천명의 대행자라는 전통적 군주관과 천인합일의 정치적 이상을 버리지 않는 한 재이설을 완전히 청산하는 것은 어려운 일이었다.[72]

이러한 상황에서 남병철은 먼저 역대 경전에서 일식을 중요하게 다룬 이유가 '敬天'・'遇災修德'에 있었다는 사실을 재확인하였다. 각종 救災의식 또한 천변을 중요하게 여겨 군주를 도덕적으로 경계하고자 하는 의도였다고 파악했다.[73] 아울러 남병철은 당대의 산학자들이 정밀한 계산법을 이용하여 일월식의 한계, 일월식의 정도[食分], 일월식의 경과, 방위, 지역에 따른 일월식 발생 시각의 차이 등등을 모두 산출해 낼 수 있다는 사실도 인정하였다. 이와 같은 서양 일월식론의 수용은 결과적으로 해와 달의 운행에는 일정한 궤도가 있는데 이는 영원히 변하지 않기 때문에 일식은 재이가 아니라는 결론에 이르게 되었다.[74]

이러한 算學者들의 결론에 대해 남병철은 그것이 정확하고 극진한 학설이지만 천문역산가[疇人]의 학문일 뿐 士君子의 학문이 되기에는

體掩日也 日君道 月臣道 陰侵陽 臣侵君之象 天變之大者也".

72) 구만옥, 「朝鮮後期 日月蝕論의 變化」, 『韓國思想史學』 19, 韓國思想史學會, 2002 참조.

73) 『圭齋遺藁』 卷6, 「詩(日有食之)」, 讀書私記, 3ㄴ(316책, 647쪽), "人君者 位貴居尊 恐其志移心易 故聖人因其變常而作爲勸戒 使之敬天加惕 遇災修德 伐鼓用幣之儀 貶膳去樂之數 皆所以重天變而警人君者".

74) 『圭齋遺藁』 卷6, 「詩(日有食之)」, 讀書私記, 3ㄴ~4ㄱ(316책, 647쪽), "後世之爲算學者……日月之行 有其常度 終古不變 日食非爲災也".

부족하다고 주장하였다.[75] 이는 표면적으로 보면 서양과학에 기초한 천문역산학을 비판하는 논의처럼 보인다. 그러나 남병철의 본뜻은 그 게 아니었다고 판단된다. 그 자신이 서양의 천문역산학을 적극적으로 수용하고 있었기 때문이다. 그렇다면 위와 같은 주장의 의도는 무엇이 었을까? 그것은 남병철 자신이 경학으로 표현되는 전통적인 인간학과 객관적인 천문역산학으로서의 자연학을 분리하여 이해하고자 하였음 을 의미한다. 왜냐하면 군주란 지극히 존귀한 존재이기 때문에 군주를 敬畏시킬 수 있는 방도와 대상은 '天'을 제외하고는 찾기 어렵기 때문 이었다. 정치현장에서 재이설을 폐기한다면 군주의 도덕적 수양을 담 보할 제도적 장치가 없었던 것이다.[76] 남병철은 이러한 이유 때문에 군자는 비록 기이한 기술이 있다고 하더라도 그것이 성현의 학문에 합 치되지 않는다면 귀하게 여기지 않는다고 결론지었다.[77]

3. 實學的 自然認識의 전개

1) 許傳(1797~1886)의 天地觀과 災異說

許傳은 李瀷→安鼎福→黃德吉로 이어지는 성호학파의 학맥을 계승 한 19세기의 학자이다.[78] 성호학파 가운데 보수적인 성향을 지니고 있

---

75) 『圭齋遺藁』卷6, 「詩(日有食之)」, 讀書私記, 4ㄱ(316책, 647쪽), "余以爲其術 非不精也 其說非不盡也 此足爲疇人之學 而不足爲士君子之學也".

76) 『圭齋遺藁』卷6, 「詩(日有食之)」, 讀書私記, 4ㄱ(316책, 647쪽), "人君者旣極 尊貴 惟其所敬畏者天也 今若以日食星孛 並以爲非災 則人君其將從何而有 戒懼之心哉".

77) 『圭齋遺藁』卷6, 「詩(日有食之)」, 讀書私記, 4ㄴ(316책, 647쪽), "是故君子雖 有奇技異術 不合於聖賢之學 則不之貴也".

78) 許傳의 생애와 학문적 성향에 대해서는 다음의 글을 참조. 金喆凡, 「性齋 許 傳의 生涯와 學問淵源」, 『文化傳統論集』5, 慶星大學校 韓國學硏究所, 1997 ; 金康植, 「性齋 許傳의 學風과 歷史的 位相」, 『文化傳統論集』7, 慶星大學

었던 허전도 당시 지식인 사회에 범람하고 있던 서학의 학문적 유행
속에서 자유로울 수 없었다. 이는 그가 '중국원류설'에 입각하여 서양
의 지구설을 수용하고 있었던 사실에서 알 수 있다. 그는 「天地辨」이
라는 논설을 통해 그 나름의 자연학을 전개하였는데,79) 그 특징적인
내용은 다음과 같다.

그는 먼저 지구설을 수용하여 종래의 우주론 속에 소화하였다.

> 하늘의 형체는 둥글고, 땅의 형체도 또한 둥글다. 하늘은 지구의 바
> 깥을 둘러싸고 있으며, 땅은 하늘의 가운데 위치하고 있다. 하늘과 땅
> 은 서로 의지하여 붙어 있다. 대개 氣 가운데 가볍고 맑은 것이 하늘이
> 되고, 무겁고 탁한 것이 땅이 되었다. 그 둘(하늘과 땅) 사이를 가득 채
> 워 그것(하늘과 땅)을 유지하는 것은 모두 氣이다. 그러므로 땅은 조금
> 도 어느 한쪽 부분으로 이동할 수 없으며, 하늘의 가운데 일정하게 거
> 처하고 있다.80)

여기서 허전은 지구중심설을 강하게 주장하고 있다. 지구중심설을 고
수한 이유는 이상과 같은 우주구조에서 종래의 '四遊說'처럼 땅이 하
늘의 중심에서 이동하게 되면, 하늘과 땅의 정합적인 질서가 깨져 땅
이 아래로 추락할 수 있다고 보았기 때문이다.81) 이와 같이 지구설과

校 韓國學研究所, 1999 ; 姜世求, 「星湖死後 順菴 安鼎福系列 星湖學統의
전개」, 『實學思想研究』 10·11, 毋岳實學會, 1999 ; 姜世求, 「性齋 許傳의 星
湖學統 繼承」, 『實學思想研究』 13, 毋岳實學會, 1999 ; 강세구, 「許傳의 성호
학통 계승과 그 후학들」, 『성호학통 연구』, 혜안, 1999 ; 琴章泰, 「性齋 許傳
의 性理說과 禮學」, 『退溪學派의 思想』 II, 集文堂, 2001.

79) 年譜에 따르면 이 논문은 許傳의 나이 43세 때인 1839년(憲宗 5) 작성한 것
이다[『性齋集』 附錄, 卷2, 「年譜」, 9ㄱ(309책, 107쪽), "(憲宗哲孝大王 五年
己亥)著天地辨·災異說·象緯考"].

80) 『性齋集』 卷10, 「天地辨上」, 18ㄱ(308책, 221쪽), "天體圓而地形亦圓 天包地
外 地居天中 天地自相依附 盖氣之輕淸者爲天 重濁者爲地 其兩間之充塞而
維持之者 都是氣也 故地不得少移於一邊 而定處天心".

81) 『性齋集』 卷10, 「天地辨上」, 18ㄴ(308책, 221쪽), "若夫四遊之說 則未知何据

지구중심설에 입각한 우주론에서 종래의 '上天下地' 개념이나, '東西南北'의 방위는 관측자의 상대성으로 해소되었으며,[82] '天圓地方'의 개념은 형체를 말한 것이 아니라 德을 말한 것이라고 재해석되었다.[83]

그럼에도 불구하고 허전은 하늘에 속한 것과 땅에 속한 것을 질적으로 구분하고자 하였다. "하늘에 근본한 것은 아래에 있는 것과 친하고자 하여도 아래로 내려올 수 없고, 땅에 근본한 것은 위에 있는 것과 친하고자 하여도 위로 올라갈 수 없다"[84]라는 언급이 바로 그것이다. 日月星辰이 하늘에 매달려 있고, 山川草木이 땅에 매여있는 이유가 바로 이것이라고 허전은 생각했다. 이는 그 자체로서는 별다른 의미를 갖지 않는 객관적인 서술로 보일 수 있다. 그러나 다음과 같은 허전의 발언을 보면 이러한 언급이 지닌 철학적 함의를 간취할 수 있다.

> 하늘은 尊貴하고 땅은 卑賤하니, 땅은 하늘이 될 수 없다. 陽은 剛健하고 陰은 柔順하니, 陰은 陽이 될 수 없다. 君臣과 男女는 天地陰陽의 道이니, 그 위치를 바꿀 수 없는 것이다.[85]

인간사회의 윤리적 질서를 자연질서로 설명하기 위해서는 '天尊地卑', '陽健陰順'의 개념이 계속 필요했던 것이다.

다음으로 허전은 周天度數를 360도로 규정한 서양의 학설을 수용하였다. 天道는 廣大하고 地道는 狹小한 차이가 있기는 하지만, 日月五

而如或少差於天心 偏向一方 則亦將有漸向一偏而墜下之患矣……".

82) 『性齋集』 卷10, 「天地辨上」, 18ㄱ~ㄴ(308책, 221쪽), "自天視地 地在下 自地視天 天在上 繞地一周 無不立地戴天……若其東西南北 隨人所居而名之 此所謂東家之西 西家之東也 則西海之西 亦可爲東海之東也".

83) 『性齋集』 卷10, 「天地辨上」, 18ㄴ(308책, 221쪽), "然前人所云地方之說 以地之德 而非以其形也".

84) 『性齋集』 卷10, 「天地辨上」, 18ㄴ(308책, 221쪽), "本乎天者 雖欲親下而不可下也 本乎地者 雖欲親上而不可上也 故日月星辰麗于天 山川草木麗于地".

85) 『性齋集』 卷10, 「女媧氏說」, 11ㄴ(308책, 218쪽), "天尊地卑 地不可以爲天矣 陽健陰順 陰不可以爲陽矣 君臣男女 天地陰陽之道 而不可易位者也".

星天을 비롯한 천체의 모든 궤도는 360도로 관측할 수 있다고 하였
다.86) 이처럼 주천도수를 360도로 하고, 땅의 250리가 하늘의 1도에 해
당한다고 가정하면, 땅의 둘레는 9만 리가 되고, 그 직경은 3만 리 정
도-정확하게는 2,8636.36……里-가 되고, 지구의 중심에서 지표면까
지의 거리는 1만 5천 리 정도-정확하게는 1,4318.18……里-가 된다
고 보았다.87) 물론 이러한 수치는 중국의 역대 사서에 기록되어 있는
내용과 일치하지 않는 면이 있었다. 허전 역시 그 사실을 숙지하고 있
었지만,88) 서양의 天度(주천도수)와 地理(땅의 里數)가 중국과 다르다
는 점에서 차이가 발생할 수 있는 것으로 보았고, 중국의 緯書 가운데
도 땅의 둘레를 9만 리로 규정한 경우가 있었다는 사실을 증거로 반드
시 징험한 바가 있을 것이라고 추정하였다.89)

끝으로 허전은 서양의 重天說을 비판적으로 수용하는 한편, 日月蝕
論을 재정리하고 그에 입각하여 災異說을 제시하였다. 우선 허전은 서
양의 12중천설을 소개하면서 宗動天과 永靜不動天에 대해서 비판하
였다. 宗動天이 日月五星天의 위에 있어서 이하의 여러 하늘을 거느

86)『性齋集』卷10,「天地辨中」, 19ㄱ~ㄴ(308책, 222쪽), "日月五星 各有所繫之
天 層層包裹 高下不同 然皆以三百六十度測之 則地居天心 雖是彈丸鷄黃
而亦可以三百六十度當之矣 但天道則廣大 地道則狹小而已也".
87)『性齋集』卷10,「天地辨中」, 19ㄴ(308책, 222쪽), "近世曆家(大明用西洋曆法
而雍正帝又造曆象考成) 以三百六十度測天 而以地之二百五十里 當天之一
度 則繞地一周 爲九萬里 其經三萬里弱(二萬八千六百三十六里零 百分里之
三十六分) 從地心言之 距地面爲一萬五千里弱也".
88) 許傳은 唐 玄宗 때 太監 南宮說 등을 시켜 관측한 자료를 제시하면서, 그에
따르면 351里 80步마다 1도의 차이가 발생하기 때문에 땅의 둘레는 12,8300
里 45步가 된다고 하였다[『性齋集』卷10,「天地辨中」, 20ㄱ~ㄴ(308책, 222
쪽)].『唐書』에 기재된 원래의 내용은『舊唐書』卷35, 志 第15, 天文上 ;『新
唐書』卷31, 志 第21, 天文 참조.
89)『性齋集』卷10,「天地辨中」, 20ㄴ(308책, 222쪽), "疑西曆之法 只以三百六十
度測天 而天度地理 有與中國不同故也 然七緯書有地圍九萬里之說 則亦與
西法合 必有所驗而然也".

리고 左旋하기 때문에 일월이 또한 그것을 따라 좌선한다고 하는 내용
은 일찍이 儒家에서는 말한 바가 없었는데 당시의 曆家들은 대부분
이를 추종하고 있었다.[90] 그러나 허전이 보기에 宗動天이라고 하는 것
은 아득하게 멀어서 '實測'을 할 수 없기 때문에 그 진위를 판별할 수
없었다.[91] 또 12중천의 제일 높은 곳에 위치하고 있다고 하는 永靜不
動天의 경우는 허망하고 요사스러워 백성을 미혹하게 하는 말일 따름
이며 믿을 수 없다고 생각하였다.[92]

그러나 일월오성천으로 대표되는 중천의 개념은 전통적인 九天(九
重天)의 개념과 결합되어 허전의 이론 체계 속에 적극적으로 수용되었
다.[93] 이는 그가 새로운 일월식론을 전개하는 이론적 기초였다. 일월
오성천은 지구를 둘러싸고 겹겹이 펼쳐져 있는데, 달이 가장 아래쪽에
위치하며 태양은 제4중천에 위치하고 있다. 지구는 달보다 38 1/3배 크
고, 태양은 지구보다 165 3/8배 크기 때문에 태양은 대략 달보다 6270
배 정도 크다고 할 수 있다. 그런데 태양은 지구로부터 멀리 떨어져 있
고, 달은 상대적으로 지구에 가깝기 때문에 사람들이 지상에서 태양과
달을 관측해 보면 그 크기가 현격히 다르다는 사실을 실감할 수 없게
된다.[94] 일식과 월식은 바로 이와 같은 상대적 관계에서 발생하는 천
문 현상이었다. 허전은 일식을 초하루에 달이 태양을 가리는 현상으로,
월식을 보름에 태양과 달이 서로 마주 보는데 지구가 그 가운데서 태
양빛을 차단하여 달의 일부, 또는 전부가 보이지 않게 되는 현상으로

---

90) 『性齋集』 卷10, 「天地辨下」, 21ㄱ(308책, 223쪽), "有所謂宗動天者在其上 挈
　　諸天而西 故日月亦隨而西 此古今儒家所不言也 近世曆家頗從之".
91) 『性齋集』 卷10, 「天地辨下」, 21ㄱ(308책, 223쪽), "然宗動天云者 已渺茫玄遠
　　苟無實測 則莫驗其眞僞".
92) 『性齋集』 卷10, 「天地辨下」, 21ㄱ(308책, 223쪽), "又所謂最上有永靜不動天
　　云者 虛誕邪妖惑衆之說也(永靜不動天 卽謂之天堂 則尤甚荒妄○詳見魏源
　　海國圖志) 君子不之信焉".
93) 『性齋集』 卷10, 「天地辨下」, 21ㄴ~22ㄱ(308책, 223쪽).
94) 『性齋集』 卷10, 「天地辨下」, 21ㄱ~ㄴ(308책, 223쪽).

규정하였다.95) 이와 같은 허전의 일월식론, 특히 월식론은 서양의 지구설을 적극적으로 수용함으로써 이전의 주자학적 월식론과는 질적인 차이점을 보여주고 있다. 과학적인 월식론으로의 진전이 이루어진 것이다. 이는 이미 李瀷 단계에서도 확인되는 바이다.

그러나 허전의 월식론은 이러한 방향으로의 발전에 일정한 제동을 걸고 있었다. 그는 월식이 위와 같은 원리에 의해 일어나는 현상임에도 불구하고 왜 매달 보름에 월식이 일어나지 않는가라는 질문을 던지고 있다.96) 허전은 태양과 달이 각각의 궤도를 갖고 있는데, 이 궤도가 극히 넓고 멀어서 태양과 달이 이 궤도를 회전할 때 자연히 서로 차이가 발생하게 되어 월식이 일어나지 않는다고 설명하였다. 즉 태양과 달이 '正合正對'하지 않으면 월식이 발생하지 않는다는 것이다.97) 이 설명은 충분하지는 않지만, 보름에 태양과 달의 위도가 다르면 월식이 일어나지 않는다고 말한 것으로 볼 수 있다. 여기서 주목해야 할 것은 허전이 태양과 달의 궤도에 차이가 발생하여 日月蝕이 일어나지 않는 것을 '정상적인 현상[常]'으로, '正合正對'해서 日月蝕이 일어나는 것을 '비정상적인 현상[非常]'으로 간주하였다는 사실이다.98) 이와 같은 구분은 그의 재이설과 직접적인 관련이 있다.

허전은 재이설의 필요성을 강조하였다. 재이설의 의미가 분명하게 밝혀지지 않으면 王安石의 주장과 같이 "天變은 두려워 할 필요가 없다"는 논리가 출현할 것이라고 보았기 때문이다.99) 그는 이러한 문제

---

95)『性齋集』卷10,「天地辨下」, 21ㄴ(308책, 223쪽), "故合朔則日爲月所蔽而蝕也 若夫月蝕 則必於望 望者 月與日正相對而望也 月之明 生於受日之光 而望則地毬遮於中間 其影之所射爲月蝕".

96)『性齋集』卷10,「天地辨下」, 21ㄴ(308책, 223쪽), "然則每月皆有望 而其有蝕不蝕何也".

97)『性齋集』卷10,「天地辨下」, 21ㄴ(308책, 223쪽), "日月之行 各有道 道又極廣且遠 故輪運之際 自然相差 差則不蝕必也 正合正對而後蝕".

98)『性齋集』卷10,「天地辨下」, 21ㄴ(308책, 223쪽), "相差 常也 正合正對 非常也".

의 연원이 俗士들이 재이설의 이치를 살피지 않고 망령되게 부회한 데
서 비롯되었다고 생각했다. 예컨대『漢書』「五行志」에서 각각의 災異
에 人事를 대응시키려고 한 방식이 바로 그런 것이었다. 이러한 天譴
事應說은 그것이 들어맞지 않을 경우 재이를 두려워하지 않는 빌미가
될 수 있었다. 이에 허전은 재이란 단지 '修省之道'로서의 의미만 가질
뿐이라는 점을 강조하였다.100) 여기서 허전은 李瀷의 논법을 빌려 재
이를 '天地乖沴之運', '一氣數之厄會'로 정리하면서,101) 인간은 三才의
하나이기 때문에 '천지의 厄會'는 곧 '인간의 厄會'라고 주장하였다.102)
다시 말해 재이는 氣數의 변화에 따른 일종의 厄運이고, 천지와 더불
어 우주를 구성하고 있는 유기체적 존재로서 인간은 이러한 厄會가 닥
치면 '修省'을 해야 한다는 논리였다.

이상과 같이 커다란 의미를 지닌 재이 가운데 가장 중요한 것이 일
월식이었다.103) 그런데 허전 당시에는 천문역법의 진전에 따라 曆家들
이 일월식을 예측할 수 있게 됨으로써 사람들 가운데는 그것을 '天度
의 當然'한 것으로 간주하는 경향이 증대하고 있었다.104) 이러한 사실

---

99)『性齋集』卷10,「災異說」, 9ㄱ(308책, 217쪽), "灾異之辨不明 而天變不足畏
之說出焉".
100)『性齋集』卷10,「災異說」, 9ㄱ~ㄴ(308책, 217쪽), "此由俗士不察於理 而妄
爲傅會之過也 如漢書五行志 一一以某事應某事 而間有不驗者 則昏君闇主
又不察於理 而雖遇灾恬然無恐懼之心 可勝歎哉 春秋有灾異則書之 而不言
事應 書著雖雉 詩稱雲漢 此亦但言修省之道而已 則聖人之意 斷可識矣".
101) 일찍이 李瀷은 재이를 '氣數之變'['星湖僿說』卷2, 天地門, 天變, 11ㄱ(Ⅰ, 36
쪽-『국역 성호사설』, 민족문화추진회, 1977의 책수와 原文 쪽수)], '天數之
厄運'['星湖僿說』卷2, 天地門, 慕齋論天灾, 61ㄴ(Ⅰ, 61쪽)]으로 정리한 바
있다.
102)『性齋集』卷10,「災異說」, 9ㄴ(308책, 217쪽), "夫灾異者 天地乖沴之運 而卽
一氣數之厄會 人爲三才 則天地之厄會 乃人之厄會".
103)『性齋集』卷10,「災異說」, 10ㄱ(308책, 217쪽), "盖天之變常 莫大於日月薄
蝕".
104)『性齋集』卷10,「災異說」, 10ㄱ(308책, 217쪽), "而近世曆家有預先推步之術
故人或疑其天度之當然".

은 이미 전 시기의 李獻慶(1719~1791)이 증언하고 있는 바였다.105)
이에 허전은 '常'과 '非常'의 논리를 인용하여 이 문제에 대응하였다.
그에 따르면 일월식이 일어나지 않는 경우는 많았고, 일어나는 경우는
적었다. 따라서 많은 것은 '常'이고, 적은 것은 '非常'이며, '非常'은 곧
재변으로서 '天地之厄會'라는 주장이었다.106)

그런데 재이에는 天災와 함께 人災가 있었다. 人災의 핵심 내용은
인륜이 밝혀지지 않고 교화가 행해지지 않는 것이었다.107) '人倫不明',
'敎化不行'의 人災를 해소하기 위한 방법은 仁義禮讓이라는 윤리도덕
을 진작하는 것이었다. 그런 다음에야 인재가 일어나지 않을 수 있고,
인재가 일어나지 않는다면 천재는 걱정할 필요가 없었다.108) 여기서
우리는 앞서 허전이 '天尊地卑', '陽健陰順'을 강조했던 사실을 상기해
야 한다. 그가 서양과학의 새로운 자연학 담론들을 수용하면서도 재이
설의 끈을 놓지 않았던 이유를 여기서 찾을 수 있다.

2) 朴珪壽(1807~1877)의 實理的 宇宙論

金允植(1835~1922)은 다음과 같이 스승 朴珪壽의 학문적 업적을
정리했다.

크게는 토지를 분할해서 國都를 건설하고 里數를 헤아려 鄕邑을 구

---

105) 『艮翁集』卷21,「日食辨」, 23ㄱ(234책, 446쪽), "惟西洋國利瑪竇之說 以爲食
有常度 雖堯舜在上 不能使當食不食 所謂當食不食云者 盖推步者誤 不知其
本不當食耳 其書余未之見 而今世之士 誦其說如此 靡然信嚮之 而先儒之論
廢 余甚痛焉".
106) 『性齋集』卷10,「災異說」, 10ㄱ(308책, 217쪽), "然其不蝕時多而食時少 則多
者常而少者非常也 非常則變也 向所云天地之厄會 是也".
107) 『性齋集』卷10,「災異說」, 10ㄱ~ㄴ(308책, 217쪽), "然非但天災 人亦有災
人倫不明 敎化不行 人之災也 悖逆亂賊之變 皆由此而生……".
108) 『性齋集』卷10,「災異說」, 10ㄴ(308책, 217쪽), "仁義禮讓興 然後人災不作
人災不作 而天災不足憂矣".

획하는[體國經野] 제도와 작게는 金石·考古·儀器·雜服 등의 일을
정확하게 연구하였고, 사실에 의거하여 진리를 탐구하지[實事求是] 않
음이 없었다. 규모가 넓고 컸으며, 일을 처리함이 조리있고 치밀하여,
모두 經傳에 羽翼이 되고 先王의 道를 천명할 수 있는 것이었다.109)

여기서 "國都를 건설하고 里數를 헤아려 鄕邑을 구획하는 제도"는
『繡啓』 등에 수록되어 있는 박규수의 政治經濟思想을 가리키는 것이
고, 金石·考古는 고증학을 의미하며, 儀器는 渾平儀·地勢儀를 비롯
한 각종 기구의 제작을 뜻하는 것이고, 雜服은 『居家雜服考』라는 저
술로 대변되는 衣禮·服制史 연구를 말하는 것이었다.

일찍이 김윤식이 六合을 망라한 것이라고 평가했던110) 지세의는 박
규수의 과학기술적 성과와 관련하여 일찍부터 학계의 주목을 받았
다.111) 그런데 박규수의 자연인식을 종합적으로 볼 수 있는 저술은
『尙古圖會文義例』에 실린 '或人論天體'란 항목이다.112) 이는 중국의
전통적인 우주론인 蓋天說·渾天說·宣夜說·昕天說·穹天說·安天
說에 대한 종합적이고 비판적인 검토라 할 수 있다. 여기에서 박규수
는 洪大容 이래 북학파의 학문적 전통을 계승하여 자신의 자연관을 종

---

109) 『瓛齋集』 序, 卷1, 1ㄴ(312책, 313쪽), "大而體國經野之制 小而金石考古儀器
雜服等事 無不研究精確 實事求是 規模宏大 綜理微密 皆可以羽翼經傳 闡
明先王之道者也".
110) 『瓛齋集』 序, 卷1, 2ㄴ(312책, 313쪽), "製圓球而包羅六合".
111) 金文子, 「朴珪壽の實學－地球儀の製作を中心に－」, 『朝鮮史研究會論文集』
    17, 朝鮮史研究會, 1980 ; 孫炯富, 「「闢衛新編評語」와 「地勢儀銘幷序」에 나
    타난 朴珪壽의 西洋論」, 『歷史學報』 127, 歷史學會, 1990 ; 金明昊, 「朴珪壽
    의 「地勢儀銘幷序」에 대하여」, 『震檀學報』 82, 震檀學會, 1996 ; 김명호·남
    문현·김지인, 「南秉哲과 朴珪壽의 天文儀器 製作－儀器輯說을 중심으로
    －」, 『朝鮮時代史學報』 12, 朝鮮時代史學會, 2000.
112) 金明昊, 「朴珪壽의 『尙古圖會文義例』에 대하여」, 『韓國의 經學과 漢文學』,
    太學社, 1996, 319~320쪽 ; 김인규, 「朴珪壽의 思想形成에 있어서 北學派의
    영향과 그 전개－실학사상에서 개화사상으로의 발전을 중심으로－」, 『東洋
    哲學研究』 28, 東洋哲學研究會, 2002, 109~116쪽 참조.

합적으로 제시하고 있다.

박규수는 먼저 하늘과 땅을 上下가 아닌 內外 관계로 파악하였다. 땅이 하늘을 이고 있는 것이 아니라 하늘이 땅을 둘러싸고 있으며, 땅은 그 안에 위치하고 있다는 주장이었다.113) 박규수가 기존의 '天尊地卑'란 개념을 한사코 '人物의 觀察'이라는 관점에서 파악했던 이유가 바로 이것이었다.114) 그는 '天尊地卑'란 천지의 형체를 설명하는 개념일 수 없으며, 만약 천지의 형체로 그 위치를 말하고자 한다면 그것은 당연히 '內外'로 말해야 한다고 주장하였다.115) 박규수가 이처럼 '天尊地卑', '天覆地載'라는 개념을 하늘과 땅의 위치 관계를 나타내는 용어로 파악하지 않았던 것은 서양의 지구설을 수용한 결과였다.

종래 천지의 상관관계를 설명하는 용어로는 方圓·尊卑·動靜·覆載·健順·剛柔 등이 있었다. 이는 음양론에 그 이론적 기초를 두고 있는 것으로, 天圓地方·天尊地卑·天動地靜으로 대표되는 전통적 우주론의 중요한 개념이었다. 박규수는 지구설에 바탕하여 이러한 기존의 개념들을 새롭게 해석하였다. 먼저 박규수는 方圓이라는 개념이 천지의 德을 말한 것일 뿐이라고 단언하였다. 따라서 이를 형체를 뜻하는 개념으로 인식하여 하늘은 둥근 덮개[圓蓋]와 같고 땅은 바둑판[棊局]과 같다는 天圓地方의 우주구조론을 말하는 것은 어리석은 짓이었다.116) 이는 地圓說=地球說을 주장하기 위한 논리적 작업이었다.

---

113) 『尚古圖會文義例』 卷4, 第16部, 隱目, 或人論天體, 476쪽, "蓋自太極而生兩儀 而天運乎其外 而地位乎其內……不曰上下 而曰內外者 言天之包地 非地之戴天也".

114) 『尚古圖會文義例』 卷4, 第16部, 隱目, 或人論天體, 496쪽, "以尊卑爲天地之位者 何也 曰 以人物之所俯仰而言之者也……只憑人物之所觀察而言之也".

115) 『尚古圖會文義例』 卷4, 第16部, 隱目, 或人論天體, 497~498쪽, "若不以人物所俯仰言之 而直取天地之體象 以言其位 則當曰內外 而不當以尊卑言之也".

116) 『尚古圖會文義例』 卷4, 第16部, 隱目, 或人論天體, 480~481쪽, "方圓者 以言乎其德者也……夫方圓者 只言乎其德之如是也……今人輒以方圓二字 認

마찬가지로 尊卑란 땅 위의 사람이 하늘을 관측할 때 하늘이 높고 땅이 낮다는 위치를 뜻하는 것이며, 動靜이란 하늘이 움직이고 땅은 정지해 있다는 뜻이 아니고 하늘과 땅의 '功用'을 말하는 것으로 재해석되었다. 覆載 역시 하늘이 만물을 덮고 땅이 만물을 싣는다는 의미가 아니라 땅 위에 있는 萬物의 관점에서 볼 때 하늘은 만물을 덮은 것 같이 보이고 땅은 만물을 싣는 것처럼 보인다는 의미로 해석하였다. 健順은 천지의 道를 의미하는 것이며, 剛柔는 천지의 性情을 말하는 것이라고 하였다.117)

박규수는 하늘의 본체를 無形 · 無體 · 無爲 · 無事로 파악하였다. 하늘은 형체도 없고 作爲도 없다는 뜻이었다. 박규수가 생각하기에 우주 공간을 가득 채우고 있는 것은 氣일 따름이었다. 바로 이와 같은 하늘이 둥글게 땅을 둘러싸고 사계절의 운행을 반복하고 있었다.118) 땅은 이러한 우주의 한 가운데 위치하여 아무 것에도 의지함이 없이 日月星辰과 함께 늘어서 있는 존재였다. 땅은 陰氣가 쌓인 것으로 물과 흙으로 구성된 물체이며, 그 형체는 둥근 모양이었다. 만물은 바로 이러한 땅의 표면에 의지해 살고 있었다.119)

여기에서 박규수는 전통적인 우주론의 일각을 해체하고 있었다. 먼저 하늘과 땅의 상관 관계를 해체하였다. '天覆地載'의 우주구조는 하늘과 땅의 유기적인 연관을 전제하고 있었다. 그런데 이제 땅은 아무

作天地之體 傅會爲說 遂有圓蓋碁局之喩 不亦愚乎".

117)『尙古圖會文義例』卷4, 第16部, 隱目, 或人論天體, 481~483쪽, "尊卑者 以言乎其位者也……動靜者 以言乎其用者也……覆載者 以言乎其物者也……健順者 以言乎其道者也……剛柔者 以言乎其性情者也".

118)『尙古圖會文義例』卷4, 第16部, 隱目, 或人論天體, 484쪽, "今夫天無形也 無體也 無爲也 無事也 渾渾乎其包斯地而已矣 穆穆乎其運四時而已矣……而充塞太虛者 只是氣而已也".

119)『尙古圖會文義例』卷4, 第16部, 隱目, 或人論天體, 485~486쪽, "今夫地中立而不倚 正位而無依 與日月幷麗焉 與星宿幷列焉(夫地者 陰氣之聚而水土之質也 其體正圓 團團亭亭 無依無繫 与日星幷麗 而萬物得依附於其面也)".

것과도 연관 관계를 갖지 않는다고 이해되었다. 땅이 하늘을 이고 있
는 것이 아니라 다만 氣로 구성된 하늘이 땅을 둘러싸고 있을 뿐이었
다.[120] 다음으로 전통적인 '地浮水上說(地下水載說)'을 해체하였다. 더
이상 땅은 물 위에 떠 있는 존재가 아니었다. 물이 땅 위에 부속되어
있을 따름이었다.

박규수는 '天圓地方'이라는 전통적 우주관이 사람들의 일상적인 見
聞에 근거한 것임을 강조하였다.[121] 물론 이러한 박규수의 지적은 사
람들의 일상적 견문이 얼마나 비논리적인 것인가를 보여주기 위한 의
도였다. 그는 곧바로 日月蝕論에 대한 새로운 해석을 통해 기존의 일
상적 견문이 지니고 있는 허구성을 폭로하였다. 그는 초하루의 일식은
달이 태양을 가리는 현상으로, 보름에 발생하는 월식은 지구가 태양을
가리는 현상으로 전제하고,[122] 日月蝕 때 차폐되는 태양과 달의 蝕體
가 원형이라는 사실을 일상적으로 볼 수 있지 않느냐고 반문하였
다.[123] 일식 때 식체가 반드시 둥근 것은 달의 형체가 원형이기 때문이
었다. 그렇다면 월식 때 식체가 둥근 것은 무엇 때문일까?[124] 박규수
는 그것이 지구의 형체가 둥글기 때문이라고 주장하였다. 월식을 통해
서 지구의 형체가 둥글고 허공에 매달려 있으며, 땅이 물에 의존해 있

---

120) 『尚古圖會文義例』卷4, 第16部, 隱目, 或人論天體, 486쪽, "天之包地 非地之
戴天也(凡地之所以停浮太空 終古不墜者 氣爲之包也 氣之積者 即天也 故
曰 天之包地 非地之戴天也)".

121) 『尚古圖會文義例』卷4, 第16部, 隱目, 或人論天體, 490~491쪽, "以其穹然大
也 蒼蒼然其有色也 而謂其有體而圓者 豈非人之常見乎……以其迤邐乎其平
也 漫漫乎其廣且大也 而謂其體之方者 豈非人之常見乎……".

122) 『尚古圖會文義例』卷4, 第16部, 隱目, 或人論天體, 492~493쪽, "朔月掩日而
蝕於日 望地掩日而蝕於月者 數之常也".

123) 『尚古圖會文義例』卷4, 第16部, 隱目, 或人論天體, 492쪽, "今夫月之掩日而
日爲之蝕焉 蝕體必圓 地之掩日而月爲之蝕焉 蝕體亦圓 亦豈非人之常見
乎".

124) 『尚古圖會文義例』卷4, 第16部, 隱目, 或人論天體, 493쪽, "夫日爲之蝕焉 而
蝕體必圓者 固月之體圓故也 月爲之蝕焉 而蝕體必圓者 是孰使之然哉".

는 것이 아니라 물이 땅에 부속되어 있음을 알 수 있다는 것이었다.125)

　이러한 박규수의 비판은 사물을 관찰할 때 일상적 견문에 국한되지 말아야 한다는 사실을 강조하기 위함이었다. 그렇다면 일상적 견문을 넘어선 인식은 어떻게 가능할까? 박규수는 儀器를 이용한 관측의 중요성에 주목하였다. 예컨대 하늘과 땅을 측량하기 위해서는 晷表를 이용해 해그림자를 측정함으로써 태양의 진퇴와 계절의 운행을 관측해야만 했다.126) 하늘의 측량은 규표를 통해서, 땅의 측량은 북극고도의 관측을 통해서 가능하다는 의미였다.127)

　한편 박규수는 천체운행론을 전통적인 '動靜'의 개념을 통해 설명하였다. 그에게 動靜은 天地의 功用이었다. 원래 動은 하늘의 형상을, 靜은 땅의 본체를 형용하는 개념이었다. 그런데 그 功用으로 말한다면 靜은 動의 근본으로, 動은 靜의 근본으로 정의할 수 있었다.128) 다시 말해 하늘의 본체는 動이지만 하늘이 無爲·無事한 존재로서 사계절을 이루고 만물을 생육할 수 있는 것은 靜의 功用이었고, 땅의 본체는 靜이지만 땅이 만물을 실을 수 있는 것은 動의 功用이라는 뜻이었다.129)

　이러한 기본적인 관점 아래에서 박규수는 전통적인 四遊說을 부정하였다. 그것은 靜을 본질로 하는 地體의 升降·四遊를 주장하기 때

125)『尙古圖會文義例』卷4, 第16部, 隱目, 或人論天體, 494쪽, "此可見地體之團圓麗空 而又可見水之附地 非地之依水也".
126)『尙古圖會文義例』卷4, 第16部, 隱目, 或人論天體, 520쪽, "大凡曆象家之量天測地 非有晷表測景 則無以占日行之進退 候時節之運行矣".
127)『尙古圖會文義例』卷4, 第16部, 隱目, 或人論天體, 530쪽, "大凡曆象之家 量天則視日表 測地則觀北極".
128)『尙古圖會文義例』卷4, 第16部, 隱目, 或人論天體, 500쪽, "以動靜爲天地之用者 何也……曰 今夫動 固天之象也 靜 固地之體也 及其功用也 或爲之靜焉 或爲之動焉".
129)『尙古圖會文義例』卷4, 第16部, 隱目, 或人論天體, 501쪽, "今夫天無爲也 無事也 四時成焉 百物生焉 豈非靜爲之用者乎……今夫地之爲體也 靜之至也 及其載物也 未嘗有不動者也".

문이었다.[130) 박규수는 만약 땅이 升降·四遊한다면 그에 따라 星辰
의 궤도에 변화가 발생하고 태양과 달의 운행도 그 도수에 변화가 일
어나게 될 것이라고 주장하였다.[131) 만약 이러한 변화를 관측할 수 없
다면 그것은 당연히 잘못된 주장이었다. 박규수는 역대의 관측 자료를
토대로 四遊說의 논리를 비판하였다. 사유설은 이론적으로는 그럴듯
하지만 관측을 통해 입증될 수 없다는 점에서 잘못된 주장이었고,[132)
따라서 박규수 자신은 사유설을 믿지 않는다고 강조하였다.[133)

　四遊說 대신에 박규수가 지지한 것은 地轉說이었다. 그것은 전통적
인 左旋說을 비판하고 右旋說(右行說)을 재해석한 것이었으며, 洪大
容(1731~1783)의 지전설을 발전적으로 계승한 것이었다.[134) 그는 地
轉의 개념을 四遊와 같은 것으로 보지 않았다. 박규수의 우주론에서
땅은 우주의 중심에 위치하고 있었으므로 남북극 축의 중심에 위치한
지구가 사방으로 운동한다는 것은 생각할 수 없었다. 그가 지지하였던
地轉은 땅이 항상 우주의 중심에 위치해 있으면서 自轉하는 것이었
다.[135)

　박규수는 전통적인 右旋說(右行說)도 비판하였다. 우선설은 하늘은
左旋하고 日月五星은 右旋한다는 주장으로 周髀家와 王充, 張衡 등

---

130) 『尙古圖會文義例』卷4, 第16部, 隱目, 或人論天體, 505쪽, "古人有言曰 地之
　　爲體也 以時而升降焉 以時而遊乎四表之內也".
131) 『尙古圖會文義例』卷4, 第16部, 隱目, 或人論天體, 508쪽, "信斯說也 地之升
　　降也 地之遊四也 星辰之躔 不能無失次焉 日月之行 不能無易度焉".
132) 『尙古圖會文義例』卷4, 第16部, 隱目, 或人論天體, 536쪽, "其說大抵理則或
　　然 而術則不合 見則或到 而擇則不精者也".
133) 『尙古圖會文義例』卷4, 第16部, 隱目, 或人論天體, 535쪽, "吾旣不信地遊之
　　說".
134) 『尙古圖會文義例』卷4, 第16部, 隱目, 或人論天體, 536~537쪽, "古人有言曰
　　天左旋而地右動也……信斯說也 雖謂之地轉 可也".
135) 『尙古圖會文義例』卷4, 第16部, 隱目, 或人論天體, 538~539쪽, "然地之中心
　　与南北兩極正爾相當 則勢不得隨天運行 而恒居其所也 然則所謂地轉者 非
　　隨天運行之謂也 謂恒居其所而獨自旋轉也".

에 의해 지지되었다. 이러한 우선설에서 태양과 달은 실제로는 우행하지만 그보다 더 빠른 속도로 좌선하는 하늘에 이끌려 좌선하는 것처럼 보인다고 이해되었다. 그런데 앞에서 살펴본 바와 같이 박규수는 하늘을 형체가 없는 사물로 인식하였다. 따라서 형체가 없는 하늘에 태양과 달이 연결될 수 없으며, 태양과 달이 하늘에 이끌려 좌선하는 것처럼 보인다는 우선설의 주장은 이치에 맞지 않는 것으로 여겨졌다.[136] 어쨌든 박규수는 이러한 지전설이 땅의 功用으로서 動의 작용이라고 보았다.[137]

박규수는 氣로 구성된 하늘이 땅을 둘러싸고 있는 것으로 간주하였다. 이와 같은 우주구조에서 땅을 떠받치고 있는 것은 기존의 우주론에서 말하던 물이 아니라 氣였다. 박규수는 朱子의 '天包乎地'[138]의 개념을 적극적으로 인용하여 자신의 주장을 뒷받침하고자 했다.[139] 하늘이 땅을 둘러싸고 있는 형태는 모두 9重이었다. 아홉 겹의 하늘이 땅을 둘러싸고 있는데 그 각각의 하늘은 높낮이가 달랐고 운행 속도 역시 달랐다.[140] 아홉 겹의 하늘이란 지구로부터 달·태양·수성·금성·화성·목성·토성의 七政天(七曜天)과 恒星天, 그리고 宗動天이었다.[141]

---

136) 『尙古圖會文義例』 卷4, 第16部, 隱目, 或人論天體, 540쪽, "周髀家云 日月實右行於東 而隨天左轉 故天牽之以西沒也 夫天非有形之物 而日月非繫係於天者 則安有隨天左轉之理 而亦安可謂天牽之以西沒也".

137) 『尙古圖會文義例』 卷4, 第16部, 隱目, 或人論天體, 541~542쪽, "地之遊四也 固不可得以稽之也 地之升降也 固不可得以知之也 地之右轉也 固不可得以見之也 苟一有其事焉 則獨不可謂動之爲地之用者乎".

138) 『朱子語類』 卷2, 理氣 下, 天地 下, 周謨錄, 18쪽, "天包乎地 其氣極緊 試登極高處驗之 可見形氣相催 緊束而成體 但中間氣稍寬 所以容得許多品物".

139) 『尙古圖會文義例』 卷4, 第16部, 隱目, 或人論天體, 545쪽, "朱子曰 地在中央 不是在下 而天包乎地也 至哉言乎".

140) 『尙古圖會文義例』 卷4, 第16部, 隱目, 或人論天體, 552쪽, "夫天之包地 有九重焉 七政之所分列也 象之高下 或相殊焉 運之遲速 或不同焉".

141) 『尙古圖會文義例』 卷4, 第16部, 隱目, 或人論天體, 553쪽, "所謂重者 非有形之謂也 以氣言之也……蓋恒星七曜幷宗動爲九".

이는 두말할 필요 없이 서양의 9중천설을 수용한 내용이었다.

박규수는 9중천의 운행 속도에 대해서 두 가지 학설이 병존한다고
보았다. 하나는 9중천에 소속되어 있는 각 천체의 운행 속도를 말하는
경우였다. 이때에는 지구로부터 가까울수록 운행 속도가 빠르고 멀어
질수록 느린 것으로 파악된다.[142] 다른 하나는 9중천의 운행 속도를
말하는 경우로, 朱子의 주장처럼 내부에 있는 하늘은 느리고 외부로
갈수록 빨라지는 것으로 이해된다.[143] 박규수는 이것이 曆家의 경우에
는 계산의 편리함을 추구하고, 儒家의 경우에는 義理에 통하기를 추구
하기 때문에 발생하는 차이라고 생각하였다.[144] 그런데 이 차이는 상
반되는 것이 아니라 상호 보완될 수 있는 것으로 여겨졌다. 예컨대 9중
천의 경우 그 운행 속도가 비록 매우 빠르다고 하더라도 지구에서 볼
때 그 궤도가 매우 크기 때문에 천체가 한 바퀴 운행하는 속도는 매우
느리게 보인다는 것이다. 반대로 안쪽의 하늘은 그 운행 속도가 비록
완만하다고 해도 지구에서 볼 때 그 궤도가 매우 작기 때문에 천체가
한 바퀴 운행하는 속도는 매우 빠르게 보인다는 것이다.[145] 요컨대 曆
家와 儒家의 주장은 그 나름의 정당성을 갖고 있는데, 각자가 자기의
것만을 고집하면 상통할 수 없으므로 반드시 먼저 의리에 회통하기를
추구하고 다음으로 계산의 실질에 합치되도록 노력한다면 천지의 본
질을 얻을 수 있다고 보았다.[146]

---

142) 『尙古圖會文義例』卷4, 第16部, 隱目, 或人論天體, 554쪽, "以星曜運行之遲
速言之……知彌近則速 彌遠則遲也".
143) 『尙古圖會文義例』卷4, 第16部, 隱目, 或人論天體, 554쪽, "以諸天運行言之
則按朱子曰 天運行有許多重數 在內者較緩 至第九重 則轉得愈緊矣".
144) 『尙古圖會文義例』卷4, 第16部, 隱目, 或人論天體, 554~555쪽, "大抵曆家取
籌算之便 儒家求義理之通".
145) 『尙古圖會文義例』卷4, 第16部, 隱目, 或人論天體, 555~556쪽, "大抵第九重
之天 運行雖甚速 而從地而望之 則圜度長遠 故塡星之行最遲也 在內之天
運行雖甚緩 而從地而望之 則圜度短促 故月行最速也 都是由乎人之目視而
勢使之然也".

박규수는 물이 땅에 부속되어 있다는 주장과 땅이 허공에 매달려 있다는 주장이 實理임을 강조하였다.[147] 비록 경험을 통해서 입증할 수는 없지만 이치에 입각한 추론으로써 획득할 수 있는 實理임을 자부했던 것이다.[148]

4. 華夷觀의 변화와 世界觀의 확대

1) 華夷觀의 변화

明末淸初의 혼란한 정치상황 속에서 대다수 조선의 지식인들은 淸의 중원 지배가 장기간 지속되지는 않을 것이라는 희망 섞인 판단을 하고 있었다. 그러나 淸朝는 17세기 후반의 내부 정리를 통해 안정화되어 갔다. 李自成·張獻忠 등 이전의 流賊에 대한 토벌, 江南 지방의 復明 운동에 대한 진압, 그리고 康熙帝 즉위 후의 撤藩 결의(1673년)와 그에 따라 일어난 '三藩의 亂'을 진압함으로써(1681년) 淸朝의 중국 지배는 확고해졌다. 이후 康熙(1662~1722)·雍正(1723~1735)·乾隆(1736~1795)의 치세 동안 淸朝는 극성기를 맞이하게 되었다.

淸朝의 안정화에 따라 淸을 중심으로 한 새로운 동아시아 절서가 정착되었다. 이제는 事大交隣이라는 전통적인 외교노선에 따라 청을 중심으로 한 국제질서에 적응해야 했고, 각종 경제·문화 교류가 청과의 국제관계 속에서 이루어질 수밖에 없었다. 이와 같은 국제 환경의

---

146) 『尙古圖會文義例』卷4, 第16部, 隱目, 或人論天體, 603쪽, "曆象家只取籌數之合 儒者旣求義理之通 而或忽籌數之法 則此互相不合 各守一見者也 必先理會其義理之通 而又合籌數之實 然後天地之象體 始可以言之矣".

147) 『尙古圖會文義例』卷4, 第16部, 隱目, 或人論天體, 561~562쪽, "水之附地与夫地麗空之說 皆理之實然者也".

148) 『尙古圖會文義例』卷4, 第16部, 隱目, 或人論天體, 565쪽, "雖非能足蹈天根手捫六合 然地之不依於水 而麗太空也 確是實理 可推以得之".

변화에 따라 조선 내부의 對淸認識에도 변화가 일어나고 있었다.149)
18세기 北學論의 대두는 그 과정에서 하나의 이정표가 되는 사회 현상
이었다.

대표적인 북학론자라 할 수 있는 朴齊家(1750~1805?)의 북학론은
尊周論의 지반 위에 구축되었다. 그는 오랑캐로서의 청과 중국의 문화
를 구별하였다. 청은 진실로 오랑캐지만 청이 침탈한 것은 중국이라는
지적이었다.150) 따라서 청이 이미 천하를 차지한 지 100년이 경과했는
데, 그 지역 사람들을 夷狄이라 하고 그 문화를 폐기하는 행위는 온당
하지 못하다고 보았다.151) 거기에는 낙후된 조선의 현실과 오랑캐인
조선의 자아를 재인식해야 한다는 강렬한 요구가 배어 있었다. 그것은
北伐論과 '朝鮮中華主義'로 대변되는 당대 사상계에 대한 비판이었다.
그는 다음과 같이 말했다.

그러므로 지금 사람들이 夷狄을 물리치고자 한다면 먼저 夷狄이 누
구인지 아는 것보다 좋은 방법이 없고, 중국을 존중하고자 한다면 그
법제 가운데 더욱 존중해야 할 것을 모두 시행하는 것보다 좋은 방법
이 없다.152)

여기에서 우리는 조선 자체가 오랑캐임을 자각해야 하고, 그 현실을

<hr>

149) 유봉학, 「18·9세기 大明義理論과 對淸意識의 推移」, 『한신논문집』5, 한신
대학교, 1988 ; 유봉학, 『燕巖一派 北學思想 研究』, 一志社, 1995, 56~78쪽
참조.
150) 『北學議』外編, 「尊周論」, 145쪽(영인본 『農書』6(北學議·課農小抄), 亞細
亞文化社, 1981의 쪽수. 이하 같음), "今淸固胡矣 胡知中國之可利 故至於奪
而有之 我國以其奪之胡也 而不知所奪之爲中國 故自守而不足 此其已然之
明驗也".
151) 『北學議』外編, 「尊周論」, 145쪽, "然而淸旣有天下百餘年……冒其人而夷之
並其法而棄之 則大不可也".
152) 『北學議』外編, 「尊周論」, 146쪽, "故今之人欲攘夷也 莫如先知夷之爲誰 欲
尊中國也 莫如盡行其法之爲逾尊也".

타개하기 위해서는 중국의 선진 문화를 수용해야 하며, 그럴 때만 청
나라 오랑캐를 물리칠 수 있는 구체적인 방도를 마련할 수 있다고 보
는 박제가의 생각을 읽을 수 있다.[153]

이와 같은 박제가의 관점은 당시 청을 오랑캐로 간주하고 청의 문화
를 백안시하던 상황, 다시 말해 "지금의 중국은 옛날의 중국이 아니
다"[154]라는 일반적 인식을 전복하는 것이었다. 그가 보기에 서적에 기
재된 바는 매우 넓고 이치는 무궁하였다. 그러므로 중국의 서적을 읽
지 않는 자는 스스로 자기의 식견을 제한하는 것이었고, 천하가 모두
오랑캐라고 말하는 자는 사람을 속이는 것이었다.[155] 박제가는 이와
같은 당시의 지적 분위기를 "오랑캐라는 하나의 글자로 천하를 말살하
는 것"이라고 규정하였다.[156] 이를 극복하기 위해서는 변화된 시대를
제대로 인식하고 거기에 적극적으로 대처하는 지혜가 필요했다. "군자
가 의견을 말할 때는 시세를 아는 것[識빕]을 소중하게 생각한다"[157]
라는 그의 언급은 이러한 맥락에서 나온 것이었다.

비슷한 시기에 南人 丁範祖(1723~1801)는 氣數論의 관점에서 기존
의 화이론과는 다르게 변화된 시대상황을 인식하고 있었다. 그는 먼저
氣數와 人事의 관계를 재정리하였다. 전통적으로 국가의 存亡盛衰를
氣數 탓으로 돌리는 것에 대해 유교 지식인들은 비판적이었다. 氣數를
탓하기보다는 人事의 得失을 살피는 것이 우선 과제라고 생각했고, 개
인의 도덕적 수양과 사회적 실천을 중시했기 때문이다.[158] 그런데 정

---

153) 『北學議』 外編, 「尊周論」, 146쪽, "吾恐中國之夷未暇攘 而東國之夷未盡變
    也".
154) 『北學議』 進北學議, 「進北學議疏」, 77쪽, "臣少遊燕京 喜談中國事 國之人
    士 以爲今之中國 非古之中國也 相與非笑之已甚".
155) 『北學議』 外編, 「北學辨」, 130쪽, "夫載籍極博 理義無窮 故不讀中國之書者
    自畫也 謂天下盡胡也者 誣人也".
156) 『北學議』 外編, 「北學辨」, 132쪽, "今人正以一胡字抹撒天下".
157) 『北學議』 外編, 「北學辨」, 133쪽, "夫君子立言 貴乎識빕".
158) 『海左集』 卷37, 「氣數論」, 36ㄱ(240책, 172쪽), "聖人未嘗以國家存亡盛衰 壹

범조는 기수의 변화에는 小變과 大變의 두 종류가 있으며, '氣數之小
變'은 人事를 통해 存亡盛衰를 전환시킬 수 있지만, '氣數之大變'의 경
우에는 聖人일지라도 어떻게 할 수 없다고 보았다.[159]

그가 생각하기에 五胡·五季=五代·元·淸이 晉·唐·宋·明 등
중국 정통 왕조의 멸망을 틈타 오랑캐로서 중국을 차지한 것은 '天地
氣數之變'이었다. 그래도 五胡나 五季 때는 강토가 분열되었고 세대도
길지 않아서 중국이 완전히 夷狄이 되지는 않았으므로 '氣數之小變'이
라 할 수 있었다. 그러나 元이 천하를 통일하여 오랫동안 다스린 이후
淸이 다시금 중원을 차지하기까지의 과정은 '氣數之大變'이었다.[160]
이와 같은 '기수지대변'은 인간의 힘으로는 어찌할 수 없는 현상이며,
따라서 이적의 중국 지배는 앞으로도 지속될 것이라고 판단하였다.

　　지금부터 淸을 계승하여 일어나는 자는 반드시 中華人이 아닐 것이
　　다. 설사 中華人이라 하더라도 어찌 다시 오랑캐가 되지 않겠는가.[161]

정범조는 더 나아가 당대의 현실을 하늘이 이적으로써 천하를 다스

　　諉之氣數 而必曰如此而可以轉亡而爲存 如此而可以變衰而爲盛 而存亡盛
　　衰 未始不係於人事之得失也".
159)『海左集』卷37, 「氣數論」, 36ㄱ(240책, 172쪽), "雖然氣數之變 有大小之異焉
　　氣數之小變者 固人事之可以回斡 而氣數之大變者 則雖聖人亦無如之何也".
160)『海左集』卷37, 「氣數論」, 36ㄴ~37ㄱ(240책, 172~173쪽), "自晉之亡也 乘之
　　以五胡 唐之亡也 乘之以五季 宋之亡也 乘之以元 明之亡也 乘之以淸 而夷
　　狄始主中國矣 此固天地氣數之變也 然而五胡·五季 疆土分裂 世代數促 中
　　國尙有不純爲夷狄者 此則氣數之小變 而人事得以回斡 故五胡而復爲唐 五
　　季而復爲宋也 自元而始統一天下 傳世久長 雖以明高帝之神武 用夏變夷 而
　　天下之勢 譬如陽虛之病 陰邪內盛 時憑藥力 暫得攻下 而卒復乘衝 故未幾
　　而復爲淸矣……嚮也華夷之於中國 華爲主而夷爲客 故客或乘主 而主卒勝客
　　矣 今則華爲客而夷爲主 主恒勝客 理勢之固然也 此則氣數之大變 而非人事
　　所得以回斡也".
161)『海左集』卷37, 「氣數論」, 37ㄱ(240책, 173쪽), "自今繼淸而興者 未必是華人
　　也 設是華人 而幾何其不復爲夷也".

리게 하였으니, 이는 이적의 군주로 하여금 천하의 사람을 살리게 할 임무를 부여한 시기라고 파악하였다.[162] 따라서 이러한 시대에 태어난 사람들은 기수 변화의 실상을 올바르게 인식하여 대처할 필요가 있었다.

옛날의 '剝復之理'[163]는 華夷의 성쇠에서 구할 수 있었지만, 오늘날의 '剝復之理'는 夷狄 가운데의 성쇠에서 구할 수밖에 없다는 현실 인식이 여기에서 출현하였다.[164] 따라서 오늘날 이적의 세상에 사는 사람들은 당연히 이적의 쇠퇴를 성세로 바꾸고, 이적의 '剝'함을 '復'함으로 바꾸기 위해 노력해야 한다는 것이었다. 許衡(1209~1281)이 元 왕조에 出仕한 것이 '하늘의 이치를 아는[知天]' 행위로 평가되는 이유가 바로 이것이었다.[165]

이처럼 18세기를 경과하면서 청을 중심으로 한 국제질서가 고착화되었으며, 그에 따라 조선 지식인들의 對淸認識에도 적잖은 변화가 일어났다. 관인·유자들의 의식 속에 大明義理論을 중심으로 한 尊明思想은 강고하게 남아 있었으나 청과의 현실적 긴장 관계가 해소되면서 차츰 관념화·화석화되었고, 그 내적 의미도 변질되어 갔다. 오히려 19세기에 들어 서양 세력의 본격적인 침투가 시작되자 조선 정계에서는 청을 중심으로 한 전통적인 사대관계의 틀 속에서 현실 문제를 해결하고자 하는 경향이 나타나고 있었다. 따라서 서양 세력이 현실적인 위협으로 등장하게 되는 1840년대 이후 조선의 지식인들이 청과 서양을

---

162) 『海左集』 卷37, 「氣數論」, 37ㄴ(240책, 173쪽), "夫天未欲無人類也 以夷狄君天下 亦將以夷狄之君 而生天下之人也".

163) 陽이 소멸되어 가는 '剝'卦와 陰이 다하여 陽이 회복되어 가는 '復'卦를 통해 陰陽의 盛衰와 消長의 이치를 파악하는 것.

164) 『海左集』 卷37, 「氣數論」, 37ㄴ(240책, 173쪽), "古之剝復之理 責之於華夷之盛衰也 今之剝復之理 責之於夷中之盛衰也".

165) 『海左集』 卷37, 「氣數論」, 38ㄱ(240책, 173쪽), "然則夷之衰也 聖人之所欲盛也 夷之剝也 聖人之所欲復也 故曰 今之剝復之理 責之於夷中之盛衰也 世或訾許衡之仕胡元 而吾則曰衡之仕胡元 知天者也".

어떻게 인식했는가, 전통적인 화이관의 틀은 어떤 변용을 겪게 되었는가 하는 문제는 조선후기 세계관의 변화 과정을 다룰 때 중요한 관심사가 된다.

朴珪壽의 경우 1840~50년대 서양에 대한 인식은 斥邪論·海防論에 기초한 것이었다. 이 시기에 저술된 것으로 판단되는「闢衛新編評語」와「地勢儀銘幷叙」에서 그 증거를 찾아볼 수 있다. 여기에서 박규수는 東道에 대한 확신을 바탕으로 중화문명의 궁극적 승리에 대한 낙관적 전망을 표명하였다.[166] 그것은 이 시기 그의 의식 속에 굳건히 자리잡고 있었던 강렬한 尊明의식과 표리 관계에 있었다.「恭錄高麗史辛庶人傳所載洪武聖諭跋」에서 박규수는 이 글이 명의 멸망을 슬퍼하며 명에 대한 '於戲不忘之思'를 표현하고자 한 것임을 분명히 밝히고 있을 뿐만 아니라,[167] 그 자신을 '左海草茅遺臣'[168]이라고 하여 明의 遺臣으로 자처하기도 했다.

그런데 1860년대 이후 박규수의 세계관에는 일정한 변화가 나타나고 있었다. 그것은 크게 두 방향에서 생각해 볼 수 있는데, 하나는 전통적인 화이관의 부정이었고, 다른 하나는 새로운 세계 인식의 출현이었다. 辛未洋擾(1871) 직후에 동생 朴瑄壽에게 보낸 편지에서 '禮義之邦'의 논리를 비판하였던 것은[169] 종래 유교 문화=예의를 기준으로 중

---

166) 김명호,「환재 박규수 연구(3)-은둔기의 박규수 下-」,『민족문학사연구』8, 민족문학사학회, 1995, 144~159쪽 ; 金明昊,「朴珪壽의「地勢儀銘幷序」에 대하여」,『震檀學報』82, 震檀學會, 1996 참조.
167)『瓛齋集』卷4,「恭錄高麗史辛庶人傳所載洪武聖諭跋」, 18ㄱ(312책, 367쪽), "偶閱舊史 讀此聖諭 感天時之回簿 悲周京之黍離 而聖人雖遠 德音猶在 不獨淸廟之瑟 愀然如復見文王 敢錄寫一通而恭記其後 以寓於戲不忘之思云".
168)『瓛齋集』卷4,「恭錄高麗史辛庶人傳所載洪武聖諭跋」, 18ㄱ(312책, 367쪽).
169)『瓛齋集』卷8,「與溫卿 又(32)」, 29ㄴ~30ㄱ(312책, 430쪽), "輒稱禮義之邦 此說吾本陋之 天下萬古 安有爲國而無禮義者哉 是不過中國人嘉其夷狄中 乃有此而嘉賞之曰 禮義之邦也 此本可羞可恥之語也 不足自豪於天下也……今輒自稱禮義之邦 是不識禮義爲何件物事之口氣也".

화와 이적을 구분했던 화이론적 세계관에 대한 부정이었다. 아울러 그
는 세계의 형세가 도덕적인 가치 기준으로 운영되는 것이 아니라 동서
의 열강이 並峙하여 '會盟征伐'하는 시대로 인식하고 있었다.170) 서구
열강의 본격적인 조선 침략에 직면하여 조선이 현실적으로 살아남기
위해서는 내치와 외교에서 '機宜'를 잃지 않아야 하는데,171) 이를 위해
서는 미국과의 수교가 불가피하다고 생각하였다.

　박규수는 미국을 "지구상의 여러 나라 가운데 가장 공평하다고 일컬
어지고 어려움과 분란을 풀어 해결하기를[排難解紛] 잘 하며, 또 6洲
가운데 가장 부유하여 강역을 개척하려는 욕심이 없는"172) 나라로서
인식하고 있었다. 외교적 수사이긴 하지만 "貴國(미국)의 풍속은 禮讓
을 숭상하고"173)라고도 하였다. 따라서 미국과 조약을 체결하고 맹약
을 굳건히 함으로써 국제적 고립에서 벗어날 수 있으리라 기대하였
다.174)

　요컨대 박규수는 천하의 모든 국가가 예의를 갖추고 있다고 생각하
였으며, 서양 열강의 침략을 막아내기 위해서는 그들의 통상 요구에
응할 필요가 있다고 보았다. 이러한 박규수의 생각은 제국주의의 본질
에 대한 인식의 취약성을 드러내고 있다는 점에서 그 한계를 지적할
수 있다. 그럼에도 불구하고 대다수 척사론자들이 조선을 '禮義之邦'으

---

170) 『瓛齋集』卷7, 咨文,「允植謹按」, 25ㄴ~26ㄱ(312책, 430쪽), "先生喟然歎曰
　　顧今宇內 情形日變 東西諸强並峙 與曩日春秋列國之時相同 會盟征伐 將不
　　勝其紛紜矣".

171) 『瓛齋集』卷7, 咨文,「允植謹按」, 26ㄱ(312책, 430쪽), "我國雖小 處東洋之紐
　　樞 如鄭國之在晉楚之間 內治外交 不失機宜 則猶可自保 不然則昧弱先亡
　　天之道也 又誰咎焉".

172) 『瓛齋集』卷7, 咨文,「允植謹按」, 26ㄱ(312책, 430쪽), "吾聞美國在地球諸國
　　中最號公平 善排難解紛 且富甲六洲 無啓疆之慾……".

173) 『瓛齋集』卷7,「擬黃海道觀察使答美國人照會」, 10ㄱ(312책, 422쪽), "貴國俗
　　尙禮讓 爲合省名邦 中國之所知也".

174) 『瓛齋集』卷7, 咨文,「允植謹按」, 26ㄱ(312책, 430쪽), "彼雖無言 我當先事結
　　交締固盟約 庶免孤立之患 乃反推而却之 豈謀國之道乎".

로, 서양을 '犬羊'으로 간주하여 衛正斥邪를 부르짖던 시점에[175] 새로운 서양 인식을 토대로 개국통상을 주장했다는 점에서 그 역사적 의미를 찾아볼 수 있다.

2) 世界觀의 확대와 開國通商論의 대두

16세기 이전까지 조선의 지식인들에게 '西洋'은 오늘날의 유럽으로 인식되지 않았다. 16세기 이전에도 간헐적으로 유럽인과의 접촉이 있었지만 당시에는 동남아시아 지역에 설치된 서양 제국의 무역 거점과 본국과의 관계를 제대로 파악하지 못했다. 이는 오늘날의 유럽을 전통적인 서역·서양의 범주 안에서 인식한 결과였다고 여겨진다. 17세기에 도래한 유럽인들을 '南蠻'으로 호칭했던 것도 이와 연관된 것으로, 당시 서양 각국의 동인도회사가 설치된 지역이 전통적인 지리관에서 '남만'으로 간주하던 곳이었기 때문이다.

17세기 이후 본격적으로 서학서들이 전래되면서 기존의 서양 인식은 변화를 겪게 되었다. 오늘날의 유럽 지역이 차츰 서양으로 이해되기 시작했던 것이다. 이는 인도를 중심으로 그 서쪽의 아라비아해 일대를 의미하는 小西洋과 유럽 지역을 뜻하는 大西洋의 분리였다. 이러한 사실은 艾儒略의「萬國全圖」에 도해되어 있었으므로 이것을 꼼꼼히 본 사람은 쉽게 알 수 있는 내용이었다.[176]

---

175)『高宗實錄』卷8, 高宗 8년 4월 25일(甲申), "教曰 此夷之所欲和者 未知何事 而以若數千年禮義之邦 豈可與犬羊相和乎 雖幾年相持 必痛絶乃已 若有以 和字爲言者 當施賣國之律矣".

176) 18세기 초 일본의 주자학자 新井白石(1657~1725)의 다음과 같은 발언을 통해 이를 확인할 수 있다.『東槎日記』,「江關筆談」, 76~77쪽(『국역 해행총재』 IX, 민족문화추진회, 1977의 原文 쪽수), "靑坪曰 大西洋 是西域國名 歐邏巴·意多禮亞·和蘭等國 未知在於何方耶 白石曰 貴邦無萬國全圖耶 南崗曰 有(古本)而此等國多不盡載矣 白石曰 西洋者 去天竺國猶數千里 有所謂大小西洋……".

19세기 전반의 이규경은 분명하게 대서양과 소서양을 분리해서 인식하고 있었다. "서쪽으로 조금 떨어진 곳을 小西洋이라 하는데 중국으로부터 거리가 1만 리이고 반년이면 도착한다. 서쪽으로 멀리 떨어진 곳을 大西洋이라 하는데 중국으로부터 거리가 9만 리이고 3년이면 도착한다"177)라는 이해가 바로 그것이다.

李圭景은 18세기 북학론을 계승하여 부국강병을 위해서는 서양과 통상해야 한다고 주장하였다.

> 다른 나라와 더불어 開市·交易하는 일은 有無를 서로 의뢰하는 것이니 어찌 해로움이 있을 것인가? 中國은 萬邦과 서로 교통하면서 무역하는 방법이 있기 때문에 公私의 이익을 크게 누리고 국가가 부유한데 우리나라만 그것이 불화의 싹을 만들어 兵亂을 부를까 염려하여 감히 교역할 생각을 못하기 때문에 천하에 가장 약하고 가난한 나라로 불리게 되었다. 高麗 王朝의 경우에 宋나라 상인들이 아침저녁으로 왕래하였으나 근심거리가 있었다고 듣지 못하였으니, 만약 西南 오랑캐의 선박들[西南蠻舶]과 通市한다면 나라를 부유하게 할 수 있을 것이다.178)

여기서 이규경이 말하는 '西南蠻舶'이란 동남아시아 지역에 무역의 전초 기지인 동인도회사를 두고 있었던 서양 세력을 가리키는 것이다. 이규경이 李之菡(1517~1578)과 柳馨遠(1622~1673)의 상업론을 지지했던 것은 바로 위와 같은 맥락에서였다. '經濟生財'의 방책으로는 다른 나라와의 개시·교역만한 것이 없다고 여겼던 것이다.179) 이는 이

---

177) 『五洲衍文長箋散稿』 卷36, 「濠鏡墺門辨證說」(下, 80쪽), "稍西曰 小西洋 去中國萬里 半年始至 極西曰 大西洋 去中國九萬里 三年始至".

178) 『五洲衍文長箋散稿』 卷9, 「與番舶開市辨證說」(上, 935쪽), "與異國開市交易 有无相資 何害之有 中國與万邦互相交通 而貿遷有術 故大爲公私之利 家國贍裕 而獨我東慮其有構釁招兵 不敢生意 故爲號寰宇至弱奇貧之國 至如麗朝 宋商朝往夕來 而未聞有患也 若與西南蠻舶通市 則足以富國".

전 시기 북학파, 특히 朴齊家의 통상론을 계승한 것이라 추측된다. 일찍이 이지함을 거론하면서 외국과의 통상을 적극적으로 주장했던 사람이 박제가였기 때문이다.[180]

물론 이와 같은 이규경의 통상교역론이 전시기에 걸쳐 관철되었던 것은 아니었다. 이른바 '丙午迫害' 이후 1846년과 1847년에 걸친 프랑스 군함의 내항은 그의 낙관적인 통상론에 많은 변화를 초래하였다. 당시 이규경은 프랑스 함대의 내항이 침략을 강행하기 위해 구실을 찾고자 한 것이라고 파악했고,[181] 이러한 인식은 그의 대외 개방론을 '禦洋的 門戸開放論'으로 전환시키는 계기가 되었다.[182]

崔漢綺는 서양 세력이 정교한 기계와 무역의 이익에 기초해서 천하를 두루 돌아다니고 있다고 파악하였다.[183] 그는 당시 서양 세력이 지니고 있는 학문과 기계는 자기들이 창조한 것이 아니라 다른 나라의 다른 사람들로부터 수용해서 발전시킨 것이라고 보았다. 그런데 그것들은 오히려 다른 나라 사람들이 두려워하는 대상이 되었다.[184] 요컨

---

179) 「與番舶開市辨證說」, 『五洲衍文長箋散稿』 卷9(上, 935~936쪽), "李土亭荊言 柳磻溪議論 未知如何 而若言經濟生財之策 无過此議也".

180) 『北學議』 外編, 「通江南浙江商舶議」, 140쪽, "土亭嘗欲通異國商船數隻 以救全羅之貧 其見卓乎 眞不可及矣".

181) 『五洲衍文長箋散稿』 卷53, 「斥邪敎辨證說」(上, 711~712쪽), "觀其書義 有無限伏線 非尋常漂舶之所爲者 安知無日后之慮乎……且乞糧借船與許多理外之說 其意不在糧船 都在於嘗試 如不所請 則威脅肆毒 構釁作梗之姦計也".

182) 元載淵, 「海國圖志 收容 前後의 禦洋論과 西洋認識 - 李圭景(1788~1856)과 尹宗儀(1805~1886)를 중심으로-」, 『韓國思想史學』 17, 韓國思想史學會, 2001 ; 元載淵, 「五洲 李圭景의 對外觀과 天主敎 朝鮮傳來史 인식-「西洋通中國辨證說」과 「斥邪敎辨證說」을 중심으로-」, 『교회사 연구』 17, 한국교회사연구소, 2001 참조.

183) 『推測錄』 卷6, 推物測事, 「東西取捨」, 61ㄱ~ㄴ(一, 215쪽), "西方諸國 以器械之精利 貿遷之贏羨 始得周行天下……".

184) 『推測錄』 卷6, 推物測事, 「東西取捨」, 61ㄴ(一, 215쪽), "是豈盡出於一家一人之所創始 必收取於諸國諸人 以盡其用 反爲諸國諸人之所畏憚 實在於此

대 국가간의 우열·승패는 바로 여기에서 결정된다고 보았다. 그는 다음과 같이 말하고 있다.

바다를 항해하는 큰 배들이 두루 돌아다니고 서적들이 서로 번역되어 훌륭한 법제, 이익이 되는 도구[器用], 좋은 토산품이 눈과 귀를 통해 전달된다. 진실로 나보다 나은 것이 있다면 나라를 다스리는 道로 진실로 마땅히 취해서 이용해야 한다.……필경 승패는 風俗·禮敎에 있지 않고 오로지 實用에 힘쓰는 자는 이기고 虛文을 숭상하는 자는 패한다. 다른 사람에게 취해서 이익을 만드는 사람은 이기고, 다른 사람에게서 취하지 않고 고루함을 고수하는 자는 패한다.185)

이와 같은 최한기의 인식은 당연히 西學受容論, 西士收用論으로 연결된다. 그에게 西敎가 천하에 만연하는 현상은 걱정할 바가 아니었다. 실용적인 것을 모두 수용하지 않는 것이 문제였고, 나아가서 인재를 수용하지 않는 것이 더욱 큰 문제였다.186)

朴珪壽의 世界觀과 관련해서는 일찍부터 그의 중국 사행이 주목되었다.187) 박규수는 두 차례 중국에 다녀왔는데 1861년과 1872년의 사행이 그것이다. 두 차례의 사행은 전자가 애로우호 사건에 뒤이은 영불연합군의 북경함락을 위로하기 위한 것이었다는 점에서, 후자는 당시 중국에서 '同治中興'의 기치 아래 洋務運動이 전개되던 때였다는

而不在於瞻禮之敎".
185) 『推測錄』 卷6, 推物測事, 「東西取捨」, 61ㄱ(一, 215쪽), "海舶周遊 書籍互譯 耳目傳達法制之善·器用之利·土産之良 苟有勝我者 爲邦之道 固宜取用……畢竟勝絀 不在於風俗禮敎 惟在於務實用者勝 尙虛文者絀 取於人而爲利者勝 非諸人而守陋者絀".
186) 『推測錄』 卷6, 推物測事, 「東西取捨」, 62ㄱ(一, 215쪽), "是以西敎之蔓延天下 不須憂也 實用之不盡取用 乃可憂也 實用之不盡取用 猶不足憂也 人材之不盡收用 誠可憂也".
187) 孫炯富, 「「闢衛新編評語」와 「地勢儀銘幷序」에 나타난 朴珪壽의 西洋論」, 『歷史學報』 127, 歷史學會, 1990 참조.

점에서 주목된다. 서양에 대한 직접적 인식의 기회였던 셈이다.

　그런데 박규수가 海防 문제에 관심을 갖게 된 것은 앞서 보았듯이 1840~1850년대 경부터였다고 짐작된다. 그의 친우 尹宗儀(1805~1886)가 1848년『闢衛新編』의 초고를 완성한 후 1850년대 초까지『海國圖志』(魏源)·『瀛環志略』(徐繼畬) 등의 책을 참고하여 수정·보완을 거듭하고 있었으며, 박규수는 이 책에 대해 '評語'를 작성하였기 때문이다. 또 '평어'에서 魏源의『해국도지』를 원용한 흔적이 있는 것으로 보아 이 책을 통해서 해방 문제에 대해 새롭게 인식하게 된 것으로 볼 수 있다. 요컨대 박규수는 평소 친분이 두터웠던 李正履·李正觀 형제를 통해 국제정세에 대한 새로운 이해를 넓혀가는 한편 위원의 『皇朝經世文編』·『해국도지』와 이정관의『闢邪辨證』, 윤종의의『벽위신편』등의 서적을 통해 해방론·척사론에 대한 관심을 높여가고 있었다.[188] 그리고 그러한 관심이 地勢儀의 제작으로 나타나게 되었다.

　박규수가 지세의를 제작하게 된 배경으로는 다음과 같은 몇 가지를 생각할 수 있다. 첫째는 앞서 살펴본 바와 같이 1840~1850년대에 걸쳐 박규수가 여러 경로를 통해 해방론·척사론에 관심을 기울이고 있었다는 사실이다. 둘째는 박규수가 조부 박지원으로부터 이어지는 洛論系 北學派의 학문 전통 속에서 일찍부터 천문학·우주론에 관한 이론에 접했으며, 초학의 단계에서 이미『尙古圖會文義例』를 통해 천문학에 대한 조예를 보여주고 있었다는 사실이다. 셋째는 박규수의 교유 관계를 들 수 있다. 그는 해방론·척사론을 주창한 이정리·이정관 형제와 혈연 관계를 맺고 있었고, 일찍부터 이들에게서 학문적 영향을 받았다. 뿐만 아니라 그의 친우인 윤종의·남병철 등이 모두 천문학·지리학에 학문적 관심과 조예를 갖춘 인물들이었다. 이들과의 학문적 교류를 통해 박규수는 자연스럽게 자연학의 문제에 관심을 기울이게

---

188) 김명호, 「환재 박규수 연구 (3)-은둔기의 박규수 下-」,『민족문학사연구』8, 민족문학사학회, 1995, 144~159쪽 참조.

되었다. 이는 그가 吳昌善과 함께 우리나라 지도인 「東輿圖」를 제작하였고,[189] 1850년(철종 1) 扶安에서 南極老人星을 관측하였으며,[190] 渾平儀와 같은 천문의기를 제작하였다는 사실에서 확인할 수 있다.[191]

박규수는 중국문명을 높이 평가하였고 종래 夷狄視하였던 청을 중화의 전통을 계승한 나라로 인식하였다. 반면에 당시 조선사회에 급속히 성장하고 있었던 천주교와 그 배후의 서양 세력에 대해서는 의구심을 품고 있었다. 그러나 19세기 전반의 이와 같은 서양인식은 海防論의 단계를 거쳐 1860년대를 경과하면서 對西洋外交論으로 발전하였다.[192] 그것은 전단계 海防論의 발전적 전환이었으며, 당시 진보적 지식인들이 지녔던 세계관의 단면을 보여주는 것이라 하겠다.[193]

---

189) 『眉山集』卷7,「東輿圖序」, 46ㄴ(322책, 306쪽), "汝大(吳昌善의 字-인용자) 聰明有經世志 博極羣書 嘗與瓛齋朴公纂東國地圖" ; 金明昊,「朴珪壽의「地勢儀銘幷序」에 대하여」, 『震檀學報』 82, 震檀學會, 1996, 240~241쪽 참조. 吳昌善은 일찍이 박규수와 함께 「東輿圖」를 제작하였는데 1858년(철종 9) 요절하였다[『尾山集』卷14,「年譜」, 4ㄴ(322책, 449쪽)]. 그로부터 10여 년 후에 韓章錫(1832~1894)이 龍岡縣令으로 부임하여-한장석은 1875년(고종 12) 8월 龍岡縣令에 임명되었고[『尾山集』卷14,「年譜」, 9ㄴ(322책, 452쪽)], 이듬해 9월 龍岡縣志와 地圖를 수정하였다[『尾山集』卷14,「年譜」, 10ㄴ(322책, 452쪽)]- 그곳에서 박규수의 문하생이자 「東輿圖」 제작에 동참했던 安基洙를 만나 제작 당시의 사정을 전해들었고, 당시 金善根家에 소장되어 있던 「東輿圖」의 副本을 빌려서 모사하였다. 그리고 이러한 일련의 경위를 기록하여 1893(고종 30)년에 「東輿圖」의 서문을 작성하였다.

190) 『瓛齋集』卷8,「與溫卿(4)」, 6ㄱ~ㄴ(312책, 441쪽).

191) 『瓛齋集』行狀, 卷1,「節錄瓛齋先生行狀草」, 8ㄴ(312책, 316쪽), "所製儀器日平渾儀日地勢儀 其說俱載集中" ; 『圭齋遺藁』卷5,「渾平儀說」, 29ㄴ~30ㄱ(316책, 642쪽), "是儀友人朴桓卿製也" ; 『儀器輯說』卷下, 渾平儀,「渾平儀說」, 43ㄱ(481쪽-『韓國科學技術史資料大系』(天文學篇 10), 驪江出版社, 1986의 쪽수).

192) 孫炯富,『朴珪壽의 開化思想研究』, 一潮閣, 1997 ; 李完宰,『韓國近代 初期 開化思想의 研究』, 漢陽大學校 出版部, 1998 ; 李完宰,『朴珪壽 研究』, 集文堂, 1999 참조.

193) 그럼에도 불구하고 1870년대 朴珪壽의 開國論과 이후의 開化思想을 동일시해서는 안 된다는 지적에 주목할 필요가 있다. 그에 따르면 민족의 자주독립

5. 맺음말

國交擴大 이전인 19세기 초·중반 조선의 정계·사상계는 '辛酉邪獄' 이후 斥邪論·海防論이 주류를 이루었다. 이전까지 비교적 활발했던 서학에 기초한 자연학적 논의는 주류에서 탈락하여 수면 아래로 잠복하였다. 그러나 이러한 일련의 현상이 自然學의 침체, 自然認識의 퇴조를 뜻하지는 않는다. 19세기에도 생산력의 발전에 대한 관심은 여전하였고, 세도정권 하의 중앙 정계에서 탈락해 농촌에 퇴거하는 양반층이 증가하면서『林園經濟志』등의 農書에서 볼 수 있듯이 박물학적 관심도 증대하였다. 한편 서양세력의 본격적인 진출에 대비하기 위해서도 과학·기술에 대한 관심은 소홀히 할 수 없었다. 요컨대 19세기의 조선사회는 사회경제적으로, 또 군사·외교적으로 당면한 문제를 해결하기 위해 자연, 물리, 과학·기술에 대한 관심을 놓을 수 없었다. 이에 따라 당대의 지식인들은 이전 시기의 사상적 전통을 계승하면서 변화된 상황에 주체적이고 능동적으로 대응하기 위한 노력을 계속하였다.

사상적 대응의 양상은 각자가 처한 정치적·현실적·계급적 처지에 따라 다양하게 나타났다. 그것은 크게 두 계열의 흐름으로 정리할 수 있는데, 하나는 기존의 朱子學을 絶對化하고 西學을 異端·邪敎로 철저히 배척하면서 일체의 과학적 담론을 거부하고 道理의 絶對化, 윤리·도덕학의 중시를 통해 당대의 사회 모순을 돌파하고자 했던 보수적 노

과 근대화라는 관점(자주적·독립적인 근대 국민국가의 수립)에서 양자는 본질적인 차이가 있었다고 한다. 박규수의 개국론은 부국강병을 위한 통상교섭 내지 서양 과학기술의 수용을 그 내용으로 하는 제한된 것이었다는 지적이다. 이완재,『초기개화사상연구』, 민족문화사, 1989 ; 주진오,「개화파의 성립 과정과 정치·사상적 동향」,『1894년 농민전쟁연구 3-농민전쟁의 정치·사상적 배경-』, 역사비평사, 1993, 157쪽 ; 정용화,「사대·중화질서 관념의 해체과정 : 박규수를 중심으로」,『國際政治論叢』제44집 1호, 韓國國際政治學會, 2004, 97쪽 참조.

선이었다. 李恒老는 19세기의 시대 상황에서 주자도통주의에 입각하여 反西學論·斥邪論을 전개한 보수적 노선의 대표적 이론가였다.

다른 하나의 흐름은 변화된 현실에 적응하기 위해 기존의 학문·사상을 반성하고, 그 연장선상에서 西學을 비롯한 여타 사상의 학문적 성과물을 적극적으로 수용하여 새로운 사유체계의 수립을 모색했던 진보적 노선이었다. 물론 이러한 흐름 속에도 다양한 편차가 상존하고 있었다. 예컨대 서학을 수용하자는 주장도 海防論의 입장에서부터 開國通商論(外交論)에 이르기까지 다양했다. 그럼에도 불구하고 이들에게서는 몇 가지 공통점을 추출해낼 수 있다.

먼저 진보적 지식인들의 自然學은 物理에 대한 새로운 인식에 기초하고 있었다는 점에서 일단 공통점을 찾을 수 있다. 이들은 心性論·禮論 위주의 학계 풍토 속에서 物理에 적극적인 의미를 부여하였고, 그 연장선상에서 自然學을 人間學과 대등한 독자적 학문 분야로 自立化시켰다. 道理와 物理의 분리는 기존의 有機體的 自然觀의 해체를 의미하는 것이었다. 그것은 한편으로 새로운 物理 탐구의 기초를 마련하였고, 다른 한편으로는 自然과 분리된 人間·社會의 독자적 구조를 정립할 수 있는 계기가 되었다.

이러한 일련의 학문적 움직임은 이전 시기에 태동한 實學의 발전적 계승이었다. 조선후기 학문·사상 운동의 일환으로 출현한 實學은 현실의 정치·경제·사회적 현안을 實事·實務의 차원에서 직시하고 國家·公·民生 위주의 개혁적인 타개방안을 모색하는 새로운 學風이었다. 그리고 그것은 학문 활동에서 實證에 바탕을 둔 實理의 탐구로 이어졌고, 實事學의 일환으로 自然學에 주목하게 되는 계기를 만들었다. 物理의 가치에 대한 새로운 이해, 人間學으로부터 自然學의 自立化, 西洋科學의 적극적인 수용은 이와 같은 학문·사상적 변화에 따라 가능했던 것이다.

老論-洛論系의 일원이라 할 수 있는 李圭景·朴珪壽·南秉哲, 少

論系 陽明學派의 柳僖, 近畿南人系의 許傳, 그리고 崔漢綺 등은 19세기 실학적 자연인식의 단면을 보여준 인물들이었다. 물론 이들의 자연인식은 각자의 학문적·사상적 계보에 따라 적잖은 편차를 보여주고 있었다. 그럼에도 불구하고 기존의 자연인식에 대한 비판적 반성, 서양과학의 가치에 대한 인정과 적극적인 수용, 物理의 가치에 대한 인식과 自然學을 포함한 博學의 추구라는 점에서 공통점을 지니고 있었고, 이러한 학문적 성과에 바탕하여 기존의 華夷論에서 벗어나 확대된 世界觀을 제시하였다. 이는 19세기 진보적 지식인들의 지난한 사상운동의 성과물이라 평가할 수 있을 것이다.

조선후기 문학의 다변화와
사대부 문학의 침체

김 영 봉[*]

1. 머리말

18세기 후반에서 19세기에 이르는 시기는 조선 왕조가 급격한 사회 변동을 겪으면서 근대화 시대로 이행해 가는 기간이다. 국가의 가장 중요한 근간 산업이었으면서도 열악한 기술 수준 때문에 생산성이 많이 떨어졌던 농업도 어느 정도 생산성의 향상을 가져오고 그밖에도 상품·화폐 경제의 진전, 수공업 및 광업의 발달로 인하여 이 시기에는 사회 전반적으로 여러 가지 주목할 만한 변화가 일어났다. 그 중에서도 가장 중요한 요소 중의 하나는 수백 년 동안 이어져 오던 조선 사회의 견고했던 신분 계층이 분화의 과정을 겪게 되면서 양반, 상민, 천민 등으로 대표되던 신분제 질서가 변질되고 붕괴의 조짐을 보이게 된 것이다.

정치적으로는 노론의 일방적 독주와 당쟁에 이은 세도정치로 인해 양반관료 정치가 파탄에 이르게 되었고, 정치의 주도권 다툼에서 패배한 일부 양반들은 몰락의 길에 접어들어 殘班으로 전락하기도 하였다. 몰락한 양반들은 자영농이 되거나 심한 경우 小作 佃戸가 되었으며, 예전에는 末業이라고 경시했던 상업이나 수공업 등도 생계를 위해서

* 연세대 국학연구원 연구교수, 한문학

는 불가피하게 선택하지 않을 수 없었다. 반대로 경제구조의 변화에 따라 부를 쌓을 수 있게 된 천민들은 양인으로 신분상승할 기회가 주어지게 되었으며, 양인은 다시 양반으로 편입될 수도 있어서 전체적으로 양반의 숫자가 늘어갔다.

이처럼 견고한 중세적 신분 질서가 완화되고 사회 변화가 심화되면서 문학에서도 여러 가지 변화가 나타나는데, 가장 중요한 것은 문학 담당층의 확대와 시조, 가사, 국문 소설 등 국문 문학의 발달이라고 할 수 있다. 특히 국문 문학의 발달은 상대적으로 그동안 확고하게 정통 문학의 지위를 누리던 한문학의 침체에 영향을 미칠 수밖에 없었다.

이 시기에 주목할 만한 문학 담당층의 변화는 위항인의 성장이다. 조선전기에도 극히 소수의 위항 문인들이 있었지만, 후기에는 수많은 위항 문인들이 등장하여 사대부들과 어깨를 나란히 할 정도의 높은 비중을 차지하게 되었다. 이들의 등장은 상업의 발달과 신분제의 동요로 인하여 재력을 갖춘 중인들이 학문적 교양을 쌓게 되면서 나타난 현상이다. 이들은 詩社를 결성하여 본격적인 문학 활동을 하기도 하였는데, 『昭代風謠』를 필두로 하여 『風謠續選』, 『風謠三選』으로 이어지는 시선집을 60년마다 간행할 정도로 문학적 성과를 축적하였다.

중인 계층의 성장에 따라 그들의 傳記的 저술도 활발해지는데 鄕吏 가문인 월성 이씨를 중심으로 향리의 역사를 정리한 『椽曹龜鑑』(1848)이 이루어졌고 조희룡이 『壺山外記』(1844), 유재건이 『里鄕見聞錄』(1862)을 지었다. 역대 庶孼의 역사를 엮은 『葵史』 역시 주목할 만한 책이다. 개별 작가로는 李尙迪(1804~1865), 卞鍾運(1790~1856), 張之琬(1809~1858), 鄭芝潤(1808~1858) 등이 이 시기에 두드러진 활약을 하였다.

여류 문인들도 이전 시기에 비해서 두드러진 활약을 하게 되었다. 주요 인물들로는 徐令壽閣(1753~1823), 金三宜堂(1769~?), 姜靜一堂(1772~1832), 金雲楚(?~?), 金錦園(?~?), 朴竹西(?~?), 洪幽閒堂

(1791~?), 南貞一軒(1840~1922), 金芙蓉堂(?~?) 등이 있다. 이들은 거의 동시대에 문학 활동을 하였으나 각자의 신분적 상황과 성격에 따라 다양한 문학 세계를 형성하였으며 이러한 성과는 당시의 남성 위주의 사회적 제약과 악조건을 무릅쓰고 이룬 것이라는 점에서 높은 평가를 받기에 충분하다.

임·병 양란 이후 민족문학에 대한 자각이 싹텄었는데 이 시기에 와서는 더욱 국문 문학이 활성화되어서 전통의 한문학에 비해 손색이 없을 정도가 되었으며, 한문학만으로는 해낼 수 없는 역할을 국문 문학이 담당하기에 이르렀다. 사설시조, 가사, 판소리계 소설 등 우리 고유의 문학이 활성화되면서 문학적 자양을 풍성하게 하였다. 또 상업과 유통의 발달로 문학이 일부 식자층의 전유물로 그치지 않고 일반 대중들도 광범위하게 접할 수 있게 되어 독자 수요층이 크게 증가하게 되었다.

이처럼 국문 문학이 발달하고 일반 대중들이 문학 담당층으로 성장함에 따라 전통적으로 문학의 주 담당층 역할을 해 왔던 사대부들의 문학은 상대적으로 전 시대에 비해 위축을 가져왔다. 한문학의 수준은 그 이전 시기인 穆陵盛際나 후기 四家를 비롯한 쟁쟁한 문인들이 활약했던 영·정조 시대에 비해 크게 주목할 만한 인물들이 나타나지 못하였다. 정통 고문가로는 '淵臺文章'으로 일컬어지는 홍석주와 김매순이 산문 대가로 이름을 떨쳤고 시에 있어서는 한말 3대가라고 하는 강위, 김택영, 황현 정도가 그 명맥을 이어주었을 뿐이다. 이는 한문이 아무리 오랜 역사를 두고 문학 활동의 수단이 되었고 중국에 비해 손색없는 정도의 수준을 자랑하였다고 해도, 민족 고유의 문자가 아니라는 역사적 한계 때문에 필연적으로 맞이하게 된 운명이라고 해야 할 것이다.

2. 문학 담당층의 확대

1) 위항문학의 성장

조선후기는 이전 시기에 비해서 훨씬 활발해진 신분변동의 와중에서 서얼과 중인 계층에서도 신분상승의 욕구가 표출되었다. 조선중기 이후 서얼들은 수적으로 증가하고 있었으며, 서얼 금고의 지속으로 많은 인재가 사장되고 있었으므로 집권층에서는 서얼 소통을 논의하게 되었다. 그 결과 납속허통법을 만들어 제한된 범위에서나마 서얼을 관료로 등용하였다. 그러나 납속허통법의 혜택을 받는 사람은 일부 부유한 서얼들뿐이었고 벼슬로 진출하는 자도 극소수였다. 서얼들의 불만과 사회불안은 여전히 해소되지 않아 이를 다시 개정하였다. 친서얼인 경우에는 業儒·業武를 호칭하도록 하여 일반 상민과 구별을 하고, 업유의 아들이나 손자 때부터는 양반과 같은 호칭인 幼學을 쓸 수 있도록 하였다. 또한 납속허통법을 개정하여 서얼들이 문무과와 生進試에 응시할 수 있도록 하였다.

그러나 이러한 제도적 장치에도 불구하고 사회의 인식은 바뀌지 않아서 서얼의 차별대우는 여전하였다. 18세기에는 후궁의 아들이었던 영조가 즉위하면서 그들의 소통운동이 활기를 띠어, 보다 집단적이고 조직적으로 소통운동을 전개하게 되었다. 순조 23년 7월에는 경기·호서·호남·영남·해서·관동 등지로부터 서얼유생 金熙鏞 등 약 1만 명이 집단적으로 상소를 올렸다. 또한 이 무렵 전국의 서얼들은 대구 達西精舍를 중심으로 조직적인 소통운동을 전개하였다. 집권자들은 서얼들의 벼슬길 확대의 길을 모색하게 되었고 일부 사족들도 서얼의 상속상의 지위 상승을 인정하였다. 상당수의 가문에서는 적자가 없을 경우 전처럼 양자에게 대를 잇도록 하지 않고 친생자인 서얼로 적통을 이어 후계를 삼아 재산 상속을 시켰다.

후기에는 서얼뿐만 아니라 吏胥層(경아전), 전문직 중인들의 신분상승 운동도 있었다. 그러나 정부의 반응은 달라서 서얼의 통청운동과 기술직 중인의 경제활동에 대해서는 부정적이었고, 경아전 중심의 위항문학 운동에 대해서는 긍정적이었다. 이는 경아전의 문학 운동은 그들의 정책 방향과 부합하고 운동의 초점이 지배계층을 향하고 있지 않기 때문이었다. 이러한 배경 아래에서 위항문학은 괄목할 만한 발전을 가져온다. 위항인들은 문예뿐만 아니라 회화나 음악 분야에서도 새로운 바람을 일으켰는데 회화에서의 진경산수나 풍속화의 성행, 음악에서의 시조창이나 판소리의 성행이 서민층으로 더욱 확산되는 조짐을 보이는 것이 그러한 예이다.

위항문학 중에서도 가장 활발한 운동을 전개한 부류는 위항시인들이다. 위항시인들은 여타의 예능인들과는 달리 새로운 표현 방식을 택하지 않고 사대부의 한시 창작법을 그대로 수용하였다. 이는 한시가 그 가치면에서나 창작법에 있어서 사대부 문학의 典範이며 가치 기준의 典據이기 때문에 함부로 변경할 수 없었고, 또 그들이 추구하고 있는 점이 양반 문화로 편입해 들어가려는 욕망의 충족이라는 측면이 있기 때문이기도 했다.

위항시인들의 활동은 18세기 중엽에 들어와서 더욱 활발하게 전개되었다. 그들의 문학 활동은 주로 그들의 문학 결사체인 詩社를 중심으로 전개되었다. 시사는 위항시인들이 일정한 사회적 지위를 확보하고 동류의식을 유발할 수 있는 친목 단체의 구실을 하며 시회를 열 수 있는 기틀을 마련하기 위해서 결성되었는데, 17세기 초엽의 유희경·백대붕이 주동이 된 '침류대시사'가 그 효시이다. 그 후 17세기 말엽의 임준원·홍세태 등이 중심이 된 '낙하시사'를 거쳐 18세기 중엽의 천수경이 맹주가 된 '송석원시사'에 와서 그 절정을 이루었고 '서원시사'로 이어졌다. 19세기에 들어와서는 장지완이 중심이 된 '비연시사'와 최경흠·유재건 등이 중심이 된 '직하시사'로 이어지다가 강위가 맹주가 된 '육교시사'에 이르러 그 활동이 점차 약해져 갔다.

위항인들의 시사 활동 가운데 그들의 작품을 모아 시문집을 간행한
사실이 중요한 의미를 가진다. 위항시인들은 그들이 처한 여건상 개인
적인 문집의 간행을 바라기는 어려운 처지였다. 그래서 공동 시선집의
간행을 주선하기에 이르게 되었다. 위항시인들의 시를 모아서 시집으
로 간행하는 일은 홍세태가 『海東遺珠』(1712)를 편찬한 것에서 비롯
된다. 그 전 시기에 위항시인들의 최초의 공동 시집으로 『六家雜詠』
(1668)이 있었는데, 醫譯官과 서리가 대부분인 崔奇男·南應琛·鄭禮
男·金孝一·崔大立·鄭柟壽 등 여섯 사람의 시를 모은 시집이었다.
이 시집은 여섯 사람의 동인지로서의 성격을 지닌 것이었고 위항시인
들의 시를 광범위하게 망라한 것은 『해동유주』가 최초라고 할 수 있
다. 책 제목에서 알 수 있듯이 위항인들의 시가 인멸되어 전하는 바가
극히 드문 것을 안타깝게 여기고 이를 수집하여 그들만의 시집을 편찬
하겠다는 목표의식을 가지고 간행한 것이다.

『해동유주』에 의해 위항시인들의 존재가 비로소 부각되자 25년 후
에 다시 위항시인들의 시를 더욱 광범위하게 수집하여 본격적인 시집
으로 편찬한 것이 『昭代風謠』(1737)이다. 『소대풍요』의 편찬자는 고시
언, 채팽윤, 이달봉 등인데 특히 고시언이 주로 수집한 것을 토대로 그
가 타계한 뒤에 몇몇 사람이 더 보완하여 출간한 것으로 알려지고 있
다. 이러한 경험은 그 뒤로 60년마다 주기적으로 시집을 편찬하는 전
통으로 이어져서 조선 말기까지 『風謠續選』(1797), 『風謠三選』(1857)
의 간행을 보게 된다.

『소대풍요』는 中庶人을 비롯하여 상인·賤隷 출신까지도 망라되고
있지만 그 중심이 되고 있는 것은 醫譯 중인과 胥吏이다. 그 중에서도
醫譯 중인은 '下大夫一等之人'으로 지칭될 정도로 그 역할을 인정받기
도 하였다. 이들은 대부분 서울의 중인층으로서, 그들이 담당하는 업무
의 성격상 도시적인 지식인으로, 또는 문인으로 성장할 수 있었으며
때로는 사대부의 知遇를 힘입어 이들과 忘年之交를 맺기도 하였다. 그

러나 제도상의 禁錮로 벼슬길의 진출이 제한되어 있던 이들은 양반 사대부의 도움과 협조에 힘입지 않고서는 그들의 성취가 쉽지 않았다. 문학적인 양식에 있어서도 그들 나름대로의 새로운 것을 발견하지 못하고 전통적인 사대부층의 시문을 그대로 수용해서 여기에 수록된 대부분이 今體詩로 채워져 있으며, 작가 의식에 있어서도 현실 문제에 대한 인식이 대개 회고적인 감상으로 흐르고 있어 스스로 그 한계를 드러내고 있다.

『풍요속선』은『소대풍요』가 간행된 지 60년 만에 다시 편찬한 위항 시인들의 시집으로서, 이름에서 알 수 있듯이 그 속편이라고 할 수 있다. '송석원시사'의 천수경과 장혼이 중심이 되어『소대풍요』이후의 위항시인 가운데서 333家의 시 723수를 선집하였다.『소대풍요』가 시체별(詩體別)로 분류하여 한 사람이 여러 번 나뉘어 나타나는 것에 대한 불편을 없애려고 인물 중심으로 실었다. 범례에서 밝힌 바에 의하면 각 시인을 나이순으로 싣고, 성명·자·호·벼슬 등을 표기한 뒤에 그 인물에 대한 간략한 소개도 곁들였다. 권1에는『소대풍요』의 끝에 첨가되어 있던 습유(拾遺)·별집·별집보유(別集補遺) 등을 합하여 『풍요속선』의 체재에 맞게 정리하였다. 권7에는 이름을 알 수 없는 7명과 승려 7명, 여자 11명의 시를 함께 수록하여 위항문학의 개념을 넓히고 불우한 처지에 있는 사람들의 시를 전하고자 하였다.

『풍요속선』은 이름이 알려져 있는 시인인 鄭敏僑·鄭來僑·嚴啓興 등의 시는 고체시가 많다. 주로 사회 현실의 모순과 농촌의 황폐화 과정을 그려 보여주고 있다. 자신들의 처지가 그러한 부조리를 해결할 수 있는 입장이 못 된다는 자조와 한탄을 아울러 노출시키면서 자신들이 배운 유교적 덕목과 현실의 괴리에 대한 갈등 등을 표출시키고 있다.『풍요속선』의 의의는 앞 시대의『해동유주』와『소대풍요』의 정신을 계승하여 위항문학 활동을 절정에 이르게 한 것에 있다.『풍요속선』의 간행으로 60년마다 이 같은 위항시선집을 간행하는 전통이 생기게 되었으므로, 당시의 위항인들을 고무시키는 계기가 된 것이다. 그리하여 다음 시기의 『風謠三選』에는 더욱 방대한 양의 위항시가 선보이게 되었다.

『풍요삼선』은 稷下詩社의 詩同友인 유재건·최경흠 등이 펴낸 시집이다. 『풍요속선』이 간행된 지 60년 되는 해인 1857년(철종 8)에 『풍요속선』 이후의 위항시인 305명의 시를 수록한 것이다. 유재건이 지은 『이향견문록』의 「최경흠전」에서 이 책이 간행된 경위를 밝히고 있다. 그에 의하면 1853년에 편찬 작업을 시작하여 1857년 겨울에 편집을 완료하여 300여 본을 간행하였다. 그 당시 『소대풍요』가 세상에 전하지 않고 있어 함께 100여 본을 중간하였다고 한다. 『풍요속선』에서는 각 시인당 수록된 시가 한 편이거나 서너 편 정도에 불과하다. 그러나 『풍요삼선』의 경우 한 편만 수록된 사람도 있지만 작품수가 많은 사람은 수십 편씩 실려 있다. 趙秀三의 경우에는 78수를, 張混의 경우에는 45수를 싣고 있다. 『풍요삼선』에 실린 시인 중에 유명한 인물은 임광택·차좌일·김낙서·천수경·장혼·조수삼·왕태·박윤묵·정지윤 등으로 당시 시단에서 시명을 얻었던 사람들이다. 이들은 주로 위항문학의 전성기라고 할 수 있는 松石園詩社에서 활동하였던 인물들로, 위항문학에 대한 강한 자부심을 보여주고 있다. 『풍요속선』의 예에 따라 이름을 알 수 없는 4명과 승려 13명, 여자 4명의 시도 포함시켰다. 수록된 시들은 대체로 근체시가 주류를 이루고 있다.

『풍요삼선』의 시의 내용은 전대의 위항시와 거의 유사하나 위항문학에 참여하는 자부심을 은연중 드러내고 있다. 그 예로서 「松石園」이라는 제목의 시가 많이 나온다. 가난하고 뜻을 펼 수 없는 처지이지만 함께 모여 시를 읊을 수 있음을 자랑스럽게 표현하고 있다.

『풍요삼선』에 실린 시들은 위항문학의 전성기를 보여주는 것이라 그 의의가 크다. 위항인의 시만을 묶어 펴내는 전통은 이 『풍요삼선』에서 그치게 된다. 이로부터 60년 후에는 『大東詩選』으로 대체되어 모든 계층의 한시를 총망라하여 수록하게 된다.

2) 여류 문인의 활약

조선조의 신분제 사회에서 불평등한 사회 환경으로 말미암아 여성의 문학 활동은 제약적이고 소극적일 수밖에 없었으며 음성적이며 개별적인 활동에 그쳤다고 할 수 있다. 여성문학 작품이 대부분 한시 분야에 편재되어 있으며 산문 문학의 작품 활동이 활발하지 못한 것은 이를 잘 대변하는 사실이다. 조선시대에 여성에 대한 여러 가지 사회적 제약이 심했다는 것은 주지의 사실이지만, 특히 문학이나 학문의 영역에서도 얼마나 척박한 환경이었는가는 당대의 대표적 지식인이라고 할 수 있는 사대부들의 다음과 같은 언급에서도 쉽게 확인이 된다.

독서와 강의는 장부의 일이다. 부인은 아침 저녁으로 절기에 따라 제사와 빈객을 받들어야 하니 어느 겨를에 책을 대하여 읽고 외우겠는가.……『소학』이나 『내훈』 같은 것들도 모두 남자가 할 일이니 마땅히 말없이 궁구하여 그 내용을 알아서 일에 따라 경계하고 가르칠 따름이다.[1]

부인들은 마땅히 경서와 史書, 논어, 毛詩, 소학서, 女四書 등을 대강 읽어 그 뜻을 통하고, 百家의 姓과 조상의 계보, 역대 국호, 성현의 이름자 등을 알아둘 뿐 허랑하게 詩詞를 지어 외간에 퍼뜨려서는 안 된다.……대대로 번성한 집안 부인의 한두 편 詩章이 불행히도 이리저리 전해지게 되면 반드시 승려의 뒤나 창기의 앞에 나열될 것이니 어찌 부끄럽지 않겠는가.[2]

이러한 열악한 환경 하에서도 18, 19세기에 이르러서는 전 시대에

---

1) 李瀷, 『星湖僿說』, 「人事門」, '婦女之敎'條.
2) 李德懋, 『士小節』, 「婦義」, '事物'條.

비해 괄목할 만한 여류 문인들이 나타나 상당한 수준의 문학 활동을
펼침으로써 문학의 다변화에 많은 기여를 하였다. 이 시기에는 여성
작가들의 수가 현저하게 증가되었으며, 남성 작가에 비해서는 질적·
양적인 면에서 많이 떨어진다 하더라도 그 의의는 높게 평가되어야 할
것이다. 대표적인 주요 작가들의 면모를 살펴보면 다음과 같다.

金雲楚는 기존의 여류 문인들처럼 여성으로서의 한계를 閨恨으로의
표출이나 신선 세계의 동경을 통해 극복하기보다는 적극적이고 긍정
적인 사고를 통해 밝고 건강한 시 세계를 드러냄으로써 정신적인 승화
를 꾀하였다. 이러한 운초 시의 외향적 경향은 다양한 소재와 주제를
구사함으로써 가능한 것이었고, 나아가서 대상을 자기화하지 않고 객
관화하여 대상의 정수를 터득하는 사색적 면모를 갖게 하였다. 특히
운초는 기녀 출신이지만 이조·병조·호조 판서 등 높은 벼슬을 지낸
金履陽의 소실이 되어 그에게 知己와도 같은 아낌과 사랑을 받으며
상당히 안온한 삶을 살았다. 이러한 영향도 결부되어 그의 작품에서는
재기발랄함과 자부심이 넘치기도 한다.

「戲題」
芙蓉花發滿池紅　부용꽃이 피어서 연못 가득 붉으니,
人道芙蓉勝妾容　사람들은 부용꽃이 나보다 더 낫다지만,
朝日妾從堤上過　아침 해 떠 제방 따라 이 몸이 지나가니,
如何人不看芙蓉　어째서 사람들이 부용꽃은 보지 않나?

「四絶亭」
亭名四絶却然疑　정자 이름 '사절'이 도리어 의심 가니,
四絶非宜五絶宜　'사절'이란 옳지 않고 '오절'이 마땅하네.
山風水月相隨處　산과 바람, 물과 달이 서로 어울리는 곳에,
更有佳人絶世奇　가인(佳人)이 또 있어서 절세에 뛰어나니.

두 시 모두 자신의 아름다움에 대한 자부심을 한껏 뽐내면서도 재치

있는 수사적 기교를 구사하여 읽는 사람에게 전혀 거부감을 느끼지 않게 하였다.

이러한 운초의 시적 특성은 여성문학의 영역을 확대하였으며, 남편인 金履陽을 비롯한 사대부들과의 모임과 유람을 통한 문학적 교류와 동료 여성들과의 시모임은 운초는 물론이고 당시 여성 작가들의 적극적인 문학 활동의 상황을 살펴볼 수 있다는 데 그 의미가 크다. 운초가 기녀 출신이었음에도 불구하고 이처럼 활발하게 밝은 이미지의 시작 활동을 할 수 있었던 것은 남편인 김이양이 知音으로서 적극적으로 후원해 준 영향이 컸음은 물론이다.

金錦園은 원주 감영의 기녀 출신인데 의주 부윤을 지낸 金德喜3)의 소실이 된 인물이다.

14세 때 여러 차례 부모님에게 간청하여 男裝하고 금강산, 관동팔경, 설악산, 한양을 두루 거치는 대장정의 여행에 나설 만큼 여장부적인 기상이 있었다. 이때의 여행 경험을 토대로 평생의 유람 행적을『湖東西洛記』라는 기록으로 남겼는데, 이 기록을 통해 이러한 유람이 당시 사회 여건상 불합리한 여성의 위치를 철저하게 확인하면서도 그 자리에 머물지 않고 극복하는 한 방법임을 보여주었다.

『호동서락기』는 전체 세 시기로 구분되는데 앞의 14세 때가 첫 번째이고 두 번째는 김덕희의 소실이 되어 의주부윤으로 떠나가는 남편을 따라서 그곳에서 생활하던 때의 일이다. 마지막은 김덕희가 관직을 사양하고 한강가 용산의 삼호정에서 생활하던 때이다.『湖東西洛記』라는 책 이름에 대해 금원은 글 끝에서 스스로 밝히고 있는데 錦湖(의림지) 주변의 4군이 '湖', 관동팔경과 금강산을 묶어서 '東', 남편 김덕희를 따라 갔던 의주가 '西', 책을 집필할 당시 거주지였던 서울이 '洛'이다.

금원은 스스로의 길은 스스로 선택해야 한다는 의지를 천명하면서

---

3) 이능화의『조선여속고』에 熙로 기록된 것은 誤記로 판정되었다.

유람 길에 나서는 적극적이고 자유분방한 면모를 보이는데, 이것은 각 명승지를 구경하는 태도에서도 잘 드러난다. 명승의 유람을 철저히 하기 위해 곳곳을 직접 체험하면서 그 경개를 치밀하고 구체적으로 그려 놓고 있다. 간간이 흥취를 살려 시를 짓기도 하는데, 그 양은 많지 않으나 금원의 활달하고 재치 넘치며 분방한 성향이 잘 드러난다.

『호동서락기』는 동시대에 활약했던 여류 문인들인 김운초나 朴竹西 등과 모임을 갖고 시 창작 활동을 했던 모습을 보여주는 귀중한 자료이며, 여성 시인들 역시 사대부 시인들과 마찬가지로 詩社를 결성하여 酬唱을 하고 시집을 엮어 서로 跋文을 써주는 일을 했다는 것을 확인할 수 있게 해 준다. 조선시대 여성문학은 재주가 뛰어난 개별적인 한 여성의 존재로서 자리매김되는 경우가 대부분이지만 이 시기의 이들 그룹은 동인 형태를 띠고 문학 활동을 함으로써 우리 문학사에 여성문학의 다양성을 보여주고 있다.

朴竹西는 운초나 금원에 비하면 작시 활동이 그다지 넓거나 다양하지는 않다. 그는 좌의정을 지낸 錦川府院君 朴블의 후손인 朴宗彦의 庶女로서 금원과 같은 원주 출신이며 문학 동인이었다. 전형적인 학구적 분위기의 양반가 庶女로 태어나 사대부가의 여성적 성향이 강하면서도, 서녀이기 때문에 갖는 신분적 한계는 역으로 행동 규제에 대한 부분적인 융통성을 누릴 수 있었기에 감상적 정서가 드러나는 여성적 성향도 겸비하고 있다. 죽서의 작시 활동은 시에 대한 철저한 인식과 창작 훈련을 통해서 이루어진 것이며 의식했건 안 했건 간에 자신의 신분적 결핍을 채우는데 큰 부분을 차지하였기에 더 철저하였다.

운초의 경우는 김이양에게서 정실 대우를 받고 또 어디나 같이 다녔기 때문에 밝고 긍정적인 사랑의 시를 많이 남기고 있는데 반해 죽서의 경우는 그렇지 못하였다. 그는 불행하게 아버지가 일찍 돌아가셔서 집안 살림이 매우 어려웠고 죽서는 길쌈을 하면서 집안 살림을 도와야 하는 처지였다. 그 후 언제인지 확인할 수 없지만 徐箕輔(1785~1870)

의 소실이 되었다. 그의 시에는 유난히 애상을 진하게 띠고 있는 작품
이 많은데 이는 이러한 그의 집안 내력과 함께 그의 병약했던 체질에
서도 상당 부분 기인한다.

　　　　「病後」
　　病餘已度杏花天　　앓고 나니 살구꽃 피는 시절 이미 지나가,
　　心似搖搖不繫船　　마음은 흔들흔들 매지 않은 배와 같네.
　　無事只應同草木　　일 없으니 다만 초목이나 마찬가지요,
　　幽居不是學神仙　　깊숙이 숨어살지만 신선을 배우는 건 아니라네.
　　篋中短句誰相和　　상자 속의 짧은 시들 그 누구와 화답할까,
　　鏡裏癯容却自憐　　거울 속의 야윈 모습 스스로 가여워하네.
　　二十三年何所業　　이십 삼년 세월동안 무엇을 일삼았나,
　　半消針線半詩篇　　절반은 바느질이요 절반은 시 짓느라 보냈다네.

　작자의 내면 세계를 잘 들여다 볼 수 있는 작품으로, 앓고 난 후에
울적한 심사를 독백처럼 읊어내고 있다. 특히 생의 절반은 시 짓기에
소비했다고 한 표현에서 여류 문인들이 형식적인 문필 활동에 그친 것
이 아니고 사대부 문인들 못지 않게 그들의 문학 활동이 생활화되었음
을 짐작하게 한다.

　　　　「夜坐」
　　天回斗轉月西沈　　하늘에는 북두성 돌아 달은 서쪽으로 져 가는데,
　　一炷殘燈獨照心　　꺼져가는 등잔불만 홀로 내 마음을 비추네.
　　百藥難醫腸斷處　　온갖 약도 애끊는 마음 고치기 어려우니,
　　吾生從此恨籠禽　　내 삶은 이로부터 새장 속에 갇힌 것 한스럽네.

　'腸斷'의 원인이 여류 문인들에게서 흔히 나타나는 것처럼 임과의
이별 등으로 인한 수심일 수도 있지만, 결국 자신의 삶 자체를 조망하
고 근원적인 고독감에 더욱 한을 느끼는 것이라고 보인다.

　죽서의 시는 전반적으로 이처럼 상당히 감상적이기는 하지만, 직접적으로 '恨'을 토로하는 경우는 거의 드물고, 그 '感傷性'을 흘러넘치지 않게 잘 갈무리하여 단아하고 여성적인 정서로 표출해 내는 전형성을 가지고 있다.

　徐令壽閤은 유교적 규범이 철저하게 체질화된 전형적 사대부가의 부녀로, 가부장적 사회 상황을 현명하게 받아들여 사대부가 여성으로서의 정체성을 자각한 의식 있는 여성 작가이다. 그는 영의정에 추증된 洪仁謨의 부인이며 당대의 대표적 문인으로 유명한 홍석주, 홍길주, 홍현주의 모친이다.

　어려서부터 문학 행위에 대해 통제를 받아서 능동적이지 못했고, 시를 짓게 된 것도 남편의 강권에 의해서 비로소 唐律詩를 배워 화답했다. 그래서 시 작품 대부분이 자신의 독창적인 韻字로 시상을 펼치기보다 남의 운자를 빌려 쓰는 次韻詩가 많다. 그러나 모든 사회적 상황의 제약에도 불구하고 영수합이 2백 편 가까운 다량의 시를 지을 수 있었던 것은 오히려 사대부가 여성의 특혜로서 학구적인 가정 분위기와 타고난 재질로 詩作 행위가 생활화, 체질화되어 있음을 보여주는 일면이다. 일상적 자연 공간과의 친화를 통해 자신의 이상 세계를 모색해 나갔던 사대부가 여성의 모형이라 할 수 있으며, 더구나 그러한 자신의 삶을 시 세계에 성공적으로 투영시켰던 여류 문인이었다.

　　　　「寄長兒赴燕行中」
　　先聖有遺訓　옛 성현 남기신 교훈 있으니,
　　莫若敬其身　자신의 몸 공경하는 것보다 나은 것이 없노라.
　　常存履氷戒　엷은 얼음 밟듯 조심하라는 경계를 늘 간직하면,
　　身安德日新　몸은 편안하고 덕은 날로 새로워지리라.

　연행길에 오른 아들에게 주는 시로서, 모자간의 그리움 같은 감상은 일체 내비치지 않고 다분히 교훈적인 내용을 담고 있다. 이러한 詩材

는 조선 사대부가 여성에게 모형화된 내용으로서, 유교적 규범이 사대부가 여성에게 요구하는 婦德을 당연하게 수용하면서 특권 계층의 선민의식으로 생활화·체질화했던 것이다. 이는 앞에 예를 들었던 기녀·서녀 출신 여류문인들과는 또 다른 문학 세계이며 여성문학의 층위가 한결같지는 않다는 것을 보여준다.

　조선후기에 여성들의 문학 활동이 전대에 비해 상당히 활발해진 것이 사실이기는 하지만 그러한 현상에 비해 현재 전하는 작품은 많지 않은 편이다. 그것은 앞서 언급한 대로 당시 사회가 성리학적인 사고가 강하게 지배하고 있어서 여성들의 언행이 밖으로 알려지는 것에 대해 꺼려하였기 때문이다. 그나마 현재 전하는 작품들은 그들의 출중한 문학적 재능을 아낀 가까운 후손·친척들에 의해서 기록되는 기회를 얻을 수 있었기 때문이다. 만약 그들의 문학 활동이 제대로 기록되어 전해질 수 있었다면 지금보다 훨씬 더 풍부한 여성문학의 세계를 볼 수 있었을 것이다.

3. 국문 문학의 활성화

1) 작품의 확대 ─ 사설 시조, 가사, 판소리계 소설 등

　조선시대 문학은 사대부 문학을 중심으로 주로 발달하였으나 17세기 이후엔 경아전이 중심이 된 위항문학과 서민이 중심이 된 서민문학이 성장하였다. 판소리나 국문소설, 가면극, 민요 등이 서민들의 생활과 감정을 반영하고 있는 문학의 대표격이라고 할 수 있다.

　이 시기에는 창제된 후 수백 년 동안 문학의 기능을 제대로 담당하지 못했던 한글이 본격적으로 기능을 하게 되면서 시조, 가사, 국문 소설이 비약적으로 발달하게 되었다.

　사설시조는 고려말 변안렬이 시초라고 하는 설이 있지만 사실상 그

후로 거의 명맥을 유지하지 못하였고, 조선후기에 와서 비로소 본격적인 발전을 보게 되었다. 사설시조는 이 시기에 들어서 산문정신이 가미되면서 일반 대중들의 솔직 대담한 내면 의식을 표출해내는 수단으로 활용되었다. 윤선도 이후 평시조가 생경하고도 관습적인 경향으로 흐르고, 차차 문학의 향유계층이 서민 계층으로 옮겨가면서 시조에 산문적인 경향이 첨가된 것이다.

생활과 밀착된 현실 감각을 시조에 담음으로써 관념적인 것보다 구체적인 이야기를 내용으로 하며 평민성을 강조하고 있다. 따라서, 지난날의 영탄이나 서정의 경지를 완전히 탈피하여 폭로적인 묘사와 상징적인 암유로써 애정, 거래, 수탈, 패륜, 육감 등 다채로운 소재와 주제를 다루었다. 표현상의 가장 큰 특색은 주로 해학미를 구현하고 있다는 점이다. 사설시조를 지배하는 원리는 웃음의 미학이라 할 수 있다. 현실의 모순에 대한 날카로운 반어, 중세적 고정 관념을 거리낌 없이 추락시키는 풍자, 고달픈 생활에 대한 해학 등이 주 내용을 이루며 해학미를 구사하고 있다.

가사 문학은 정철이나 박인로와 같은 특출한 경우를 제외하고는 한때 시조에 밀려 그 기세를 떨치지 못하였다. 영조 이전까지는 李元翼·李晔光·任有後 등이 가사의 명맥을 잇고 있는 정도였다. 그러나 숙종 이후 소설의 융성과 더불어 가사는 다시 번성하여 장편가사가 널리 창작되기 시작하였다. 영조 때 김인겸의 「日東壯遊歌」, 정조 때 안조환의 「萬言詞」, 헌종 때 한산거사의 「漢陽歌」, 철종 때 김진형의 「北遷歌」, 고종 때 홍순학의 「燕行歌」 등이 모두 1,000여 句에서 4,000구에 달하는 장편가사이며, 그 밖에도 유명 무명의 작가들이 창작한 수많은 가사작품이 쏟아져 나왔다. 또한 嶺南의 부녀자 사이에서 주로 유행한 內房歌辭가 많이 전해진다.

안조환의 「만언사」는 정조 시대 궁중별감이었던 그가 행패를 부려 전라도 해남에 유배된 뒤에 단장의 슬픔을 적어 그의 가정, 친척에게 전한 것이다. 「한양가」는 헌종 10년(1844) 한양거사가 지어 판각 간행한 것이다. 이는 바야흐로 당시 서울 찬가이며 서울의 길잡이나, 간혹 문명비평적인 풍류도 있어 위항인인 중인 계층에서 지은 것으로 보인다.

이 시기의 가장 특기할 만한 국문 문학의 성과로 판소리계 소설을 들 수 있다. 판소리계 소설은 판소리로 불려졌던 소설을 포함하여 판소리와 밀접하게 관련을 맺고 있는 소설을 통칭하는 것으로 평민 계층의 발랄함과 진취성을 바탕에 깔고 전승되면서 끊임없이 재창작, 개작되었다. 현실적인 경험을 생동감 있게 표현하였으며 판소리가 지닌 개방적 면모와 향유층들의 다양한 관심사, 자유로운 수용 태도, 해학과 풍자를 기본으로 하는 평민 계층의 문화적 역동성을 잘 보여 주고 있다.

판소리는 18세기를 거쳐 19세기에 전성기를 이루었는데 이때는 서민들이 성장하고 있던 시기로서 시기적으로도 서민의 성장과 관련이 있다. 판소리에는 서민들의 신분상승 의식이 표출되어 있다. 이는 판소리 작품 속에서 살펴 볼 수 있는데 주인공들은 모두 작품 속에서 신분상승의 욕구를 실현하고 있다. 춘향이가 정실부인이 되는 것이나 심청이가 황후가 되는 것, 토끼가 벼슬을 바라고 자라를 따라가는 것 등 판소리에서는 주인공들이 신분상승을 이루고 있다. 뿐만 아니라 판소리에는 서민들의 사회비판의식이 나타나고 있다. 「토끼전」에서는 지배층의 무능과 모순된 정치현실을 풍자하고 있으며, 「흥부전」에서는 빈부격차의 심화현상이나 신분제의 동요, 상품화폐경제의 발달, 지배층의 부패 등 당시의 사회상이 반영되어 있다.

2) 수요층의 증가-유통의 활성화, 상업화

이 시기에는 특히 사회 체제가 상업화되고 유통이 발달하게 되면서 문학도 상업성을 갖추게 되어 방각본, 세책본 소설이 양산되고 직업적으로 소설을 읽어주는 講談師 혹은 傳奇叟까지 출현하게 되었다. 필사본의 경우는 개인이 베끼는 경우와 세책방에서 영업적으로 하는 경우가 있는데 모두 유통 과정인 동시에 개작 과정이 되었다. 방각본의 경우는 필사본에 한계를 느낀 업자들이 인기 있는 작품들을 골라 주로 목판을 이용해 상업적인 출판을 하였는데 완판본과 경판본이 대표적이다. 강담사 혹은 전기수의 출현은 문학의 상업화와 함께 문학 담당층으로서의 수요층이 글을 모르는 일반 백성들에게까지 확대되었다는 사실을 알려준다.

조선시대의 인쇄출판 문화는 주로 관 주도로 이루어졌다. 그러다가 조선 중·후기로 오면서 사회경제 구조의 변화로 말미암아 민간에서의 관심과 열정도 커지기 시작한다. 민간의 상업적인 출판의 역사가 이 시기에 그 토대를 두고 있다고 말할 수 있을 정도로 이런저런 수많은 저작물들이 세상에 나와 바야흐로 출판의 전성기를 구가하기 시작한다. 조선시대의 출판물은 크게 두 부류로 나뉜다. 중앙이나 지방 관서에서 간행한 관판본과 민간인이 상업적인 판매 목적으로 간행한 방각본이 그것이다. 방각본의 출현은 지식, 정보의 대중화와 보편화를 의미한다는 점에서 매우 중요한 역사적 사실이다. 특정 계층에게만 국한되었던 정보들이 해방되어 일반에게 광범위하게 퍼지면서 의식의 轉變이 일어날 수 있게 된 것이다.

방각본의 성행은 정권에서 유리된 양반계층이 많아지고 신분적 좌표가 흔들리기 시작한 증거이기도 하다. 이 방각본은 후기에 와서 여성 사회의 오락물로서 한글 소설의 판각을 필요로 하게 되었고, 선비 사회나 아전들에게 필요한 편지투, 문서투의 책도 성행하였다.

貰冊房은 필사본이나 방각본을 독자들의 성향에 따라 갖추어 놓고, 요청하는 독자에게 빌려주고 돈을 받던 영리 목적의 책방이다. 고소설은 처음에는 서로 잘 아는 사람 사이에 빌려보기, 또는 轉寫에 의해 유통되었으나 소설 독자의 증가로 수요가 늘어남에 따라 세책방이 등장하였다. 세책방이 출현한 시기를 정확하게 알 수는 없으나 이덕무가 1775년에 쓴『士小節』에 "부녀자들이 집안 일을 내버려두고, 길쌈을 게을리하면서 소설을 빌려다 읽고, 이에 빠져 집안의 재산을 기울이는 사람이 있다."는 말이 보인다. 또 비슷한 시기의 채제공(1720~1799)은 『女四書』서문에서 "부녀자들이 비녀나 팔찌를 팔거나 빚을 내어 소설을 빌려다 읽는다."고 하였다. 이로 보아 18세기 후반에는 세책 영업이 활발하였음을 알 수 있다.

18세기에 대두된 세책은 당시 서울에 거주하고 있던 士類나 기타 경제적으로 부유한 계층의 부녀자들을 대상으로 하여 그들의 소설 독서 의욕의 확대에 따른 수요를 충족시키며, 종전의 개인적인 필사로부터 하나의 상업적인 대량생산의 형태로 전환시키고자 하는 새로운 의도에 따라 이루어졌던 문예 진흥의 현상이라고 볼 수 있다. 이와 같은 세책의 점진적인 확대는 그 수용자들의 확산과 더불어 독서 의욕을 한층 고취시켰음은 물론, 세책방을 통한 舊作의 대량 필사와 아울러 독자층의 다양화에 따른 욕구를 충족시키기 위하여 새로운 작품도 많이 창작되는 계기를 마련하였다.4)

4. 19세기 사대부 문학의 전개와 위상

국문 문학의 발달과 맞물려서 그동안 문학의 주류로서 확고부동한 위치를 누려왔던 정통 사대부 문학인 한문학은 조선후기의 사회적 혼란 및 체제의 몰락과 운명을 함께 하여 쇠퇴의 길을 걷게 되었다.

이 시기에는 전통적인 古文 글쓰기에 비해 새로운 경향의 글쓰기가 성행하였는데, 그것은 이른바 小品文이라고 하는 것으로서 이 시대 산

---

4) 大谷森繁,「朝鮮後期의 貰冊 再論」, 이윤석 외 편저,『貰冊 古小說 研究』, 혜안, 2003.

문의 독특한 경향을 드러내 보여준다. 소품문은 기존의 틀에 박힌(모범적인) 상투적인 당송 고문에 비해 발랄한 개성을 보여주는 글이다.

정통 한문학의 경우 각각의 호를 따서 '淵臺文章'이라고 일컬어지듯 淵泉 洪奭周와 臺山 金邁淳이 이 시대를 대표하는 大家로서 사대부 문학의 수준을 유지했으나 전반적으로는 과거의 영화를 이어가기에 미약했다. 이 두 사람은 산문, 즉 이른바 전통적인 古文에서 일가를 이루어 대가로 인정되는 사람들이며 시에 있어서는 후기 四家 이후 두드러지게 내세울 만한 인물이 나오지 않게 되었다. 그나마 이름난 시인들로는 강위, 김택영, 황현 등을 들 수 있는데 이들은 이른바 '韓末 3大家'라고 하듯이 조선의 마지막을 장식하는 대표 시인들이라고 할 수 있다. 그러나 이들은 정통 사대부 출신이 아니어서[5] 이들의 활약에도 불구하고 사대부 문학의 침체는 어쩔 수 없는 현상이었으며 문학의 주도권은 서서히 국문 문학으로 넘어가는 단계에 들어서게 되었다.

1) 小品文 글쓰기의 성행

소품문이 유행하던 시기는 영정조 연간으로서 이른바 실학시대이다. 이때는 사신들에 의해 청나라 신학문의 조류가 서적 등을 통해 대량으로 유입되었으며, 여기에는 기존의 전통적인 글쓰기 양식과는 다른 명말청초의 자유로운 문체의 소품문이 적지 않게 포함되어 있었다. 이러한 명청 소품은 전통적으로 글쓰기의 모범으로 간주되어 온 당송 고문에 식상해 있던 신진문인들과, 서울의 도시적 분위기와 함께 새로운 학문에 관심을 갖던 북학파 문인 학자들을 중심으로 쉽게 받아들여져, 새로운 시대 조류와 함께 개인의 감정을 자유롭게 표현하고자 하는 일군의 문학 운동으로 펼쳐지게 되는 계기가 되었다.

소품문은 기존의 문학관에서 보면 이단적인 성격이 있지만 현대적

---

5) 정옥자, 『조선후기 문학 사상사』, 128쪽.

인 관점에서 본다면 하나의 혁신이다. 거의 대부분의 한문 문학 장르가 그렇듯이 소품문도 물론 중국에 그 연원이 있다. 명나라 말기에 백성들이 유리되는 현실과는 아무런 상관없이 나라의 공덕과 태평만을 칭송하는 臺閣體와 복고주의의 매너리즘에 반발하여 소품문이 형성되었던 것이다. 이러한 탄생 배경으로 인하여 소품문은 자연히 주제나 소재, 수사법 등에서 혁신적인 성향을 띨 수밖에 없었다.

조선시대의 문학은 성리학적 세계관을 기본 토대로 하여 그 사고방식 안에서 사상과 감정을 표현해 내는 것이 기본이었다. 일정한 격식과 품위를 갖추어야 이른바 典雅하다는 평가를 받고 문장으로 인정이 되었으며, 그렇지 않을 때는 문장을 '모르는' 것으로 냉정하게 置之度外되었다. 그러나 소품문에서는 그러한 격식·틀에서 벗어나 자유롭고 개성적인 표현을 추구하여서 발랄하고 생명력 넘치는 표현을 거리낌 없이 구사하기에 이른 것이다. 이는 바로 조선 사회가 정치 체제면에서는 혼란을 거듭하고 몰락의 길로 접어들었지만 백성들 개인의 생활에서는 신분제의 억압이 느슨해지고 여러 가지 사회적 제약이 완화되는 근대 지향의 문화적 분위기와도 맞물려서 발생한 문학적 현상이었다고 평가할 수 있을 것이다.

2) 정통 한문학의 마지막 모습-홍석주, 김매순

조선후기에 소품문이 풍미하게 되자 전통 고문의 가치관을 고수하는 정조는 이를 못마땅하게 여겨 이른바 文體反正을 통해 문풍을 되돌리고자 하였다.6) 이와 같은 정조의 문장정책에 적극적으로 호응하고 모범을 보인 인물이 홍석주와 김매순이다. 이들은 정조의 문체반정 이후 잠시 숨을 죽이는 듯 하다가 다시 성행하게 된 소품문을 부정적·

---

6) 정조가 문체반정을 시도한 것은 물론 소품문 때문만은 아니고 經學과 科文이 분리된 현상, 중국에서 들어온 考證學과 함께 문제 삼은 것이다.

비판적으로 바라보면서 자신들의 입론을 통해 이러한 흐름에 대한 비판적 대안을 구체적으로 제시하였다. 정조의 문체반정 정신을 구현하고자 했던 홍석주와 김매순이 견지한 문학 이념은 기본적으로 '道文一致'이다. 이것은 전통적인 載道論의 문학관이다.

홍석주는 당대의 고증학만을 중시하는 경학 풍토를 비판하고, 문학을 하는 사람들이 오로지 소품문만을 익혀 원굉도나 전겸익이 한유·구양수, 이백·두보보다 더 뛰어나다고 여기는 풍토를 개탄하였다.[7] 그의 소품문에 대한 비판은 문학에 종사하는 사람들이 世道와는 무관한, 흥미 위주의 글쓰기에 매달리는 일련의 경향을 비판한 것이다.

김매순은 주자의 책에서 중요한 것은 도학이지만 주자가 공자·증자·자사·맹자의 도를 후세에 전할 수 있었던 이유는 이들이 문을 통해 도를 전달하였기 때문이라고 하였다.[8] 이처럼 그는 기본적으로 문과 도가 결코 별개의 것으로 분리될 것이 아니라는 점을 강조하고 있다. 또한 그는 문장이라고 하는 것이 도학가들로부터 달갑게 여겨지지 않았던 저간의 사정이, 문장에서 도의 내용은 담지 않은 채 雕蟲篆刻하는 무리들 때문이었음을 지적하였다. 김매순은 문은 도의 짝이기 때문에 도를 떠난 문은 있을 수 없다고 하였다.[9] 즉 기본적으로는 도를 근본으로 삼아야 함을 강조하면서 이 둘의 합일을 추구하고 있다.

홍석주와 김매순의 산문 이론은 당대 산문계에 대한 자기들 나름대로의 진단, 다시 말해서 의고주의적 경향, 소품문적 경향, 그리고 '重道輕文'적인 일부 지나치게 보수적인 문인학자들을 비판하면서 '순정'의 방향으로 이끌기 위한 의도가 자리하고 있으며, '義理, 考據, 詞章'을 합일하고자 했던 자신들의 내적 욕구가 덧보태진 결과라고 할 수 있다.

7) 홍석주, 『연천전서』Ⅶ, 卷2, 「鶴岡散筆」.
8) 김매순, 『대산전서』Ⅰ, 卷7, 「朱子大全箚疑問目標補序」.
9) 김매순, 위의 책, 卷8, 「題李審夫文卷」.

3) 한말 3대가—강위, 김택영, 황현

姜瑋는 武班 가계에서 태어나 부친과 형님, 조카와 아들, 손자들이
모두 무과 출신이었지만 그는 홀로 무과에 응시하지 않고 뛰어난 학식
과 詩才로 한 시대를 대표했던 인물이다. 그는 문신으로 입신할 생각
으로 향시에 응시하기도 했으나 신분적 제약 때문에 불가능하다는 것
을 깨닫자 이를 단념하고 생애의 대부분을 방외인적인 행동으로 보낸
奇人이었다.

강위의 시 세계는 대체로 개인적인 정감을 노래한 서정시와 비분을
노래한 우국시가 주를 이루고 있는데, 이 같은 작품 경향은 한시에서
특이한 현상은 아니다. 한시의 전통에서 볼 때 개인적인 서정과 사회
적 문제의식이 공존하는 경우는 수많은 시인들에게서 나타나는 현상
이기 때문이다. 최고 시인이라고 하는 두보는 말할 것도 없고, 대표적
인 실학자인 다산 정약용의 경우도 그의 사회시가 많은 주목을 받고
있지만 오히려 뛰어난 문예미를 갖춘 시는 田家詩類를 비롯한 서정시
에서 찾아 볼 수 있다.[10] 따라서 강위의 경우에도 다른 갈래의 작품 경
향이 공존하는 것은 특이점이라고 할 수 없지만 주목할 점은 문학 이
론을 뚜렷하게 내세워 상이한 작가 의식의 근원을 밝히고 있다는 것이
다.

먼저 강위는 스승인 김정희가 주창한 성령설의 충실한 계승자가 되
고 있다. 청의 袁枚를 종주로 하는 이 성령설은 '詩必盛唐'을 부르짖던
의고문파에 대한 강한 반격이라고 할 수 있다. 성당시가 한시의 가장
높은 수준임을 부인할 수는 없지만 여기에만 얽매이면 자신의 개성은
뒷전에 밀리는 것이다. 시를 교화의 수단이 아니라 개성의 표현이라고
생각하는 그의 문학관은 조선후기 정치 참여의 길이 막혀 있던 위항
시인들에게 적극적으로 받아들여졌다.

그러나 강위의 생애 후반기는 적극적인 정치 참여가 이루어지며, 이

---

10) 윤재환, 「茶山의 田家詩 硏究」, 연세대 석사학위논문.

처럼 정치 일선에 참여하면서 時勢를 한탄하는 우국 시인의 모습을 보게 되는데, 이 같은 우국시는 성령설과는 궤를 달리하는 문학적, 사상적 태도의 결과물이라는 평가를 받는다.

김택영은 한문학사의 종막을 장식하는 대가로서 시에서의 黃玹과, 文에서의 이건창과 병칭된다. 그는 시에 뛰어났을 뿐만 아니라 고문가로서도 일가를 이루어 '文章一道'를 주장하였으며, 우리나라 고문의 전통과 맥락을 독자적으로 체계화시켰다. 김택영은 적지 않은 작품들이 애수와 통곡의 정조를 보여준다. 이는 조선말 혼란기와 망국의 경험을 한 시인으로서 내면의 슬픔과 울분을 작품에 반영한 결과이다. 이는 그의 시 작품의 제약성인 동시에 시 세계의 특징이기도 하다. 그의 시는 호방하고 화려하여 神韻을 중시하는 경향이 있다. 중국 망명 이후에는 주로 우국적인 시작품을 많이 썼다. 특히, 망국의 한을 작품 속에 담아 내어 지식인으로서의 고뇌를 표출하였다. 「嗚呼賦」는 대표적인 작품으로 그의 역사 인식을 잘 보여주고 있다.

그의 작품이 한을 주조로 하는 제약성이 있지만 당대의 대가로서 손색이 없어서 수많은 평자들이 그의 작품에 대해 높은 평가를 하기에 주저하지 않았다.

황현은 전통의 계승을 중요시하면서도 전통의 구속을 벗어나 거기에 비판적으로 알맹이를 섭취하여 새로운 創新으로 그 시대의 문체를 형성해야 한다는 견해를 보여주었다. 그는 「李石亭에게 주는 답장」에서 무비판적으로 법, 즉 전통에 얽매어 있는 그릇된 견해를 비판하고 전통 계승과 創新의 변증법적인 관계를 주장하였다. 이는 사실 연암이 주장한 '法古刱新'과 맥이 통하는 문학관이며 황현은 이러한 문학관을 자기의 시문학 창작에 실천적으로 반영하였다.

황현의 시문학의 주제는 다양한데 애국적 감정을 노래한 우국시, 농촌 풍경과 농민을 동정한 애민시, 조국 산천에 대한 사랑을 읊은 서경시 등이 주류를 이룬다. 특히 애국시의 경우 임진왜란 때 나라를 위해

뛰어난 활약을 보인 이순신, 김덕령, 논개 등의 인물 형상을 빌려 애국
적 감정을 노래하기도 하였다. 그 중에서도 특히 장편 고시인 「李忠武
公龜船歌」가 유명하다. 이는 일제 강점이 노골화되던 시점에 과거에
왜적을 물리친 경험을 상기시켜 자주 독립의 혼을 일깨우고자 한 의도
가 강하다고 볼 수 있다.

　이들 3대가 외에 李建昌이 이 시기에 두드러진 문인이다. 李建昌을
포함하여 4대가로 부르기도 한다. 이건창은 15세로 문과에 급제하여
23세에 書狀官으로 청나라에 가서 黃珏 등 학자와 교류하고 『黨議通
略』등 저서를 남겼다. 이들을 마지막으로 한문학은 사실상 종말을 고
하게 된 셈이며 우리 문학의 뒤안길로 영영 사라지게 되었다.

5. 맺음말

　이 글은 '조선시대 국가 경영의 이상과 현실'이라는 대주제 아래 조
선시대의 주요 사회 변동기를 중심으로 그 시대의 문학적 대응 양상을
살펴보는 작업의 일환으로 이루어진 것이다.

　첫 단계로는 '조선의 건국과 經國大典 체제의 형성'이라는 하위 주
제 아래 「조선전기 주자학적 세계관의 확립과 載道論的 文學觀의 확
산」을 소주제로 하여, 주자학이 국교로서 확고하게 자리 잡으면서 문
인들 사이에 '道主文從'의 載道論的 문학관이 자리잡게 되는 사실을
밝혔다. 특히 조선 전기의 문인들을 도학파와 사장파로 나누어 서로
문학과 도에 대한 견해가 상반된 것처럼 논의되어 온 것은 현상을 제
대로 파악하지 못한 것이며, 실제로 당시의 문인들은 그처럼 명확하게
이분법으로 나뉘는 것이 아니고 거의 대부분 재도론적 문학관을 견지
하였다는 것이 주안점이다.

　두 번째로는 '조선후기 체제 변동과 續大典'이라는 하위 주제 아래

「17세기 民族文學의 자각과 主體的 文學觀의 전개」를 소주제로 하여 壬丙 양란 이후 급격한 사회 변동을 겪으면서 國家再造의 차원에서 체제를 정비해가고 새로운 질서를 잡아가는 과정에서 문학은 어떻게 대응하고 변화했는지를 살펴보았다. 주요 논점은 기존의 정통 한문학 위주의 재도론에서 벗어나 국문 문학의 가치를 새롭게 평가하였으며, 한문학에서도 典範으로서의 중국적 색채 일변도에서 탈피하여 우리 고유의 정서를 작품에 담아내면서 주체성을 자각하였다는 것이다. 委巷文學이 성장함에 따라 기존의 天機論이 재해석되면서 위항인들의 문학 활동의 이론의 근거로 뒷받침되었다는 것도 특기할 만한 점이다.

이 글은 위의 단계에 이어서 조선후기의 사회상에 다른 문학의 양상을 살피기 위한 것이었으며, 하위 주제는 '勢道政權期 체제 변동과 『大典會通』의 성립'이다. 여기서 다룬 조선후기는 주로 18세기 후반에서 19세기 중후반에 이르는 기간이었다. 이 시기는 당쟁과 세도정치의 누적된 병폐 및 여러 모순이 노정되면서 극심한 사회변동을 겪게 되는데, 주요 변혁기마다 그 대응책으로 법전 체제를 정비했듯이 고종 2년(1865)에 『大典會通』의 편찬을 보게 된다. 趙斗淳, 金炳學 등의 주도로 편찬된 『大典會通』은 壬戌 민란을 수습하고 국가체제를 강화하는 과정에서 탄생하게 된 것이다.

문학이 사회 상황을 반영한다는 것은 동서고금을 막론하고 주지의 사실이다. 조선시대는 바로 앞 시대의 왕조였기 때문에 우리 역사상 어느 왕조보다도 그 의미가 중요하며 가장 많은 역사 연구의 관심 대상이 되고 있다. 그 시대를 뒤돌아보면서 각 시대별로 사회변동의 과정에 나타나는 여러 가지 숨意들을 조명하는 작업의 일환으로 문학의 대응 양상을 살펴보았으나, 주어진 전체 연구 주제의 성격상 문학사에 있어서 새로운 사실을 밝혀내는 연구 성과는 기대하기 어려웠다는 것이 필자로서 아쉽게 느끼는 점이다.

古禮 중심의 禮敎 사상과
그 經學的 토대에 대한 고찰
－茶山의 『喪儀節要』와 『朱子家禮』의 比較를 중심으로

장 동 우*

1. 들어가는 말

17세기 예 연구는 왕실의 전례 문제라는 구체적인 사안을 기화로 그 경전적·이념적 근거를 검토한 동아시아 경학사상 유례를 찾아보기 어려운 정치한 논쟁이었다. 이 때 중심이 된 경전은 주지의 사실이듯이 『儀禮』였다. 아울러 17세기에 들어서 조선의 주요한 학자와 대부분의 가문은 가례에 대한 독자적 양식을 가질 뿐 아니라 고례에 대한 정밀한 지식을 기반으로 국가의 주요한 전례 가운데 미흡한 부분을 보완하는 개혁을 추진한다. 예를 들어 金長生과 金集의 『家禮輯覽』, 尹宣擧(1610~1669)와 兪棨(1607~1664)가 함께 완성한 『家禮源流』 등이 그것이다.

이어지는 18세기의 학자들은 청대 고증학적 연구기풍을 일부 수용하여 성리학적 이론 틀에 입각해서 고례인 삼례서에 대해 경학적으로 해명하는 작업에도 주력한다. 이 시기 학자들이 특별히 『禮記』에 주의를 기울인 것도 바로 이러한 관심의 결과였다. 『의례』에 대한 연구는

---

* 연세대학교 국학연구원 연구교수, 한국철학

필연적으로『예기』에 대한 연구로 이어질 수밖에 없는 것이다.『의례』
는 儀式에 관한 매뉴얼식의 기록이고,『예기』는 의식에 함축된 의미
내용에 대한 해석들이기 때문이다.[1]

성호는 삼례서에 대한 專著를 남기지 않았지만 제자들과 주고받은
서신에서 언급되는 많은 논의들은 고례에 근거하여 예론을 수립하려
는 노력을 보여준다.[2] 이와 함께 성호는 당시 예설을 주장하는 사람들
이『주자가례』가 완비되지 않았다는 것을 빌미로『의례』중의 번쇄한
의절들을 편입시키고자 하는 것에 대하여 '주자의 본지가 아니다'라고
비판한다. 그는 주자의 본지를 예가 폐기된 뒤라서 고례는 졸지에 거
행할 길이 없으며 겸하여 시대도 달라지고 사세도 바뀌었으니, 구태여
옛날의 예를 다 행하려 들 필요도 없으므로 별도로『주자가례』를 만든
것이라고 해석한다. 성호의『禮式』은 '기본적으로『주자가례』의 체제
에 따르면서 조선의 예학의 성과와 고례를 이용하여 보완한 것이지만,
匹庶의 신분이 준행하는 가례의 형식을 제시하였다는 점에 큰 특징이
있다'[3]고 평가되는 것도 바로 이 때문이다. 이러한 문제의식은『예식』
을 통해 '신분에 맞는 예제의 준행'과 '불필요한 비용의 절약'에 초점을
두고 전개된다.

성호 사후 성호 문하에서『예식』은 두 방향으로 보완된다. 하나는
지나치게 간소화된 형식을『주자가례』의 체제에 맞추어 보완함으로써
『주자가례』와의 차이를 줄이는 방향이고, 또 하나의 방향은 고례의 원

---

1) 金在魯(1682~1759)의『禮記補注』는 그 대표적 저작이다. 진호의『예기집설』
   에 대하여 잘못 되거나 미흡한 부분을 보완하는 것이 주된 관심이지만, 정현
   에서 당대 연구에 이르는 성과들을 세밀히 분석하면서 불분명하거나 잘못된
   것들을 지적하고 바로 잡았다.
2) 李俸珪,「실학의 예론」,『韓國思想史學』제24집, 한국사상사학회, 2005, 123
   쪽. 성호의 예설에 대해서는 이밖에도 裵相賢,「星湖 李瀷의 禮學思想」,『태
   동고전연구』10, 태동고전연구소, 1993 ; 李迎春,「星湖 李瀷의 禮學과 服制
   禮說」,『국사관논총』, 국사편찬위원회, 1998 참조.
3) 李俸珪, 위의 글, 123쪽.

칙에 입각하여 『주자가례』와 『예식』을 넘어선 새로운 가례서를 정립
하는 방향이다. 전자는 順菴의 문하에서 주로 나타나고 후자는 茶山에
게서 발견할 수 있다.4)

본 논문은 17세기 이후 나타난 고례중심주의적 양상이 18세기 이후
어떻게 전개되는지를 『주자가례』에 대한 다산의 대응을 중심으로 고
찰하고자 하는 것이다. 그 과정에서 성호에서 다산으로 이어지는 영남
학파의 고례에 대한 입장이 사계와 우암으로 이어지는 기호학파의 고
례중심주의와 어떠한 점에서 차이가 있는지, 아울러 성호의 예학적 문
제의식과 대비되는 다산의 문제의식은 무엇인지를 밝혀보고자 한다.

2. 다산 『상의절요』의 성립과 구성

1) 『상의절요』의 성립과 체재

성호는 『주자가례』가 관료로 진출한 사대부 계층을 위한 것이어서
일반 士庶에게는 신분적으로 그리고 재정적으로 맞지 않는다는 점에
서 재검토한다. 성호는 자신과 같은 匹庶들이 실행할 수 있는 일반 서
민을 대상으로 하는 가례규범을 재정립할 필요가 있다고 판단한다. 그
는 자신의 집안에서 사용하기 위한 가례규범을 일생동안 재구성하였
는데, 그것은 사후 『예식』으로 묶여 이후 성호 집안의 실질적 가례규
범으로서 전승된다. 이처럼 성호는 고례에 의거하여 『주자가례』의 틀
을 벗어날 뿐 아니라, 고례에 없는 서민을 위한 가례 형식을 만들어냈
다.

다산은 『주자가례』가 "한 집안의 예이고, 천하의 예가 아니다"라는
원론적인 입장을 견지하면서도, 당시 대부분의 사람들이 『주자가례』를
존숭한다는 사실을 근거로 "천하만국의 예라고 하더라도 안 될 것이

---

4) 李俸珪, 위의 글, 124쪽.

없다"5)고 본다. 이러한 인식은 성호의 경우와도 크게 다르지 않다. 그러나 『주자가례』에 대한 표면적 존숭의 태도와는 달리 다산은 내면적으로는 『주자가례』를 대체할 새로운 士禮의 구상을 진전시킨다.

다산은 1803년 「喪儀匡」을 시작으로 1807년 「喪具訂」, 1809년 「喪服商」, 1811년 「喪期別」에 대한 저술을 끝마친다. 그러나 『喪禮四箋』은 50권 17책의 방대한 저술로 참고하고 사용하기에 불편하여 절요본에 대한 요구가 계속 있었다.6) 당시 관·혼·상·제의 四禮는 『주자가례』가 보급되어 일반적으로 사용되고 있었으므로 사용에 편리한 절요본의 보급은 결국 『주자가례』를 대체하는 성격을 띨 수밖에 없는 것이다.7)

다산은 이러한 요구에 대하여 "사회적 신분의 차이가 있고, 경제적 능력이 다르고, 과거의 현재의 상황이 다르고, 중국과 조선의 풍속이 다르고, 성격과 기호가 편중되고, 지식과 취향이 각각 달라 이것저것을 참작하여 회통하는 일은 정말 어려운 것"8)이라는 판단을 근거로 주저하다가 1815년 겨울 맏아들인 學淵이 병시중을 들기 위해 와 있으면서 절요본을 만들도록 거듭 요청하자 "동시대에 공개하는 것은 내가 감히 할 수 없지만, 자손들을 훈계하기 위한 것이라면 어찌 사양하겠는가?" 하고는 "한 집안에서 사용하기 위한 의도"9)에서 『상의절요』를 편찬한다. 여기에 1808년(47세)에 저술한 『祭禮考定』 2권과 1810년(49세)에

5) 『與猶堂全書』 I-12(第1集 第12卷, 신조선사본의 책수와 권수, 이하 같음), 「羅氏家禮輯語序」, "天下有道, 非天子不議禮. 道旣衰, 禮在一家, 此朱子所以名其禮曰家禮. 家禮也者, 明一家之禮, 而非天下萬國之禮也. 然今之言禮者, 率以家禮爲禮家之祖宗. 今雖謂之天下萬國之禮, 靡不可也".

6) 『喪儀節要』 卷1, 「序」, 3쪽, "博而不約, 覽者病之, 願有節要文字".

7) 劉權鐘, 『다한 예학의 연구』, 고려대학교 박사학위논문, 1991, 126쪽.

8) 『喪儀節要』 卷1, 「序」, 3쪽, "貴賤異位, 富貧殊力, 古今異宜, 華東殊俗, 性好各偏, 識趣隨別, 參酌會通, 其事實難也".

9) 『喪儀節要』 卷1, 「序」, 3쪽, "公諸一世, 非余所敢, 戒子訓孫, 又何辭焉. 遂錄如左, 以備一家之用".

완성한 『嘉禮酌儀』(「冠禮酌儀」와 「婚禮酌儀」 각 1권) 2권을 합하여 『四禮家式』이라 불렀다.10)

『상의절요』는 모두 6권으로 구성되어 있다.11) 권1에는 始卒, 襲含, 小斂, 大斂, 成服, 成殯 조목이, 권2에는 啓殯, 朝奠, 發引, 窆, 反哭, 虞祭, 卒哭・祔, 小祥, 大祥, 禫祭, 奔喪, 居喪之制 조항이, 권3에는 1815년 겨울 아들인 丁學稼와『상의절요』의 권1에 해당하는 시졸부터 성빈까지 문답한 내용이 실려 있다. 권4는 1816년 제자인 李綱會가 부친상을 당하여 상례에 대하여 자주 질문을 하자 ‘殯’ 이전은 학가와 문답한 내용을 가지고 대답을 하고, 계빈이하 담제까지에 관한 문답을 새로 1편으로 구성한 것이다. 권5는 1803년 강진에 있을 때 예서를 읽으면서 차기한 「禮書箚記」 1권을 정리되지 않고 쌓여 있던 원고더미에서 찾아 1816년에 『상의절요』의 뒤에 첨부한 것이다. 권6에는 1811년 작성한 「本宗五服圖」와 「五服沿革表」가 실려 있다.

『주자가례』는 상례의 경우 ① 初終堂 ② 沐浴堂・襲堂・奠堂・爲位堂・飯含堂 ③ 靈座堂・魂帛堂・銘旌堂 ④ 소렴[袒・括髮・免・髽・奠・代哭] ⑤ 대렴 ⑥ 성복 ⑦ 조석곡・전・상식 ⑧ 弔堂・전・賻堂 ⑨ 問喪堂・奔喪堂 ⑩ 治葬堂 ⑪ 遷柩堂・朝祖堂・전・부・陳器堂・朝奠堂 ⑫ 遣奠堂 ⑬ 발인 ⑭ 及墓堂・하관・祠后土堂・題木主堂・成墳堂 ⑮ 반곡 ⑯ 우제 ⑰ 졸곡 ⑱ 祔堂 ⑲ 소상 ⑳ 대상 ㉑ 禫堂 ㉒ 居喪雜儀堂 ㉓ 書式堂 등의 표제 밑에 그에 관련된 의식을

---

10) 이보다 앞서 1805년에는 적소로 찾아온 아들 학연과 강진현의 북쪽 5리 정도에 위치한 僧菴에서『易』과『禮』를 공부하면서 문제가 되는 부분들을 정리한 「僧菴禮問」이 있다.

11) 6권의 체재는 규장각 소장 俟菴經集 시리즈의『喪儀節要』의 편차를 기준으로 한 것이다. 현재 신조선사본에『與猶堂全書』에는 俟菴經集 시리즈『喪儀節要』의 권1, 권2, 권3, 권4를 「상의절요」 권1로 합편하고, 권5, 권6 그리고 「祭禮考定」 2권을 묶어 권2로 배치하고 있다. 본 논문에서는 사암경집 시리즈의 권차를 따르되 찾아보기 편리하도록『여유당전서』의 면수를 기록하는 방식을 취하고자 한다.

설명하는 방식으로 구성되어 있다. 이에 비해『상의절요』는 ① 시졸 ② 습·함 ③ 소렴 ④ 대렴 ⑤ 성복 ⑥ 성빈 ⑦ 계빈 ⑧ 조전 ⑨ 발인 ⑩ 폄·반곡 ⑪ 우제 ⑫ 졸곡·부 ⑬ 소상 ⑭ 대상 ⑮ 담제 ⑯ 분상 ⑰ 거상지제 등의 표제 아래 관련 의식을 기록하고 있다.

　표제항의 분류에서 보이는 특징적인 사실은『상의절요』의 경우는 거행되는 '儀式'을 시간순서대로 일목요연하게 정리하고 있다는 점이다. 이는 창졸간에 벌어진 사랑하는 사람의 죽음이라는 사태를 儀禮에 맞게 처리하고자 그에 관한 자료를 찾고자 할 때, 참고하는 사람의 편의를 세심하게 배려한 것으로 판단된다. 바로 이 점에서『주자가례』가 '의식'과 그것에 부속된 '儀節'을 뒤섞어 기술하고 있는 것과는 차이가 있다. 즉『주자가례』가 중심이 되는 의식과 그것의 구체적 의절을 구분하지 않고 있다는 것이다. 이 점은『주자가례』가 위작이거나 아니면 최소한 주자 초년의 정리되지 않은 작품일 것이라는 주장에 힘을 실어주는 논거의 하나가 될 수 있다.

　『喪禮備要』는『주자가례』의 이러한 문제점을 자각하고 의식과 그에 부속된 의절을 분리하고 있다. 예를 들어『주자가례』의 ② 목욕·습·전·위위·반함이라고 되어 있는 표제를 습으로 정리하거나, ④ 소렴[袒·括髮·免·髽·奠·代哭]으로 되어 있는 것을 소렴으로, ⑧ 弔·전·부로 되어 있는 것을 弔로, ⑪ 천구·조조·전·부·진기·조전이라는 항목을 계빈으로, ⑭ 급묘·하관·사후토·제목주·성분을 及墓로 정리한 것 등이 그것이다.[12] 이와 함께『상례비요』는『주자가례』의 ③ 영좌·혼백·명정, ⑦ 조석곡·전·상식, ⑫ 견전, ⑬ 발인 등의 표제항을 제거하여 각각이 독립된 의식의 단위로 오해될 소지를 없애고 앞의 의식에 연결된 것임을 보여주고자 하였다. 또한 ⑭에 부속되어 있던 成墳 항목을 독립된 항목으로 분리한다.『상례비요』의 개

---

　12)『沙溪先生全書』卷31,『喪禮備要』.『喪禮備要』와『朱子家禮』의 체재 비교에 관해서는 고영진, 앞의 글, 1995, 150~157쪽 참조.

정 표제항은『사례편람』에도 두 군데만을 제외하고는 관철된다.『사례편람』에서는『주자가례』의 ⑪ 천구·조조·전·부·진기·조전의 표제를 계빈으로 수정한『상례비요』와는 달리 遷柩라고 재개정하고,『상례비요』에서 제거했던 ⑬ 발인을 원래대로 회복시킨다.

해당 표제항에 부속되어 있는 구체적인 의식의 경우,『상의절요』는『상례사전』「상의광」에 기술되어 있는 내용을 참고하기 편리하도록 관련 부분을 조항의 끝에 명시하고 있다는 점이 눈에 띈다. 즉『상의절요』를 시행하거나 보다가 의문 나는 점이 있으면「상의광」의 관련 부분을 찾아보도록 이른바 각주를 달아 놓았다는 것이다. 이는『상의절요』가「상의광」의 저술을 토대로 마련된 것임을 단적으로 보여준다.

2)『상의절요』의 구성과 내용

『상의절요』는 중심이 되는 儀式을 표제로 제시하고 그 밑에 구체적인 儀節과 그에 필요한 喪具나 器物들을 제시하거나 의절을 보충 설명하는 방식으로 구성되어 있다. 이하 본 절에서는 각각의 의식에 해당하는 세부 의절을 중심으로 분석하기로 한다.

(1) 始卒

시졸에는 모두 18개의 조항이 포함되어 있다.

① [士喪禮·記] 질환이 있으면 남자는 外寢에 거하고 부인은 內寢에 거처한다.(有疾, 男子居外寢, 婦人居內寢.)
② [士喪禮·記] 질환이 심해져 운명하시면 안팎을 모두 청소한다.(疾革, 內外皆掃.)
③ [士喪禮·記] (벗겨놓았던) 속옷을 제거하고 새 옷으로 덮어 가리며, 촉광을 한다.(徹褻衣, 加新衣, 屬纊.)
④ [俗禮] 시신을 수습한다. [지금의 풍속을 따른다.](收體. [從今俗.])

⑤ [士喪禮·記] 남녀가 화려한 옷을 (흰색의 도포와 엷은 색의 치마 저고리로) 갈아입는다.(男女改服.)

⑥ [禮記·問喪] 상주를 세우고, 상투를 풀어 좌우로 늘어뜨리고, 웃옷의 옷깃을 허리띠 안쪽으로 넣고, 손을 마주 잡고 곡한다. [상투를 풀어 좌우로 늘어뜨리는 것은 당나라 때의 예이다.](立喪主, 披髮, 扱上衽, 交手, 哭.[披髮, 唐禮也.])

⑦ [士喪禮] 尸牀과 자리를 진설하여 눕히고, 시신을 남쪽 창 아래로 (머리를 남쪽으로 하여) 옮기며, 이불로 덮는다.(設牀第, 遷尸于牖下, 以衾覆之.)

⑧ [士喪禮] 招魂을 한다.(復.)

⑨ [反古禮] 楔齒(시신의 치아 사이에 角栖를 사용하여 끼워 치아를 벌려 놓음)하지 않고, 綴足(燕几를 사용하여 다리를 일정하게 고정시켜 놓음)하지 않는다.(不楔齒, 不綴足.)

⑩ [士喪禮] 전을 진설한다.(設奠.)

⑪ [朱子家禮] 아침저녁이 되면 음식을 올린다.(値朝夕則上食.)

⑫ [士喪禮] 마루에 휘장을 친다.(帷堂.)

⑬ [士喪禮] 남녀가 곡할 자리를 바르게 한다.(正男女哭位.)

⑭ [朱子家禮] 護喪과 司書와 司貨를 세운다. [『주자가례』에 보인다.](立護喪·司書·司貨. 見『家禮』.])

⑮ [士喪禮] 부고를 낸다.(告訃.)

⑯ [反古禮] 손님이 조문을 온 경우에, 주인은 일어나지도 절하지도 않으며 稽顙을 한 상태에서 곡하고 답례의 말을 하지 않는다.(有賓來弔, 主人不起·不拜, 稽顙哭, 不答言.)

⑰ [朱子家禮] 관을 만든다. [『주자가례』에 보인다.](治棺. [見『家禮』.])

⑱ [士喪禮] 銘을 설치한다. [「상구정」에 의미가 상세하다.](設銘. [義詳「喪具訂」.])

① 「사상례」의 記文인 "사는 적침에 거처하며, 북쪽 창 아래에서 동쪽으로 머리를 둔다."[13]고 한 것과 『예기』「옥조」 "군자가 거처할 때

는 항상 문을 마주 대하고, 잠을 잘 때는 항상 머리를 동쪽으로 한
다"14)는 것을 근거로,『주자가례』의 "병환이 나면 정침으로 옮겨 계시
게 한다"15)는 조항을 수정한 것이다. 정현은 이것을 '군주가 와서 보는
때'의 특별한 의식으로 해석하지만, 다산은 士가 평상시 거처할 때의
일상적인 상황을 가리키는 것으로 본다. 즉 다산은 사의 경우 평소 적
침(즉 정침)에 거처하고 이곳에서 예가 행해지는 것이 분명하므로 '정
침으로 옮겨 계시게 한다'고 언급할 필요가 없다는 것이다. 게다가 '疾
病'이란 단순히 '질병에 걸렸다'는 것이 아니라 '병환이 심해졌다'는 뜻
으로, 이때 이미 그 사람은 운명한 상태이지만 요행을 바라고 애처로
워하면서 갑작스런 죽음을 받아들이지 못하는 마음을 '질병'이라는 표
현을 통해 우회적으로 표현한 것으로 본다. 따라서 병환이 이미 심해
져 운명했는데 시신을 옮기는 것은 情理에도 맞지 않는다고 주장한
다.16)

　②「사상례」의 기문인 '질환이 생기면 안팎을 모두 청소한다'17)에서
'질병'을 '疾革'으로 바꾼 것이다. 이는 '질병'이라는 표현이 가질 수 있
는 애매함을 제거하여 이때 이미 운명한 상태임을 분명히 하고자 하는
의도에서이다. ③「사상례」의 기문이지만 '男女改服' 이후의 절차로 규
정되어 있던 '촉광'이 이곳으로 옮겨져 합쳐졌다는 점에서 차이가 있
다.『주자가례』에는 이 내용이 빠져 있다. 본 조항은「사상례」를 근거
로 다산의 의리적 해석에 따라 고례의 순서를 조정한 것이다.

　④「사상례」 기문에는 '모시던 네 사람이 모두 앉아 지체를 한다(御
者四人, 皆坐持體.)'로 되어 있다. 이때의 '持體'에 대하여 정현은 "네

---

13)『儀禮』,「士喪禮」, "士處適寢, 寢東首于北墉下".
14)『禮記』,「玉藻」, "君子之居恒當戶, 寢恒東首".
15)『朱子家禮』卷4, "疾病, 遷居正寢".
16)『喪儀節要』卷3, 48쪽, "「士喪記」首言'士處適寢'者, 言其平居所處, 以明行禮
　　在此而已. 且疾病者, 疾革之謂也. 疾旣革而遷居, 不合情理".
17)『儀禮』,「士喪禮」, "疾病, 內外皆掃".

사람이 손과 발을 잡는 것은 병자 스스로 몸을 굽히거나 펼 수 없기 때문이다(不能自轉側.)"라고 함으로써 병자를 간호하는 것으로 해석한다. 그러나 다산은 '숨이 끊어지면 손과 발이 뒤틀리게 되므로 모시고 있던 네 사람이 사지를 잡아 바르게 하는 것'으로 본다. 즉 당시 시속에서 '백지를 사용하여 그것을 가닥가닥 찢어 꼬아서(헤진 베를 찢어 만든 가닥을 써도 된다) 사지를 고정하던' 收體와 동일한 것이라고 본 것이다. 『주자가례』에는 이에 관련된 내용이 빠져 있다. 본 조항은 고례에 대한 정현의 해석을 거부하고 다산 자신의 새로운 해석에 따라서 속례와 결합시킨 것이다.

⑤ 「사상례」의 기문이다. 『예기』 「喪大記」 '남녀개복'에 대한 鄭玄의 주는 '빈객이 문병을 왔기 때문'에 옷을 갈아 입는 것으로 해석하고 있다. 이에 따르면 병자는 아직 운명을 하지 않은 상태가 된다. 그러나 다산은 '질병'이란 말을 이미 운명한 상태를 완곡하게 표현하는 것으로 해석하므로, 이때의 '남녀개복'은 發喪하고 擧哀하기 위하여 '화려한 채색 옷을 벗어버리는 것'[18]으로 본다. 즉 병자가 이미 운명을 하였기 때문에 옷을 갈아입고 장례를 준비하는 과정으로 본다는 것이다. 아울러 고례에는 본 조항이 '촉광' 이전에 설정되어 있지만 의미상으로 보거나 속례의 측면에서 보거나 '촉광' 이후에 하는 것이 옳다고 주장한다.[19] 『주자가례』에는 '易服'의 절차가 초혼을 하고 상주와 주부 그리고 호상을 세운 뒤에 하는 것으로 되어 있으나, 『상의절요』에는 역복을 한 뒤에 상주를 세우고 초혼을 하는 것으로 규정되어 있다. 따라서 본 규정은 고례인 「사상례」의 규정을 정현의 해석에 의해서가 아니라 다산 자신의 의리적 해석에 따라 개정하고 결과적으로 『주자가례』의 규정을 정정한 것이다.

⑥ 『예기』 「문상」[20]에 근거한 것이다. '상주를 세운다'는 조항이 고

---

18) 『喪儀節要』 卷1, 41쪽, "去華采而已".
19) 『喪儀節要』 卷3, 49쪽, "先屬纊而後改服, 今俗皆然, 且當從俗".

례에는 보이지 않는다. 『주자가례』는 『書儀』를 따라서 상주를 세우는
것이 초혼을 마치고 주부와 호상 그리고 사서와 사화를 세우는 것과
동시에 진행된다. 그러나 『상의절요』에는 초혼 이전에 상주를 세우는
절차를 마련하여 주부와 호상 그리고 사서·사화를 세우는 것과는 분
리하고 있다는 점에서 차이가 있다.

⑦ 「사상례」의 기문인 "시상과 자리를 남쪽 창에 진설하고, 자리를
까는데 왕골로 짠 자리를 먼저 밑에 깔고 대자리를 그 위에 깔아 놓고,
베개를 놓은 뒤, 시신을 옮긴다."[21]와 「사상례」의 경문인 "適室에서 임
종을 맞고, 시신을 斂衾으로 덮는다."[22]는 조항을 결합하여 만든 것이
다. '시신을 옮기는 것'에 관하여 다산은 반자리 정도 옮기는 것으로 규
정한다. 이는 형식적이라는 느낌을 준다. 그러나 다산은 '조금씩 멀어
짐'이라는 상례의 의리를 궁실의 규모와 체제가 다른 조선에서 구현하
기 위한 것으로 설명한다. 즉 "남쪽 창 아래서 반함을 하고, 방문 안에
서 소렴을 하고, 동쪽 계단에서 대렴을 하고, 객위에 빈소를 마련하고,
뜰에서 조전을 올리고, 묘소에서 장례를 지내는 것은 조금씩 멀어지는
것이다. 이것이 '나아가기는 하지만 물러서지는 않는다'는 것"[23]이라는
고례의 정신을 반영한 것이다. 이때 '尸牀이 없는 경우라면 閣板을 사
용한다'고 하여 격식에 얽매이지 말 것을 요구한다. ⑧ 「사상례」의 경
문이다. 『주자가례』는 '숨이 끊어지자마자 곡하고 초혼을 한다.'라고 규
정하였으나, 『상의절요』에는 '곡을 하고 시신을 남쪽 창 아래로 옮겨
이불로 덮은 뒤에야 비로소 초혼을 하는 것'으로 되어 있어 지나치게
초혼이 늦게 설정되어 있다. 그러나 다산은 본 규정이 고례에 충실한
것이라고 해명한다. 즉 고례인 「사상례」 기문의 순서를 그대로 원용한

---

20) 『禮記』, 「問喪」, "親始死, 雞斯, 徒跣, 扱上衽, 交手, 哭."
21) 『儀禮』, 「士喪禮」, "設牀第當牖, 衽, 下莞, 上簟, 設枕. 遷尸".
22) 『儀禮』, 「士喪禮」, "死于適室, 幠用斂衾".
23) 『禮記』, 「檀弓」, "子游曰, '飯於牖下, 小斂於戶內, 大斂於阼, 殯於客位, 祖於
庭, 葬於墓, 所以即遠也, 故喪事有進而無退'".

절차라는 것이다.

⑨ 「사상례」의 경문인 "설치를 할 때는 각사를 사용하고, 철족을 할 때는 연궤를 이용한다."[24]는 규정을 과감하게 폐지한 것이다. 다산의 논거는 두 가지이다. 첫째는 '예는 시대에 따라 변하므로 옛것에 얽매일 필요가 없다'는 것과 둘째는 '사람의 마음과 눈을 아프고 참담하게 한다[25]'는 것이다. 전자는 설치와 철족은 시대의 변화를 반영하는 儀式의 층차일 뿐 예의 본질적인 의미와 연관되는 것이 아니라는 뜻이고, 후자는 人情이라는 예 구성의 기본적인 원리에 위배된다는 말이다. 아울러 이러한 절차는 '收體'의 절차가 따로 마련되어 있는 상황에서는 현실적으로도 불필요한 절차라고 주장한다.[26] 본 규정이 『주자가례』에는 빠져 있지만, 『상례비요』는 「사상례」를 원용하여 보완되어 있다. 설치와 철족을 하지 않아야 한다는 것은 성호로부터 연원하는 주장이다.[27]

⑩ 『사상례』의 경문인 "사자를 위하여 脯·醢와 醴酒로 전을 올린다. 동쪽 계단으로 올라와 시신의 동쪽에 전을 올린다."[28]고 한 것에 근거한 것이다. 『주자가례』에는 이에 관한 규정이 빠져 있다. ⑪ 『주자가례』에 '上食'은 대렴을 마치고 성복을 한 뒤에 하는 것으로 규정되어 있으나, 『상의절요』에는 '시졸' 조항에 이미 상식을 하는 것으로 규정하고 있다. 다산은 "상례와 제례는 매 의식이 진행될 때마다 조금씩 멀어지고 조금씩 소원해지므로 매장을 마치고는 조석전이 없고 祥祭를

---

24) 『儀禮』, 「士喪禮」, "楔齒用角柶, 綴足用燕几".
25) 『喪儀節要』 卷3, 52쪽, "時有古今, 禮有沿革, 不必泥也. 荀偃之死, 口不可含,[哀十九.] 其不楔齒, 可知. 楔貌如軛, 傷心慘目. 又或旣飯之後, 齒仍不合, 尤恐未安, 楔齒不可爲也".
26) 『喪儀節要』 卷3, 52쪽, "古不收體, 故燕几綴足, 以防辟戾. 今旣收體, 又何綴焉?"
27) 『星湖先生全集』 卷41, 「飯含說」, "將含而先楔齒, 殆類不忍. 旣楔之後口急不閉, 且穀米腐朽, 爲死者害, 設其儀而不含可也".
28) 『儀禮』, 「士喪禮」, "奠脯·醢·醴酒, 升自阼階, 奠于尸東".

지낸 뒤에는 삭망에 饋食하는 절차가 없으니 그 의미를 알 수 있다. 이제 처음 돌아가신 시점에서 전을 올리지 않고 궤식을 하지 않는다면 그 뒤의 여러 전과 제사는 모두 근본이 없게 된다. 이것이 어찌 성인께서 예를 제정하는 뜻이겠는가?"²⁹⁾라고 하여 『주자가례』의 규정이 制禮의 기본 원칙에 어긋나는 것이라고 비판한다. 아울러 다산은 전과 饋의 횟수도 각각 두 번씩 '一日四饋'로 시행하고 있던 속례를 '一日三饋'로 바꾼다. 즉 해가 뜨면 조전을 올리고 정오에는 상식을 하며 해가 지면 석전을 올린다는 것이다. 이러한 주장은 성호의 경우도 마찬가지이다.

⑫ 「사상례」의 경문인 "마루에 장막을 친다(帷堂)"는 조항에 연원하는 것이다. 『상의절요』는 '베로 만든 휘장을 마루에 치는데 작으면 시신 가까운 곳에만 친다'고 하였다. 『주자가례』의 경우는 '휘장으로 침실을 가린다'고 하였다. ⑬ 「사상례」에는 '유당'의 절차 뒤에 '군주에게 부고하는 절차'와 '주인 이하 친속들이 哭하는 위치'를 규정한 조항을 두고 있지만, 『서의』와 『주자가례』의 경우 襲奠을 올린 뒤에 '곡위를 만들어서 곡을 하는 것'으로 되어 있다. 다산은 『예기』 「상대기」의 '시신을 바르게 수습한 뒤 곡위를 만들어 곡한다.'³⁰⁾고 한 것을 근거로 부모가 막 돌아가시면 실성하여 부르짖고 곡하느라 곡위를 만들 겨를이 없지만 시신 수습하기를 마치면 곡위를 정돈해야 하는 것으로 본다. ⑭ 『주자가례』의 "상주와 주부, 호상, 사서, 사화를 세운다"³¹⁾고 한 절차에서 '상주와 주부를 세우는 절차'를 ⑥으로 분리하고 나머지를 이곳

---

29) 『喪儀節要』卷3, 52쪽, "喪祭之禮, 每加以遠, 每加以疏, 故旣葬, 無朝夕之奠, 旣祥, 無朔望之饋, 義可知也. 今於始死之初, 不奠不饋, 則後此之諸奠諸祭, 皆無所本, 豈聖人制禮之義哉!"
30) 『禮記』, 「喪大記」, "旣正尸, 子坐于東方. 卿大夫父兄子姓立于東方. 有司庶士哭于堂下, 北面. 夫人坐于西方. 內命婦姑姊妹子姓立于西方. 外命婦率外宗哭于堂上, 北面".
31) 『朱子家禮』卷4, "立喪主·主婦·護喪·司書·司貨".

258 제2부 새로운 사상·문화 활동과 주자학적 세계관으로부터의 탈피

에 위치시킨 것이다. 고례에는 이러한 절차가 없다.

　⑮ 「사상례」에는 "군주에게 부고를 한다"[32]고 규정되어 있고, 『주자가례』에는 "친척과 동료들에게 부고를 한다"[33]고 되어 있을 뿐 차이가 없다. 고례에는 부고를 할 때 주인이 직접 명하는 것으로 되어 있고 『주자가례』에는 호상과 사서가 주인을 대신하여 하도록 규정하고 있지만, 『상의절요』에서는 친족이 부고를 하도록 되어 있다. 이는 ⑥에서 주인이 披髮을 하도록 규정하고 있기 때문이다. 즉 고례에는 주인이 피발도 하지 않고 관도 벗지 않도록 되어 있어 주인이 부고를 명하기도 하고 손님에게 절을 할 수도 있지만, 지금은 피발을 하고 있으므로 그렇게 할 수 없다는 것이다.[34] ⑯ 「사상례」에는 "빈객이 와 있으면 이때(부고를 할 때)를 이용하여 그에게 배례를 한다"[35]라고 규정되어 있고, 『주자가례』에는 '초종'의 단계에서는 조문을 허용하지 않은 채, 습과 반함을 끝내고 영좌와 혼백 그리고 명정을 설치한 뒤에 "친구와 친분이 두터웠던 사람은 이때에 들어가 곡해도 좋다"[36]고 규정하고 있다. 이는 고례와는 달리 피발을 하고 있기 때문에 고례의 규정을 개정한 것이다. ⑰ 『주자가례』에 따른 것이다. ⑱ 「사상례」의 규정에 근거한 것이다. 이는 『주자가례』에서 혼백을 설치한 것에 대한 반론에 해당한다. 다산은 혼백을 폐지하고 명중의 제도를 고례에 따라 복원할 것을 거듭 주장하였다. 이는 "옛 사람들은 장례지내기 전에는 명중을 설치하여 신주의 역할을 하도록 하였고, 우제에 이르러서는 나무로 만든 신주를 사용하여 명중을 대체하였다"[37]는 해석에 근거한 것이다.

---

32) 『儀禮』, 「士喪禮」, "乃赴于君".
33) 『朱子家禮』, "訃告於親戚僚友".
34) 『喪儀節要』 卷3, 56쪽, "古者, 不披髮·不去冠, 可以行禮, 故主人命訃, 主人拜賓.[上丁十.]今人披髮, 何以行矣?"
35) 『儀禮』, 「士喪禮」, "有賓則拜之".
36) 『朱子家禮』 卷4, "執友親厚之人, 至是入哭, 可也".
37) 『僧菴問答』, 232쪽, "古人未葬, 設銘重以當神主, 至虞造木主以代銘重".

(2) 襲含

습함에는 모두 13항목이 기록되어 있다.

① [士喪禮] 보이지 않는 곳에 구덩이를 파고, 문밖에 두 개의 물동이
  를 준비해 놓는다.(掘坎于隱處, 設二盆于戶外.)

② [士喪禮] 습에 필요한 의복들을 방안에 진설한다.(陳襲事于室中.)

③ [士喪禮] 반함에 쓸 물건들을 차례대로 진설한다.(陳含具於其次.)

④ [士喪禮] 시자(侍子)가 두 개의 물동이를 받아서 문 안으로 들어가
  면, 주인은 문 밖으로 나간다.(侍者受二盆入, 主人出戶外.)

⑤ [士喪禮] 머리를 감기고 빗기고 묶고 말린 뒤, 몸을 닦고 말리며, 손
  발톱을 깎는다.(乃沐, 乃櫛, 乃鬠, 乃振, 乃浴, 乃振, 乃剪.)

⑥ [士喪禮] 이어서 明衣를 진설하면, 주인이 들어와 자리에 나아간
  다.(乃設明衣, 主人入, 卽位.)

⑦ [士喪禮] 襲을 한다.(乃襲.)

⑧ [士喪禮] 주인은 문 밖으로 나가서 袒(왼쪽 어깨를 드러내는 것)을
  하고, 衆子도 모두 단을 하며, 들어와 자리에 나아가서 반함을 한
  다.(主人出戶外, 袒, 衆子皆袒, 入卽位, 乃含.)

⑨ [士喪禮] 주인은 옷을 다듬어 입고 자리로 돌아온다.(主人襲, 反
  位.)

⑩ [士喪禮] 친척들은 시신의 왼쪽에 앉아서 瑱(햇솜으로 만든 알맹이
  로 귀를 막는 것)을 하고 幎(눈을 가리고 뒤에서 묶는 것)을 하고
  掩(머리싸개)을 하고 屨를 신기고 帶를 두르고 幄手(손싸개)를
  하고 나서, 다시 尸牀에 편안히 눕히고 이불로 덮는다.(親者, 坐
  于尸左, 乃瑱, 乃幎, 乃掩, 乃屨, 乃帶, 乃握, 還安于牀, 以衾覆
  之.)

⑪ [士喪禮] 侍子는 銘을 重에 걸어 시신의 곁에 놓는다.(侍者, 取銘
  重, 置于尸側.)

⑫ [朱子家禮] 주인 이하는 곡을 하고 전을 진설한다. [『주자가례』에
  보인다.](主人以下哭, 乃設奠. [見『家禮』.])

⑬ [士喪禮・記] 밤에는 마당에 불을 밝힌다.(宵爲燎于庭.)

① 「사상례」에는 "甸人이 양쪽 계단 사이 약간 서쪽에 구덩이를 파고, 서쪽 담장아래 부뚜막을 만드는데, 부뚜막이 동쪽을 향하게 한다. 물동이[盆]·목욕하고 남은 물을 받는 그릇[槃]·물을 따르는 항아리[瓶]·다리가 없는 쟁반[廢敦]·重鬲 등을 모두 세탁하여, 서쪽 계단 아래에 진열해 놓는다."38)라고 하여 동계와 서계 사이에 구덩이를 파도록 하고 있다. 『주자가례』에는 "집사가 휘장과 襲牀을 설치하고 시신을 옮기며 구덩이를 판다"39)는 항목의 주에 '가려진 깨끗한 땅에 구덩이를 판다'고 하였다. 『상의절요』는 "계단 사이는 사람들이 밟고 다니는 곳이므로 정결한 곳을 찾아 파묻고자 한 것이다. 이러한 것 등은 고례에 구애받을 필요가 없다."40)고 하였다.

② 「사상례」의 "동쪽 방에다 습에 필요한 수의 등 준비물을 진열하는데, 옷깃이 서쪽을 향하도록 놓고, 남쪽을 윗자리로 하고, 옷을 남쪽 윗자리로부터 북쪽으로 펼쳐 놓을 때 완전히 펼쳐 놓고 북쪽에서 다시 남쪽으로 접어서 놓지 않게 한다."41)는 규정에 근거한 것이다. 『주자가례』는 "襲衣를 진설한다(陳襲衣)"는 조항의 주에서 '탁자를 마루 앞의 동쪽 벽에 진설한다. 옷깃을 서쪽으로 하는데 남쪽이 위이다.'라고 하였다. 「사상례」·『상의절요』와 『주자가례』는 습의를 진설하는 장소를 '방'과 '마루'로 규정하고 있다는 점에서 차이가 있다. 이는 고례의 경우는 소렴까지, 『상의절요』의 경우는 대렴까지를 방안에서 거행하는 것으로 규정하고 있고, 『주자가례』의 경우는 습 이하의 의식이 마루에서 거행되기 때문에 생기는 차이이다.

③ 「사상례」는 '마루의 서쪽 벽[序] 아래'에 시신을 목욕시키고 반함

---

38) 『儀禮』, 「士喪禮」, "甸人掘坎于階間少西, 爲堅于西牆下, 東鄕. 新盆·槃·瓶·廢敦·重鬲, 皆濯, 造于西階下".

39) 『朱子家禮』 卷4, "執事者設幃及牀, 遷尸, 掘坎".

40) 『喪儀簡要』 卷3, 58쪽, "階間人所踐踏, 故欲求靜潔處埋之也. 此等處不必泥古".

41) 『儀禮』, 「士喪禮」, "陳襲事于房中, 西領, 南上, 不綅".

할 때 필요한 물건들을 진열하도록 규정하고 있다.『주자가례』에도
"탁자를 마루의 앞 서쪽 벽 아래에 진설한다"고 되어 있다. 이에 반해
『상의절요』는 방안에 진설하는 것으로 되어 있다는 점에서「사상례」
와『주자가례』와 차이가 있다.

　④「사상례」에 "밖에서 시중드는 하인이 管人이 데운 목욕물을 받
아 방 안으로 들어온다. 주인들과 부인들은 모두 室을 나가 戶 밖에서
북쪽을 향하여 서 있는다."[42]라고 되어 있고,『주자가례』에는 "이에 목
욕을 시킨다(乃沐浴)"고 한 조항 밑에 "시종이 데운 물을 가지고 들어
가면 주인 이하는 모두 휘장 밖으로 나가 북향한다"[43]라고 규정하고
있다. 고례와『주자가례』그리고『상의절요』는 모두 '방 밖으로 나가느
냐' '휘장 밖으로 나가느냐' '문 밖으로 나가느냐'의 차이만 있을 뿐 주
인이 밖으로 나가는 것에 관해서는 이견이 없다.『상의절요』는 '평상시
목욕을 할 때도 모시는 사람이 하고 친자녀가 보도록 하지 않는 것이
사람의 상정'[44]이라는 사실을 근거로 제시한다.

　⑤「사상례」의 "外御 두 사람이 시신의 머리를 씻기고 빗질한 다음
물기를 닦는데 수건을 사용한다. 수건을 사용하여 시신을 씻기고, 浴衣
로 시신의 물기를 닦아 낸다. 목욕시킨 물은 堂 아래 양쪽 계단 사이에
파 놓은 웅덩이에 버린다. 평상시처럼 시신의 손톱과 발톱, 그리고 수
염을 깎는다. 괄발을 끈으로 묶고 비녀를 꽂는다."[45]라고 한 것에 근거
한 것이다.『주자가례』또한 "시종이 머리를 감기고 빗질한다. 수건으
로 말리고 모아 묶는다. 이불을 들어 몸을 씻기고 수건으로 닦는다. 손
톱과 발톱을 깎는다. 목욕하고 남은 물과 수건과 빗은 구덩이에 묻는

42)『儀禮』,「士喪禮」, "外御受沐入. 主人皆出戶外, 北面".
43)『朱子家禮』, "侍子以湯入, 主人以下, 皆出帷外北面".
44)『喪儀節要』卷3, 62쪽, "平居沐浴, 寧使侍御者爲之, 不欲令親子女觀之, 人
　之常情".
45)『儀禮』,「士喪禮」, "乃沐櫛, 挋用巾. 浴用巾, 挋用浴衣. 澳濯棄于坎. 蚤揃如
　他日. 鬠用組, 乃笄".

다."46)고 주를 달고 있다. ⑥·⑦ 「사상례」의 "明衣를 진열한다. 주인
들과 부인들이 들어와 각자 哭을 하는 자리에 가 앉는다."47)고 한 것
에 근거한 것이다. 『주자가례』에는 ⑥의 절차 없이 바로 습을 하는 것
으로 규정하고 있다. 이때도 '복건과 심의와 신발을 착용하지 않는다'
라고 하고 이런 상태에서 시신을 마루로 옮기고 전을 올린 뒤 다시 반
함을 하고 엄을 한 뒤에야 심의를 입힌다고 하였다. 『상의절요』는 이
러한 잘못이 정현으로부터 연원하는 것이며, 이는 '죽은 이 섬기기를
살아 있는 이 섬기듯이 하는' 예의 근본 원리에 위배된다고 비판한다.
즉 목욕을 하고 의관을 정제하기도 전에 음식을 올리는 격이 되고 만
다는 것이다.48)

⑧ 「사상례」에는 "주인이 방을 나가 남쪽을 향해 왼쪽 어깨를 드러
내고, 벗은 왼쪽 옷 소매를 가슴 앞으로 가로질러서 오른쪽 겨드랑이
아래 허리띠에 꽂는다. 그리고 손을 물동이에 씻은 다음 조개를 씻어
들고서 방으로 들어온다. 재가 수저를 씻고 쌀을 떠서 들고 뒤따라 들
어온다."49)고 한 규정에 뒤이어 반함의 구체적 의식을 서술하고 있다.

⑨ 「사상례」의 "반함을 마친 다음 주인은 왼쪽 어깨를 벗어 드러냈
던 차림에서 다시 원래의 상태로 옷을 입고 자신의 위치, 즉 침상의 동
쪽으로 돌아온다."50)는 규정에 연원한 것이다. 『주자가례』의 경우도
반함을 마친 뒤 "주인은 왼쪽 어깨를 벗어 드러냈던 차림에서 다시 원
래의 상태로 옷을 입고 자리로 돌아온다."51)고 주에서 규정하고 있다.

46) 『朱子家禮』 卷4, "侍者沐髮櫛之, 晞以巾, 撮爲髻. 抗衾而浴, 拭以巾. 剪爪.
　　其沐浴餘水巾櫛, 棄於坎而埋之".
47) 『儀禮』, 「士喪禮」, "設明衣裳. 主人入, 卽位".
48) 『喪儀節要』 卷3, 63쪽, "事死如生, 禮之本也. 生人旣沐, 未及整衣, 先進飮食,
　　有是法乎? 今旣知鄭注有誤, 所以正之".
49) 『儀禮』, 「士喪禮」, "主人出, 南面, 左袒, 扱諸面之右, 盥于盆上, 洗貝, 執以
　　入".
50) 『儀禮』, 「士喪禮」, "主人襲, 反位".
51) 『朱子家禮』 卷4, "主人襲所袒衣, 復位".

⑩「사상례」에 규정된 습의 절차를 따른 것이다. 『주자가례』는 "시종은 염습을 마치면 이불로 덮는다"는 조항의 주에서 "복건을 씌우고 귀를 막는다. 멱목을 덮고 신을 신긴다. 심의로 염습하고 큰 띠를 두르며 악수를 한다. 이불로 덮는다."[52]고 하여 고례를 충실하게 반영하고 있다.

⑪「사상례」의 "祝이 명정을 重에 걸어 놓는다"[53]에 근거한 것이다. 『주자가례』에는 습과 반함을 마치면 영좌와 혼백 그리고 명정을 설치하는 것으로 되어 있으나, 『상의절요』는 고례를 따라 혼백은 빼고 명을 重에 설치하는 것으로 개정한다. ⑫ 고례에 따른 것은 아니지만 注疏와 『서의』에 따라서 마련된 조항이다.[54] 『서의』와 『주자가례』의 경우는 始死奠을 옮겨 襲奠을 올리는 것으로 규정하면서, '목욕을 시키고 병이 났을 때 입었던 옷과 復衣를 벗기고 새로운 옷으로 갈아입히지만 복건과 심의와 신발은 착용하지 않은 상태에서 반함을 하기 전'에 전을 올리는 것으로 되어 있다. 이에 대해 다산은 "이때는 褻衣만을 입고 있을 뿐 의관을 착용한 것이 아니어서 전을 올리는 것은 온당치 않은 듯하다. 소렴과 대렴의 전이 모두 염을 마치고 흙칠을 마친 뒤에 있는 것에 근거하면 습전 역시 습을 마친 뒤에 해야 한다."[55]고 개정한다. 다산은 "죽은 이 섬기기를 산사람 섬기듯 하는 것이 예의 근본이다. 살아있는 사람의 경우 몸을 씻고 옷을 차려 입기 전에 먼저 음식을 올리는 법은 없다"[56]고 비판한 것이다.

---

52) 『朱子家禮』卷4, "加幅巾·充耳, 設幎目, 納履, 乃襲深衣, 結大帶, 設握手, 乃覆以衾".
53) 『儀禮』,「士喪禮」, "祝取銘置于重".
54) 『喪儀節要』卷1, 14쪽, "古禮無奠, 其有奠者, 據注疏也".
55) 『喪儀節要』卷3, 62쪽, "若溫公『書儀』, 則移始死之奠而爲襲奠.[『家禮』因之.] 然襲仍有奠, 不可闕也. 但『書儀』之奠, 在於沐浴之後, 飯含之前, 此時只襲褻衣, 未著衣冠.[尙未著幅巾深衣.]於事未允, 據小斂大斂之奠, 皆在卒斂卒塗之後, 則襲奠, 恐亦宜在於卒襲之後也".
56) 『喪儀節要』卷3, 63쪽, "事死如生, 禮之本也. 生人旣沐, 未及整衣, 先進飲食,

『주자가례』에는 "주인 이하는 자기의 위치에 가서 곡을 한다"고 한 뒤를 이어서 '반함을 한다'고 하였다. 그런데 『상의절요』는 반함을 하고 습을 완전히 마친 뒤 명정을 설치하고 나서야 곡을 하는 것으로 규정하고 있다. 이에 대해 다산은 '고례에 분명한 규정이 없기'는 하지만, "염습을 하고 반함을 하는 여러 절차는 상세함과 신중함을 가장 요구하는 것이고 자식으로서 마음을 쏟아야 하는 것이 이 순간에 있으므로 곡을 그치고 진행되는 절차를 세밀히 살펴야 할 것이다. 그렇다고 하더라도 잠시 일이 없는 틈이 생기면 곡을 해야 한다.[문을 나서거나 들어갈 때는 곡을 해야 한다.]"57)고 주장한다. ⑬ 「사상례」의 기문 "습을 마치고 밤이 되면 뜰 안에 불을 켜 놓는다. 다음날 날이 밝으면 불을 끄고 소렴의를 진설한다."58)는 규정에 근거한 것이다.

(3) 小斂

소렴은 둘째 날, 즉 사망한 다음날 진행되는 절차이다. 소렴에는 모두 10조목이 기록되어 있다.

① [土喪禮] 그 다음 날 날이 밝으면, 소렴에 쓸 물건들을 방안에 진설한다.(厥明, 陳斂事于室中.)
② [土喪禮] 전에 사용할 물건들을 마루 동쪽에 진설하는데, 그 물건은 특돈 일정(一鼎)을 사용한다.(陳奠事于堂東, 其物用特豚一鼎.)
③ [土喪禮] 마루 동쪽에 経과 帶를 진설한다.(陳経·帶于堂東.)
④ [土喪禮] 시신의 곁에 자리를 깔고 絞를 깔고 이불을 간다.(鋪席于尸側, 鋪絞, 鋪衾.)
⑤ [土喪禮·記] 남녀는 곡을 하고, 踊을 함에는 정해진 절차가 없다.

有是法乎? 今旣知鄭注有誤, 所以正之."
57) 『喪儀節要』卷3, 62쪽, "然襲·含諸節, 最要詳愼, 人子之所盡心, 在此一刻, 恐宜止哭, 細察節級. 雖瞬息之頃, 若有無事之隙, 宜哭.[出戶·入戶皆宜哭]".
58) 『儀禮』, 「土喪禮」, "旣襲, 宵爲燎于中庭, 厥明滅燎陳衣".

(男女哭. [句]踊無節.)

⑥ [士喪禮] 시신을 이불 위에 옮긴 뒤 이불로 싸고 교로 묶는다.(遷尸
于衾上, 乃衾, 乃絞.)

⑦ [士喪禮] 염을 마치고 시신에 기대어 곡한다.(卒斂, 馮尸哭.)

⑧ [士喪禮] 袒을 하고, 머리를 묶고 免을 하고 앉은 머리를 하고, 대
를 한다.(乃袒, 乃括髮·免·髽, 乃帶.)

⑨ [士喪禮] 시신을 받들어 평상에 안치하고 이불로 덮는다.(奉尸安于
牀, 以衾覆之.)

⑩ [士喪禮] 주인은 나와서 자리로 나아가고, 곧 (좌단했던) 옷을 도로
입고 絰을 하고, 빈에게 절을 한다.(主人出, 卽位, 乃襲, 乃絰, 以
拜賓.)

⑪ [士喪禮] 전을 올리고, 주인은 곡을 하며 (부인은 중단했던) 踊을
마친다.(乃奠, 主人哭, 成踊.)

⑫ [士喪禮] 대신 곡한다.(乃代哭.)

⑬ [士喪禮] 밤이 되면 마당 가운데 횃불을 켜 놓는다.(宵爲燎于中庭.)

① 「사상례」의 "사망한 지 둘째 날에 방에다 소렴에 필요한 의복 등
물건들을 진열하는데, 진열할 때 옷깃이 남쪽을 향하게 하고, 먼저 사
용하는 의복을 서쪽 윗자리에 놓는다."[59]고 한 규정에 근거한 것이다.
『주자가례』는 "집사가 소렴할 옷과 이불을 펴놓는다."[60]라고 한 조항
의 주에 '탁자를 마루의 동쪽 벽 아래 진설한다'고 하여 소렴의 장소가
마루임을 분명히 하고 있다는 점에서 차이가 있다. ② 「사상례」의 "동
쪽 마루 아래에 포·해·예주 등을 진열한다."[61]는 조항에 근거한 것
이다.『주자가례』는 '전을 진설한다'는 조항의 주에서 '탁자를 동쪽 계
단의 동남쪽에 놓고 올릴 음식과 술잔과 주전자를 그 위에 차리고 보
로 덮는다'고 하였다. 본 조항 또한 의식의 장소가『주자가례』와는 달

---

59) 『儀禮』, 「士喪禮」, "厥明, 陳衣于房, 南領, 西上".
60) 『朱子家禮』 卷4, "執事者陳小斂衣衾".
61) 『儀禮』, 「士喪禮」, "饌于東堂下, 脯醢·醴·酒".

리 마루로 설정되어 있다. ③「사상례」의 "수질과 요질은 모두 동쪽 방에 진열한다."62)는 조항에 근거한 것이지만『상의절요』가 마루의 동쪽에 진열하는 것과는 차이가 있다.『주자가례』에는 이에 해당하는 절차 대신 '괄발할 삼, 문할 베, 북머리할 삼을 갖춘다'고 규정하고 있다.『상례비요』에는『주자가례』와는 달리 '수질·요질·絞·대·마'를 진설하는 조항을「사상례」에 근거하여 추가하고 있다. ④「사상례」의 "유사가 방 문 안에다 자리를 깔아 놓는데, 왕골로 짠 자리를 먼저 밑에 깔고 대자리를 그 위에 깔아 놓는다. 상축이 끈, 이불, 산의, 제복 등을 순서대로 깔아 놓는다."63)는 것에 근거한 것이다.『주자가례』에는 '소렴상을 차리고 옷을 편다'고 되어 있다. ⑤「사상례」의 기문인 '踊을 함에는 정해진 절차가 없다"64)는 것에 근거한 것이다.『주자가례』에는 이에 해당하는 절차가 없다. ⑥「사상례」의 "사가 시신을 상축이 진열해 놓은 자리 위로 옮겨 놓고 제자리로 돌아간다"65)는 조항에 근거한 것이다. 고례에는 '이불로 싸고 교로 묶는다'는 분명한 언급을 찾을 수 없지만 의식의 진행 순서에 따르면 반드시 뒤따르게 되는 규정이라고 판단하여 첨가한 것으로 생각된다.『주자가례』에는 '이에 염습전을 옮긴다'는 절차를 뒤이어 '드디어 소렴을 한다'는 조항의 주에 "이불로 싸는데 아직은 효로 묶지 않고 그 얼굴을 덮지도 않는다."66)고 되어 있다. ⑦「사상례」의 "주인은 서쪽을 향해 시신에 기대 횟수에 상관없이 용을 한다. 주부는 동쪽을 향해 시신에 기대어 주인이 한 것과 같이 용을 한다."67)는 조항에 근거한 것이다.『주자가례』의 경우도 "주인과 주부가 시신에 기대어 곡을 하고 가슴을 두드린다."68)고 하여 차이가 없

62)『儀禮』,「士喪禮」, "皆饌于東方".
63)『儀禮』,「士喪禮」, "布席于戶內, 下莞, 上簟. 商祝布絞·衾·散衣·祭服".
64)『儀禮』,「士喪禮」, "無踊節".
65)『儀禮』,「士喪禮」, "士擧遷尸, 反位".
66)『朱子家禮』卷4, "未結以絞, 未掩其面".
67)『儀禮』,「士喪禮」, "主人西面馮尸, 踊無筭. 主婦東面馮, 亦如之".
68)『朱子家禮』卷4, "主人主婦憑尸哭擗".

다.

⑧ 「사상례」의 "주인과 衆主人은 실 안에서 하고 있던 머리싸개와 비녀를 바꾸어 삼끈으로 상투를 묶고 단을 하며 관을 벗고 문을 한다."[69]는 규정에 따른 것이다. 『주자가례』 또한 "별실에서 단하고 괄발하고 문하고 좌한다"[70]고 하여 차이가 없다. ⑨ 「사상례」의 "사가 시신을 당으로 옮기기 위해 들면, 주인과 부인은 모두 시신을 받들어 시신을 실에서 당 위로 옮기고 夷衾으로 시신을 덮는다."[71]고 한 규정에 근거한 것이다. 고례에는 '소렴을 마치면 당으로 옮긴다'고 하였고 『주자가례』는 '염습을 한 뒤에 당으로 옮기는 것'으로 되어 있어 차이가 난다. 『상의절요』는 '소렴과 대렴을 모두 방안에서 하는 것'으로 규정하고 있다. 이는 '시신이 바람을 맞으면 변동되기 때문에 이와 같은 곳은 속례를 따라도 무방하다.'[72]고 하였다.

⑩ 「사상례」의 "주인이 빈에게 배례를 하는데, 빈 가운데 대부가 있으면 개별적으로 한번 배례하고, 사이면 한꺼번에 세 번 배례한다. 주인이 배례를 마친 다음 동쪽 계단 아래 자리로 가서 용을 한다. 그런 뒤에 동쪽에 있는 序의 동쪽에서 수질과 요질을 착용하고 다시 동쪽 계단 아래의 자리로 돌아온다."[73]는 규정에 근거한 것이다. 『주자가례』에는 "별실에서 단하고 括髮하고 문하고 髽한다"[74]고 규정되어 있다.

⑪ 「사상례」의 "그리고 나서 사자를 위해 전을 차린다.……이때 장부가 용을 한다."[75]는 규정에 근거한 것이다. 『주자가례』는 "돌아와 시

---

69) 『儀禮』, 「士喪禮」, "主人括髮袒, 衆主人免于房".
70) 『朱子家禮』 卷4, "袒·括髮·免·髽於別室. 還".
71) 『儀禮』, 「士喪禮」, "士擧, 男女奉尸, 侇于堂, 幠用夷衾".
72) 『喪儀節要』 卷3, 65쪽, "尸體受風, 必有變動, 此等處, 從俗無妨".
73) 『儀禮』, 「士喪禮」, "主人拜賓, 大夫特拜, 士旅之. 卽位踊, 襲絰于序東, 復位".
74) 『朱子家禮』 卷4, "袒·括髮·免·髽于別室".
75) 『儀禮』, 「士喪禮」, "乃奠……丈夫踊".

상을 마루 가운데로 옮긴다"는 조항 뒤에 '전을 올리고', '주인 이하는 곡으로 슬픔을 다한다'고 되어 있다. ⑫「사상례」의 "이어서 번갈아 주인을 대신해서 곡을 하게 한다."76)는 규정을 따른 것이다.『주자가례』의 경우도 "주인 이하는 곡으로 슬픔을 다한다. 이에 대곡을 하도록 하여 소리가 끊기지 않도록 한다."77)고 하여 차이가 없다. ⑬「사상례」의 "밤이 되면 마당 가운데 횃불을 켜 놓는다."78)는 규정에 근거한 것이다.

(4) 大斂
모두 8개 조항이 포함되어 있다.

① [士喪禮] 다음 날 날이 밝으면, 방안에 대렴에 쓸 물건들을 진설한다.(厥明, 陳斂事于室中.)
② [士喪禮] 관을 마루에 올린다.(升棺于堂.)
③ [士喪禮] 전에 사용할 물건들을 마루 동쪽에 진설하는데, 그 물건은 특돈 3정이다.(陳奠事于堂東, 其物特豚三鼎.)
④ [士喪禮] 집사자는 시신의 좌측에 絞를 깔고 시신을 받들어 교위에 놓으며, 곡을 하고 용을 하는데 절차없이 한다.(執事者鋪絞于尸左, 奉尸安于絞, 哭踊無節.)
⑤ [士喪禮] 시신을 받들어 관속에 넣는다.(奉尸納于棺.)
⑥ [士喪禮] 袒(왼쪽 어깨를 드러냄)을 하고 남녀가 관을 끼고 곡을 하며, 뚜껑을 덮고 못을 친다. [위 구절은『주자가례』에 보이고, 아래 구절은 上申10에 보인다.](乃袒, 男女俠棺哭, 乃蓋, 乃扞. [上句見『家禮』, 下句上申十.])
⑦ [士喪禮] 옷을 도로 입고, 전을 올리고, 주인은 곡을 하고 용을 마친다.(乃襲, 乃奠, 主人哭, 成踊.)

---

76)『儀禮』,「士喪禮」, "乃代哭".
77)『朱子家禮』卷4, "主人以下哭盡哀, 乃代哭不絕聲".
78)『儀禮』,「士喪禮」, "宵爲燎于中庭".

⑧ [士喪禮] 휘장을 치우고 의려를 만든다.(徹帷, 造倚廬.)

① 「사상례」의 "소렴 다음날 날이 밝으면 밤 동안 뜰에 밝혀 놓았던 불을 끈다. 동쪽 방에 대렴에 사용할 수의를 진열해 놓는데, 옷깃이 남쪽을 향하게 하고 서쪽을 윗자리로 삼으며, 서쪽에서부터 동쪽으로 늘어놓다가 동쪽 끝에 이르면 다시 서쪽으로 꺾어놓는다."[79]는 규정에 근거한 것이다. 『주자가례』의 경우는 "다음날 집사는 대렴한 옷과 이불을 진설한다."[80]고 한 조항의 주에 '탁자를 마루의 동쪽 벽 아래 놓는다.'고 하여 물건들을 진설하는 장소를 마루로 규정하고 있다는 점에서 차이를 보인다. ② 「사상례」의 "관을 침문으로 옮길 때 주인은 곡을 하지 않는다. 관을 마루 위로 옮길 때 공축을 사용하고, 관을 옮긴 후에도 관의 덮개는 마루 아래에 놓아둔다."[81]는 규정에 근거한 것이다. 『주자가례』의 경우도 "관을 들고 들어가 마루 중앙 조금 서쪽에 놓는다."[82]라고 하여 차이가 없다. ③ 「사상례」의 "동쪽 당 아래 대렴을 위해 사용할 음식물들을 진열한다."[83]는 규정에 근거한 것이다. 『주자가례』는 "전에 사용할 도구를 진설한다."[84]는 조항에 "소렴의 의식과 동일하다(如小斂之儀)"라고 주를 달고 있으나, 관을 옮기는 절차와 전제의 도구를 진설하는 절차가 「사상례」와는 그 순서가 뒤바뀌어 있다. ④ 「사상례」의 "상축이 수의를 묶는 끈[絞], 홑이불, 염금, 수의 등을 진열하는데, 국군이 기증한 수의는 가장 먼저 진열하여 나중에 시신을 감쌀 때 가장 밖에 오도록 한다.……士가 시신을 들어 옮기고 다시 서쪽 계단 아래 원래의 자리로 돌아간다. 주인은 횟수에 상관없이 용을

---

79) 『儀禮』, 「士喪禮」, "厥明滅燎. 陳衣于房, 南領, 西上, 綪".
80) 『朱子家禮』 卷4, "厥明, 執事者陳大斂衣衾".
81) 『儀禮』, 「士喪禮」, "棺入, 主人不哭. 升棺用軸, 蓋在下".
82) 『朱子家禮』 卷4, "舉棺入, 置於堂中少西".
83) 『儀禮』, 「士喪禮」, "東方之饌, 兩瓦甒, 其實醴・酒, 角觶, 木柶, 毼豆兩, 其實葵菹芋, 蠃醢, 兩籩無縢, 布巾, 其實栗不擇, 脯四脡".
84) 『朱子家禮』 卷4, "設奠具".

한다."85)는 규정을 원용한 것이다. 이에 관한 규정이 『주자가례』에는 없다.

⑤·⑥ 「사상례」의 "사가 시신을 들면, 주인, 중주인 그리고 부인들이 양쪽 옆에서 시신을 받들어 관에 넣고 나서, 주인은 시신을 동쪽 계단 위로 옮길 때처럼 횟수에 상관없이 용을 한다. 용을 마치고 나서 관의 뚜껑을 덮는다."86)는 규정에 근거한 것이다. 『주자가례』는 '이에 대렴을 한다'는 조항의 주에서 입관을 하는 의식을 중심으로 설명하고 있다. 「사상례」와 「상의광」에서는 먼저 관을 빈을 하기 위해 파놓은 구덩이에 넣고 시신을 받들어 관속에 넣는 것으로 되어 있다. 즉, 입관은 대렴을 마친 뒤 빈소에 미리 안치된 관 속에 시신을 안치하는 것으로 되어 있다는 것이다. 그러나 『상의절요』는 대렴을 하는 절차를 '대렴' 조항에 마련하고, 柩를 받들어 빈을 하는 절차를 따로 '성빈' 조항을 마련하여 규정하면서 대렴에 입관을 하는 것으로 규정하고 있다. 이는 고례를 변경한 것이다.

⑦ 「사상례」의 "주인이 동쪽 계단 아래 원래의 위치로 돌아가 용을 하고, 용을 마친 뒤 드러냈던 왼쪽 옷소매를 다시 입는다. 그리고 나서 전을 올린다."87)는 조항에 근거한 것이다. 『주자가례』는 "영상을 널의 동쪽에 설치하고 이에 전을 진설한다."88)고 되어 있다. ⑧ 「사상례」의 "대렴을 마치고 휘장을 걷는다"89)는 규정에 근거한 것이다. 倚廬를 만드는 것과 관련하여 다산은 "빈을 마치고 나면 주인이 의려에서 빈에게 배례해야 하는데, 다음날 빈을 할 것이므로 미리 만든다"90)고 하였다. 『주자가례』에는 대렴을 마치고 빈을 한 뒤 "주인 이하는 각각 喪次

85) 『儀禮』, 「士喪禮」, "商祝布絞·紟·衾·衣, 美者在外.……士擧遷尸, 復位. 主人踊無算".
86) 『儀禮』, 「士喪禮」, "主人奉尸斂于棺, 踊如初, 乃蓋".
87) 『儀禮』, 「士喪禮」, "主人復位, 踊, 襲, 乃奠".
88) 『朱子家禮』 卷4, "設靈牀於柩東, 乃設奠".
89) 『儀禮』, 「士喪禮」, "卒斂, 徹帷".
90) 『喪儀節要』 卷1, 22쪽, "旣殯, 主人拜賓, 當於倚廬, 明日將殯, 故豫爲之".

로 돌아간다."[91]고 규정하고 있다.

(5) 成服

『주자가례』에는 성복의 구체적 儀節 없이 오복의 내용과 시복대상을 규정하고 있다. 모두 3개의 조항이 포함되어 있는데, 이는 다산이 「사상례」에 근거하여 구성한 것이다.

① [士喪禮] 다음날 날이 밝으면, 상복과 상장을 문밖에 진설한다.(厥明, 陳衰·杖于戶外.)

② [士喪禮·記] 조곡을 하려 할 때, 주인 이하는 문밖 곡위에 나아가 곡을 한 뒤, 상복을 하고 상관을 하고 질대를 하고 요질의 늘어뜨린 마를 묶으며, 전을 올린다.(將朝哭, 主人以下, 入卽位哭, 乃裳, 乃衰, 乃冠, 加絰·帶, 絞垂, 乃奠.)

③ [士喪禮·記] 전을 마치고 주인은 (서쪽 계단으로) 내려와 의려로 나아가 상장을 하고 곡을 한 뒤 빈에게 절을 한다.(奠畢, 主人降就廬, 乃杖, 哭, 拜賓.)

① 「사상례」에는 "죽은 지 사흘째 되는 날, (오복의 친속들은 모두) 상복으로 갈아입고 (지팡이를 짚는 복을 하는 사람은) 지팡이를 짚는다."[92]고 되어 있다. 이것은 죽은 당일 날을 제외하고 죽은 다음 날부터 계산한 것이다. 죽은 당일 날부터 계산하면 4일째가 된다. 정현은 「사상례」의 '三日成服'을 '빈례를 마친 다음날'로 해석한다. 이에 대해 다산은 상이 이른 아침에 발생하면 당일에 습함을 하고 다음날 소렴을 해도 되지만, 상이 오후에 발생하면 기물을 갖추기 어려우므로 다음날 습함을 하고 그 다음날 소렴을 하며 다시 그 다음날 대렴을 하게 되므로 대렴과 빈을 하는 날짜는 상황에 따라 3일째나 4일째로 달라지게

91) 『朱子家禮』卷4, "主人以下, 各歸喪次".
92) 『儀禮』, 「士喪禮」, "三日成服杖".

된다고 본다. 따라서 정현처럼 빈을 한 다음 날 성복을 한다고 하면 5 일째나 성복을 하게 되는 경우가 발생하여 성복이 너무 늦어지게 된다. 이를 고려하여 경문의 '사흘째 되는 날에 성복을 한다'는 구절은 성복의 날짜를 '확정하여 바꿀 수 없도록 하려는 의도'에서 마련된 조항이라고 해석한다. 염빈이 기일대로 이루어진 경우에는 빈을 마친 다음 날 성복을 하고 하루가 더 늦춰진 경우에는 빈을 한 바로 그날 성복을 해야 한다는 것이다. 이러한 입장은 성호와도 차이가 있다. 성호는 "성복은 결단코 빈을 한 다음날에 하는 것이라는 사계의 설이 옳다."[93]고 주장하기 때문이다.

② 「사상례」의 기문 "사흘째 되는 날에 요질의 늘어뜨린 마를 묶는다."[94]에 근거한 것이다. 『주자가례』에는 "다음날 아침 오복을 입는 사람들은 각각 그 복을 입고 들어가 자리에 나아간다. 그런 후 아침 곡을 하고 서로 조상하기를 의례대로 한다."[95]고 되어 있다. ③ 「사상례」 기문인 "의려에 거처하고 이엉을 깔고 자며 흙덩이를 베고 질대를 벗지 않는다."[96]는 규정에 근거한 것이다.

(6) 成殯

「사상례」에는 대렴을 하고 빈소를 마련한 다음날 성복을 하도록 되어 있으나, 『상의절요』는 대렴을 마친 다음날 성복을 하고 다시 그 다음날 빈소를 차리는 것으로 되어 있다. 이러한 변화에 대해 다산은 "옛날에 성복의 예는 빈을 하기 전에 하기도 하고 뒤에 하기도 하였다.……삼일 째 되는 날 성복을 하는 것은 천자로부터 서인에 이르기까지 차이가 없었기 때문이다."[97]라고 설명한다. 즉 다산은 죽은 지 4일째 되

---

93) 『星湖先生全集』 卷39, 「金沙溪疑禮問解辨疑」, "成服斷在殯之明日, 沙溪說是矣".
94) 『儀禮』, 「士喪禮」, "三日絞垂".
95) 『朱子家禮』 卷4, "厥明, 五服之人各服其服, 入就位然後, 朝哭, 相弔如儀".
96) 『儀禮』, 「士喪禮」, "居倚廬, 寢苫枕塊, 不說絰帶".

는 날 성복을 하는 것은 고정불변이라고 보는 것이다. 따라서 3일째 대
렴을 했다면 다음날 성복을 하고, 4일째 대렴을 했다면 바로 그날 성복
을 하는 것으로 본다. 『상의절요』에서 성복을 한 다음날 빈소를 차리
도록 규정한 중요한 이유에 대하여 다산은 "옛날 사대부의 상에는 모
두 공식적으로 파견된 유사가 와서 업무를 처리하였기 때문에 예에 관
련된 일들을 처리하기 쉬웠다. 지금 가난한 집안에서 창졸간에 여러
가지 일이 겹치면 기일을 맞추기 어려울 것이므로 이틀을 늘려서 편안
하고 상세하게 하도록 하려는 것이 나의 생각이다."98)라고 대답한다.
'성빈'의 조항을 따로 분리한 것은 「사상례」에 근거한 것이기는 하지만
세세한 절차를 마련한 것은 다산의 독창이다. 모두 10개의 조항이 설
정되어 있다.

① [茶山] 다음날 날이 밝으면 관을 묻을 구덩이를 서쪽 정원 북쪽에
   판다.(厥明, 掘肂坎于西庭之北.)
② [茶山] 조곡을 마치고 친족들은 방문을 열고 고유하고, 주인 이하는
   곡을 하며, 절도 없이 용을 한다.(旣朝哭, 親者啓戶告由, 主人以
   下哭. [句]踊無節.)
③ [茶山] 어자 8인이 들어가 널을 받들고 빈을 한 구덩이로 가 그 옆
   에 북쪽을 머리 쪽으로 하여 안치한다.(御者八人入, 奉柩適于肂,
   安于坎側北首.)
④ [茶山] 괴임대를 설치하고 널을 받들어 구덩이에 안치한 뒤, 자리를
   깔고, 흙을 덮으며, 덮개를 한다.(設掆, 乃奉柩安于坎, 乃席, 乃塗,
   乃屋.)
⑤ [朱子家禮修正] 친족들이 방안에 교의와 전탁을 마련하고, 명중을

97)『喪儀節要』卷3, 67쪽, "古者成服之禮, 或在殯前, 或在殯後, 故古者天子七
日而殯, 而祝與王子, 皆三日成服.[詳見方喪篇] 三日成服者, 自天子達於庶
人, 未有進退.[見角一]".
98)『喪儀節要』卷3, 67쪽, "古者士大夫之喪, 皆公有司, 來治職事, 故禮事易辦.
今貧寠之家, 倉卒堆疊, 恐難及期, 令緩二日, 使之安詳行之, 是余意也".

놓는다.(親者設椅·桌于室中, 乃置銘重.)

⑥ 주인 이하는 곡을 하고 자리로 돌아가고, 아침상식을 올리는데, 친족들이 일을 맡아 하고 주인은 廬次에서 곡한다.(主人以下哭, 反位, 乃饋, 親者執事, 主人哭于廬次.)

⑦ [士喪禮] 빈을 마치면 아침저녁 때 없이 곡을 한다.(既殯, 哭晝夜無時.)

⑧ [士喪禮] 초하루에는 정식의 전을 올리고 보름에는 그렇게 하지 않는다.(朔日有殷奠, 月半則否.)

⑨ [士喪禮] (춘분과 추분, 하지와 동지 등) 중월이 되면 천례를 한다.(若値仲月, 有薦禮.)

⑩ [俗禮] 생일에는 전을 올리지 않는데, 거행하는 경우에도 정식으로 올리지는 않는다.(生日無奠, 其或行之, 勿殷.)

① 「사상례」의 "관을 안치할 구덩이를 파는데 구덩이의 깊이를 衽이 보일 정도로 판다."[99]는 규정에 근거한 것이다. 『주자가례』에는 '관을 들고 들어가 당 중앙 조금 서쪽에 놓는다'는 조항의 부주에 사마온공의 말을 인용하여 "주나라 사람은 서쪽 계단 위에 빈소를 차렸다. 지금은 당실의 생김새가 다르거나 혹은 협소한 까닭에 다만 당 가운데 조금 서쪽에서 할 뿐이다."[100]라고 하여 당의 서쪽에 관을 안치할 빈소를 마련하도록 하고 있다. 『상의절요』는 '서쪽 정원의 북쪽'에 빈소를 마련하고 관을 안치한 뒤에는 흙으로 덮고 덮개를 하도록 하였다.

⑤『주자가례』에는 "반함을 한 뒤에 바로 영좌를 설치하는데 의자와 탁자가 포함된다. 대렴을 한 뒤에 바로 영상을 설치하는데 이불과 베개가 포함된다."고 규정하였다. 이에 반해『상의절요』에는 '빈을 마친 뒤에 의자와 탁자를 설치하고 이불과 베개를 설치하는 것'으로 규정되어 있다. 이는 "고례에 따르면 매장을 하기 전에는 전만 있고 祭는 없

99) 『儀禮』, 「士喪禮」, "掘肂見衽".
100) 『朱子家禮』 卷4, "周人殯於西階之上. 今堂室異制, 或狹小, 故但於堂中少西而已".

다. 전은 땅에 진설하는 것이고 그 대상은 體魄이다. 매장을 한 뒤에는
제만 있고 전은 없다. 제는 허공에 올리는 것이고 그 대상은 神魂이다.
이는 체백은 땅으로 돌아가고 신혼은 허공으로 돌아감을 가리키는 것
이다. 이것에 근거하여 말하면 매장하기 전에 의자와 탁자를 진설하는
것은 예에 맞지 않는 것"[101]이기 때문이다. 그렇지만 풍속을 놀라게 할
것을 염려하여 빈을 한 뒤에 진설하도록 유보하고 있다.

　⑦「사상례」의 "곡을 하는데 밤낮으로 때 없이 한다.(哭晝夜無時)"
는 조항에 근거한 것이다. 『주자가례』에도 때 없이 곡을 하는 것으로
규정하고 있다. ⑧「사상례」의 "보름에는 성대한 전을 올리지 않는다.
(月半不殷奠)"는 규정을 원용한 것이다. 『주자가례』도 "초하루에는 朝
奠에 음식을 차린다"고 하여 동의하고 있다. ⑨「사상례」의 "(사시의
길제를 지내는 달에는) 삭전과 같이 천신을 한다."[102]는 규정에 근거한
것이다. 『주자가례』에는 "(계절에 따라) 새로 난 음식물이 있으면 천신
을 한다."고 되어 있다.

(7) 啓殯

모두 5개의 조항이 설정되어 있다.

> ① 빈을 마치고 10일이 지나면 조역에 나아가 공사를 하고, 장일을 정
> 하는데 반드시 유일로 한다.(既殯之越十日, 就兆域營之, 乃定日
> 期, 必用柔日.)
> ② 장일이 되면, 삼일 전에 광을 파고 그 바닥에 (石灰와 細沙와 黃土
> 를 섞어 만든) 모래흙을 다져 넣는다.(既及期, 前期三日, 穿壙, 築
> 塋.)

---

101) 『喪儀節要』卷3, 70쪽, "古禮未葬, 有奠而無祭. 奠者, 錯于地也, 其所向在於
體魄. 既葬, 有祭而無奠. 祭者, 擧于空也, 其所向在於神魂. 謂體魄反乎地,
神魂歸于空也. 以此言之, 未葬而設椅桌, 非禮也. 但恐駭俗, 既殯乃設".
102) 『儀禮』,「士喪禮」, "有薦新如朔奠".

③ [旣夕禮] 하루 전날 아침에 집사가 명중을 가지고 빈소로 나아가 빈소를 열겠다고 고하고 곡을 한 뒤 연다.(前一日朝, 執事者取銘重, 詣殯, 告啓殯, 哭, 乃啓.)

④ [旣夕禮] 주인과 여러 주인들은 모두 요대의 끈을 늘어뜨리고, 부인은 북상투를 틀고, 주인은 袒을 하고, 수없이 용을 한다.(主人及衆主人, 皆散帶垂, 婦人髽, 主人袒, 踊無算.)

⑤ [旣夕禮] 널을 받들고 사당에 뵈인 뒤, (단을 했던 것을) 다시 입고, 전을 올린다.(奉柩, 朝于廟, 乃襲, 乃奠.)

① 「사상례」에는 장일과 장지를 점치는 절차가 기술되어 있다.『상의절요』는 "점을 치는 의미는 하늘의 밝음을 이으려는 것이다. 지금 사람들은 평소에는 하늘을 섬기지 않다가 장례지낼 때만 길흉을 물으려 하니 하늘을 모욕하는 것이 아니겠는가?"103)라고 하여 점치는 것을 반대한다.『주자가례』도 "석 달만에 장사를 지내는데 기일 전에 장사 지낼 만한 땅을 고른다"는 조항의 주에 "지금 사람들은 점치는 법을 알지 못하니 시속을 따라 택하는 것이 좋다."104)고 하고 있다. '반드시 유일로 해야 한다는 것'과 관련하여 다산은 옛날에도 점을 치기는 했지만『춘추』를 살펴보면 장례일은 모두 柔日을 사용하였다는 사실을 근거로 들고 있다.

② 『주자가례』에는 "날을 택하여 묘역을 만들고 후토신에게 제사지낸다."는 조항과 "드디어 광을 판다."105)는 의절이 치장 조항에 마련되어 있다. 이와 함께『주자가례』에는 "얇은 판으로 灰隔을 만드는데 곽의 모양처럼 한다"106)고 되어 있다. 그러나『상의절요』에는 회격을 만들 때 사용한 칸막이를 제거하도록 규정하고 있다. 이는 "얇은 판을 이

---

103)『喪儀節要』卷4, 74쪽, "卜筮之義, 紹天明也. 今人平日未嘗事天, 唯於葬時, 仰詢吉凶, 不已瀆乎?"

104)『朱子家禮』卷4, "今人不曉占法, 且從俗擇之可也".

105)『朱子家禮』卷4, "擇日, 開塋域, 祠后土. 遂穿壙".

106)『朱子家禮』卷4, "別容薄板, 爲灰隔".

용하여 회를 다져 넣으면 그 회가 굳은 뒤에는 벽처럼 단단해 진다. 따라서 그 판을 제거하더라도 무너질 염려가 없으니 제거하지 않을 이유가 없다."107)고 설명한다. 이러한 입장은 허성재의 경우도 마찬가지다. 성재는 회격을 만들 때 사용한 판자를 곽의 의미를 가진 것으로 해석하고『주자가례』와『서의』모두 곽을 사용하지 않으므로 반드시 제거해야 한다고 주장한다.108) ③·④『기석례』의 "(장일 이틀 전) 저녁 곡을 마친 뒤 빈소를 열 시기를 주인에게 청하여 빈에게 고한다. 다음날 일찍 일어나 장부는 북머리를 하고 산대를 드리우고……주인은 단을 한다.……축이 내려와 하축과 함께 계단 밑에서 교대하고 명정을 취하여 중에 놓는다. 성용을 무수하게 한다."109)고 한 규정에 근거한 것이다.『주자가례』에는 "발인 하루 전, 아침 전을 올려 영구를 옮길 것을 아뢴다."110)고 되어 있고, 주에 "옛날에는 계빈하는 전을 올렸으나 지금은 빈소에 흙을 덮지 않았으니 그 예를 시행할 곳이 없다. 그러나 완전히 절문을 없앨 수 없어 이 예를 시행한다."111)고 설명하고 있다. ⑤「기석례」의 "祖廟로 옮기는데 축을 이용한다."112)는 조항에 근거한 것이다.『주자가례』에는 "영구를 모시고 조상을 뵙는다"는 조항이 마련되어 있다.

---

107)『喪儀節要』卷4, 74쪽, "壙穴彌大, 後患彌甚, 故余爲原編, 已自襲尸之初, 務從緊小, 不用絮衣. 小斂大斂, 不用絮衾. 棺不過二寸, 不用外槨, 皆此意也. 灰隔之板, 又安用之? 築灰以板, 則其灰成壁, 雖去其板, 不患崩塌, 何爲而不去之哉!"
108)『士儀』卷6,「易戚」, "『家禮』不用槨, 溫公亦不用槨, 然則隔灰之薄板, 築後必去之也. 孔子葬鯉, 有棺而無槨. 又許貧者還葬, 而無槨".
109)『儀禮』,「士喪禮」, "旣夕哭, 請啓期, 告于賓. 夙興,……丈夫髦, 散帶垂,……主人拜賓, 入卽位, 袒.……祝降, 與夏祝交于階下, 取銘置于重. 踊無筭".
110)『朱子家禮』卷4, "發引前一日, 因朝奠以遷柩告".
111)『朱子家禮』卷4, "古有啓殯之奠, 今旣不塗殯, 則其禮無所施. 然又不可全無節文, 故爲此禮也".
112)『儀禮』,「旣夕禮」, "遷于祖, 用軸".

(8) 祖奠

모두 4개의 조항이 설정되어 있다.

① [旣夕禮] 해가 기울 네 시 무렵이 되면, 상여를 맡은 자가 상여를
처마 밑에 들여놓는다. 주인은 들어가 자리로 나아가 단을 한다.
(日旣晡, 掌輿者納輿于宇下, 主人入, 就位, 祖.)

② [旣夕禮] 집사가 널을 받들어 당을 내려와, 상여에 싣고 묶으며, 곡
하고 뛰기를 수없이 한다.(執事者奉柩下堂, 乃載乃束, 哭踊無算.)

③ [旣夕禮] 길 떠나는 전을 올리고, 상여를 돌리고, 축이 명정을 가져
다 널 앞에 꽂으면, 습을 하고, 전을 올린다.(乃祖, 旋車, 祝取銘,
建于柩前, 乃襲, 乃奠.)

④ [旣夕禮] 저녁이 되면 마당에 횃불을 밝히고, 대곡을 한다.(宵爲燎
于庭, 乃代哭.)

① 「기석례」의 "수에 예속된 장인이 상여를 계단 사이에 들여놓는
다."[113]는 규정에 근거한 것이다. 다산은 '계단 사이'란 '처마 밑'을 가
리킨다고 해석한다. 『주자가례』에는 "해가 기울 네 시 무렵 조전을 차
린다."[114]고 되어 있고, 견전 항목인 "이튿날 영구를 상여로 옮긴다"는
조항의 주에서는 "상여꾼이 큰 상여를 가운데뜰에 들여놓고 기둥 위에
가로놓인 빗장을 빼낸다."[115]고 하였다. 즉 『주자가례』에는 이에 관한
내용이 祖奠이 아닌 遣奠 조항에 기술되어 있고 상여를 두는 장소도
처마 밑이 아닌 가운데뜰로 규정되어 있다는 점에서 『상의절요』와 차
이가 있다. 고례에 근거하여 『주자가례』의 규정을 개정한 것이다.

② 「기석례」에 "이에 관을 수레에 싣는데 수없이 뛴다. 묶기를 마치
면 습을 한다."[116]라고 한 규정에 근거한 것이다. 『주자가례』는 '견전'

---

113) 『儀禮』, 「旣夕禮」, "遂匠納車于階間".
114) 『朱子家禮』 卷4, "日晡時, 設祖奠".
115) 『朱子家禮』 卷4, "舝夫納大轝於中庭, 脫柱上橫扃".
116) 『儀禮』, 「旣夕禮」, "乃載, 踊無算, 卒束, 襲".

조항에 영구를 상여에 옮겨 싣는 절차를 마련하고 있다. 이에 따르면 조전을 올릴 때는 상여에 싣지 않은 상태가 된다. 이에 대해 다산은 "祖는 길 떠나는 시초에 지내는 것이다. 때문에 고례의 경우는 상여에 싣고 난 뒤에야 조전을 올렸다. 싣지 않고 조전을 올리는 것은 명실이 어긋나는 것이므로 감히 따를 수가 없다."고 주장한다. ③ 「기석례」의 "길 떠나는 전을 올리고 상여를 돌리고, 축이 명을 가져다 균에 놓는 다."는 규정에 근거한 것이다. 『주자가례』에는 祖奠 때 축관이 고하는 고사로 "永遷之禮, 靈辰不留, 今奉柩車, 式遵祖道"라고 되어 있다. 성호는 『주자가례』의 고사 가운데 '靈辰' 등의 말은 그 뜻이 분명치가 않아 산사람이 애매하게 고하면 귀신도 반드시 애매하게 들을 것이라고 주장하고, "일월은 머무르지 않고 먼 곳으로 나아감에 기한이 있어 조전을 올리니 비통한 마음 이기기 어렵습니다.(日月不居 卽遠有期 薦此祖奠 悲痛難勝)"라고 수정한다. 이에 대해 다산도 "고례의 경우 조전에는 본래 축관이 고하는 절차가 없었다. 제거하는 것에 의심이 없다."117)고 하여 성호의 주장에 동의한다. ④ 「기석례」의 "밤에는 문 안 오른쪽에 횃불을 만들어 놓는다."118)는 규정에 근거한 것이다.

(9) 發引

모두 5개의 조목이 설정되어 있다.

① [旣夕禮] 다음날 날이 밝으면, 견전을 올릴 기물들을 (상여가 머물러 있는) 중앙뜰 서쪽에 진설한다. 견전을 올리는 자리를 동쪽을 향하도록 한다.(厥明, 陳奠具于中庭之西. [句]奠席東面.)
② [旣夕禮] 주인이 들어가 자리에 나아가서 어깨를 드러내고, 상여를 맡은 자가 구거를 모시고 가운데뜰에 멈춘 뒤, 덮개를 하고 휘장

---

117) 『喪儀節要』 卷4, 76쪽, "鋪案, 靈辰不留, 已作於六朝, 『開元禮』亦有之, 其文太靡, 不可用也. 古禮祖奠, 本無祝告, 去之無疑".
118) 『儀禮』, 「旣夕禮」, "宵, 爲燎于門內之右".

을 하며, 장식을 하고 운삽을 하며, 곡하고 뛰기를 수없이 하며,
옷을 바로 입고 전을 올린다.(主人入卽位袒, 掌輿者奉柩車, 止于
中庭, 乃蓋乃帷, 乃飾乃翣, 哭踊無算, 乃襲乃奠.)

③ [旣夕禮] 발인을 하는데, 명정이 먼저 나가고 功布가 다음에 나가
고, 운삽이 그 다음이며, 구거가 출발한다.(乃啓引, 銘先行, 次功
布, 次翣, 柩車乃行.)

④ [旣夕禮] 명기와 하장을 만들지 않고, 희생을 싸지 않고, 육장을 담
지도 않고, 오곡을 담지도 않고, 관에 까는 자리도 만들지 않고,
만사를 짓지도 않고, 막차를 하지도 않으며, 폐백을 올리지도 않
는다.(不作明器·下帷, 不苞牲, 不罋, 不筲, 不茵, 不挽詞, 不幕
次, 不贈幣.)

⑤ [旣夕禮] 주인이하는 곡하면서 걸어서 널을 따르고, 떠날 즈음에 주
인은 단을 했다가 문을 나서면 옷을 바로 입는다.(主人以下, 哭步
從柩, 將行, 主人袒, 旣出門, 襲.)

① 「기석례」의 "다음날 날이 밝으면 정 다섯 개를 문밖에 대렴전 때
처럼 진설한다."[119)는 조항에 근거한 것이다. 「기석례」에 따르면 견전
에도 상여가 뜰에 머문다는 규정이 없다. 지금 시속에서는 모두 문밖
에서 행하면서 노제라고 하는데 『상의절요』에서는 '가운데 뜰에서 행
하는 것'으로 규정하고 있다. 즉 이는 고례와 금례 모두에 근거가 없는
것이다. 이에 대해 다산은 『주자가례』에 따르면 "이튿날 영구를 상여
에 옮긴다"는 조항의 뒤에 바로 "이에 견전을 차린다"고 되어 있는 것
과 그 주에 "대여를 가운데뜰에 들여놓고 널을 싣는다"고 되어 있는
것을 근거로 가운데뜰에서 견전을 하는 것은 주자의 예에 근거한 것이
라고 주장한다. 그러나 『주자가례』에 널을 싣지 않은 채 조전을 하는
것으로 되어 있는 것에 대해서는 의문을 제기한다. "祖는 길을 떠나는
처음 일이다. 때문에 고례의 경우 널을 실으면 조제를 지냈다. 싣지 않

---

119) 『儀禮』, 「旣夕禮」, "厥明, 陳鼎五于門外如初".

고 조제를 지내는 것은 명과 실이 어그러진 것이어서 따를 수가 없다. 만일 이미 널을 실었는데 멈추는 것이 불편하다면 조전을 폐지하고 견전에 합하는 것이 낫다"고 주장한다.120) ②「기석례」의 "주인이 들어와 袒을 한다. 이에 관을 수레에 싣는다. 용을 수없이 한다. 수레에 묶는 것을 마치면 습을 한다. 내려가 전을 올린다."121)는 규정에 근거한 것이다. ③·④『주자가례』에는 '발인' 조항의 주에 "방상씨 등이 앞에서 인도하고 기물을 진설한 순서대로 간다."122)고 규정하고, 기물은 "명기, 하장, 포, 소, 앵을 놓은 상을 마주 들고 간다. 이어 명정은 받침대를 없애고서 들고 간다. 다음으로 영거에 혼백과 향불을 모신다. 그 다음은 큰 상여인데 상여 옆에 삽선이 있으니 사람들에게 잡도록 한다."123)고 하였다. 이에 따르면『상의절요』의 경우도 ④의 제한 규정에 의해 빠진 것을 제외한 명정, 공포, 운삽의 순서는『주자가례』와 동일하다. ⑤「기석례」의 "주인이 단을 하고 영구를 따르는데 쉼 없이 용을 한다. 문을 나서면 용을 하고 습을 한다."124)는 규정에 근거한 것이다.『주자가례』에는 "주인 이하의 남자와 여자는 곡을 하며 걸어서 따라간다."125)고 하였다.

(10) 窆·反哭

모두 5개의 조목이 설정되어 있다.

120)『喪儀節要』卷4, 76쪽, "朱子之禮, 未載而祖, 此則可疑. 夫祖者行之始也, 故古禮既載乃祖, 不載而祖, 名實有舛, 未敢從也. 苟以既載而宿爲不便, 則寧當削去祖奠, 合之於遣奠也".
121)『儀禮』,「既夕禮」, "主人入, 袒. 乃載. 踊無筭. 卒束, 襲. 降奠".
122)『朱子家禮』卷4, "方相等前導, 如陳器之序".
123)『朱子家禮』卷4, "明器·下帳·苞·筲·甖, 以牀舁之. 次銘旌, 去趺執之. 次靈車以奉魂帛香火. 次大轝, 轝旁有翣, 使人執之".
124)『儀禮』,「既夕禮」, "主人袒, 乃行, 踊無筭. 出宮, 踊, 襲".
125)『朱子家禮』卷4, "主人以下男女, 哭步從".

① [旣夕禮] 널이 광에 이르면 주인은 단을 하고 곡을 멈춘다.(柩至壙, 主人袒, 止哭.)[士喪禮記文]

② 하관을 하고, 모래흙을 덮고, 다지고, 재를 넣고 흙을 넣고 다지며, 옷을 바로 입는다.(乃窆, 乃墐, 乃築, 乃炭, 乃土, 乃築, 乃襲.)[士喪禮記文]

③ 平土를 마친 뒤 묘 왼쪽에서 전을 올리고, 신주를 세우며, 명정을 묻는다.(旣盈坎, 乃奠于墓左, 因以立主, 乃埋銘.)[士喪禮記文]

④ [旣夕禮] 반곡을 하고, 집에 들어선 뒤 주인은 단을 하고 서쪽 계단을 통해 당에 오르고, 부인은 당 아래서 곡을 하고 동쪽 계단을 통해 올라 빈궁으로 가서 곡하고 슬픔을 다한 뒤 옷을 바로 입는다.(乃反哭, 旣入門, 主人袒, 升堂自西階, 婦人下堂哭, 升自東階, 遂適殯宮, 哭盡哀, 襲.)[士喪禮記文]

⑤ 장사를 지낸 날 우제를 지내는데, 사는 세 번의 우제를 경대부 또한 세 번의 우제를, 서인은 한 번의 우제를 지낸다.(日中而虞, 士三虞, 卿大夫亦三虞, 庶人一虞.)

① 「기석례」의 "널이 광에 이르면……주인은 단을 하고 중주인은 서쪽을 향하되 북쪽을 위쪽으로 하고 부인은 동쪽을 향하는데 모두 곡하지 않는다."[126]는 규정에 근거한 것이다. 『주자가례』에는 "주인과 남녀는 각각 자리로 가서 곡을 한다."고 규정하고 있다. ②『주자가례』에는 하관을 한 뒤 "주인이 (폐백을) 드린다"는 조항이 마련되어 있다. 이때 검은 비단 여섯과 붉은 비단 넷을 주인이 올리는데, 『상의절요』에는 폐백을 올리는 절차가 없다. 고례에는 널이 북문에 이르면 국군이 재부에게 玄纁의 묶은 비단을 주도록 되어 있고, 군주가 하사한 비단을 소중하게 생각하여 이때 그것을 사용한다. 다산은 "폐백을 주고받는 것은 군주와 신하, 남편과 아내, 손님과 주인의 예이다. 부모관계는 天屬이므로 폐백을 매개로 접하지 않는다."[127]라는 것을 근거로 반대한

---

126) 『儀禮』, 「旣夕禮」, "主人袒, 衆主人西面北上, 婦人東面, 皆不哭".

127) 『喪儀節要』卷4, 77쪽, "摯幣者, 君臣夫婦賓主之禮也. 父子天屬, 不以幣接

다. 이에 관해서는 사계도 "군주가 하사한 물건이 없음에도『주자가
례』에 그 절차가 있는 것은 의심스럽다"고 하여 다산과 같은 입장이다.
性齋는『예기』「단궁」의 "이미 하관을 하고 나서 주인이 폐백을 드린
다."고 한 것은 효자가 죽은 이를 위해 드리는 폐백이라고 해석하고
"군주가 하사한 물품이 있으면 군주가 하사한 것을 소중히 여겨 그것
을 사용하지만, 없을 경우에는 효자가 드리는 폐백을 사용한다."고 주
장하고 사계와 다산의 주장은 "가례의 의도가 아닌 듯하다."128)고 평
가한다.

③『주자가례』에는 "이에 흙을 채우고 점점 다진다. 묘소의 왼쪽에
서 후토신에게 제사를 드린다."라고 되어 있으나,『상의절요』에는 '평
토를 마친 뒤 묘 왼쪽에서 전을 올리는 것'으로 개정한 것이다.129)

④「기석례」의 "이에 반곡을 한다.……들어와 서쪽 계단으로 올라
동쪽을 향하고 중주인은 당하에 동쪽을 향하여 북쪽을 위쪽으로 하며,
부인이 들어오면 장부는 용을 하고 동쪽 계단으로 올라간다."130)고 한
것에 근거한 것이다. ⑤ 고례에 따르면 경대부는 오우로 규정되어 있
으나『상의절요』에는 삼우로 되어 있다. 이에 대해 다산은 "사마온공
과 주자는 천자의 경대부이지만 삼우를 법으로 삼았다. 하물며 후방의
대부는 어떠하겠는가? 예에는 손익하는 법이 있으니『주자가례』를 따
라야 한다."131)고 주장한다.132)

之也".
128)『士儀』卷10,「易戚篇」5.
129)『喪儀節要』卷4, 80쪽, "'檀弓'所云墓左之奠, 明是今俗所謂平土之祭".
130)『儀禮』,「既夕禮」, "乃反哭.……入, 升自西階東面, 衆主人堂下, 東面北上,
  婦人入, 丈夫踊, 升自阼階".
131)『喪儀節要』卷4, 82쪽, "溫公·朱子, 天子之卿大夫也. 亦以三虞爲法, 況侯
  邦之大夫乎? 禮有損益, 宜從『家禮』".
132) 이하 (11)우제, (12)졸곡·부, (13)소상, (14)대상, (15)담제는『제례고정』의
  「제의고」에 자세하므로 생략한다.

3. 다산『상의절요』의 문제의식과 경학적 토대

1)『상의절요』의 예학적 문제의식

17세기에 들어서서 조선의 주요한 학자와 대부분의 가문은 가례에 대한 독자적 양식을 가진다. 예를 들어 김장생과 김집의『家禮輯覽』, 尹宣擧(1610~1669)와 兪棨(1607~1664)가 함께 완성한『家禮源流』등이 그것이다. 이 점은 18세기 성호의 경우도 예외는 아니다. 성호는 당시 예설을 주장하는 사람들이『주자가례』가 완비되지 않았다는 것을 빌미로『의례』중의 번쇄한 의절들을 편입시키고자 하는 것에 대하여 '주자의 본지가 아니다'라고 비판한다.133) 그는 주자의 본지를 "예가 폐기된 뒤라서 고례는 졸지에 거행할 길이 없으며 겸하여 시대도 달라지고 사세도 바뀌었으니, 구태여 옛날의 예를 다 행하려 들 필요도 없으므로 별도로『가례』를 만든 것"134)이라고 해석한다. 성호의『禮式』이 "기본적으로『주자가례』의 체제에 따르면서 조선의 예학의 성과와 고례를 이용하여 보완한 것이지만, 필서의 신분이 준행하는 가례의 형식을 제시하였다는 점에 큰 특징이 있다."135)고 평가되는 것도 바로 이 때문이다. 이러한 문제의식은『예식』을 통해 '신분에 맞는 예제의 준행'과 '불필요한 비용의 절약'에 초점을 두고 전개된다.

다산의『상의절요』는 기본적으로 성호의 문제의식을 계승하여 불필요한 비용의 절약에 주목한다. '시졸'의 경우, ③ "속옷을 제거하고 새 옷으로 덮는다"고 한 고례의 규정에 대하여 다산은 새 옷이 없다면 '때가 많이 타지 않은 것(垢汚不甚者)'을 대신 사용할 것을 권한다.136) ⑧ 초혼에 사용하는 옷도 죽은 이가 평소 입었던 웃옷을 사용하도록 하

133)『星湖全書』,「禮說類編」卷2,「答秉休問目」.
134)『星湖僿說』卷9,「朱子末命」.
135) 李俸珪, 앞의 글, 2005, 123쪽.
136)『喪儀節要』卷1, 4쪽, "無新衣, 則用垢汚不甚者".

고, 초혼을 할 때도 지붕위에 올라갈 필요 없이 '북쪽 뜰에서 북향하여 부르는 것'으로 간소화한다.[137] '습함'의 경우, ① "문 밖에 두 개의 물동이를 준비해 놓는다"고 한 규정에 대하여 물동이는 새것을 써야 하지만 새것이 없으면 쓰던 것을 깨끗하게 씻어서 사용하고 사용한 뒤에는 버리도록 규정한다.[138] ② 습에 필요한 瞑目과 幄手는 『주자가례』에 의하면 검은 비단을 사용하도록 되어 있지만 가난한 집안에서는 베로 만든 것을 사용하도록 하고, 의복의 경우도 평소 입던 것을 사용하되 남아 있는 것이 전혀 없는 경우가 아니라면 사다 쓰지 말 것을 권한다.[139] ④ 시신을 목욕시킬 때 빈천한 집안에서 따로 시어할 사람을 둘 수 없는 경우에는 자제가 몸소 하도록 하는 예외 조항을 마련한다.[140] 이상의 것들은 모두 가계의 경제적 상황에 맞추어 예를 시행하도록 함으로써 예교를 확산시키고자 하는 성호의 문제의식을 계승한 것이다.

다산은 節儉에 초점을 맞춘 성호 예학의 문제의식을 묵수하지만은 않는다. 다산이 '성호의 『예식』과 비교하여 『상의절요』가 지나치게 사치스러움을 염려하면서도 자손들에게는 모두 『상의절요』를 따라야 한다고 강하게 충고한 것'[141]은 자신의 문제의식이 성호와는 다른 곳에 있음을 보여준다. 다산은 다른 곳에서 "『예식』은 지나치게 간소하다는 문제를 지니고 있을 뿐 아니라 지금의 시속과 어긋나고 고례에 근거가

---

137) 『喪儀節要』 卷1, 6쪽, "不必升屋, 但於北庭, 北向招之".
138) 『喪儀節要』 卷1, 9쪽, "盆宜用新, 無則淨洗而用之".
139) 『喪儀節要』 卷3, 60쪽, "古禮不問早晚, 必令當日襲含, 若必新製, 何從得此咄嗟之辦. 明衣裳, 似若新製, 而「鄕黨」篇曰, '齊必有明衣裳.' 古人平居, 固有此服, 未必是新製也".
140) 『喪儀節要』 卷3, 62쪽, "平居沐浴, 寧使侍御者爲之, 不欲令親子女觀之, 人之常情. 然貧賤之家, 侍御無人則子弟不得不親執".
141) 『喪儀節要』 卷3, 60쪽, "凡讀原編者, 有同好者則取之, 有不同好者則舍之, 其取其舍, 一聽於人, 又何得必人之從己, 而思以之易天下哉! 唯爲子孫者, 不可不從. 原編比之星翁禮式, 猶之近奢, 此吾所大懼".

없는 것이 이루 헤아릴 수가 없다. 이 책이 만일 널리 배포되어 식자의 눈에 들어갈 경우 매우 미안한데 이를 어찌할 것인가?"[142]라고 염려하기도 한다. 이는 다산의 문제의식이 '고례에 근거를 마련하고 시속을 참작하여 조율하는 것'에 있음을 의미한다.

『상의절요』에서 '시속을 참작하여 고례를 조율'하는 다양한 사례들을 만나는 것은 그리 어려운 일이 아니다. 고례인「사상례」에 따르면 남녀가 곡하는 자리는 방안에 있는 尸牀을 마주한 상태에서 남자는 서쪽을 바라보고 여자는 동쪽을 바라보는 것으로 되어 있으나, 『상의절요』는 방문밖에 곡위를 마련하도록 규정하고 있다. 이에 대해 다산은 "집의 구조가 다르고 재력에 차이가 있으므로 편리함을 따르지 않을 수 없기 때문"[143]이라고 설명한다. 즉 예를 시행하는 조건인 '시속'이 달라졌으므로 그에 맞게 고례를 시행하기 편리하도록 개정하였다는 것이다.

「사상례」에는 "축이 명정을 중에 걸어 놓는다."라고 규정되어 있고, 『주자가례』에는 습과 반함을 마치면 영좌와 혼백 그리고 명정을 설치하는 것으로 되어 있다. 표면적으로『상의절요』[144]는 "侍子는 명을 중에 걸어 시신의 곁에 놓는다."라고 하여『주자가례』가 아닌 고례의 규정을 그대로 원용하고 있다. 그러나 다산은 "지금 사람들의 집은 대부분 좁고 작으며, 또 고례의 경우 소렴 이후에는 시신이 실외에 있지만 지금은 입관도 방에서 하니 상과 탁자 등의 여러 물건들을 둘 곳이 있겠는가? 이때는 명중만을 설치하고 평소 사용하던 둥근 상에 궤전을 진설하였다가 빈소를 마련한 뒤 방안이 여유로와 지면 영좌를 설치하고 명중을 안치하는 것이 마땅할 것이다.……『주자가례』에는 영좌를

---

142) 『與猶堂全書』 卷3, 「上仲氏」, "但『禮式』不但失之太儉, 其違於今俗, 而無據
    於古禮者, 不可勝數. 此書若廣布, 入於識者之眼, 大段未安, 此將奈何?"
143) 『喪儀節要』 卷3, 54쪽, "宮室異制, 貧富殊力, 不得不從便".
144) 『喪儀節要』, '襲含' ⑪ "侍子는 銘을 重에 걸어 시신의 곁에 놓는다.(侍者, 取
    銘重, 置于尸側)"는 조항.

설치하는 절차가 소렴 전에 있지만 지금 사람들은 입관을 한 뒤에 설
치하는 경우가 많다."145)라고 그 이유를 설명한다. 그 점에서 본 조항
은 고례이기 때문에 따라야 한다는 단순논리에서 주장된 것이 아니라,
조선의 변화된 현실에 맞게 의례를 조정하는 과정에서 고례의 규정을
새롭게 살려 내고 이를 속례와 결합시킨 사례라고 할 수 있다.

고례와 속례를 조율하는 태도는 한 걸음 더 나아가 속례를 강하게
긍정하는 모습으로 나타나기도 한다. '披髮'(상투를 풀어 가운데를 나
누고 좌우로 늘어뜨리되 얼굴을 가리지는 않는 것)의 의식은 고례는
아니지만 『주자가례』에는 "옷을 갈아입고 음식을 먹지 않는다"는 항목
의 주에 "처와 자식, 며느리, 첩은 모두 관과 웃옷을 벗고 머리를 푼다.
남자는 위 섶을 끼우고 맨발을 한다."라고 하여 피발의 절차를 유지하
고 있다. 사계는 이를 제거할 것을 강력하게 요구한다.146) 다산은 "피
발이 소렴을 마치고 脫髦하는 고례가 변한 것이므로 비례이기는 하지
만, 대신들이 건의하고 조정의 명령으로 새롭게 고치지 않는다면 시속
을 따르는 것이 옳다"147)고 주장하여 『주자가례』에 따라 시속에서 시
행하는 속례의 손을 들어준다.

속례를 존중하는 태도는 무조건적으로 관철되지 않는다. 時俗을 적
극적으로 반영하려는 것과 속례를 무조건적으로 긍정하는 것은 동일
한 태도가 아니기 때문이다. 속례는 경전적 근거 없이 인습되어 시행

---

145) 『喪儀節要』 卷3, 64쪽, "今人宮室, 大抵狹窄. 又古禮, 小斂以後, 尸在室外,
今入棺, 亦在室中, 何地容此牀桌諸物? 此時但設銘重, 以平日所用之圓盤,
陳其饋奠, 及至旣殯之後, 室中乃寬, 乃設靈座, 乃安銘重, 抑所宜也, 何駭之
有? 『家禮』設靈座, 雖在小斂之前, 今人多於入棺後設之".

146) 『沙溪先生全書』 卷35, 「疑禮問解」, "沙溪曰, 被髮出於西原蠻俗. 唐初胡越一
家, 蠻俗漸染於中國, 因有此禮. 及至開元, 采入典禮, 而溫公取之, 『家禮』因
而不刪. 『家禮會成』, 據丘氏之論去之. 行禮之家, 固當從之. 但行之已久, 一
朝去之, 恐未免譏罵耳".

147) 『喪儀節要』 卷3, 49쪽, "古禮旣小斂脫髦.[「喪大記」] 脫髦變而爲披髮也. 雖
非禮, 非大臣建白朝令更新, 且當從俗".

되는 것이 대부분이다. 따라서 속례에 대한 비판은 '고례에 근거가 없다'는 점과 '예의 정신[禮義 또는 禮意]에 위배된다는 점을 지적하는 두 측면에서 진행된다.

시속에서 短襦를 습의로 사용하는 것에 대해 다산은 반대한다. 고례에 의하면 시신을 직접 감싸는 습의는 明衣裳뿐이고 그 위에 세별의 弁服을 입힐 뿐이므로 단유를 사용해서는 안 된다는 것이 첫 번째 이유이다. 옷을 입는 것은 두 가지 이유 때문인데, 추위를 막기 위해서이거나 몸을 가리기 위해서이다. 이에 따르면 습의는 추위를 막기 위해서 사용하는 것이 아니라 몸을 가리는 용도에만 국한되는 것이므로 추위를 막기 위해 솜을 넣어 만든 단유를 사용하는 것은 사리에 맞지 않는다는 것이 두 번째 이유이다.148)

고례의 경우에는 "부고를 할 때 빈객에게 배례한다"고 하여 시졸의 단계에서도 빈에게 배례하는 것을 허용하고 있다. 그러나 당시 시속에서는 성복을 하기 전에는 빈에게 배례하지 않았던 듯하다. 『상의절요』는 '시졸'의 단계에서 주인은 피발을 하고 있기 때문에 빈객에게 배례하지 않는다고 하고, 소렴을 한 뒤에 빈에게 배례하는 것으로 규정하면서 "이미 관을 벗고 통건을 쓰며, 요질과 수질을 하였다면 어떻게 배례하지 않을 수 있겠는가? 衆意에는 어긋나더라도 굽힐 수 없다."149)고 설명한다. 이러한 입장은 『상례사전』의 경우도 동일할 뿐 아니라, 『상례비요』도 「사상례」를 인용하여 보완하고 있다. 아울러 당시 사람들은 3~4형제가 모두 일렬로 서서 빈객에게 배례를 하였다. 이에 대해 다산은 '크게 예에서 벗어난 것'이라고 비판하고 장자가 앞 열에 서고 나머지 형제들은 뒤 열에 자리하여 2열로 배례하도록 하고 있다. 이

---

148) 『喪儀節要』卷3, 58쪽, "古禮甚繁縟, 然至於襲衣襯身者, 只是明衣裳而已. 其上直着弁服三稱.[爵弁服·玄端服·皮弁服.] 一切袍·襧·綌·紵等褻服, 皆不用之. 蓋衣服, 原有二用, 一爲禦寒, 一爲掩體. 生意旣滅, 無用禦寒, 唯掩體, 不忍不爲也. 短襦之有絮者, 徒使尸體豐大, 決不可用".
149) 『喪儀節要』卷3, 65쪽, "旣免旣絰, 如之何不拜? 雖違衆, 未可撓也".

는 "예에는 주인이 한 사람이고 빈객도 한 사람이어서 하늘과 땅을 상징한다. 빈객과 주인을 둘로 하는 것은 하늘과 땅의 정해진 위상을 어지럽히는 것"150)이기 때문이다.

『상의절요』는 '서쪽 정원의 북쪽'에 빈소를 마련하고 관을 안치한 뒤에는 흙으로 덮고 덮개를 하도록 규정하고 있다. 당시 사람들은 방안에 빈소를 마련하였으므로 『상의절요』의 규정은 시속과 배치되는 것이다. 이에 대해 다산은 "殯禮의 정밀한 의미는 세 가지가 있다. 첫째는 효자의 마음은 사람들이 자신의 부모를 추악하게 여기는 마음을 가지지 않도록 하는 것이다. 둘째는 먼 곳으로 나아감을 점진적으로 하는 것이다. 세 번째는 화재를 대비하는 것이다. 시신이 변질되면 냄새가 집안에 가득 차 사람들이 가까이 할 수 없다. 이것은 사람들에게 자신의 부모를 추악하게 여기도록 하는 것이다. 술과 고기를 올릴 때 이 냄새가 배게 되어 정결하지 않고 달갑게 여기지 않게 되면 사람들이 먹거나 냄새를 맡지 않으려고 하여 더욱 마음을 상하게 된다. 빈을 하지 않을 수 없는 첫 번째 이유이다. 부모를 옮겨 산속에 버려두는 것은 인정으로서는 참을 수 없는 것이다. 그 때문에 성인이 예를 제정하여 창 아래에서 목욕을 시키고, 방안에서 소렴을 하고 섬돌에서 대렴을 하고 서쪽 계단에서 빈을 하고 계단 사이에서 朝奠을 올리고 뜰에서 遣奠을 올리는 것은 먼 곳으로 나아감을 점진적으로 하는 것이다. 지금 방안에서 곧바로 널을 꺼내 산에 장사를 지낸다면 어찌 박절하고 급하지 않겠는가? 빈을 하지 않을 수 없는 두 번째 이유이다. 이제 중요하고 들어내기 어려운 널을 깊은 방 밀실에 두었다가 급한 화재로 끌어내려 하면 문은 좁고 문지방은 높으며 구불구불 길이 막혀 손을 쓸 수가 없게 된다. 빈을 하지 않을 수 없는 세 번째 이유이다."151)라

---

150) 『喪儀節要』 卷3, 55쪽, "喪禮者, 禮也. 禮一賓一主, 以象天地, 祭禮·賓禮, 以至鄕飮鄕射士相見之類, 莫不皆然, 二賓二主, 亂天地之定位也".

151) 『喪儀節要』 卷3, 69쪽, "殯之爲禮, 其精義有三. 一, 孝子之心, 不欲令人有惡於其親也. 二, 欲卽遠有漸也. 三, 備火災也. 尸體變動, 臭氣滿室, 人不能近,

고 대응한다.

『상의절요』에는 신주를 쓴 뒤에는 전을 올리지 않는 것으로 되어 있다. 그러나 당시 속례에서는 題主奠을 성대하게 올리고 그에 따른 축사가 있었다. 이에 대해 다산은 "고례에는 졸곡을 한 뒤에 신주를 만들었으므로 이러한 절차가 없다"고 주장한다. 아울러 정오에 우제를 지내는 것은 고금의 통례이므로 우제가 목전에 있는데 성대한 전을 올리는 것은 이치에도 맞지 않다고 비판한다.[152] 성호 또한 "옛날에는 제주전이 없었는데 지금 풍속에는 특별히 차리기도 하고 지나치게 성대하게 하니 이는 예가 아니다."라고 비판한다.

다산은 속례에서 偏袒을 하고 소렴 때까지 지내는 것에 대해서는 "예에 어긋나는 것 가운데 중대한 것이다. 처음 發哀할 때는 웃옷의 옷깃을 허리띠 안쪽으로 넣음으로써 오직 고례를 따라야 한다."[153]고 주장한다. 이는 단의 의미에 대한 잘못된 이해에서 생긴 것으로 용납될 수 없는 것이기 때문이다. 즉 이 문제는 禮儀의 층차가 아닌 禮義의 층차에서 잘못된 인식에 기초한 것이기 때문에 받아들일 수 없다는 것이다.

'성복'의 전을 시속에서 정식으로 갖추는 성대한 전으로 하는 것에 대하여『상의절요』는 반대한다. "성복은 살아있는 사람의 복식에 관한 일인데, 살아있는 사람의 복식을 하면서 죽은 이에게 음식을 올리는

是令人惡其親也. 孝子之心, 其忍安之乎? 饋奠酒肉, 皆薰是臭, 不潔不屑, 人不食餒, 尤可傷心, 其不可不殯者一也. 擧其親而委諸山, 此人情之所不忍也. 故聖人制之爲禮, 浴於牖下, 小斂於戶內, 大斂於阼, 殯於西階, 祖於階間, 遣於庭, 所以卽遠有漸也. 今自室中, 直出其柩以葬於山, 豈不迫急哉? 其不可不殯者二也. 今以重大難擧之柩, 而置之深房密室之中, 脫有急災, 戶窄而閾高, 阻碍回曲, 無以措其手, 不可不殯者三也".

152) 『喪儀節要』卷3, 82쪽, "日中而虞, 古今之通禮也. 虞在目前, 又何殷矣. 虞者, 安也. 所以安其神也. 題主之奠, 亦是安神之義, 頃刻之間, 疊行此祭, 有是理乎?"

153) 『喪儀節要』卷3, 50쪽, "此非禮之大者. 始發哀, 唯當扱上袵, 以遵古禮".

것은 예에 맞지 않는 것이다. 지금 풍속에 소렴과 대렴에는 성대한 전
을 하지 않으면서 유독 성복 때에만 성대하게 예를 치르는 것은 근거
가 없는 것이기 때문이다."154)『주자가례』의 경우에도 성복전에 대한
규정이 없다.

　'고례에 근거가 없다'는 점과 '예의 정신[禮義 또는 禮意]에 위배된
다'는 것을 근거로 속례를 비판하는 다산의 논점은『주자가례』의 경우
에도 예외 없이 적용된다. 습을 할 때 深衣를 사용하는 것은『서의』로
부터 시작되었고, 이는『주자가례』의 경우도 마찬가지다. 그러나『상
의절요』는 '습을 할 때 심의를 사용하는 것에 대해서는 九經에 명문규
정이 없다'는 사실과 심의는 '燕居할 때는 上服으로 입고 조회하거나
제사를 지낼 때는 中衣로 입는 것'이므로 습의로 사용할 수 없다고 본
다. 다산은 고례에 따라 祭服이나 朝服으로 사용하는 변복을 쓸 것을
주장한다.155)

　『주자가례』에는 '치관' 조목에 '七星板'과 '秫灰(차조를 태워 만든
회)'를 사용하는 것으로 되어 있으나, 다산은 "칠성판에 대한 규정이
예경에 보이지 않는다"156)는 것과 "옛 사람들은 출회를 불결하다고 여
겨 출회를 사용하지 않았으므로 칠성판 또한 만들어 사용할 곳이 없
다."157)라고 하여『주자가례』와는 다른 입장을 취한다. 아울러 관에 칠
을 하는 것에 대해서도 이는「상대기」정현주에 '대부는 칠을 사용한
다'고 한 것에 근거한 것으로 그 이외의 경전적 근거가 없는 것이므로
결코 해서는 안 된다고 주장한다. 이를 대신하여 사계와 성호 모두 좋

154)『喪儀節要』卷3, 69쪽, "成服者, 生人服飾之事也, 生人之服, 而死者之饋, 禮
　　不中也, 今俗於小斂大斂, 未有殷奠, 獨於成服, 張大其禮, 無攸據也".
155)『喪儀節要』卷3, 59쪽, "鏞謂, 深衣之用, 在燕私爲上服, 在朝祭爲中衣. 古者
　　不以襲尸, 蓋以是也.[今弁服之白衫, 卽古深衣之變制] 今人平居, 未嘗服深
　　衣, 而其制度聚訟紛然, 尙無定案. 有官者用朝服以遵古, 抑其宜也".
156)『喪儀節要』卷3, 56쪽, "七星板, 不見禮經".
157)『喪儀節要』卷1, 9쪽, "古人多以秫灰爲不潔, 不用秫灰, 則七星板亦無所作".

다고 한 燔脂法을 사용할 것을 제안한다.[158]

『주자가례』에는 습을 마친 뒤 "시신의 침상을 옮겨 마루의 중간에 놓는다"는 규정과 '이에 전을 진설한다'는 조항, 그리고 '주인 이하는 자리하여 곡한다'는 조항이 반함 이전의 절차로 마련되어 있다. 이는 『주자가례』는 습을 마치는 것을 기점으로 시신을 모시는 장소가 방에서 마루로 변한다는 것을 의미한다. 다산은 『주자가례』에서 "시신의 침상을 옮겨 마루 중간에 놓는다"는 규정에 대해 고례와 다를 뿐 아니라 목욕을 막 끝냈는데 시신을 옮기는 것은 사리에도 어긋난다고 비판하고 '傳寫 과정에서 오류가 있었던 것 같다'고 비판한다.[159]

『주자가례』에는 하관을 한 뒤 "관을 덮은 옷과 명정을 다시 정돈하여 바르게 해야 한다."[160]고 하여 명정과 柩衣를 관과 함께 매장하도록 하고 있다. 『상의절요』는 "명정은 묘지의 왼쪽에 매장한다. 중과 삽 그리고 공포 등은 묘지 앞에서 모두 불사른다."[161]고 하여 관과 함께 매장하지 않는 것으로 규정한다. 다산은 이금을 광에 넣는다는 것은 「사상례」에 대한 가공언의 疏에서만 보일 뿐 경문에는 본래 없는 것이라는 사실과 관과 바닥에 까는 모래 흙 사이에는 빈 공간이 없도록 힘써야 하므로 쉽게 썩는 물건을 넣어서는 안 된다[162]고 반대한다. 명정의 경우도 "명정이란 식별을 하기 위해서 사용하는 것이다.……식별을 할 때는 오랜 기간 유지하도록 하는 것이 중요한데 명정은 수개월이 되지 않아 흙으로 변할 것이니 지석과 같은 효과를 가질 수 있겠는가? 광중의 명정은 반드시 제거해야 한다."[163]라고 주장한다.

---

158) 『喪儀節要』 卷3, 56쪽, "燔脂之法, 沙溪·星湖, 皆以爲善, 從之何疑".
159) 『喪儀節要』 卷3, 63쪽, "古禮小斂於戶內, 乃奉尸俟于堂, 沐浴甫畢, 不可徙尸于堂, 此或傳寫之誤".
160) 『朱子家禮』 卷4, "已下, 再整柩衣銘旌, 令平正".
161) 『喪儀節要』 卷2, 33쪽, "銘埋于墓左, 重與翣與功布之等, 竝燒于墓前".
162) 『喪儀節要』 卷4, 78쪽, "棺與壙之間, 務欲密接, 如此易朽之物, 不可用也".
163) 『喪儀節要』 卷4, 78쪽, "銘者, 所以識別也.……若云識別在於久遠, 則銘之爲物, 不過數月, 化爲塵土, 安得與誌石同功哉? 壙中銘旌, 必當去之".

다산은 "예란 지위가 있는 사람을 위해 만들어진 것이다. 지위가 없는 사람은 재산 또한 없기 마련이다. 지위도 없고 재산도 없으면서 예를 갖추려고 하는 것은 예가 아니다. 이 두 가지가 없으면, 습할 때 옷을 다 갖출 필요가 없고, 염할 때 이불이 있어야 할 필요가 없고, 관에 반드시 곽이 있어야 할 필요가 없으며, 매장할 때 반드시 봉분을 높고 크게 할 필요가 없다. 오직 자기의 능력에 따를 뿐이다."164)라고 강조한다. 이는 검박함에 초점을 맞추어 예제를 마련하는 것은 자신의 문제의식이 아님을 역설적으로 강조한 것이다.

다산은 다른 곳에서 아들인 학가가 "우리 조선 사람들은 가난하고 곤궁하며 집이 좁아 예를 행하기가 어렵다. 아울러 廟宇도 매우 좁고 계단과 뜰도 좁아 널과 상여를 들이고 돌리기에 모두 불편하다."165)고 문제를 제기하자, 다산은 "예는 가난하고 천한 사람을 위해 마련된 것이 아니다. 고례가 그러하므로 마음대로 없앨 수 없다. 그러나 만일 지세가 불편하다면 어떻게 예를 진행할 수 있겠는가? 발인을 하는 날 아침에 묘문 밖에 상여를 잠시 머물게 함으로써 (이 절차를) 빠뜨리지 않아야 한다. 이러한 경우 나열된 예절들은 참작하고 헤아려 자르고 줄이되 본 편의 규정을 완고하게 지킬 필요는 없다."166)고 대응한다.

다산의 입장은 고례는 마음대로 없앨 수 없지만 예를 시행하는 조건이 달라졌으므로 이를 참작하여 시행하되 빠뜨려서는 안 된다는 것이다. 이는 고례에 기초한 표준적인 예제가 갖추어지면 경제적으로 넉넉하지 못한 사람들은 자신의 경제적 상황과 능력에 따라 필요한 기물들

---

164) 『與猶堂全書』卷14, 「題檀弓箋誤」, "禮也者, 爲有位者而作. 其無位者, 亦復無財. 無位無財, 而欲備禮者, 非禮也. 二無者, 襲不必具稱, 斂不必有衾, 棺不必有槨, 葬不必厚封. 唯其力也".

165) 『喪儀節要』卷4, 75쪽, "綱會問, 朝廟之節, 禮之大經, 然吾東之人, 槩多貧窶, 宮室逼仄, 難以行禮, 若廟宇極窄, 階庭皆狹, 恐旋柩納車, 俱有不便".

166) 『喪儀節要』卷4, 75쪽, "禮不爲貧賤者設也. 古禮旣然, 不得擅刪. 然若地勢不便, 何以行禮? 但於發引之朝, 暫刻停柩於廟門之外, 亦不至闕事. 如是者所列禮節, 酌量裁減, 不必膠守此編也".

의 양과 숫자를 줄여 시행하면 되고, 그와 반대로 경제적 여유가 있는 사람은 표준적인 예제에 따라 시행하면 된다는 것을 의미한다. 즉 '절검'과 '간소화'의 시각은 표준적 예제를 마련하는 것과는 분리되는 운용상의 문제라는 것이다. 다산은 『상의절요』를 저술한 목적이 "부유한 집안사람들에게 예를 넘어서지 말도록 하려는 의도에서이지 가난한 사람들에게 애써 규정을 지키도록 하려는 것이 아님"[167]을 단호하게 천명한다.

　다산의 예학적 문제의식은 '절검'에 치중하여 시속과 고례로부터 이탈하는 경향을 바로 잡는 것뿐만 아니라, 시속과 고례로부터 벗어나 '과례'로 치닫는 또 다른 예학적 흐름을 경계하고자 하는 것이다. 다시 말하면 '절검'과 '과례'의 극단적인 경향을 '시속과 고례의 變奏'를 통해 바로 잡고자 하는 문제의식이 『상의절요』의 中核을 구성하고 있다는 것이다.

2) 『상의절요』의 경학적 토대

　『상례사전』은 크게 네 부분으로 나누어진다. 「상의광」, 「상구정」, 「상복상」, 「상기별」이 그것이다. 「상의광」은 『의례』 「사상례」·「기석례」·「사우례」에 기록된 상의 절차를 해석한 것이고, 그것에 따라서 상의에 관련된 의·금·관·곽의 제도를 다룬 것이 「상구정」이며, 상복의 최·관·질·대의 제도를 논한 것이 「상복상」이고, 오복의 기간과 그 시복대상을 논한 것이 「상기별」이다.

　다산은 『상례사전』의 서문에서 "드디어 「士喪禮」 3편[既夕禮와 士虞禮까지도 포함한다]과 「喪服」 1편, 그리고 그 註釋을 가지고 정밀히 연구하고 탐색하느라 잠자는 것과 밥 먹는 것을 잊었다."[168]라고 술회

---

167) 『喪儀節要』 卷4, 75쪽, "是編之作, 誠欲使富厚之家, 有毋過禮, 非欲使貧窶之人, 黽勉備文也".
168) 『喪禮四箋』, 「序」, "遂取士喪禮三篇[通既夕及士虞禮]及「喪服」一篇, 竝其註

하고 있다. 이는『상례사전』의 경학적 토대가『의례』의 '「사상례」 3편과 「상복」 1편'임을 천명한 것이다.『상의절요』는『상례사전』의 절요본이다.『상의절요』의 경학적 토대는「상의광」과 다를 수 없다. 상례의 의절에 초점을 맞추면, '「사상례」 3편'은『상례사전』「상의광」의 골격을 이루고 있을 뿐만 아니라『상의절요』의 경학적 토대가 된다.

「사상례」는 士가 죽었을 때 그 아들이 상을 치르는 절차, 즉 상례의 기본 절차에 대한 규정과 설명이다. 사망 당일의 절차로는 초혼, 국군과 친구들이 죽은 이에게 수의를 증여하는 것, 사자에 대한 목욕, 반함, 습, 중을 세우는 것이 포함된다. 사망한 다음날에는 소렴을 하고 소렴 뒤에 전을 올린다. 사망한 후 셋째 날에는 대렴과 대렴 뒤에 전을 올리고 군주가 친히 와서 대렴을 참관한다. 사망한 후 넷째 날은 성복을 한다. 다섯째 날부터는 아침과 저녁으로 곡하고, 삭망마다 전을 올리며, 새로운 음식을 올린다. 마지막으로는 묘자리와 장례일을 택하는 것이다.

「기석례」는 대렴 이후 하장까지의 절차를 기록하고 있다. 크게 네 부분으로 나뉜다. 첫 번째는 빈소를 열고[啓殯], 관을 옮기며[遷柩], 선조의 사당을 뵙는 의식[朝廟]에 대해 설명한다. 다음으로는 하장하기 전의 준비, 예를 들면 관을 상여에 싣고, 상여를 꾸미며, 明器를 진설하는 등의 절차와 국군과 손님들이 문상을 하고 賻儀를 하는 절차에 관해 설명한다. 세 번째는 朝祖한 다음날 견전례를 거행하고 상여를 보내며 하장하기까지의 의식을 기록한다. 네 번째 부분은 기문으로 사상례의 여러 가지 의식과 이에 필요한 기물 등에 관해 기록한 것이다. 이처럼「기석례」의 내용은「사상례」의 후반부와 중복된다. 그 때문에「기석례」를「사상례」의 하편으로 분류하고, 기문도 두 편 모두를 설명하는 것으로 보는 것이 일반적이다.

「사우례」는 우제에 관련된 의식을 기록한 것으로, 우제란 장례를 마

釋, 研精究索, 忘寢與食".

친 당일 정오에 부모의 혼령을 모시고 돌아와 빈궁에서 안정시키는 제
사를 가리킨다. 「사우례」는 크게 두 분분으로 나뉜다. 첫 부분은 경문
이며 우제의 전 과정 즉 饗神과 祭尸를 기록하고 있다. 두 번째 부분
은 기문인데 우제 이후 졸곡, 부, 소상, 대상, 담 등의 제사와 제문을 기
록한 것이다. 이처럼 '사상례 3편'은 상례의 전 과정에서 진행되는 의
식과 절차에 대한 규정을 정리하여 기록하고 있다.

다산은 「사상례」가 여러 성인들의 손을 거쳐 공자에게서 완성된 것
이라고 본다. 그는 "「사상례」는 여러 성인들의 손을 거쳐 공자에게서
완성되어서 천지와 함께 섰다. 그러므로 후생 말학이 뜯어고치고 변도
혼란시켜 자기의 작고 그릇된 지혜를 함부로 자랑하려 해서는 안 된
다."169)고 주장한다. 여기서의 '후생말학'은 한당의 유자 그 가운데서도
정현과 마융, 공영달과 가공언을 가리킨다.170)

다산은 마융과 정현 등의 큰 경학자들의 경우도 삼례에 대한 주석에
서 모순을 면치 못하고 있다고 본다. 이는 "중국 예학의 전통인 한당유
의 학설은 예학의 잘못된 흐름의 원류"171)라는 다산 자신의 평가를 반
영하는 것이다. 아울러 예경에 반영되었을 수도 있는 漢儒의 자의적인
해석을 원천적으로 제거하고 고경의 원의를 복구하는 것이 예학 연구
의 유일한 길임을 선언하는 것이기도 하다. 다산은 "정현의 주석은 전
해오는 것을 그대로 답습한 오류가 없지 않은데도, 선대의 학자들이
성인의 경전처럼 존중한 것은 잘못이다"172)라고 함으로써 이러한 자신

169) 『喪禮四箋』, 「序」, "「士喪禮」者, 歷諸聖之手而成之於聖人, 以與天地俱立, 必非後生末學所得移易而變亂之, 以逞其私智小慧者".
170) 『喪禮四箋』, 「序」, "遭秦滅籍, 其書遂隱而禮亦廢, 漢興百年, 因之不反, 一朝取祕府嚴邃之藏, 古屋斷爛之簡, 舉而卑之于絶學無承之人曰, 女其釋之, 是其躬弗行日不觀, 所說不能無経錯, 而承之襲之, 以立門戶, 鄭康成, 又其後者也. 雖專精壹慮, 求發其蘊, 猶懼不給, 矧賓友盈門哉, 嗟乎, 彼生於數百歲之後, 又固其國之故也. 猶不能悉中先聖之旨".
171) 劉權鐘, 『茶山 禮學 研究』, 고려대학교 박사학위논문, 1991, 73쪽.
172) 『與猶堂全書』I-16, 「自撰墓地銘」, "其爲禮則曰, 鄭玄之注, 不無傳襲之誤,

의 인식을 다시 한 번 드러낸다.

주목해야 할 것은, 다산은 「상의광」에서 『의례』 경문과 기문을 하나의 조리로 엮어서 상례의 의절을 구성하고 있다는 점이다.[173] 『상의절요』의 경우도 이 점에 있어서는 예외가 아님은 두말할 필요도 없다. 예를 들어, 『상의절요』 '시졸' 항목의 ①·②·③·⑤ 조항과 '성복' 항목의 ②·③ 조항은 모두 「사상례」의 기문을 경문과 동격으로 처리한 사례에 해당한다. 이는 "「사상례」의 경문은 공자 당시에 공자의 손을 거쳐 정립된 고례이고 기문은 그에 대해서 공자가 보충하는 의미에서 붙인 예문"[174]이라고 보는 다산의 해석이 고스란히 반영된 것이다.

이 점은 『의례』의 성립을 고찰하는 과정에서 내린 경학자들의 일반적인 결론과 미묘한 차이가 있다. 그들은 경문의 성립을 周代로 보고, 기문은 공자의 70제자들이 경의 의미를 분명히 하기 위해 기록한 註記의 성격을 지니는 것으로 본다. 이 점에서 傳文도 기문과 차이가 없다. 기문과 전문이 高堂生에서 后倉에 이르는 금문 예경의 전수 과정에서 제시된 경전에 대한 傳釋일 가능성이 높다는 주장도 있다. 이는 기록자의 자의적인 창작은 아닐지라도, 기록자의 의도가 반영될 가능성을 열어 두는 입장이다.[175]

다산은 삼례서의 성립이 늦기는 했지만, 한대 유자들의 손에 의해 창작된 위서일 가능성은 없다고 잘라 말한다. 더 나아가 한대 유자들의 능력으로는 예경의 일관되고 모순 없는 입장을 견지하기 불가능했을 것이라고 주장한다. 이는 삼례서에 대한 내용 검토를 통한 다산의 결론이다. 즉 삼례서의 내용은 한대 유자들의 능력으로 위조해 낼 수 없는 정합적인 구조로 이루어져 있다는 것이다. 이러한 결론은 『의례』

而先儒奉之如聖經, 過矣".

173) 劉權鍾, 앞의 글, 1991, 104쪽.

174) 劉權鍾, 위의 글, 1991, 105쪽.

175) 이하의 논의는 장동우, 『茶山 禮學의 硏究』, 연세대학교 박사학위논문, 1998 참조.

의 기문이 『예기』와 동일하게 경문에 상응하는 위상을 가지게 됨을 함축한다.

『주례』는 周秦 간에 완성된 것이거나, 유흠의 위작이라고 보는 입장도 있다. 게다가 『주례』의 한 편인 「동관」은 한 경제 때 많은 상금을 걸고 구하려 했으나 구하지 못하고, 「고공기」로 유실된 부분을 보충하였으므로, 『주례』의 경전으로서의 권위는 그리 높은 것이 아니다. 그러나 다산은 『주례』가 유흠의 위작일 가능성을 배제하고 「고공기」도 선진 고문인 것이 확실하므로 "송대의 유자들처럼 헐뜯고 배격할 필요가 없다"[176]고 주장한다.

『의례』의 성격을 다산은 '笏記'로 규정한다. 홀기란 자신들이 왕에게 하고자 하던 말과 왕이 내리는 명령을 잊지 않기 위해 소지했던 간단한 메모를 위한 手板을 가리킨다. 이는 『의례』가 의식 절차만을 무미건조하게 기록한 간단한 안내서의 성격을 지닌 것으로 본 것이다. 이러한 의식의 본뜻과 심오한 의미에 대한 해석은 『예기』가 담당하게 된다.[177] 이처럼 다산에게 있어 고례의 탐구는 『주례』, 『의례』, 『예기』등 선진 고경이 그 중심이 될 수밖에 없다. 이 경우 한당의 유자들에 의해 왜곡된 해석을 얼마나 벗어날 수 있는가 하는 것이 관건이 된다. 『상례사전』은 바로 그러한 문제의식의 결과물이다.

4. 나오는 말

---

176) 『與猶堂全書』 I-8, 「十三經策」, "周禮五篇雖非周公手筆, 但非劉歆僞造. 冬官一篇景帝時以千金購之, 不獲, 不得已以考工記補其闕遺, 故特詳於匠氏之事, 而他皆不備. 然其爲先秦古文, 則無疑, 不必如宋儒之詆斥也".

177) 『與猶堂全書』 I-8, 「十三經策」, "『儀禮』者當時所用一王之儀文, 如今儀注笏記者也. 『禮記』者演釋儀文之本旨奧義, 如今箋注演義者也. 聘禮燕禮爲聘義燕義之根本, 射義昏義爲射禮婚禮之枝葉. 至於喪祭之禮, 莫不皆然".

다산의『상의절요』는 기본적으로 성호의 문제의식을 계승하여 불필요한 비용의 절약에 주목한다. 이는 가계의 경제적 상황에 맞추어 예를 시행하도록 함으로써 예교를 확산시키고자 하는 것이다. 그러나 다산은 節儉에 초점을 맞춘 성호 예학의 문제의식을 묵수하지만은 않는다. 오히려 다산은 '고례에 근거를 마련하고 시속을 참작하여 조율하는 방향'으로 나아간다. 그 점에서 다산의 예학적 문제의식은 성호의 그것과 차이를 보인다.

『상의절요』에 나타난 다산의 문제의식은 내용적으로는 '절검'에 치중하여 시속과 고례로부터 이탈한 성호『예식』의 잘못을 바로 잡는 것뿐만 아니라, 시속과 고례로부터 벗어나 '過禮'로 치닫는 또 다른 예학적 흐름을 경계하고자 하는 것이다. 다시 말하면 '절검'과 '과례'의 극단적인 경향을 '시속과 고례의 변주'를 통해 바로 잡고자 하는 문제의식이『상의절요』의 중핵을 구성하고 있다는 것이다.

시속을 적극적으로 반영하고자 한 것은 당시 조선 사회의 경제적 현실과 중국과는 다른 문화적 차이를 배려함으로써 예교를 확산시키고자 하는 의도이다. 다시 말하면『상의절요』는 일차적으로 '한 집안에서 사용하기 편리하도록 만든 예서'라는 기획의도에 의해 구성되었다는 것이다.『상의절요』가 고례에 근거를 두면서도 '사용하기 편리하다'는 인식을 통해 확산되기만 한다면, 당시 관·혼·상·제의 四禮에서 일반적으로 보급·사용되고 있던『주자가례』를 대체하는 영향력을 행사하게 된다. 즉『상의절요』는『상례사전』을 통해 복원된 '고례의 원형'을 19세기 '현실에 적용'하려는 다산의 적극적인 시도라는 것이다.

『주자가례』와 속례를 비판적으로 재구성하는 다산의 이론적 근거는 고례이다. 그는『주자가례』와 시속에서 시행되는 속례에 대하여 "고례에 명문 규정이 없다", "고례에 이미 그렇게 규정되어 있다면 마음대로 폐지할 수 없다"고 하여 이러한 입장을 분명히 한다.

『상례사전』과『상의절요』에 한정하면, 그가 말하는 고례는『의례』의

'사상례 3편과 「상복」 1편'이고, 그 가운데서도 '사상례 3편'이 뼈대를 구성한다. 다산은 「사상례」는 여러 성인들의 손을 거쳐 공자에게서 완성된 것이라고 본다. 형식적으로만 본다면, 다산 예학의 문제의식은 공자의 문제의식을 계승·지향하려는 것이다.

『상의절요』를 통해본 다산의 모습은 완고한 복고주의자의 전형이 아니다. 그는 "고례에 얽매일 필요가 없다(不必泥古)"고 하거나 "고례에 구애될 필요가 없다(不必拘也)"라고 하여 고례도 수정이 불가피한 것으로 보기 때문이다. '과거와 현재', '중국과 조선'이라는 다른 현실에 고례를 적용하기 위해서는 고례의 '원형'을 현실에 알맞도록 '변형'하지 않을 수 없다. 물론 고례의 변형은 '禮義'를 벗어나지 않는 '禮儀'의 층차에서 진행된다. 이러한 방식 또한 공자의 교의를 충실하게 적용한 것이다.178)

---

178) 『論語』, 「子罕」, "子曰, 麻冕, 禮也, 今也純, 儉. 吾從衆. 拜下, 禮也, 今拜乎上, 泰也. 雖違衆, 吾從下".

『經世遺表』와 새로운 국가구상

오 영 교*

1. 서

19세기 초 茶山 丁若鏞(1762~1836)에 의해 저술된 『經世遺表』는 새로운 국가구상으로 이전 시기의 개혁과 진보의 전통을 계승하면서도 세도정치가 갖는 한계를 돌파하고자 하는 고민의 결과물이었다. 그것은 국가의 공적 요소, 공적인 성격을 극대화하여 새로운 정치·경제 체제를 구축함으로써 당시 조선사회가 안고 있던 모순을 해소하고, 아울러 조선사회의 발전적 요소를 적극적으로 신장시키고자 한 정치개혁론이었다.

그동안 다산이 이룬 학문적 사상적 성취에 대한 학계의 검토는 다양한 방면에서 치밀하게 이루어져 왔다.[1] 이로 인해 실학의 집대성자로

---

* 연세대학교 역사문화학과 교수, 국사학

[1] 茶山에 관한 연구는 1930년대 '朝鮮學運動'의 일환으로 본격적으로 시작된 이후 남북한 학계에서 지속적으로 이루어졌다. 정치(정치사상·중앙관제·지방제도·군사·행정), 경제(토지·재정·농학·상업·경제사상), 사회(신분·교육·과거), 문화(역사·지리학·대외인식·문학·언어·과학기술·예술·생활), 사상(경학·철학·학문관·종교·윤리·예론·예학) 등 각 분야에 걸쳐 진행된 다산 연구는 현재 거의 1,000여 편 정도에 달한다(조성을·이동인·유승희 편저, 『실학연구 논저목록』 下, 경기문화재단, 2005 참조). 그 성격을 둘러싸고 다양한 의견이 제기되기도 하지만, 이를 통해 다산이 추구한 것은 지주전호제와 신분제 개혁을 축으로 현실의 조선국가와는 성격을 전혀 달리하는 새로운 국가를 전망하였음을 알 수 있다. 최근 학계에서는 실학의

서의 그의 면모는 어느 정도 밝혀졌다고 할 수 있다. 그러나 그의 정치 사상에 대한 연구는 아직도 보완될 부분이 있다고 본다. 그 가운데 다산의 정치적 구상이 집약된『경세유표』그 자체에 대한 연구는 다소 미진한 것으로 보인다.『경세유표』는 다산의 사회변혁의 이상과 열망이 응축되어 있는, 새로운 국가를 구상하는 정치적 설계서였다. 그가 구축한 독자적 經學觀, 조선사회에 대한 비판적인 현실인식은『경세유표』의 내용 곳곳에서도 그대로 드러나고 있으며, 이에 기반한 개혁추진과 국가구상의 실체를 보다 명확히 할 필요가 있다고 판단된다.[2]

본 연구에서는 다산이『경세유표』를 통해 표출하고자 했던 국가제도의 법제적 정비의 의미를 살펴보고자 한다. 구체적으로 중앙관제와 지방제도의 개혁을 기반으로 한 새로운 정치체제의 구축과 정전론·부세제도·산업기술 진흥책을 통한 물적 토대의 실현 모습이 검토 대상이다. 아울러 다산의 구상이 앞선 시기의 사상 전통을 어떻게 계승하는지, 그리고 그 국가구상에서 표출되는 이상적 열망이 18세기 말, 19세기 전반의 조선 농민들의 사회적 불만을 어떤 방식과 대안으로 수렴하며 해결하고자 했는가에 대해 주목하고자 한다.

2.『경세유표』의 구성체계와 사상적 기저

1) 구성체계

조선후기의 실학은 당대 조선사회가 안고 있는 정치 경제상의 모순과 문제를 여하히 극복할 것인가 하는 점에 초점을 맞추어 성립, 발전

연구 방법론 및 실학사상의 기조에 대한 다양한 논쟁이 진행되고 있다.
2)『經世遺表』를 포함한 茶山의 저술은 1936년 신조선사에서 간행된 활자본『與猶堂全書』154권 76책에 수록되어 있다. 이를 1981년 경인문화사에서 6권으로 압축되고「부록」과「補遺」편이 첨가되어 재차 영인하였다. 본고에서는 경인문화사의 영인본을 이용하였다.

하였다. 실학의 시기적 단계적 특성과 당파·학파별 지향에서는 적지 않은 차이가 나지만 남인계 실학의 경우, 전면적인 국가개혁론, 변법적 국가개혁론을 구상하고 이를 법제의 완성이라는 방식으로 드러내려 하였다. 17세기 磻溪 柳馨遠은『磻溪隨錄』을 통해 국가체제 전반에 걸친 개혁안이자 조선의 이상적 국가상을 제시하였고, 18세기에는 星湖 李瀷, 順庵 安鼎福, 茶山이 등장하여 개혁안을 펼쳐 보이고 있다.

다산은 1789년 28세가 되던 때 抄啓文臣으로 시작하여 중앙·지방에서 다양한 관직을 역임했고, 1801년부터 18년 동안 유배생활을 경험하였다. 다산이 살았던 18세기 말, 19세기 초의 조선은 사회경제적 변동이 극심하여 중세사회의 심화된 모순이 총체적으로 표출되고 있었고 서학의 급속한 유입과 더불어 사상적인 갈등이 격화되고 있었다. 다산은 국가 전반에 걸쳐 드러난 모순의 원인을 깊이 인식하고 있었다. 그리고 현실을 개혁할 수 있는 다양한 방안을 구상하였다. 그는 오랫동안『周禮』·『尚書』에 대한 經典 연구에 힘쓰며, 개혁론의 전거를 모색하였고, 동시에 조선의 사회·경제·정치 등 국가를 구성하는 거의 전 부문에 걸친 체제개혁론을 마련하는 데 최선을 다하였다.

다산은 조선의 현실 속에서 달성할 개혁의 이상적 모델을 이념적으로는 夏·殷·周 3대의 정치이상과 통치형태에 근거하고, 다시 조선의 현실에 걸맞는 구체적인 국가체제를 염두에 두었다.[3] 다산은 이러한 목표를 단계적으로 풀어가려 했고, 우선『經世遺表』에서는 관직체계의 정비, 실현 가능한 田制개혁으로서의 井田制의 운용, 그리고 賦貢制를 비롯한 조세정책을 새로이 정립하고 있다. 특히 정전제의 조선적·현실적 변용은 다산의 개혁론에서 가장 중요한 핵심 사안으로 제기된 부분이었다. 또한 다산은 현실적으로 국가의 조세수입원이자 국가를 구성하는 근간이며 이상적인 국가권력의 창출 주체로서 '민'의 존재를 상정하며 중요한 논의의 대상으로 삼았다.

---

3) 김태영,『실학의 국가개혁론』, 서울대학교 출판부, 1998.

다산은 1801년 유배 이후 1816년에 이르기까지 '六經四書'에 관한 독특한 해석과 연구를 진행하였다. 다산은 이후 1817년 『경세유표』를, 1818년 봄 『牧民心書』를 저술하였다. 그 해 8월에 해배되어 馬峴 본가로 돌아오게 된다. 그리고 이듬해인 1819년 여름에 『欽欽新書』를 저술하였다. 제도개혁에 있어서 『경세유표』가 전국적 범위에서 국왕·국가가 집행할 제도·법제를 모색한 데 비해 『목민심서』는 군현의 범위에서 목민관에 의해 수행되어야 할 것을 강조한 것이다. 또한 『흠흠신서』는 『목민심서』의 刑典 부분을 보충하는 것이기도 했다. 이처럼 유배 중 경학사상의 진전을 바탕으로 사회개혁방안을 체계화한 一表二書는 저술동기와 내용에서 다소의 차이는 있으나 상호 유기적인 관련 속에서 1817~22년에 완성, 수정됨으로써 다산의 후기 개혁론의 대계를 보여주고 있다. 다산은 자료의 수집에서 제술에 이르기까지의 작업에 많은 제자들을 동원하였으며 특히 저술행위 자체보다도 그 자료의 수집과 체계를 잡는데 더 오래되고 정밀한 고심을 기울였다고 알려지고 있다.[4]

다산의 개혁론은 조선의 정치·경제·사회제도에 대한 전면적·총체적인 것이었다.[5] 그러나 이 같은 전면적·총체적 개혁은 당장에 실시될 수 있는 것이 아니었다. 따라서 그는 근본적 개혁을 지향하면서도 대체로 단계적인 개혁을 통하여 궁극적 목표에 접근하여 가려는 점진적 방안을 구상하였다. 우선 강진 유배 시절 다산은 국가제도의 전면적 개혁을 추구하는 『경세유표』를 저술하다가 완성시키지 못하였다.[6] 이어 목민관(지방관)의 양심에 호소하여 지방 행정의 운영을 개선함으로써 소민층의 현실을 다소나마 완화시켜 보려는 방편으로 『목민심서』를 저술하였다. 그 가운데 지방행정 운영개선안은 다산 자신의

4) 정규영 편, 『俟菴先生年譜』, 1817년 조, 200쪽(正文社 영인본).
5) 조성을, 『정약용의 정치경제 개혁사상 연구』, 연세대 박사학위논문, 1991 참조.
6) 정규영 편, 앞의 책, "邦禮草本 輯功起而未卒業".

직접, 간접 경험을 바탕으로 정리된 것이다. 吏典의 赴任·律己·奉公
항목에서 지방관이 자기 규율을 어떻게 해야 하는지에 대해, 戶典·兵
典 부분을 통해서는 三政·雜役稅 운영상의 폐단을 진단하고 이의 해
소 방안을 제시하고자 했다. 한편『경세유표』는 미완인 채로 남겨진
부분이 있었는데 이에 대한 보존은 1년 뒤에 저술된『목민심서』의 내
용을 참고하라는 기사가 여러 곳에서 산견된다.7)

　『경세유표』의 원래 이름은『邦禮艸本』이라 하였다. 이에 대해 다산
은 그 서문에

　　이 책에서 논하는 것은 법이다. 法이면서도 명칭을 禮라 한 이유는
　무엇인가. 옛날 성왕들은 예로써 나라를 다스리고 예로써 백성들을 인
　도했다. 그런데 예가 쇠퇴해지자 법이라는 명칭이 생겨났다. 법은 나라
　를 다스리는 것도 아니고 백성을 인도하는 것도 아니다. 헤아려 보건
　대, 온갖 천리의 법칙에 합당하고 모든 인정에 화합하는 것을 예라 하
　며, 두렵고 비참한 것으로 협박하여 백성들로 하여금 벌벌 떨며 감히
　죄를 저지르지 못하도록 하는 것을 법이라 한다. 고대의 성왕은 예로
　법을 삼았고 후대의 제왕은 법으로써 법을 삼았으니, 이것이 고대와
　후대가 같지 않은 것이다. 주공이 주나라를 경영할 때에 洛邑에 살면
　서 법 육편을 제정하고 이것을 예라 이름하였으니 그것이 예가 아닌데
　도 주공이 어찌 그것을 예라고 하였겠는가.8)

　7) 김태영,「경세유표에 나타난 정약용의 국가개혁론」, 이익성 譯,『『경세유표』
　　해제』, 한길사, 1997. 물론 각 개혁론에 따라 사회세력의 이익반영도 달라지
　　고 있어 현실적으로 존재하는 각 사회세력의 요구와 관련하여 이해될 수 있
　　을 것이다. 따라서 당장『목민심서』의 체계적인 저술이 우선되었다.『경세유
　　표』에서 제기하였거나 구상에 그친 방안 중『목민심서』차원에서도 실현 가
　　능한 것은『목민심서』에서 보완하여 제기되고 있었다. 예컨대『경세유표』에
　　서 다룰 농업분업문제, 각 분업을 중심으로 한 권농문제 등은 점진론적 개혁
　　론의 일부로『목민심서』에 수록되고 있다(김용섭,「18·9세기 농업실정과 새
　　로운 농업경영론」,『한국근대사연구』, 일조각, 1975, 125~126쪽).
　8)『與猶堂全書』V-1(第5集 第1卷, 경인문화사 영인본의 책수와 권수, 이하 같
　　음),『經世遺表』卷1, 引, 3쪽(경인문화사 영인본, 이하『經世遺表』라 약함).

다산은 『周禮』를 이념으로 삼으면서 별도로 조선을 경영하기 위해 邦禮를 논한다고 하였다. 즉 "『주례』는 천자의 예인데 우리나라는 제후국이니 제도를 모름지기 작게 만들어야 한다"[9]고 하여 『주례』와 대비된 방례를 만들었던 것이다. 그 후 다산은 스스로 『경세유표』로 제명을 고쳤다. 다산은 "禮란 法의 상위 개념이니, 邦禮란 國法의 다른 이름으로 여길 수 있다"고 했다. 경세는 나라를 다스린다는 뜻이며, 遺表에서 '표'란 문체의 이름으로 임금이나 나라에 제출하는 정책건의서를 일컫는다.[10] 그는 1822년 「自撰墓誌銘」에서 경세의 뜻을 스스로 풀이해 놓았다. 즉 경세란 "官制·郡縣制·田制·賦役·貢市·倉儲·軍制·科擧制·海稅·商稅·馬政·船法 등 나라를 경영하는 모든 제도에 대해서 현재의 운용에 구애받음이 없이 기본 골격을 세우고 요목을 베풀어 그것으로써 우리 舊邦을 새롭게 해 보겠다는 것"이라고 하였다.[11]

다산은 『經國大典』, 『續大典』, 『大典通編』 등 법전의 중요성을 누차 강조하면서도 이러한 법전이 당시의 사회를 조율해 나가는 기능을 제대로 수행하지 못하고 있음을 지적하였다. 그가 『경세유표』 서문에서 밝힌 바에 따르면 "우리나라의 법은 대개가 고려의 옛 것을 인순한 것으로 세종대에 이르러서 다소 손익을 가하였으나 한 번 임진왜란을 겪은 후로는 백 가지 법도가 무너져 모든 일이 어수선하게 되었다"고 하였다. 그럼에도 불구하고 자신이 구상하고 있는 국가개혁 또한 國典에 의지하지 않을 수 없음을 인식하였다. 따라서 현행 國典이 지니고 있는 미비점을 보완하고 자신의 국가개혁론의 내용과 그 방법을 실현시키기 위해 일련의 저서를 구상하였고 일선 수령들은 이를 정법서로서 참고해주기를 바랬다. 바로 이들 저서는 다산이 지향하고 있던 본

9) 『經世遺表』 卷1, 天官吏曹 제1.
10) 김태영, 앞의 논문, 1997.
11) 『與猶堂全書』 I-16, 「墓地銘」, 337쪽.

연의 예치적 사회를 이루기 위한 법치론적 방법론의 발현이었던 것이
다.12)

『周禮』는 유교적 규범의 국가 통치체제를 가장 완벽에 가까운 형태
로 담고 있는 古經典으로 평가된다. 다산 역시『주례』를 크게 참조한
것으로 나타난다. 즉『경세유표』에서는 각 국가기관과 그 기능을 분류,
설명할 때 대체로『주례』를 기준으로 재편하였다. 다산이 왕정을 운위
할 때 '일체로『주례』를 준수하지 않을 수 없다'는 입장에 서 있었기
때문이다. 이는 현실의 六曹체제를 따르는『목민심서』와 비교된다.

『經世遺表』와『周禮』의 체제 비교

『經世遺表』의 六典	『周禮』의 六典
天官吏曹	天官冢宰
地官戶曹	地官司徒
春官禮曹	春官宗伯
夏官兵曹	夏官司馬
秋官刑曹	秋官司寇
冬官工曹	冬官考工記

『경세유표』의 1권은 천관이조와 지관호조 및 춘관예조의 소속기구
를, 제2권은 하관병조와 추관형조 및 동관공조의 소속기구를 배치, 설
명해 두고 있다. 그리고 제3·4권은 천관수제라 하여 이조 각 기구의
운용에 관한 개혁안을 설명해 두었다. 그리고 제5~13권의 지관수제에
는 정전제를 중심으로 하는 전제개혁과 그 역사적 유래, 賦貢제도, 倉
廩제도, 호적제도에 관한 개혁안이 자세히 서술되고 있다. 제14권은 균
역사목을 논한 것이다. 그리고 제15권은 문관 등용의 선거제도를 언급
한 춘관수제와 무과·진보제도를 논한 하관수제이다.『경세유표』에는
천·지·춘·하·추·동의 육조에 각기 20개의 소속 기구를 배치해

12) 조윤선,「정약용의 사회개혁 방법론-법치적 관점에서-」,『사총』46, 1997, 110
쪽.

두었으나 각 기구의 개혁안에 관한 구체적 설명은 완결되어 있지 못하다. 예조와 병조에 해당되는 춘·하관제도 개혁안이 너무나 소략할 뿐 아니라 특히 형조 및 공조의 개혁안에 해당되는 추관수제와 동관수제에 관한 설명은 빠져 있다.13)

그런데 다산은 많은 의론을 전개하는 가운데 반드시 『周禮』의 내용만을 교조적으로 따르지 않았다. 그는 강진 유배기에 집중적으로 『尙書』 연구를 진행하여 1810년 『梅氏書平』 9권, 『尙書古訓』 6권, 1811년 『尙書知遠錄』 7권 등을 저술하였다. 다산은 『상서』의 연구를 통하여 '治國平天下'의 근본원리가 『주례』 이전의 요·순에서 발원하고 있다는 사실을 파악하였던 것이다. 예를 들어 田·賦제도의 서술에서 요순시대 제도의 원형이 남아있다고 보는 『尙書』 禹貢편을 이념적 근거로 하면서 『주례』의 田·賦를 고찰하고 있다.14) 또한 다산은 鄭玄과 다른 六鄕制의 해석을 시도한다.15) 그리고 1822년 申綽과의 토론을 거치면서 6향제에 대한 인식을 보완하여 『경세유표』에 「匠人營國圖」 부분을 추가하였다.16) 다산은 王城 근교지역의 구획,17) 知人(군자)의 실천방안인 교육제도와 과거제,18) 安民의 실천방안인 전제와 군제19)에 6향제를 적극 반영시키고 있다. 즉 다산은 6향제의 위치비정을 비롯한 새로운 견해를 제시할 뿐 아니라 時宜와 地宜에 따른 조선적 현실을 적

---

13) 다산은 이후 20년 동안 그 빠진 부분을 보충하여 완결하지 않았다. 다산은 『흠흠신서』를 통해 형벌의 운용에 대한 설명을, 추관수제와 동관수제는 그 기구배치에 관해 언급한 하관병조와 동관공조의 설명으로 다소나마 대신하고 있었다. 또한 『목민심서』의 형전과 공전 분야도 보완의 차원으로 볼 수 있다.

14) 『經世遺表』 卷10, 地官修制 賦貢制1 九賦論.

15) 『與猶堂全書』 I-16, 「自撰墓地銘」, 338쪽.

16) 김문식, 「丁若鏞과 申綽의 六鄕制 이해」, 『한국학보』 61, 1990, 189~194쪽.

17) 『經世遺表』 卷6, 田制6.

18) 『經世遺表』 卷13, 地官修制 敎民之法 ; 『經世遺表』 卷15, 春官修制 科擧之規.

19) 『經世遺表』 卷5~9, 地官修制 田制1~12.

절히 반영하여 조선사회의 제도개혁안으로 수용하고 있다.

2)『경세유표』의 이념-『주례』와 관련하여

『주례』의 국가론에는 분업적 위계체계를 법치적 시스템에 의해 운용하는 적극적인 전제국가론의 성격과 예를 높이고 현자를 존중하는 왕도정치의 이상 추구라는 두 가지 기획의도가 담겨 있다.[20]『주례』의 수용이나 상고적 이상론은 다산에 있어서만 특이한 것은 아니다. 이미 정도전은『朝鮮經國典』의 통치규범을『주례』의 육전체제에서 찾고 있었다. 또한 17세기 國家再造 차원에서 유자·정론가들은『주례』의 국가론을 최대한 활용하고자 하였다. 17세기 많은 남인학자들이『주례』연구와 그것의 정치적 활용을 강조하고 있다. 유형원의『반계수록』에서 검토하고 있는 이상국가론의 모델이 대표적이다. 남인들에 의한 주례 연구와 이에 기초한 새로운 국가론의 모색은 18세기 이후 실학자를 비롯, 조선국가를 변화시킬 이념을 적극적으로 모색하던 정론가들에게 하나의 초석이 되었다. 18세기가 되면『주례』를 연구하고『주례』를 통하여 사회개혁론을 마련하고자 하는 노력이 보다 확산되는데, 성호 이익의 통치체제 개편론의 근저에도『주례』로의 복귀가 깔려 있다. 이처럼『주례』는 탕평정치와 실학사상의 등장이라는 시대적 상황 속에서 개혁사상을 지원해주는 경전으로 이용되었다. 즉 새로운 시대에 조응하는 국가운영체계 확립에 필요한 법제와 이념의 전거로 활용되었다. 다만 다산의『주례』수용은 그 이전의 여러 유학자들과 달리 경세체계와 상호 접맥되어 있는 면이 보인다. 그는『주례』중에서 정치·경제개혁에 필요한 어느 특정 부분만을 취합하여 개혁이념으로 삼기에 앞서, 먼저 六經四書의 폭넓은 탐구 속에서『주례』의 위치 설정을 시도

---

20) 장동우,「주례의 경학사적 위상과 개혁론-왕권과 예치에 대한 문제의식을 중심으로」,『한국중세의 정치사상과 주례』, 혜안, 2005.

했던 것이다. 그 과정에서 그는 『주례』를 근거로 하여 여러 경전에 새로운 해석을 내리는 등 『주례』를 중심으로 한 經書체계를 수립하였다.21)

한편 당 시기 주자학의 원용이 아닌 六經을 중심으로 한 尙古적인 시대로의 회귀라고 하는 데서 남인계열 학자인 眉叟 許穆이나 다산의 기반이 동일하다고 할 수 있다. 예가 법치, 형률보다 절대 우위에 있어야 한다는 생각에는 양자의 입장이 같으나 그것의 실천방식에 있어서 다소 차이가 있다. 즉 미수는 질서, 기강의 확립이 형률의 적용을 통해서가 아니라 예 원리의 확립, 즉 예교를 통해서 이루어져야 한다고 강조했는데 이는 당 시기 유자의 전반적인 입장이었다.22) 다산의 경우도 공동체 내에서의 자치적인 문제 해결방식, 예의 실천, 통치자의 德治는 법치보다 더 우선하는 가치를 지닌 것으로 보고 있다. 그러나 다산은 덕을 쌓아 달성하는 상고시대의 실현은 그 자체가 지극히 이상적이며 현실적으로는 불가능하기 때문에 엄격하고 공정한 법의 적용이 중요함을 주장하였다. 다산의 예법관념은 유자, 관료, 정론가들의 그것과 근본적으로 다른 것은 아니었으나, 적어도 덕치를 이루는데 법치가 중요하다는 것으로, 법치를 강행하고 법집행을 올바르게 하는 것이 현실적으로 덕치를 가능하게 하는 길이라고 보았다. 그리고 德化가 미치지 못하는 곳을 법으로써 보완한다는 소극적 입장이 아니라 오히려 현실법을 강화하고 강력하게 실행하되 이 법이 미비하여 준거로 삼을 수 없는 경우에는 덕치적인 차원에서 해결해야 한다고 주장하였다. 다산에게 있어서 치밀한 법을 통한 법치는 예교적 이념, 교화나 국왕 개인의 통치력보다 더 현실적이고 구체적인 사회개혁의 방법론이었고, 자신이 정치, 사회, 경제 전반에 걸쳐 구상한 개혁안을 통해 실현하려 했던 상고시대의 사회를 재현하는데 있어 필요한 도구였다.23)

---

21) 문철영, 「다산 정약용의 주례수용과 그 성격」, 『사학지』 19, 1985.
22) 김준석, 「허목의 예악론과 군주관」, 『동방학지』 54·55·56합집, 1987.

다산은 이러한 『주례』 중심의 경서체계 속에서 '上帝(天權)-王者
-牧民官-民'으로 통일된 질서체계를 찾고, 그것을 一表二書에 구체
적으로 반영하여 현실개혁의 지표로 삼고자 했던 것이다.24) 다산은 그
의 개혁안을 시행하기 위해서는 시비론에 휩싸여 있던 당시 제도권 내
의 정치세력들이 아닌 보다 광범위한 계층을 포함하는 새로운 정치세
력의 등장을 강하게 희망하였다. 이와 더불어 다산은 개혁안의 추진
주도자로 安民을 위해 事功에 주력하는 강력한 군주를 상정하였다. 따
라서 요·순이 실제의 정치운영 과정에서 노력했던 모습을 부각시켰
고, 독특한 방법으로 洪範편을 해석하여 상제의 천명에 의거하는 강력
한 군주권을 이론적으로 뒷받침하였다.25) 다산은 왕권과 새로운 정치
세력의 결합을 통해 19세기 전반의 세도 정국에서 세도가들에 의해 장

---

23) 김태영, 「다산의 국가개혁론 서설」, 『다산의 정치경제사상』, 창작과 비평사,
1990, 101쪽.『주례』의 국가 기획의 주요한 토대 가운데 하나는 왕권의 위상
을 어떻게 설정하고 있는가 하는 것이다. 『주례』에 따르면 국왕은 일국의 주
인이다. 국왕은 官吏任命權, 立法權, 治朝權, 終裁權(사면권), 主祭權, 統軍
權 등의 권리를 가지는 것으로 기술되어 있다. 이는 국왕이 입법·사법·행
정의 모든 권한을 행사하는 주체임을 의미한다. 『주례』의 개혁성은 단지 왕
권의 권위와 위상을 확보하면서도 왕권을 절대화하는 전제국가로 나아가고
자 한 것이 아니라, 예치적 시스템에 의해 그것을 내재적으로 제어함을 전제
한 법치적 시스템을 강조하고 있다(장동우, 앞의 논문). 이에 따라 국가의 공
권력 강화와 왕권강화와의 상관관계에 대해, 다산은 국가 개혁에서 국왕의
역할, 국왕권의 신장을 크게 중시했으나 국왕의 무제한적인 권력소유나 국왕
개인의 사사로운 기관에 대해서는 경계를 게을리하지 않았다.
24) 문철영, 앞의 논문, 87쪽 ; 김태영, 「다산 경세론에서의 왕권론」, 『다산학』 창
간호, 다산학술재단, 2000.
25) 다산은 19세기 전반에 나타나는 세도정치의 폐해를 군주권의 강화로써 타파
하려 하였다. 그는 洪範의 황극조에서 군주가 군주가 되는 소이는 바로 五福
之權(壽·福·康寧·攸好德·考終命)으로 표현되는 군주권을 장악하고 있
기 때문이며, 만일 이 권한이 아래의 신료들에게 옮겨진다면 군주는 망하는
것으로 보았다(『尙書知遠錄』 卷5, 洪範, 『與猶堂全書 補遺』 5, 172쪽 ; 김문
식, 「尙書연구서를 중심으로 본 丁若鏞과 洪奭周의 정치사상 비교」, 『한국사
론』 80, 1988, 378쪽에서 재인용).

악된 국가의 공권력을 회복하려 했다.[26]

이처럼 다산의 경세사상은 많은 부분이 『주례』 중심의 경서체계와 논리구조 속에서 전개되고 있다. 그러나 그것이 전적으로 『주례』의 교조적인 채용만이 아닌 당시의 현실인식에 바탕하여 설계된 것임을 주목해 볼 필요가 있다. 즉 국가기구 개혁의 골격은 『주례』의 육관조직에 두고 있지만 그 규모나 방법은 실제 현실에 맞게 적용하려는 다산의 입장을 『경세유표』 곳곳에서 확인할 수 있다.[27]

3. 『경세유표』에 나타난 국가구상의 전개

다산의 체제 개혁안은 선왕의 왕정을 모범으로 제시한 것으로 『상서』를 비롯한 옛 경전의 연구를 통하여 그 이념적 측면을 계발하고, 『주례』의 유제를 기준으로 삼아 조선의 통치체제를 구상하였다. 『경세유표』의 개혁안은 다음의 두 가지 내용을 담고 있다. 첫째, 새로운 정치제도의 구축방안으로 모든 통치권을 궁극적으로 국왕에게 귀속시키고 이념상으로 국왕과 민이 직접적인 관계를 갖는 체제를 만들고자 했다. 둘째, 정전제의 시행, 주요 산업의 국영화 등 생산수단의 소유관계를 전면 개편하고 국가의 중요 산업행정분야를 전업적으로 전담하여 정밀히 연구하는 국가기구를 조직, 설치하고자 했다. 이를 통해 이상국가를 위한 물적 토대를 실현하고자 했다.

1) 『주례』의 현실적 적용─새로운 정치체제의 정비

(1) 중앙관제 개혁론[28]

---

26) 김문식, 위의 논문, 378쪽.
27) 이는 '實事를 고려하여 實職을 세우고 實心을 갖고서 實政을 행하려' 했던 다산의 현실주의적 세계관의 반영인 것이다(『經世遺表』 卷1, 春官禮曹).

  조선시기 관료제도의 특성은 서양이나 중국의 경우, 또는 고려시기
와의 비교를 통해 이미 몇 가지 지적된·바 있다. 이를 간략히 나누어
보면, 첫째 중앙집권적인 통치체제가 잘 갖추어져 있다는 것, 둘째 영
토 및 인구의 크기에 비해 관서와 관리의 수가 대단히 많으며 중앙관
서에서 국왕과 왕실 관련 관서가 매우 큰 비중을 차지한다는 것, 셋째
관서와 관리의 위계질서가 정연하게 갖추어져 있다는 것 등으로 정리
할 수 있다. 조선의 관서와 관리가 지나치게 많다는 지적은 일찍이 柳
馨遠 이래 조선후기 실학자들에서부터 나온 바 있다.『경국대전』에 규
정된 중앙관서는 80개를 넘으며, 지방의 군현으로 수령이 파견되는 지
역은 330개였다. 중앙관서는 대부분이 6조의 속아문이었고, 그 상당수
는 국가의례 및 국왕과 왕실이 품위를 유지하며 생활할 수 있도록 뒷
받침하는 관서들이었는데, 조선후기에는 이러한 관서의 상당수가 폐지
되는 변화를 겪게 된다.29)

  『경세유표』의 중앙관제 개혁론의 큰 틀은 다른 개혁사상과 마찬가
지로『周禮』에 의거하고 있다. 그러나 당면한 조선의 현실 문제를 풀
기 위한 고민에서 현실상황에 맞추어 재구성하고 있다.『周禮』에는 전
체적으로 天, 地, 春, 夏, 秋, 冬의 6관으로 각 관이 60개씩 모두 360개

---

28) 다산의 중앙관제 개혁안에 대해서는 다음의 논고가 참조된다. 홍이섭,『정약
   용의 정치경제사상연구』(한국연구총서 3집), 한국연구원 ; 강석화,「정약용의
   관제개혁안 연구」,『한국사론』21, 서울대 국사학과, 1989 ; 조성을,「정약용
   의 중앙관제 개혁론」,『동방학지』89·90, 1995.
29) 관료기구의 운영을 위해 양반이 맡는 관직의 수는『經國大典』에 따르면 實
   職 총수가 5,605窠이고, 그중 문반이 1,779(경관직 741, 외관직 1,038), 무반이
   3,826(경관직 3,324, 외관직 502)이었다. 그러나 체아직(3,110)과 무록관(95)을
   제외한 양반의 正職은 문반 1,579, 무반 821, 합계 2,400窠였으며, 이중 경관
   직이 860, 외관직이 1,540이었다. 중앙과 지방의 각 관서에는 이러한 양반의
   관직에 더해 서리와 향리, 하인배와 노비 등이 속해 있어서 전근대사회의 사
   정으로 볼 때 관에 속한 인원이 지나치게 많다는 비판은 결코 과장이 아니었
   다(오종록,「조선시기의 관료제도 및 그 운영의 특성-부정부패의 구조적 원
   인과 관련하여-」, 2004년 한국사연구회 기획발표).

의 기관을 거느리도록 기술되어 있다. 그러나『경세유표』에는 6조에
균등하게 20개의 관료기구가 소속되게 했다.[30] 한편 鄭玄의 해석에 의
하면『周禮』천관의 총재는 6관의 관료를 모두 통솔하도록 되어 있다.
그러나『경세유표』에서는 총재와 같이 모든 관리를 관장하는 직책을
두지 않았다. 다만 의정부에는 종래와 같이 3公을 두는 한편 그 밑에
다시 3孤를 두어 6관을 관리하도록 하였다. 이는 세도정치라는 당시
상황과 관련된 것으로 신하에게 총재와 같은 권한을 주면 다시 세도가
로 전변할 가능성을 차단하기 위함이다. 또한『周禮』의 관등이 7품인
데 비해[31] 다산은 이를 그대로 따르지 않고 9품 18등급이던 조선의 실
정을 감안하여 9품계로 축소하였다. 이밖에도 구체적인 관직과 기구에
대해서 필요한 경우『尙書』의 내용 등을 이용하여『周禮』와 다른 제
도를 제시하기도 하였다.[32] 특히 기술개발을 위해 利用監과 같이 경전
에 없는 전혀 새로운 기구를 설치하도록 했다.

『경세유표』에서 다산은 6曹 중심의 관청체계를 강조하였다. 기존 조
선의 관료기구 조직체계를 보면 의정부와 6조가 근간을 이루고 있
다.[33] 그러나 일반행정기구 이외에 왕명출납기구인 承政院과 언론을
담당하는 臺諫 등 정치적 비중이 큰 기구들과 軍營衙門들은 병렬적으
로 국왕에게 직속되어 있었다. 행정기구인 6조의 경우에도 直啓權을
갖고 의정부와 관계없이 국왕에게 직속되어 있었다. 이 같은 체제는
관료기구 사이의 상호견제에는 유리한 것이었지만 일원적이고 능률적
인 행정체제의 운영에는 불리한 것이었다. 따라서 왕권과 신권의 상호
관계가 변함에 따라 군권이 전제적으로 행사된다거나 왕과 사적 관계
에 있는 인물이 요직을 독점하고 정권을 천단할 수 있는 여지도 있는

---

30)『經世遺表』卷1, 天官吏曹 제1.
31)『經世遺表』卷3, 天官修制, 東班官階.
32) 예를 들면『周禮』에는 山虞寺, 澤虞寺 같은 것은 地官에 소속되었으나『經
　　世遺表』에는 당시 현존 제도와 같이 그대로 冬官 工曹에 속하게 하였다.
33)『大典通編』卷1, 吏曹 및 卷3, 兵曹의 京官職을 참조.

것이었다. 이에 비해『경세유표』에는 기존 아문들이 모두 6조 체제 속에 재배치되었다. 다산은 "모든 관원은 6관에 예속되고 오직 3공만이 6관의 위에 있다"[34]는『周禮』의 원칙에 따르고자 했다. 따라서 왕명의 출납을 관장하는 승정원의 경우도 이조에 예속시키는 등 별도의 정치기구의 존재를 부인하여 왕명의 전달과 집행 모두를 관료기구를 통해서만 이루어지도록 하였다. 다산은 6조 중심체제를 통해 실무권한을 집중시킴으로써 보다 효율적인 행정체계의 운영을 이루고자 했다. 요컨대 국왕을 公權力의 대표적 존재로 내세우며 관료기구가 국가운영의 실질적 주체가 되도록 하였던 것이다.

다음으로 다산은 의정부의 기능 회복을 통해 행정체제의 개혁을 추진하고자 하였다. 조선후기 비변사가 그 편제와 기능이 계속 확대되어 정무와 군무에 관한 정책결정 기능은 물론 집행기능까지 장악한 데 대한 대응책이었다. 이에 다산은 의정부 관제를 국정최고기구가 되게 하고 中樞府에서 군국기무를 장악하게 하며 비변사를 폐지할 것을 주장하였다. 먼저 의정부의 구성인원과 관직자의 官階가『尙書』「周官」편의 3公 3孤의 원리에 어긋난 사실과 3孤의 위계는 6조의 판서에 해당하는 正卿(정2품)보다 높아야 한다는 점이 감안되었다. 따라서 都贊成을 신설하여 3相(정1품)과 3贊成(종1품)으로 구성하고 직제상 6조의 우위에 서도록 할것을 제안하였다.[35] 그리고 의정부에서 정2품 이상 고위관직자에 대한 인사권을 행사하도록 규정하였다.[36] 또한 中樞府를 실직화시켜 邊務를 총괄하게 할 것을 주장하였다.[37] 그러나 중추부

---

34)『經世遺表』卷1, 天官吏曹 제1, 宗親府.
35)『經世遺表』卷1, 天官吏曹 제1, 議政府.
36) 의정부에서 中樞府의 領事와 判事를 비롯하여 6조의 판서와 참판, 한성판윤과 각사의 제조 등에 대한 고적을 담당하도록 하였으며 지방관인 巡察使와 節度使에 대해서도 중추부와 合坐하여 考績하도록 하였다(『經世遺表』卷4, 天官修制 考績之法).
37)『經世遺表』卷2, 夏官兵曹 中樞府.

의 권한이 다시 비변사처럼 권한이 커질 것을 우려하여 인적구성을 原
任大臣만으로 충원하고 知事와 同知事는 6조판서 등 주요 관직의 우
두머리가 겸임할 수 없게 하였다. 그리고 군국기무에 관한 중요사항을
논의할 경우 의정부 3공이 그 회의를 주관하도록 하여 중추부의 독자
적 운영을 막으려 하였다. 이처럼 다산은 의정부의 편제를 개편하여
여타 기구의 우위에 위치하게 하고, 고위관직에 대한 인사권을 장악케
하며 군국기무에 대해서도 최종결정권을 갖도록 하여 의정부 이하의
행정체계를 일원화시키려 한 것이었다.

　　당시 조선왕조에 의한 관제 개편은 주로 국가경비의 절감을 위해 관
서의 폐지나 축소, 인원의 감축을 위주로 시행되었다. 이에 대해 다산
은 "이익은 적고 손해가 커 구급의 방법이 될 수는 없으며 관제가 제
대로 갖추어지지 않으면 결국은 백성들에게 피해가 돌아가게 된다"고
하여 반대하였다.38) 오히려 필요한 기구는 신설되어야 한다고 주장하
였다. 『경세유표』에 의하면 기존의 기구보다 39개의 아문이 증설되고
있다. 이들 가운데는 새로 신설된 경우도 있었으며 기존에 혁파된 아
문의 부활 내지 임시기구, 그리고 각 曹의 屬課였던 기구들을 정식 아
문으로 승격시키는 등의 방법이 동원되고 있다. 호조에 신설되는 經田
司는 정전제의 실시에서 전제 조건이 되는 양전사업과 공전 설치를 담
당하는 기관이었다. 형조에는 가장 많은 관청이 증설되고 있다. 掌胥
院과 券契司는 통치질서의 확립을 위한 사회통제 기능을 위해 설치된
관청이었다. 장서원은 향리를 비롯한 이서층을 단속하는 기관으로 행
정체계의 말단에서 사사로이 이익을 추구하는 이들의 통제를 전담하

──────────
38) "오직 관서를 혁파하고 인원 줄이는 것을 구급하는 방법으로 삼았다. 그러나
　　이익이 되는 것이 되(升)나 말(斗)만큼이라면 손해되는 것은 산더미 같았다.
　　관직이 정비되지 않아서 正士에게 祿이 없고, 貪墨한 풍습이 크게 일어나서
　　백성이 시달림을 받았다"(『經世遺表』,「邦禮艸本引」). 이러한 다산의 주장은
　　다른 정론가의 관제개혁론이 주로 불필요한 관직과 관청을 혁파하거나 줄이
　　는데 집중하고 있던 사실과 대조를 이룬다.

는 관청이다. 券契司는 각종 매매 文券을 관장하는 기구인데, 다산은
거래시 반드시 규격화된 문서의 이용을 주장하였다.[39] 綏遠司는 海島
나 遠方을 개척하는 기구이다. 국가의 공권력이 제대로 미치지 못하는
이들 지역을 수원사가 관장함으로써 중간 수탈을 배제하여 세입을 증
대시키고 공권력을 침투시켜 국방을 충실히 하려는 의도였다.

또한 다산은 관료기구가 國富를 증진시키는 기능도 갖추어야 한다
고 보았다.[40] 利用監을 신설하여 새로운 기술을 외국 특히 중국에서
국가 주도하에 적극적으로 도입하고자 하였다.[41] 이용감은 기술 도입
의 중추기관이 되어 타부서가 이곳에서 기술을 배워가도록 하였다. 이
에 따라 공조에 설치되는 典軌司, 典艦司, 燔瓷司, 典圜署 등은 수레
와 선박·도자기 등의 제작과 기술 보급, 동전주조, 도로관리 등을 담
당하였다. 이와 함께 과학기술을 이용한 기기의 규격화를 강조하여 수
레, 선박, 동전, 병기뿐 아니라 건축 자재와 가옥까지 규격화시킬 것을
제안하였다. 다산은 과학기술의 개발 보급과 함께 자원을 개발하여 국
가 수입원의 증가를 모색하였다. 이를 위해 호조의 屬課였던 銀色을
司鑛署로 승격시켜 鑛穴을 관에서 직접 관장하고 금·은·동에 대한
私採를 엄금해야 한다고 하였다. 또 山虞寺와 林虞寺를 신설하여 산
림자원을 관리하여 산림에서 나오는 생산물에 대해 세를 부과하여 국
가수입의 증대를 도모했다.

결국 다산은 토호, 이서 등 사적인 재지세력의 전횡으로 인한 모순
을 해결하기 위해 관료기구가 중심이 되어 공권력을 확보하고 현실사
회에 적극적으로 개입하여 사회개혁을 추진하려 했던 것이다. 다산은
그의 정치제도의 개혁론에서 줄곧 새로운 교육, 과거, 인사제도를 통해

---

39) 『經世遺表』 卷2, 秋官刑曹 掌胥院, 券契司.
40) "이용감을 개설하고 북학의 법을 의론하여 부국강병을 도모하는 것만은 변경
   시킬 수 없다"(『經世遺表』, 「邦禮艸本引」)라 하여 『經世遺表』의 서문에서부
   터 利用監의 개설과 北學 고구의 필요성을 역설하고 있다.
41) 『經世遺表』 卷2, 冬官秋工曹 利用監.

배출된 인재를 개혁의 주체로 설정하고 있었다. 그리고 이러한 새로운
계층을 관료체계에 흡수하여 개혁을 주도해 나갈 수 있다고 보았다.
그런데 여기서 말하는 관료체계란 기존의 관료체계가 아닌 새로운 계
층이 개혁의 주체로서 자신의 능력을 발휘할 수 있는 체제인 것이다.

(2) 지방제도 개혁론

본 항에서는 茶山이 구상한 국가개혁론의 큰 틀 속에서 조선의 지
방제도를 어떻게 변화시키고자 했는지, 지방제도 개혁론에 반영된『주
례』의 이념은 무엇인지, 그리고 정전제 실시에 따라 창출된 향촌조직
은 상부의 공적 사회제도와 어떻게 연계되는지에 대해 살펴보려 한
다.42)

『경세유표』에서 보이는 다산의 지방제도 개혁 논의를 살펴보면 첫
째, 郡縣分等·分隷論이다. 다산은 8道制를 12省制로 바꾸는 공간영
역의 재배치를 통해 전국의 각 군현이 일정 정도 균등한 관계 속에서
배분되도록 설정하였다. 다산이 구상한 조선의 공간영역에 대한 재배
치의 내용은 당시의 인문지리적 발달상과 연관된 것이다.43) 둘째, 다
산은『목민심서』에서 지방관으로서 수령과 감사, 그리고 향리층의 다
양한 부정과 폐습에 대해 대대적인 비판을 가하는 한편,『경세유표』에

---

42) 다산의 지방제도 개혁론에 대해서는 다음의 논고가 참조된다. 이존희,「茶山
丁若鏞의 地方行政改革論」,『용암차문섭교수화갑기념논총』, 조선시대사연
구(화갑기념논총간행위원회), 1989 ; 강석화,「丁若鏞의 地方制改革案 硏究」,
『국사관논총』 34, 국사편찬위원회, 1992 ; 조성을,「丁若鏞의 地方制度 改革
論」,『동방학지』 77·78·79합집, 연세대 국학연구원, 1993 ; 이진형,「다산
정약용의 외관제 개혁론-『경세유표』를 중심으로」, 연세대학교 석사학위논
문, 2005.

43) 18세기 말 19세기 초 조선의 지리에 대한 새로운 인식과 발달과정에 대해서
는 다음의 논고가 참조된다. 최영준,「조선후기 지리학 발달의 배경과 연구전
통」,『문화역사지리』 4호, 1992 ; 이상태,「金正浩의 三大地誌硏究」,『孫寶基
博士停年紀念韓國史學論叢』, 지식산업사, 1988.

서는 이들이 수행하는 역할과 기능을 재차 법제적으로 규정하고, 당면
한 폐습의 해결책을 제기하고 있다. 셋째, 다산은 지방관의 考課를 보
다 철저하고 구체적으로 시행하여 국왕의 신료로서의 위상을 정립하
고자 하였다.

다산의 지방제도 개혁론은 총체적인 국가개혁론의 주요 부분으로
공간·토지·민인의 배치와 직결된 사안이었다. 다산이 따르고자 했던
지방제도 개혁론의 이념적 근거의 하나는 鄕遂制였다. 다산은 敎民정
치의 이념적 모델을 중국 고대의 향수제에서 발견하고『尙書』연구에
서 그 제도적 실상을 고증하였다. 향수제에 의하면 왕궁을 중심으로 6
鄕·6遂·4郊의 편제 이후 田地가 전혀 없이 士民만 거주하는 6鄕에
는 鄕老와 鄕大夫가 있고, 田地가 있고 농민이 거주하는 6遂에는 鄕
師와 遂大夫가 있어 각 구역을 다스리는데 4郊는 6遂의 관리에 직속
되었다. 다산은 이들 鄕·遂의 관리들이 각 관할구역을 다스리는 외에
학관(敎民)의 직을 겸하는 것으로 보았다.『주례』의 "鄕三物로 만민을
가르치고, 鄕八刑으로 만민을 규찰한다"는 것은 바로 교민을 일컫는
예로 이해하였다.[44] 다산은 고대의 향수제에서 敎民정치뿐만 아니라
官制·田制·兵制의 모델을 발견하고 있다. 실제로『경세유표』에는
한양을 고대의 6鄕制에 의거하여 6部로 편제하고 있다.[45]

다산의 경우 역대 실학자들의 지방제도 개혁론과 마찬가지로 전통
적 수령제와 군현 대책에 머무르지 않고 하부구조인 鄕里와 생산자 민
을 위요한 각종 제도와 직임을 설정 운영하고자 하였다. 그가 구상하
는 지방제도는 17세기 磻溪 柳馨遠과 유사하게도 단순히 호구수에 따
른 인위적인 등급의 결정에 머무르지 않고 생산수단인 토지의 지급과
이를 담당할 생산주체로서의 家戶를 일정 수 배치하는 방안이었다. 정
전제와 연계하여 토지분급에 따라 村里를 정비하되 村(4井)−里(4村)

44)『周禮』卷10, 司徒敎官之職 ; 김문식, 앞의 논문, 1988, 385쪽.
45)『經世遺表』卷3, 天官修制.

−坊(4里)−部(4坊)로 규정하며, 직임으로 각각 村監·里尹·坊老·部正을 두고자 하였다. 그런데 이 제도안은 정전제의 완성 여부와 밀접히 관련되었기 때문에 다산이 구체적인 운영내역을 밝히고 있지 않다.46)

한편, 조선후기의 지방제도 운영의 실상과 제반 문제점에 대해서는 다산만이 아닌 17세기 반계 이후 유자·실학자들이 끊임없는 지적·비판과 아울러 그 대안을 제시하고 있었다.47) 즉 18·19세기 다산의 개혁론은 이들의 전통적 고민과 비판의 연장선상에서 이해될 때 비교적 선명하게 드러날 수 있을 것이다. 구체적으로 당 시기 지방제도의 운영실태와 문제점은 다음과 같이 지적된다. 조선후기 지방제도의 운영에서 국가의 직접 지배의 의지가 강조되는 과정에서 불명확한 기준에 의거한 8道제의 구획과 道·府·郡·縣에 대한 강등조치 및 邑勢와 邑等이 일치하지 않는 현상적인 문제가 표출되고 있었다.48) 다음은 다산이 지적한 道制에 대한 문제제기이다.

　　우리나라 법은 州府가 貧殘하여 혹 聚落을 이루지 못하고, 큰 규모

---

46) 다산은 井地를 기초단위로 하고 호구를 배치하며 지방행정 조직을 편성한다는 원칙에 입각하여 "此縣之民 不得耕彼縣之田 或其村里 惟仰彼田者 徙其民以就田……制其村里 以田束之 凡四井爲村 四村爲里 四里爲坊 四坊爲部 存置一監 里置一尹 坊置一老 部置一正"이라 하였다(『經世遺表』8, 地官修制 田制10 井田議2).

47) 향촌지배정책의 실상과 실학자들의 대안에 대해서는 다음의 논문이 참조된다. 오영교, 『조선후기 향촌지배정책연구』, 혜안, 2001 ; 오영교, 「조선후기 실학파의 지방제도 개혁론 연구」, 『한국실학사상연구 2』, 혜안, 2006 ; 한국역사연구회 조선시기사회사연구반, 『조선은 지방을 어떻게 지배했는가』, 아카넷, 2000.

48) 조선후기 지방제도 운영 및 이의 개혁론에 대한 연구는 다음과 같다. 이존희, 앞의 논문, 1989 ; 강석화, 「정약용의 지방제개혁안 연구」, 『국사관논총』 34, 국사편찬위원회, 1992 ; 조성을, 앞의 논문, 1993 ; 한상권, 「조선시기 국가의 지방지배 연구현황−군현제외관 연구를 중심으로−」, 『역사와 현실』 18, 1995 ; 오영교, 「17세기 향촌상황과 수령제정비론」, 『동방학지』 92, 1996 참조.

의 여러 현은 어지러운 事務가 많다. 관원을 差任해서 보낼 때에는 권
세가 높으면 한 번에 바로 큰 현에 붙이고, 힘이 약하면 세 번이나 벼
슬해도 모두 작은 현을 얻게 되니, 官方의 어지러움이 이와 같다. 지금
道의 여러 고을을 들어 民戶와 田結로써 大小를 분간하고 시험삼아
기록하여 大略을 파악하고자 한다.[49]

즉 다산은 州府의 규모가 일정치 못한 상황, 지방관의 임용에 정치
적 영향력이 작용하는 세태를 비판하고 있다. 그리고 이에 대해 각 道
에 소재한 고을의 규모를 民戶數와 田結數에 근거하여 구분할 필요성
을 제기하였다.

다산은 戶籍과 量田의 기초적인 시행을 전제로 '地方' 구획에 대한
기본적인 틀을 변화시키고자 하였고,[50] 구체적으로 12省制와 郡縣分
隸論을 제기하였다. 12성제를 기존 8도 체제와 대비하여 보면 경기도
는 奉天省으로, 충청도는 泗川省으로, 전라도 북부는 完南省으로, 전
라도 남부는 武南省으로, 경상도의 낙동강 동쪽은 嶺南省, 낙동강 서
쪽은 潢西省, 강원도는 洌東省, 황해도는 松海省, 평안도 남부는 浿西
省, 평안도 북부는 淸西省, 함경도 남부는 玄菟省, 함경도 북부는 滿河
省으로 편제하였다. 특히 남쪽의 전라도와 경상도를 각각 2개 省으로
분류하고, 북쪽의 평안도와 함경도를 또한 각각 2개 省으로 나누었다.
西道와 北道는 지역이 넓어 예하 군현에 대한 감사의 통제가 원활하
지 않은 데에 기인한 것이다. 그리고 호남과 영남에는 많은 인구와 번
거로운 政務로 인해 2개의 省으로 분할하고자 하였다.[51]

『經世遺表』郡縣分隸에서 이와 같은 지방 행정구역 설정의 기준으
로 제시된 것은 크게 4가지로 정리된다. 첫째 平野를 州로 나누는 데
있어 산과 시내를 경계로 하며, 둘째 국방을 위한 關防要衝地의 운영

---

49) 『經世遺表』卷4, 天官修制 郡縣分等.
50) 『經世遺表』卷4, 天官修制 郡縣分等.
51) 『經世遺表』卷3, 天官修制 郡縣分隸.

여부, 셋째 백성의 행정상의 편의, 넷째 지방관의 역량(才操와 器局)이다. 이러한 기준은 앞서 언급한 각 지방의 행정실정을 염두에 둔 것이라 할 수 있다.[52]

이러한 내외 요인을 반영하여 다산의 12省 체제에서 州郡縣은 모두 314邑으로 8道 체제에서 존재했던 346개의 邑 가운데 43개 읍을 통·폐합시키고, 11개의 읍을 증설하였다.[53] 인문지리적·국방의 요인이 함께 감안된 郡縣倂省論이다. 군현 통·폐합 이후 다산은 민호와 전결에 따라 군현의 등급을 설정하고자 했다.[54] 다산은 民戶와 田結을 근거로 郡縣의 대소를 분별하여 7等級으로 차별하여 구분하였다. 즉 2만 5천 이상을 大州, 2만 이상은 大郡, 1만 5천 이상은 中郡, 1만 이상은 小郡, 8천 이상은 大縣, 6천 이상은 中縣, 4천 이상은 小縣으로 하고, 4천 미만인 것은 倂合해서 줄일 것을 주장하였다. 일례를 들면 大丘는 民戶가 1만 3천이고 田結이 1만 2천으로 합하면 2만 5천으로 大州가 되는 것이다. 한편 호구와 전결은 적으나 火田을 경작하거나 바닷가 백성에게 漁獲의 利得이 별도로 있는 경우 또는 人蔘·銀·布·漁獲의 이익이 많은 곳은 지역적 특수성을 참작할 것을 지적하고 있다. 그리고 浿西와 海西, 그리고 江原道의 경우 지역적 실정을 참작한 별도의 기준에 따라 1만 5천 이상은 大州, 1만 이상은 大郡, 8천 이상은 小郡, 6천 이상은 大縣, 4천 이상은 中縣, 4천 미만은 小縣으로 구성하는 등 탄력적으로 대응하고자 했다.

다산은 郡·縣의 등급 조정이 完備되면 해당 郡縣에 소속되는 胥吏

---

52) 『經世遺表』卷3, 天官修制 郡縣分隷 ; 이진형, 앞의 논문, 2005 참조.
53) 『經世遺表』卷3, 天官修制 郡縣分隷. 통폐합된 邑은 풍덕, 교하, 목천, 석성, 비인, 신창, 덕산, 해미, 평택, 영동, 회인, 전의, 진잠, 함열, 구례, 자인, 하양, 순흥, 진보, 비안, 영덕, 청하, 연일, 안의, 칠원, 곤양, 진해, 흡곡, 송화, 옹진, 증산이고, 증설한 邑은 압해, 금오, 검주, 화령, 인성, 계산, 후주 폐4군이다.
54) 『經世遺表』卷4, 天官修制 郡縣分等, "郡縣之制 宜以民戶多少田結廣狹 爲之等級".

의 정원 비율도 적절히 산출할 수 있음을 언급하고 있다.55) 다산은 이
러한 縱橫적 郡縣分等 및 分隷 논의를 통해서 중앙집권의 영향력이
지방에 효율적으로 전달될 수 있는 지방행정체제를 구상하였고, 이러
한 구조와 틀 속에서 수령과 예하 향리층이 제 역할과 기능을 발휘할
수 있도록 했다. 鄕吏는 복잡한 지방관청의 운영체제에서 부세 문제를
비롯한 제반 업무의 管掌을 맡아 이를 좌우하였다. 목민관에게는 禦吏
의 요령이 가장 터득하기 어려운 것으로 지적되었고,56) 많은 정론가들
이 鄕吏의 作奸에 대해 문제를 제기하였으며, 심지어 曺植은 '吏胥亡
國論'을 언급하기도 했다.57) 다산은 鄕吏에 대한 비판·지적과 더불어
이들에 대한 감독과 육성 방법을 고민하였는데, 鄕吏를 감독하는 기구
인 掌胥院의 설치가 바로 그것이다. 다산은 장서원을 설치하여 향리의
정원을 정하고, 세습과 특정 가문의 전횡을 금지시키며, 금전 출납은
이웃 고을의 아전에게 맡기고, 이방의 임무는 매년 교체하도록 규정하
였다.58) 이처럼 다산은 각 지역의 경제력에 따라 향리의 수를 조절함
으로써 民의 부담을 감소시키고, 향리의 신분적·세습적 특권을 없애
며, 향리가 해당 고을의 세력과 결탁하는 소지를 근절시키기 위한 방
법을 제기하고 있다.59)
　　한편 다산은 鄕丞(鄕任)의 직임은 縣令을 보좌하는 역할로 반드시

---

55)『經世遺表』卷4, 天官修制 郡縣分等, "서리의 인원을 정하는 것은 오늘의 急
務로 대략 20명을 始點으로 每率에 5씩을 보태며, 40명이 넘으면 매양 10명
씩을 더하다가 100명이 되면 더 이상 늘리지 못한다. 민호와 결수를 합계해
서 4천이면 민호는 대략 2천이 된다. 100호에 대해서 서리 1명씩을 둔다면 2
천 호 되는 고을에는 20명을 두는 것이 옳다".
56)「治郡要訣」6, 臨下(『朝鮮民政資料』牧民編) 25, "御吏之法最難得其要 尙
威則吏亦民也而無所聊生 尙寬則吏乃民之蠹也 其胎害於民者亦多矣 然則
宜尙嚴而使不之爲民害可也".
57)『增補文獻備考』卷229, 職官16 雜職吏胥.
58)『經世遺表』卷2, 秋官刑曹 掌胥院.
59) 김동수,「다산의 향리론」,『용봉논총』13, 전남대학교 인문과학연구소, 1983.

고을에서 적절한 인선이 필요하다고 하였다.[60] 다산은 鄕廳의 권력을 다시 재지사족에게 되돌리고자 하였는데, 이는 鄕廳의 자율성 확보를 통해 당시 지나칠 정도로 강화된 수령의 권한을 견제·감독하기 위함이었다.

본래 주자학의 정치론에서는, 정치가 爲政主體인 군주와 관인·유자들의 도덕적 완성 및 公的 權力의 도덕적 운영에 토대하여 이루어진다는 내용이 중심적으로 강조되었다. 이 같은 논리를 적극 수용, 體化하게 된다면 주자학의 세례를 받은 사대부들이 국가경영의 일선에 나설 경우, 공권력을 올바르게 운영하려는 자세와 태도를 견지했을 것으로 예상할 수 있다. 그러나 현실은 달라서 중앙뿐 아니라 향촌 현장에서조차 각종 부정이 발생하였다. 이에 대해 다산은 강력한 인사고과를 통해 그 모순을 시정하고자 했다. 다산은 考績이야말로 堯·舜이 至治를 이룩하게 된 가장 중요한 요체인 것을 확신하였다.[61] 따라서 『경세유표』에서 중앙과 외방의 행정 편제를 일단 마무리하고 나서 이후 考績法을 서술하여 그 통치행정을 점검하는 항목을 마련하려 했다. 국왕의 직무는 곧 '天의 職事(天工)'를 대신하는 것이므로, 모든 관직자는 국왕이 맡긴 직사의 달성 여부를 추궁하는 고적법의 대상이 되지 않을 수 없었다. 考績에 대한 다산의 논의는 3단계로 발전하면서 구성되는데, 처음 考績論에서 6綱 4目(총 24綱目)을 제시하고,[62] 이후 『경세유표』考績之法에서 9綱 6目(총 54綱目)으로 체계화하였으며,[63] 마지막으로 『목민심서』에서 12綱 6目(총 72綱目)으로 완성하였다.[64] 여

---

60) 『牧民心書』 吏典 用人條, "鄕丞者 縣令之輔佐也 必擇一鄕之善者 俾居其職".

61) 『經世遺表』 卷4, 天官修制 考績之法.

62) 『與猶堂全書』 I -9, 「考績議」, 186~187쪽 ; 『與猶堂全書』 I -9, 「玉堂進考課修例箚子」, 197~199쪽. 이 글에서 구상된 고과 원칙과 항목이 『경세유표』와 『목민심서』 고적법에 대부분 적용되었다.

63) 『經世遺表』 卷4, 天官修制 考績之法.

64) 『牧民心書』 吏典 考功.

기에서 「考績議」는 문제제기로, 『경세유표』의 「考績之法」은 총론적
원칙 설정, 『목민심서』는 세부적인 실천강령을 다룬 것으로 생각해 볼
수 있다. 다산은 고적제가 실시된 지 오래되었음에도 불구하고 문벌이
나 개인의 교양, 인품을 논하는 등 실제의 治民과는 관계없이 행해지
는 것을 비판하고 그것을 충실하게 실시할 것을 주장하였다. 또한 각
지방에서 고적을 담당할 기구로써 布政司를 各省에 설치하고, 여기에
巡察使를 두어 수령의 고적을 비롯한 일체의 업무를 관할하는 구상도
제시하였다.[65]

이와 같이 다산은 공간적 개념에서의 지방을 새로이 구획하고 제도
적으로 균등하게 만드는 구조를 모색하는 가운데 이의 지속적인 유지
와 통제를 위해 외관직 담당 관인에 대한 철저한 관리와 정확한 고적
제의 시행이 필요함을 주장하고 있다.

2) 이상국가론의 물적 토대 구축 - 경제·재정개혁론

(1) 토지제도와 조세제도의 개혁

18세기 중엽 이후 조선사회는 상품화폐경제 및 농업기술, 농업생산
력이 한층 더 발달하는 가운데, 양반관료·지주·猾吏·豪商 등의 토
지 겸병과 경영지주·경영형 부농층의 경영확대현상이 현저해지고 있
었으며, 郡總制로 운영되는 삼정의 구조적 모순 또한 더욱 심화되고
있었다. 그 결과 이 시기에는 농촌사회의 분해가 앞 시기에 비해 보다
극심해지고 빈농층·몰락농민층의 경제적 처지가 어려워지고 있었다.
그러므로 이 단계에 이르러서는 토지 문제에 관심을 갖는 논자들이 더
욱 많아지고 그 문제를 해결하기 위한 방안 또한 더욱 철저하고 과감
하며 다양해지지 않을 수 없었다.

다산이 구상한 국가체제는 우선 정확한 國勢·邑勢·民情의 파악

---

65) 『經世遺表』卷4, 天官修制 考績之法.

을 전제로 실현할 수 있는 것이었다. 그 가운데 토지의 소유와 경작실
태를 파악하는 것은 대단히 중요한 사업이 된다.

> 田地 經界를 바로잡지 못해서 숨기고 누락된 것이 반수나 되니, 소
> 위 몇 결이라고 되어 있는 것은 실수가 아니다. 호적을 밝혀내지 않아
> 서 가리고 冒錄한 것이 점차 불어나니 소위 몇 호라고 하는 것이 모두
> 虛名이다. 隱結을 田案에 올리고 陳結을 덜어낸 다음에야 실제 호수
> 를 알 수 있다. 이 두 가지 政事를 거행하지 않으면 온갖 일이 모두 막
> 혀서 그 사이에 손 하나 쓸 수가 없다.[66]

따라서 다산의 국가개혁론의 기초가 되는 정전제론은 전지를 기준
으로 하고 그 위에 호구를 배치함으로써 전지와 호구를 빠짐없이 파악
한다는 원칙을 내세우고 있다.[67]

『경세유표』의 「전제」 1~4는 다산이 상고시대의 정전제를 이론적으
로 검토하면서 정전제를 이상적인 토지제도로 재구성하여 그 실시의
당위성을 강조한 부분이다. 고제로서의 정전제가 복구되어야 하나 즉
각적인 실시가 불가능하다고 여겨 점진적인 방법에 의한 토지소유관
계의 변동을 모색한 것이다. 「전제」 9~12는 현실적으로 그러한 정전

---

66) 『經世遺表』 卷4, 天官修制 郡縣分等.
67) 『經世遺表』 卷8, 田制10 井田議2.
   정전제에 관해서는 다음과 같은 연구가 있어 그 성격을 잘 파악할 수 있다.
   박종근, 「다산 정약용의 토지개혁사상의 연구」, 『조선학보』 28, 1963 ; 정성철,
   『실학파의 철학사상과 사회정치적 견해』, 1974 ; 신용하, 「다산 정약용의 정
   전제 토지개혁사상」, 『김철준박사 화갑기념 사학논총』, 1983 ; 김용섭, 「18·9
   세기의 농업실정과 새로운 농업경영론」, 『한국근대농업사연구』, 1975(증보판
   상, 1984) ; 김용섭, 「조선후기 토지개혁론의 추이」, 『동방학지』 52, 1989 ; 김
   용섭, 「주자의 토지론과 조선후기 유자」, 『(증보판)조선후기 농업사연구』II,
   일조각, 1990 ; 박찬승, 「정약용의 정전제론 고찰-경세유표 전론을 중심으
   로」, 『역사학보』 110, 1986 ; 성대경, 「다산의 농업개혁론」, 『대동문화연구』
   21, 1987 ; 강만길, 「다산의 토지소유관」, 『다산의 정치경제 사상』, 창작과 비
   평사, 1990.

제가 곧 실시될 수는 없으므로 당면한 전정의 문란을 해결하기 위한
방법으로 九一稅法 만이라도 원용하자는 주장을 서술하고 있다.68) 이
는 전체 토지가 수용되기까지의 과정에서 조선왕조의 세수입 확보책
과 밀접하게 관련된 것이다.

다산은 젊은 시절 경전에 기술된 그대로 정전제도를 인식하여 여타
유자들처럼 시행이 불가능한 것으로 생각하고 있었다. 따라서 특유의
독창적인 견해인 여전론을 제기하였다. 그러나 이 방안은 그 실행방법
을 더불어 제시하지는 않았다. 혁명적인 방안이 아니고서는 결코 이루
어지기 어렵다는 사실을 예측하였던 것으로 보인다.69) 따라서 다산은
그 후 유배지에서 노년기를 맞이하면서 유교경전에 대한 연구를 심화
시키는 가운데 기존 정전제와는 다른 새로운 해석을 내리고 있다. 그
것은 당시 조건 하에서 정전제도의 시행이 가능하다고 보는 것이었다.
첫째는 정전제라 하여 전국의 모든 토지를 井井方方으로 구획하는 것
은 아니며 평원의 농지와 달리 그렇게 할 수 없는 規田·町田·萊田
등은 정전의 率로 헤아려 升除折補함으로써 井田의 總額으로 파악할
수 있다는 것이다.70) 그에게 있어 지형상의 난점이 정전제를 거부하는
이유가 될 수 없었다. 둘째, 정전제도의 농지분급 원칙이 천하의 민에
게 모두 그 가족 수를 헤아려 농지를 주는 것이 아닌 경작자 농민에게

---

68) 다산의 정전제론은 조선후기 토지 문제에 관한 논의의 흐름 가운데에서 程子
·張子의 '井田可行論'의 입장에 서서, 정전제가 우리나라에서도 시행 가능
한 것이며 또 시행되어야 한다는 주장을 펴는 한 흐름에 속한 것이었다(박찬
승, 앞의 논문).

69) 그의 토지개혁론은 비록 여전론에서 정전론의 순서로 저술되었지만 그에게
서 여전론은 정전론을 넘어서는 이상적인 개혁안이었다. 정전론이 현실의 경
제제도를 개혁하여 빈농층, 무전농민을 독립자영농으로 육성하는데 목표가
있는 것이라면 여전론은 현실의 경제제도를 개혁하고 농업생산을 閭(촌락)단
위로 집단화·공동화함으로써 농민경제를 새로운 차원에서 근원적으로 안정
시키려고 하는 것이었다(김용섭, 「조선후기 토지개혁론의 추이」, 『(증보판)조
선후기농업사연구』II, 일조각, 1995).

70) 『經世遺表』卷5, 地官修制 田制1, 井田論2.

분급하는 것으로 이해하고 있었다. 그의 연구에 의하면 "주나라 행재
는 九職으로서 만민에게 직을 주는 가운데 농사가 가능한 사람에게만
유독 농지를 주었다"는 것으로 "唯農者受田" 또는 "農者得田 不爲農
者 不得田"하는 제도로 보고 있다.[71]

그러나 다산은 이러한 정전제도의 재현이 쉽지 않음을 알고 있었다.
즉 중국 고대에서는 토지소유권이 천자제후에게 있어서 분급이 쉬웠
지만 지금은 다수의 민들에게 있기 때문에 토지수용에 어려움이 있다
는 것이다.[72] 따라서 다산은 수백 년에 걸쳐 지속적으로 추진함을 전
제로 점진적인 토지의 수용과 선후에 따른 순차적인 제도 시행 연후에
비로소 복구가 가능하다고 설명하였다.[73]

이와 같이 다산이 주장하는 정전제 하에서의 농업은 일단 토지 국유
의 원칙 위에서 소농을 중심으로 이루어지는 것으로 점차적으로 토지
를 분급받아 실제 경작하는 농민이 소유자가 되는 것이다. 진정한 '耕
者有田'의 원칙이 관철되면 정전 농민들은 당 시기 급속히 발전하는
생산력과 상업적 농업에 편승해 독립자영농으로 전변되게 되는 것이
었다. 정전 1井은 9·9區로서 중앙의 1구는 公田, 주위 8區는 농민들
에게 분급되는 토지였다. 이러한 정전의 각 1·1區는 1頃(100畝, 40斗
落)이 되는 농지이며, 정전에 대한 구획정리의 役事는 그 정전을 경작
하게 되는 8口의 농민이 담당하도록 하였다. 결국 농사를 지을 만한
힘이 있는 농부 5~6명이 있는 8구의 家가 전지 100畝를 받는 것이 된
다. 다산은 당시에 이러한 8구의 家는 그리 많지 않다고 보았고 이에
25畝 정도의 지급형태가 일반적인 것으로 보았다. 즉 다산이 강조하는
정전 하의 보편적인 농가의 토지보유는 10斗落 정도인 것이다.[74] 다산

---

71) 『經世遺表』 卷5, 地官修制 田制1, 井田論3 ; 田制5.
72) 『經世遺表』 卷5, 地官修制 田制1, 井田論3 ; 田制5.
73) 『經世遺表』 卷7, 地官修制 田制9.
74) 『經世遺表』 卷7, 地官修制 田制9, 井田議1 ; 田制10, 井田議2 ; 田制9, 井田
    議1. 다산이 구상하는 정전제에서 개별 농가의 경우 가족 노동력의 수를 기

은 정전제를 통해 당시 사회모순으로 되어 있는 봉건적 지주제를 일거
에 해체시킴으로써 지주층에게 긴박되어 있는 전호농민을 정전제 내
의 8區를 경작하는 독립자영농으로 해방시키려는 데 목표가 있었다.
그러나 조선후기 토지소유의 실태를 감안할 때 정전제를 실현시키기
위한 토지수용과 토지 분급은 점진적일 수밖에 없었다. 궁방전·관둔
전·영둔전 등 국유지를 정전제로 편성하는 데는 이론이 없었다. 그렇
지만 일반 민들의 사유지를 정전제로 전화시키는 일은 간단한 문제가
아니었다. 공전과 달리 국가가 매수하지 못하거나 기증 받지 못한 개
인의 사유지는 여전히 그것을 소유하고 있던 개인에게 소유권이 있었
다. 그러므로 국가에 의해 공전이 확보되고 정전제의 복구작업이 추진
된다 하더라도 자작농 혹은 지주층의 농지경영은 당분간은 여전히 그
대로일 수밖에 없었다. 따라서 그의 정전제 시행방안은 국유지와 자영
농민의 농지를 먼저 정상적인 정전제로 개편하고 지주층의 농지는 장
기간에 걸쳐 점진적으로 전화시켜 나가려는 것이었다.

이러한 정전제를 운영하기 위해 농민들과 항상 접촉하는 가운데 농
지를 관리하고 농민을 감독하는 책임자가 있어야 했는데 다산은 이를
村里制로 재편성하고 촌의 장인 村監으로 하여금 담당케 하려 했다.[75]

17세기 磻溪의 공전법은 토지의 사적 소유를 부인하면서도 농사짓
지 않는 양반들에게도 전지를 지급하지 않을 수 없으며 나아가 농민보
다 많이 지급해야 된다는 방향이었다.[76] 이에 비해 다산의 경우 여전

준으로 일정 면적의 토지를 분급받는다. 주변 8전을 분급받은 농민의 경우
사유지에 대한 인정인가 영업전으로서 영구 경작권의 보장인가의 문제 즉 소
유권과 경작권을 모두 부여받은 것인가의 문제가 제기되는 것이다.

75) 『經世遺表』 卷8, 田制10 井田議2.

76) 유형원은 양반 및 국가기관에 지급되는 전지를 일반 농민이 지급받는 전지의
약 1/6, 전체 경지면적의 약 14%라 언급하며, 이 부분에 대해서는 소작경영
을 용인하지 않고 노비 노동력을 이용하고 만약 노비제가 폐지될 경우 고공
으로 대체하고자 하였다(김용섭, 「조선후기 토지개혁론과 유자」, 『연세논총』
21, 1985 ; 김준석, 「유형원의 공전제이념과 유통경제육성론」, 『인문과학』74,

론에서 '農者得田'의 원칙을 확실히 하여 관직에 나아가지 않는 양반에 대한 토지 지급을 반대했으며, 遊食 양반이 농민이 되거나 상인, 수공업자, 또는 교사가 됨으로서 식량을 획득할 수 있을 것이라 하였다. 그는 정전론에서도 역시 관직에 나아가지 않는 양반들의 토지 지급을 반대했으며 현직에 있는 관리 이외의 양반계급이 토지를 소유하여 농민에게 소작시키는 것을 반대했다. 유형원과 다산이 사적 소유제를 부정하면서도 토지 분배과정에서 이와 같은 차이가 있는 것은 역사적 조건의 변천에 따른 士에 대한 인식의 차이에서 비롯한 것으로 다산에 있어 士는 하나의 비생산층으로만 인식되었기 때문이다.77)

또한 다산이 '農者得田'의 원칙을 확실하게 세울 수 있었던 것은 당시 상공업 발달과 연관된 직업분화에 대한 인식이 진전한 데 있었다. 다산의 시기에 오면 전체 인구의 생계가 농업생산력에 의해 영위되어야 한다는 중세적 생각에서 벗어나 일종의 근대적 직업분화의식이 나타나게 된다. 이러한 다산의 직업분화의식은 양반층과 피지배층에게 모두 적용되어 그의 시대에 크게 발달하고 있던 다양한 산업분야에 농민들이 전업할 수 있었으며 이 경우 그들에게 토지를 지급할 필요가 없다고 보았던 것이다. 다산의 이 같은 사회적 분업론은 '井田 難行說'의 근거인 '人多地少論'을 비판 극복할 수 있는 중요한 이론이 되었다.

(2) 『경세유표』의 부세제도 개혁론

다산은 정전제와 별도로 九一稅制法의 시행을 주장한다. 이는 국가재정과 밀접한 조세제도의 개혁을 통해 일체의 중간수탈의 배제와 운영의 합리화를 모색하여 당면한 현안을 해결하려고 한 것이다. 대체적으로 점진적이고 과도기적인 개혁방안이라 평가되는데, 이는 정전제의 온전한 시행이 요원함을 전제로 제시된 안이기도 했다. 정전의 시행과

1996 참조).

77) 강만길, 앞의 논문, 1990.

마찬가지로 구일세법을 실시하는 경우에도 모든 토지를 획정할 필요
는 없고 평평한 곳을 선택하여 사례로 획정하고, 다른 곳에서는 계산
상으로만 시행하여 그 중의 9분의 1을 공전으로 설치하고, 그 공전에
서의 소출을 전세로 거두어들이면 9분의 1세가 된다는 것이다.[78] 그
세액은 농지의 비척을 헤아려 1등에서 9등으로 구분하여 징수하도록
했는데 각종 중간수탈의 제거와 국가수입의 증대를 목표로 하고 있
다.[79]

다음으로 다산은 환곡제의 개혁에 대해 집요하게 문제를 제기하였
다. 중세적 부세제도인 삼정의 운영에 심각한 변화가 야기되는 가운데
특히 18세기 말, 19세기의 시점에서 환정의 문란은 극심하였다.[80] 환
곡의 본래 기능은 군향미 改色과 농민에게 종자와 농량을 분급해 주는
賑貸에 있었지만, 16·17세기에 耗穀의 10분의 1을 會錄하는 '取毛補
用'이 실시되면서 진대의 기능은 약화되고 부세적 성격으로 변모하였
다. 이어서 18세기 말 국가재정이 궁핍화되고 화폐경제가 본격적으로
전개되면서 환곡제는 커다란 폐해를 야기시키고 있었다. 다산이 살던
시기 환곡은 국가재용을 위한 부세의 성격이 가미되면서 진휼과 부세
라는 두 가지 기능을 동시에 지니게 되었다. 이에 대해 다산은 환곡제
의 모순을 통렬히 비판하는 농민경제의 입장(安民)과 환곡이 국가재용
의 중요한 확보책이 되는 현실을 인정하고 운영상의 문제점을 시정해
야 된다는 富國의 견지에서 환곡문제에 접근하고 있다.[81]

이러한 두 흐름은 『경세유표』에서 종합된다. 첫째, 환총 영정화와 농

---

78) 『經世遺表』 卷8, 田制10 井田議2.

79) 『經世遺表』 卷8, 地官修制 田制12, 井田議4 ; 田制10, 井田議2.

80) 송찬섭, 『조선후기 환곡제 개혁안』, 서울대학교 출판부, 2002 참조.

81) 다산의 환곡에 관한 저술은 전기에 해당하는 「還上論」, 「還餉議」, 「應旨論農
政疏」(1778)와 「公州倉穀弊政」(1795), 「夏日對酒」(1804), 그리고 후기의 저
작으로 『經世遺表』 地官修制 倉廩之儲와 『牧民心書』 戶典 穀簿가 있다(한
상권, 「18·19세기 환정문란과 다산의 개혁론」, 『국사관논총』 9, 1989 참조).

민부담의 정액화 방안을 주장하였다.82) 둘째, '빈부간 불균의 심화'를
막기 위해 다산은 환곡의 균배를 위해 穀總을 戶總으로 나누어 평균
분배하는 戶還방식을 채택하였고, 분급시 里 단위로 시행할 것을 주장
하였다. 셋째, 취모율을 15%로 상승시키고자 하였다. 넷째, 환총 가운
데 상당 부분을 상평창곡으로 할당하여 제 기능을 하도록 하고, 나아
가 상평곡 운영을 통해 얻어지는 이익금으로 흉년시 결축분을 보충하
고자 했다. 이는 다산의 환곡이정책 중 가장 적극적인 소농민 보호책
이라 볼 수 있다. 즉 다산은 환곡제가 '社倉의 一變'이라 하여 환곡의
기능이 진대에서 재용으로 바뀌었음을 지적하였다. 이처럼 환곡을 부
세적 성격으로 파악할 때 별도의 급대책이 마련되지 않는 한 폐지는
불가능한 것이었다. 이에 다산은 기존 還上制를 유지한 채 폐단만을
제거하는 '仍舊救弊'의 입장에서 이정책을 제시한 셈이었다. 安民과
富國의 두 측면을 고려한 방안이었던 것이다.

(3) 산업기술 발전론의 전개

다산은 지금까지 개별적으로 방기되어 있는 산업과 기술의 전 분야
를 국가기관이 주도하여 적극적으로 개발해야 된다는 개혁론을 제기
하였다. 국가기관 자체가 산업발전의 저해 요인이거나 폐단의 온상지
로 지목되는 면모를 일신하고 국가의 모든 산업분야를 적극적으로 개
발하는 주무의 행정기관으로 새롭게 편성되어야 한다는 의견이었다.83)
다산은 산업과 기술의 개발뿐 아니라 각 지역의 특성에 맞는 산업 여
러 분야의 편성과 인력의 배치 또한 주로 국가행정력을 통해서 성취하
고자 하였다. 즉 중앙의 산업행정기구가 새로운 개발과 기술의 수용을
통해서 모든 분야의 산업생산력을 최대한 발전시키고, 다시 이를 전국

---

82) 『經世遺表』 卷12, 地官修制 倉廩之儲2.
83) 김태영, 「다산의 국가산업행정체계 개혁론」, 『실학과 동아자본주의』(연세대
    학교 학술대회), 2002.

의 행정단위에다 널리 전포하여 적극적으로 편성 배치하도록 함으로
써 결국 국가와 백성을 부유하게 만든다는 방안이었다.

　이러한 다산의 개혁론은 당시 생산력과 상품화폐경제의 발전이라는
배경요인을 담고 있었다. 우선 상업적 농업이 활성화되고 도시 인구의
수요에 적극적으로 대응하는 집약적 농업개발이 현실화되었다. 아울러
중국을 위시한 해외의 선진적 기술 수준이 도입되고 있었다. 따라서
발전을 거듭한 국내외의 산업·기술 수준을 현실적 토대로 수용하면
서 국가행정력에 의한 정책개발, 조직의 정비를 통해서 모든 분야의
생산력을 발전시키고자 의도하였다. 가령 산업진흥의 기초인 전지·호
적·부세를 전담하여 관장하는 기구로서 經田司·版籍司·平賦司라
는 별도의 기구를 설치하여 운용할 것, 토지와 호적은 정전제를 기초
로 하여 편성·배치·관리할 것, 부세제도는 정전제도에서의 公田稅
뿐 아니라 새로이 개발하는 모든 산업 분야를 대상으로 소위 ‘9賦를
제정’하여 징수함으로써 국가의 재용을 넉넉하게 하고 백성의 부담을
균평하게 한다는 것 등이다.84) 工曹 소속기관으로 전국 산악의 식목과
禁伐 행정을 맡는 山虞寺, 재목과 표피·인삼 등의 관리를 맡는 林衡
寺, 저수지와 하천의 관리를 맡는 澤虞寺와 川衡寺를 설치하여 각기
해당 분야를 전담시키되, 새로운 분야를 개발하고 기술을 발전시키며
그 부세의 수취를 담당하게 하였다. 織染局·造紙署 등은 利用監이
중국으로부터 수용하는 새로운 산업기술을 더욱 연구하고 개발하여
확고한 활용단계까지 확보한 다음 전국적으로 널리 보편화시키고자
했다.

　특징적인 사실은 선진산업기술의 전습을 전담하는 이용감의 존재에
많은 의미를 부여하고 있다.85) 이용감을 활용하여 중국의 선진 산업기
술을 전국에서 선발된 工匠들에게 온전히 전수시켜 규범을 제조하게

84) 『經世遺表』卷1, 地官戶曹 平賦司.
85) 『經世遺表』卷2, 冬官工曹 利用監.

하여 해당 산업기술을 우리 것으로 확고하게 수용하고자 했다. 그 제조와 제작에서 커다란 성과를 올리는 자에게는 관직을 수여한다는 유인책도 설정해 두었다. 또한 물화의 신속한 유통과 상업의 원활한 발전, 그리고 군사적 활용을 위한 각종의 수레와 船隻의 운행에 관한 구상을 포함한다. 바로 典軌司와 典艦司를 설치하여 수레와 선박의 제작과 관리를 담당하는 중앙 행정기관으로 삼는다는 것이었다. 수레의 제도는 중국에서 배우고, 선박은 일본·류구의 선진 기술을 도입함으로써 규격화하여 개발한다는 구상이었다.86) 또한 다산은 국가 규정에 의해 명백한 표준을 세우고 국가 행정력을 통해서 전국 통일의 규격을 성취하려는 견해를 제시하였다. 또한 典圜署를 설치하고 여기서 금·은·동의 주전과 통용을 담당하게 하고 量衡司를 통해 전국의 도량형을 전담하여 엄격히 통일적으로 제작하고 운영하게 했다.87)

다산은 국가 행정력의 관리 아래 모든 산업을 조직·편성한 다음 인력을 효율적으로 배치·관리하는 계획을 제시하였다. 다산은 "성인은 租·賦를 바로 잡는데 힘썼지 田産을 균평히 해주는데 힘쓰지 않았다. 다만 9직으로써 만민에게 권하여 각자 서로 도우면서 먹는 것을 얻도록 했을 따름이다"라고 하여 모든 백성이 고르게 직분을 갖는 방안을 도모하였다.88) 즉 앞서 언급한 정전론에서 살펴보듯 토지 배분과 관리의 원칙은 토지를 경작할 능력을 갖춘 농민에게만 그 능력에 걸맞은 토지를 준다는 것이었다. 다음으로 모든 생산자들은 국가가 배정하는 9직 가운데의 한 가지씩을 맡아 거기에만 전업하면서 생활하는 것으로, 분업을 통해서야 법도가 서고 기예가 발전함으로써 생산성을 제고할 수 있다는 점을 강조했다. 이어서 다산은 전 산업 분야에 대해 전업과 구임의 원칙을 적용하려 했다. 모든 민을 상대로 그 현실적 능력에

---

86) 『經世遺表』卷2, 冬官工曹 典軌司 ; 冬官工曹 典艦司.
87) 『經世遺表』卷2, 秋官刑曹 量衡司.
88) 『經世遺表』卷8, 田制10, 井田議2.

따라 士·農·商·工·圃·牧·虞·嬪·走의 9직으로 나누어 맡기되 각기 한가지씩에만 전업하게 하고 동시에 각자 자기의 직을 항구적 직업으로 맡아서 공적을 이루어 내도록 한다는 것이다.[89] 다산은 『목민심서』에서 『경세유표』에 서술하지 못한 부분을 정리하였다. 여기에는 농업을 6과로 나누어 권장한다는 내용이 있다.

> 무릇 권농의 정사는 6과로 나누어 각기 그 직을 주고 그 성적을 고과하여 공적이 좋은 자를 등용함으로써 백성의 생업을 권장할 것이다.……田農이 한과, 園廛이 한 과이며, 圃畦가 한 과요, 嬪功이 한 과이며, 虞衡이 한 과요, 畜牧이 한 과가 되니, 工·商·臣妾을 합하면 의당 9직이 된다.[90]

이러한 6과의 구분은 각 군현을 단위로 하는 것이며, 수령이 현장에서 지휘하도록 했다. 권장의 방법은 농민 각자가 자기가 쌓은 실적을 고찰하여 평가하는 고과를 통해 시행하는 것이다.[91] 수령은 경내의 실정을 감안하여 토지를 가장 효율적으로 배분 활용하며, 각 분야에 재능을 가진 적임자를 적절히 선발하여 배치함으로써 그들의 자발성을 최대한으로 이끌어 내도록 해야만 했다. 각 분야에서 우수한 생산자를 대상으로 각 군현-도 단위로 재차 우수 생산자를 선발하여 중앙에 추천하면 吏·兵曹에서 그들을 문·무의 관직으로 등용한다는 구상이 펼쳐졌다.[92] 이처럼 농업의 모든 분야를 전업적으로 새로이 배치·권

---

89) 『經世遺表』 卷8, 田制12, 井田議4 ; 『牧民心書』 戶典 勸農조에는 국내의 모든 산업은 田農·園廛·圃畦·嬪功·虞衡·畜牧·工匠·商人·臣妾의 9직으로 분업화하였다. 다산의 이 분류는 주례 천관총재 제일 대행지직에 나오는 9직 즉 삼농, 원포, 우형, 수목, 백공, 상고, 빈부, 첩신·한민의 경우와는 다소 다른 다산만의 독자적인 것이다. 주례의 신첩은 노비에, 한민은 일용 잡역 종사자 즉 주로 비정하였다(『經世遺表』 卷10, 賦貢制1, 九賦論).

90) 『牧民心書』 戶典 勸農.

91) 『牧民心書』 戶典 勸農.

92) 김태영, 앞의 논문, 2003.

336 제2부 새로운 사상·문화 활동과 주자학적 세계관으로부터의 탈피

장하고 최우수 생산자를 관직으로 유인하는 제도를 도입함으로써 자발적 경쟁력을 유발한다면, 각 분야의 생산력이 저변으로부터 크게 발전할 것임은 예측이 가능하다.

다산의 구직론에는 모든 직역과 산업분야에서 賦를 거둠으로써 국가재정을 유족케 한다는 기획의도가 있었다.[93] 중앙 소속의 행정기구가 당해 분야의 산업을 개발하고 기술을 수용하여 이를 전국적으로 전파하고 관리하면서 부세를 거두는 기능을 수행해야 한다는 것이다. 이를 통해 다산은 새로운 왕정을 실현하는 물질적 기초를 확보하고자 했던 것으로 보인다.

4. 결론―『경세유표』의 국가구상론의 성격

다산은 관료생활과 유배의 시기를 거쳐 1836년 75세의 삶을 마감할 때까지 조선의 국가적 위기를 목도한 사람이었으며, 동시에 관료·학자로서 그 해결방안을 강구하고자 하였다. 다산은 原始儒學과 朱子學의 古典 주해에 대한 끊임없는 연구와 비판적 분석, 현실인식에 대한 경험을 바탕으로 당시 조선이 당면한 체제적 위기를 극복하고 새로운 변혁을 통해 만들어질 새로운 '朝鮮'을 구상하였다. 다산의 여러 주장은 분명히 새로운 지향으로서의 근대를 모색하는 과정이자 노력이었지만 동시에 전근대적 한계점 역시 노정하고 있었다.

다산이 추구한 새로운 '조선'은 정치·경제·사회 전반에 걸친 개혁을 통해 달성되는 것이었다. 다산은 토지제와 사회신분제 개혁의 틀 안에서 구체적으로 중앙과 지방의 유기적 연계를 모색했으며, 井田制·九一稅法制의 전면적 운영을 통해 경제적 안정과 발전을 도모하려 했고, 사회적으로는 신분질서의 재편을 통해 중세 신분제적 한계가 사

---

93) 『經世遺表』 卷2, 冬官工曹 澤虞寺.

라지는 이상국가 '朝鮮'을 구상한 것이었다.

다산의 이상적 국가상은 그가 중앙 및 지방관으로서 관직을 수행할 때, 그리고 반계·성호에서 출발하여 당시 西學의 흐름에 이르기까지 끊임없는 학문적·사상적 천착과 사회적 교류관계를 형성하면서 구상되었다고 여겨진다. 다산의 一表二書는 조선의 최종 국가상을 제시하기보다는 실현 가능한 단계로서 개혁의 과정에 대한 저술이며, 이 가운데에서도 『경세유표』에서 서술되는 내용은 이상적 국가상 구현의 이전 단계이자 현실적으로 실행 가능한 정치·지방·경제제도 개혁론이라 할 수 있다.

다산이 『경세유표』를 통해 표출한 국가기획론의 모습은 다음과 같다. 그는 토지제도의 개혁을 모든 국가체제 개혁의 근본으로 삼고 있으며, 정전제에 의해 국가적으로 재편성·재배치된 자영농의 제도적 정립을 모색하였다. 여기에서 농민은 상업적 농업을 전제로 하여 부를 축적하기도 하고, 지역의 추천을 전제로 국가 관원으로 발탁되기도 하는 등 이전보다 역동적인 존재로 전제되어 있다. 다산은 분급 받은 토지의 경작 문제 즉 治田에 커다란 중점을 두고 있으며 均賦에도 비중을 두는 국가 관리체계를 기획하였다.

실제로 19세기 초의 조선사회 농민들은 발달된 상품화폐경제의 세례를 받고 자립적 자영농으로 발돋움하기 위해 노력하고 있었다. 이러한 상황 인식 위에서 다산은 종래 권한과 책임한계가 불분명한 통치체계를 전문적으로 분업화하여 전담·전결하게 하고 그 성과를 책임지고 이룩해 내게 한다는 것, 산업의 분업화와 민의 전업화를 유도하여 각각의 제도와 생산기술을 국가기구가 적극적으로 전담 연구·개발한다는 것 등을 강조하였다.

『경세유표』에서는 당시 조선의 국가체제 개혁의 방안과 이상적 국가체제의 상이 함께 그려지나, 주요한 목표는 전자에 있었다. 다산은 자신이 제기한 구상이 구체적 실현과정에서 많은 한계가 있다는 것을 현실 속에서 깨달았을 것으로 본다. 이 같은 점에서『경세유표』는「전론」·「원정」·「원목」·「탕론」등과 다른 차원의 개혁을 지향하고 있었던 것으로 일순 보인다. 같은 시기에 공존하면서도 개혁의 차원과 성격을 달리하는 다산의 각 저작의 상호관계와 개혁론 체계는 복합적인 면모가 존재한다.「전론」·「원정」·「원목」·「탕론」등은 정치 경제 제도의 본래 이상향을 이룩하려는 급진적이고 근본적인 체제개혁을 지향하는 개혁방안으로 제시된 것이다. 그러나 현실적으로 혁명 없이는 실현 불가능한 이상론으로서 그 구체적인 실현방법을 제시할 수 없었다. 따라서 이러한 저작들은 사회전반에 걸친 상호 유기적인 구조 속에서 체계화하지 못한 채 단편적이고 개별적인 논문형식으로 남게 되었다. 이에 따라 현실의 學理를 연계하여 보다 실현 가능한 구체적 개혁방안으로 체계화한 것이『경세유표』이다.『경세유표』는 왕권, 통치자의 추진력·혁명성에 기대하는 중앙정부 주도의 장기적이고 점진적 개혁방안이었다.94) 다산의 개혁사상은 단계적 시행론으로 구성되어 있다. 정치사상의 경우『경세유표』에서 중앙관제 및 지방제도 개혁론을 상세히 제기하였지만 기존의 조선왕조 체제, 즉 전제적인 세습 군주제를 그대로 인정한 위의 것이었다. 이것은 당시의 현실을 고려한 것으로 다산의 이상적 정치이념은『경세유표』다음 단계의 것이었다. 이처럼『경세유표』의 조율된 현실적 개혁론과 전 저작체계에서 제시하는 개혁론과의 단계적·전략적 상이점이 존재하고 있는 것이다.

사회개혁사상의 기본이념이 확립된 이후 각기 개혁의 차원이 다른, 밑으로부터의 급진적이고 근본적인 체제개혁 방안과 위로부터의 보다 실현 가능한 점진적인 방법에 의한 체제개혁 방안은 궁극적으로 체제

---

94) 다산이 개혁 달성의 주체로 설정한 '왕권'은 도처에 산재하는 할거적 중간 농단의 사회세력들을 통합하고 전체적으로 결속하여 새로운 국가론 실현의 추진력으로 동원할 수 있는 존재로 규정하였다(김태영, 앞의 논문, 2003). 그러나 이처럼 개혁의 견인차로서 역할을 수행할 왕권의 창출방안과 현실적인 나약성의 보완과 실현방법에 대한 다산의 분명한 해답은 제시되지 않았다.

개혁을 지향하면서도 그 실현방법에 있어 단계론적 실천구상으로 상호 관련을 지니고 있다. 이것은 실천적인 면에서 개량화된 것으로 볼 수 있지만 현실적인 어려움을 겪고 있는 농민 등 각 사회세력의 요구를 반영하는 것이기도 하다. 다산은 이상적으로 閭田制와 井田制가 제대로 시행되는 사회, 민에 의해 권력이 생성됨으로써 신분적 평등과 능력이 보장되는 조선사회를 만들고자 하였다.[95] 그 안에서 농민 역시 자립적 생산기반을 갖추고 역사적으로 성장함으로써 드디어 주체적 인간존재로 정립될 것으로 해석된다. 요컨대 『경세유표』의 개혁론은 다산의 궁극적 이념의 실현을 위한 전단계로서 그 다음 단계로 가기 위한 길을 열어 놓았다.

---

95) 다산의 정치이념은 주권의 소재를 민에 두며 민에 의한 통치자의 선거를 생각하고 민의 혁명권을 인정하는 점에서 '근대적 민주주의 정치사상'이라고 성격을 규정짓는 견해가 있다. 다산이 유교(특히『尙書』)의 재해석을 바탕으로 유가의 전통적인 민본주의에서 민주주의로, 역성혁명에서 근대적인 인민혁명권으로 발전시켰다는 적극적인 평가를 가하는 것이다(조성을, 「정약용의 정치사상-정치이념을 중심으로-」, 『한국사학사연구-우송조동걸선생 기념논총』, 나남출판, 1997, 결어 참조).

18·19세기 북학론의 전개와
정부의 상공업정책

원 재 린[*]

1. 머리말

조선후기 농업생산력 발달에 따른 상품유통경제의 발전은 생산관계의 변동과 함께 중세 봉건국가의 운영 전반에 걸쳐 변화를 초래한 주요 요인이었다. 특히 상공업 분야에서의 발전양상은 19세기 제국주의 세력의 西勢東漸 상황 속에서도 근대사회로의 이행을 전망하는 수준에 이르렀다.[1] 사회구조의 변동을 초래하기까지 상공업문제를 둘러싼 논의는 17세기 이래로 꾸준히 개진되었다. 해당시기 국정운영에 참여하고 있었던 官人·儒者들은 각각의 학연과 사상에 근거하여 크게 두

---

* 연세대학교 국학연구원 연구교수, 국사학

1) 劉元東, 『李朝後期 手工業史 硏究』, 韓國硏究院, 1968 ; 전석담·허종호·홍희유, 『조선에서 자본주의적 관계의 발생』, 1970(이성과 현실, 1989 재간행) ; 姜萬吉, 『朝鮮後期 商業資本의 發達』, 고려대 출판부, 1971 ; 宋贊植, 『李朝後期 手工業에 관한 硏究』, 서울대 출판부, 1973 ; 元裕漢, 『朝鮮後期 貨幣史 硏究』, 韓國硏究院, 1975 ; 劉元東, 『韓國近代經濟史』, 一志社, 1977 ; 홍희유, 『조선 중세 수공업사 연구』, 1979(지양사, 1989) ; 姜萬吉, 『朝鮮時代 商工業史 硏究』, 한길사, 1984 ; 吳星, 『朝鮮後期 商人硏究』, 一潮閣, 1989 ; 吳星, 『朝鮮後期 商業史 硏究』, 韓國硏究院, 1990 ; 柳承宙, 『朝鮮時代 鑛業史 硏究』, 고려대 출판부 1993 ; 高東煥, 『朝鮮後期 서울商業發達史 硏究』, 지식산업사, 1997 참조.

가지 상업론과 상업정책을 제시하였다. 먼저 '務本保末論'을 계승하여 상업발전과 아울러 국가가 상품유통경제를 적극적으로 관리·통제하여 그 이익을 환수하려는 '利權在上論'이 있었다. 다음으로 '무본보말론'에 입각한 상업발달의 필요성은 긍정하지만, 군주·국가의 상업문제에 간여를 최소화하면서 양반지배층의 이해관계를 관철시키고자 했던 '財富民散論'을 들 수 있다.[2] 이 두 상업론 중 전자는 事功을 중시하는 實學사상과 밀접한 관련성을 맺고 있다.

실학은 朱子學 중심의 봉건적 사유체계의 모순을 극복하고 국내외의 현실변화에 능동적으로 대처하면서 새로운 국가운영 방식을 모색하는 진보적인 사상이었다. 18세기 중반이래 19세기 들어 주목되는 실학사상의 조류로 北學論이 있었다. 양란 이후 동북아 국제질서의 변화과정에서 생성된 북학사상은 華夷論에서 벗어나 淸나라의 선진문물을 수용하여 利用厚生에 힘씀으로써 체제 변혁을 도모하였다. 특히 상공업부문의 발전에 주목하고, 이를 진작시켜 민생안정과 부국강병의 실현을 학문 목표로 상정하였다.[3] 따라서 북학론자들의 상공업론과 경세지향에 대한 분석은 당대 산업 현황을 객관적으로 파악하고, 실학의 근대성을 해명하는 작업이 될 것이다.

한편 해당시기 상공업 발전을 견인하고 추진해 나아간 주체로 국가의 역할이 주목된다. 양란 이후 토대변화에 따라 초래되었던 각종 모순을 해소하고 사회구성원 내부의 이해관계를 조정해 나가는 과정에서 국가의 역할이 부각되었다. 당시 국가의 정책기조는 산업 제 분야에서 구래의 官營체제를 해체시키고 민간주도의 운영방식을 수용하되 정부의 조정능력을 강화함으로써 소상품생산자의 생활기반과 재정토대를 안정적으로 유지·확보하는데 두었다. 하지만 상공업 분야에서

---

2) 白承哲, 『朝鮮後期 商業史 硏究』, 혜안, 2000 참조.
3) 李佑成, 「18세기 서울의 都市的 樣相」, 『鄕土서울』 17, 1963 ; 李佑成, 「實學硏究序說」, 『文化批評』 7·8, 1970(『韓國의 歷史像』, 창작과비평사, 1982 재수록) ; 유봉학, 『燕巖一派 北學思想 硏究』, 一志社, 1995, 14~15쪽.

새롭게 창출된 財富를 둘러싼 신구간의 갈등과 봉건권력을 매개로 한 지배세력의 영리추구 욕구 및 분배구조의 왜곡에 따른 체제 혼란의 위험성이 상존하고 있었다. 중세사회 해체기 정부의 과제는 물질적 이해관계를 둘러싸고 격화되는 사회 구성원간의 대립과 갈등관계를 조절하고, 산업역량을 진작시켜 체제 내로 흡수할 정책을 마련하는 일이었다.

   본고에서는 이와 같은 점에 유의하면서 기왕의 연구성과를 참조하여 18·19세기 북학론과 상공업정책의 구체적인 면모와 그 특징을 살펴보기로 하겠다. 먼저 2장에서는 북학론자들의 학문관과 이를 토대로 제기된 개국통상론에 대해 살펴보겠다. 실용을 중시하는 학문경향은 器用學에 대한 관심을 고조시켰고, 중국과 서양의 선진문물 수용을 촉구하는 계기로 작용하였다. 또한 점차 대외개방이 요구되는 상황 속에서 상공업을 통한 재부창출에 주목하여 富國安民을 실현할 수 있는 방안들을 제기하였다. 3장에서는 英·正祖代 견지되었던 상공업정책의 특징을 亂廛을 통한 私商의 성장과 이에 따른 通共정책의 시행 과정을 통해 정리하겠다. 정부의 정책은 상품화폐경제의 발달에 따른 시장 중심의 자유경쟁체제를 점차 용인하면서 이로부터 창출되는 상공업 이윤을 국가가 주도하여 활용하는 방식을 견지하였다. 이에 적합한 대책들이 각종 법전들에 제시되었다. 다음으로 이러한 정책기조가 19세기 세도정권하에서 어떻게 굴절되어 가는지를 豪商과 봉건지배층의 결탁, 이에 따른 이윤 독점 양상을 통해 설명해 보겠다.

2. 실용중심의 학문과 개국통상론

1) 器用學과 민부의 증대

18세기 중반 19세기에 걸쳐 활동했던 북학론자들은 실용성을 구현할 수 있는 학문대상에 관심을 기울였다. 洪大容(1731~1783)은 학문을 '義理之學·經濟之學·詞章之學'으로 구분하고, 의리지학에만 머물지 않고 曆算·算數·錢穀·甲兵의 학에 심혈을 기울여야 한다고 했다.[4] 朴趾源(1737~1805)은 실용을 학문목표로 상정하면서 선비의 학문은 농업과 공업, 상업의 이치를 아울러 포섭하는데 있다고 주장하였다. 이러한 학문이 실학이며, 실학을 통해서만 明農·通商·惠工할 수 있다고 보았다.[5]

이처럼 실용 중심의 학문에 주목한 것은 功利를 달성하기 위해서였으며,[6] 공리를 극대화할 수 있는 구체적 방법으로 북학을 상정하였다.[7] 박지원은 청으로부터 수용해야 할 학문으로 耕蠶·陶冶로부터 通工·惠商을 포괄하는 經世之學을 제시하였다. 즉 경세학에 남아 있는 중화의 제도를 배워 조선의 풍속을 변화시키는 것이었다. 이때 상정된 경세 목표는 민부의 증진이었다.[8] 朴齊家(1750~1805)는 보다 적극적으로 북학과 공리의 관계를 설명하였다. 중국을 배우지 않고서는 공리의 성과를 기대하기 어렵다고 보고 중국의 제도를 행하는 것을 시급한 과제로 상정하였다.[9]

丁若鏞(1762~1836)은 북학의 전통을 거론하며 조속한 실천을 촉구하였다. 수백 년이래 중국으로부터 기술을 수용했던 조선의 학문전통을 상기시키면서 그렇지 못한 세태를 비판하였다. 반면 일본의 적극적인 선진문물 수용 태도를 높이 평가하였다. 당시 일본은 江蘇와 浙江

---

4) 『湛軒書』 外集 卷7, 「燕記」 '吳彭問答'(韓國文集叢刊 248권 : 이하 총간),
    243~244쪽.
5) 『燕巖集』 卷16, 「課農小抄」 '諸家總論'(총간 252권), 349쪽.
6) 위의 책, '諸家總論', "聖賢之言 本末精粗 靡有不擧 而功利之及於人 深且遠
    矣".
7) 위의 책, 「課農小抄」 '農器'(총간 252권), 368쪽.
8) 『燕巖集』 卷12, 「熱河日記」 '馹迅隨筆'(총간 252권), "爲天下者 苟利於民 而
    厚於國 則雖其法之或出於夷狄 固將取而則之".
9) 『楚亭集』, 「北學議」 外篇 '農蠶叢論'(國史編纂委員會, 1961).

을 왕래하며 섬세하고 정교한 공장의 기술을 배우는데 힘썼으며, 그
결과 백성은 부유하고 군사는 강성하여 이웃나라가 침범하지 못할 만
큼 부강한 나라가 되었다.10) 이에 비해 조선은 使行을 목적으로 내왕
할 뿐 백성들에게 혜택을 줄 수 있는 이용후생에 필요한 물건에는 관
심을 기울이지 않았다.11)

崔漢綺(1803~1879)는 실용을 국운성패를 좌우할 요소로까지 인식
하였다.12) 이에 헛된 문장을 대신하여 사무에 힘쓸 것을 주장하였으
며,13) 생활을 도모할 수 있는 산업의 중요성을 강조하였다.14) 이를 위
해 중국은 물론 서양문물에 대한 적극적인 수용을 주장하였다. 중국의
法을 배우는 자가 서양의 法을 배우기 꺼려 하고, 서양의 학문을 배우
는 자가 중국의 학문을 원치 않으면 학문이 편벽되어 두루 통달하지
못할 것이라고 했다.15) 이 점에 비춰 볼 때 청나라의 견문이 크게 확대
된 원인은 서양문물을 적극 수용했기 때문이었다. 즉 청나라는 서양과

---

10) 『與猶堂全書』 I-11(第1集 第11卷, 신조선사본의 책수와 권수), '技藝論'.
11) 『與猶堂全書』 I-13, '送李參判使燕京序'. 정약용은 중국에서 배워올 기술분
    야로 다음과 같은 분야를 열거하였다. 돌가마 놓기, 벽돌굽기, 수레 제작, 기
    구 제작, 철과 동의 제련법, 기와·벽돌·자기굽기, 引重器, 물레방아, 取水,
    代耕, 風礁, 輪激의 법과 虹吸·鶴飲 따위 제도와 모든 농기구, 직기, 병기,
    화기, 風扇, 水銃과 천문·역법에 수요되는 儀器·測器에 이르기까지의 일체
    실용기구였다(成大慶, 「茶山의 技術官吏 育成策」, 『茶山의 政治經濟 思想』,
    창작과비평사, 1990, 124쪽).
12) 『明南樓全集』 1, 「推測錄」 卷6, '推物測事 : 東西取捨'(여강출판사 영인본,
    1986), 188쪽, "……畢竟勝絀 不在於風俗禮敎 惟在於務實用者勝 尙虛文者
    絀 取於人而爲利者勝 非諸人而守陋者絀……是以西敎之蔓延天下 不須憂也
    實用之不盡取用 乃可憂也".
13) 『明南樓全集』 2, 「人政」 卷11, '敎人門4 : 事務眞學問', 187쪽, "凡百事務 皆
    是眞切學問 捨事務而求學問 乃懸空底學".
14) 『明南樓全集』 2, 「人政」 卷8, '敎人門1 : 宗族立敎', 151쪽, "世俗之獘 以有意
    産業爲文學之氷炭 而至有賤陋産業之人 若以不義營産 當以不義痛責 不可
    以營産聲罪矣 文學有與 而不遇祿仕者與其乞諸人 豈若有資身之策乎".
15) 『明南樓全集』 2, 「人政」 卷15, '敎人門6 : 立本有偏黨', "學中國者 不願學西
    法 學西法者 不願學中國 是皆有偏滯無周通之學".

통교한 이래로 英華·堅下書院에서 서양서적을 번역·출판하는데 힘
썼으며, 역산·기계와 같은 서양학예가 실제 활용되면서 견문이 크게
확대되었다.16)

최한기가 관심을 보였던 서법에는 법제·器用·토산 등이 있었
다.17) 특히 서양 여러 나라에서 제작된 기계의 정교함에 주목하였다.
그 중에서도 선진 공업기술을 이용하여 막대한 이윤을 창출하는 생산
방식에 관심을 보였다.18) 구체적 사례로 영국의 방직업을 들었다. 영
국에서는 火輪의 엔진을 이용하여 자동으로 움직이는 방직기를 사용
함으로써 공정을 단축시키고 생산단가를 낮추어 경쟁력을 확보해 나
아갔다.19) 반면 조선은 기술을 천시하였기 때문에 공업에서 얻을 수
있는 이득이 전혀 없었다.20) 그는 낙후된 기용학을 증진시키는 것만이
시의에 맞는 일이라고 보았다.21) 기용학은 일용과 국가의 興作에 보탬
이 되는 학문으로, 형상이 없는 이치를 미루어 형상이 있는 기구를 제
조하여 천하의 이익을 성취하고, 정미한 이치를 징험하는 학문이었
다.22)

---

16) 『明南樓全集』 1, 「推測錄」 卷5, '推己測人 : 見聞多少邪正', "挽近中國相通
   書籍有英華堅夏兩書院之飜譯 學藝有歷算器械之實用 於是見聞幽通於天下
   事業 大同於人間先自禮法治模敎文産業 將此較彼 擧彼驗此 自有取捨".
17) 『明南樓全集』 1, 「推測錄」 卷6, '推物測事 : 東西取捨', "法制之善 器用之利
   土産之良 苟有勝我者 爲邦之道 固有取用".
18) 그는 서법의 체계적인 인식을 위해 徐光啓의 『農政全書』와 熊三拔의 『泰西
   農法』(1612), 鄧玉函의 『奇器圖說』과 王徵의 『諸器圖說』을 통해 17세기 초
   반 明末의 서양기술을 소개하였다. 더 나아가 기계의 제조원리와 방법에 관
   심을 갖고 『心器圖說』을 편찬하였다(『明南樓全集』 3, 「心機圖說」, 499쪽).
19) 『明南樓全集』 3, 「地球典要」 卷8, '英吉利國', 361쪽.
20) 『明南樓全集』 2, 「人政」 卷6, '測人門 : 工', 89쪽.
21) 『明南樓全集』 1, 「推測錄」 卷6, '推物測事 : 東西取捨', 188쪽.
22) 위의 책, '推物測事 : 器用學', 191쪽, "夫器用之學 有益於民生日用 國家興作
   徒執法式規矩 修製資生 工匠之技藝末務也 從其有形之器 驗其無形之理 推
   諸無形之理 製造有形之器 以成天下之理 以驗精微之理 乃治世者之所務
   也".

朴珪壽(1807~1876)는 기용학을 통해 민부를 증대시킬 구체적인 방 안으로 譯館을 세워 서양서적을 번역할 것을 제안하였다. 이용의 기구 는 갑자기 배워서 터득할 수 있는 것이 아니므로 관계 서적을 들여와 연구를 진행시키는 방안이야말로 기구를 이용할 수 있는 근본적인 대 책이었다.[23] 또한 강병을 실현할 수 있는 서기로 전함과 火器, 養兵練 兵法을 거론하며, 주무 관청으로 造船廠과 火器局의 설치를 촉구하였 다.[24] 그는 체계적인 서기습득을 통해 마치 중국인이 대포와 화륜선을 모방·제조하여 서양인들이 독점했던 이득을 빼앗듯이 국익을 증진시 킬 수 있다고 보았다.[25]

북학파는 기용학으로 대변되는 실용의 학문에 관심을 갖고 민부의 증대라고 하는 사공을 실현하고자 했다. 이 같은 학문관에 입각할 때 청나라와 서양의 선진문물은 적극적으로 수용해야 할 대상이었다. 또 한 개국통상은 실용중심의 학문관이 상공업에 투영되어 나타난 구체 적인 경세방안이었다.

2) 개국통상론과 부국강병의 실현

북학론자들이 민부를 증진시킬 산업으로 주목했던 분야가 상공업이 었다. 박제가는 사치를 조장한다는 상업의 부정적인 측면보다 생산과 소비를 자극함으로써 물화를 증진시키는 기능에 주목하였다. 특히 상 업은 工匠陶冶와 技藝, 농업 등 산업 전 부문의 성패에 직결되었기 때 문에 이것의 활성화가 四民의 생존과 직결된다고 이해하였다. 이러한 중요성에 비춰볼 때 당시 정부의 상업정책은 경제규모에 비해 효율적 이지 못하다고 진단하였다.[26] 이에 상업을 진작시킬 대책으로 遊食兩

23) 盧大煥, 『동도서기론 형성과정 연구』, 일지사, 2005 참조.
24) 『海東地圖』 卷2, 「籌海編」3, 議戰.
25) 『日省錄』 高宗 9년, 12月 26日.
26) 『楚亭集』, 「北學議」 內篇, '市井'.

班들의 상업종사와27) 수레의 사용 및 도로·교량 구축, 선박의 개선28) 등의 방안을 제시하였다.29)

상업 활성화에 대한 관심이 고조되면서 시장의 역할과 기능에 대한 이해도 함께 높아갔다. 최한기는 場市의 중요성을 읍에서부터 일국의 범위로 점차 확대시켜 가면서 설명하였다. 한 집의 家産을 유지하는 데 있어서 鄕市가 차지하는 비중을 고려할 때, 한 읍의 백성을 다스리는 사람은 城市를 중시하며, 성시의 상인을 잘 관리해야 했다. 한 나라의 정사를 다스리는 사람은 경내의 상인이 자유롭게 상품유통 활동에 전념할 수 있게 해주어야 했다. 천하를 태평하게 하려는 자는 천하의 상인과 접촉하되, 그들의 것을 침탈하지 않고 人情을 가로막지 않게 해야만 意氣가 통하고 교화가 바르게 된다고 보았다.30) 이 같은 시장과 상인의 중요성을 고려할 때 상업이 발달하지 못하면 政敎의 기율이 없어지고, 民國의 소생 역시 기대할 수 없었다. 즉 정교에 기율이 없어지는 원인은 商民으로부터 기인하며, 민국의 규모가 소생하는 것도 상민으로부터 연유하는 것이다.31) 상업의 진흥과 정교 및 민국의 소생 여부가 밀접하면 할수록 이를 주관해 나아갈 국가의 역할은 더욱 강조되었다.32)

---

27) 『楚亭集』, 「北學議」附 丙午所懷.
28) 이처럼 상업을 통한 생산확대와 이익추구, 특히 농업생산의 확대를 통해 安民을 이루려는 노력은 무본보말론적 상업론의 특징으로 상정할 수 있다. 무본보말론자들은 상품을 생산지에서 소비로 적시에 운반할 수 있는 운송수단에 대해서도 많은 관심을 갖고 있었다. 선박과 수레가 그 주요 대상이었는데 특히 우리나라의 지형적인 조건과 관련하여 물화수송의 대부분을 담당하고 있던 선박이 주된 관심의 대상이 되었다(白承哲, 앞의 책, 98쪽).
29) 『楚亭集』, 「北學議」內篇, '車'.
30) 『明南樓全集』 2, 「人政」 卷6, '測人門6 : 商', 89~90쪽.
31) 『明南樓全集』 2, 「人政」 卷11, '敎人門4 : 商賈', 191쪽, "……若商業蕩敗 穀帛不能周通 政敎之無紀律 先自商民而現 民國規模之甦完 亦自商民而可見".
32) 국가의 역할 강화는 19세기 중엽이래 당시 상업 현황과 밀접한 관련을 맺는

최한기는 상업을 통괄할 주체로 국가를 상정하였다. 국가가 商旅를
統御하는 방법은 禁條를 밝히고 세율을 정하며, 관리의 침해를 막고
旅占店 편의를 원활히 하는 것이었다. 이것이 바로 민용을 넉넉하게
하고, 있는 것과 없는 것을 고르게 하는 정교였다. 이렇게 해서 얻어진
상업분야의 이윤은 商稅로 징수되어 재정수입 운영에 필요한 수세원
으로 활용된다.[33] 상업활동에서 거둬들인 이익에 대한 기대감이 커지
면서 재정확충과정에서 상인들의 비중도 높아졌다. 최한기는 전쟁이나
흉년으로 적자가 예상되는 상황에 직면해서 殷戶와 富商 등은 지체
없이 돈과 곡식을 바쳐 국고의 부족함을 충당해야 한다고 보았다.[34]
이와 관련하여 國商의 역할이 주목된다.[35] 최한기는 민용을 저버리고
백성의 잉여물을 침탈하는 상인을 비판하면서 공공성과 이를 담보할
수 있는 국상의 역할에 기대를 걸었다. 이들은 풍흉을 밝혀 常平의 법
도를 마련하고, 토산물을 헤아려 운수의 편의를 도모하며, 나라에 큰
비용이 드는 일이 있으면 정성과 의로운 마음으로 이를 보충하는 역할
을 수행하였다.[36]

국가의 운명이 상업에 달려 있다는 인식은 그렇지 못한 조선의 현실
을 비판하는 근거로 활용되었다. 특히 工商을 賤業으로 무시하는 풍토

것으로 보인다. 이 시기에 이르면 어용상인들의 활동무대와 경제적 토대는
종전에 비해 축소 약화되어 가는 반면 대외무역과 국내상업의 실권은 사적
권력을 매개로 한 대상인들의 수중에 더욱 집중되어 갔다. 이로부터 파생되
는 다양한 문제점을 극복하기 위한 대안으로 국상의 역할을 강조하는 주장들
이 제시된 것이다.

33) 『明南樓全集』2,「人政」卷6, '測人門6 : 商', 89쪽, "商者 懋遷有無 海陸運輸
以瀛餘資生業 以課稅補國用".
34) 『明南樓全集』2,「人政」卷16, '選人門3 : '賄賂選', 293쪽, "當軍旅饑饉 而國
貯蕩渴 無以繼進 殷戶富商 納算納粟 以濟不逮 是亦義也".
35) 그는 상인의 위상 강화시킬 방안으로 민용에 이로움을 기준으로 귀천과 우열
을 판정할 것을 주장하였다(『明南樓全集』2,「人政」卷25, '用人門6 : 工商通
運化', 534쪽).
36) 위의 책, '用人門6 : 工商通運化', 534쪽.

와 이들이 등용되지 못하는 현실을 문제로 지적하였다.[37] 최한기는 상인을 비천하게 여기는 태도를 사세를 헤아리지 못한 편견으로 단정하였다. 상인에 대한 평가는 일용과 任使에 어떠한 도움을 주었는지의 관점에서 접근해야만 했다.[38] 모범사례로 대외무역에 종사하는 서양상인을 들었다.[39] 그는 유럽의 모든 나라가 상업을 근본으로 삼고 있으며, 해양 무역에 힘써 국부를 창출하고 있는 사실을 지적하였다.[40] 상업으로써 국운을 일으킨 서양은 대양을 건너 전 세계를 대상으로 무역활동을 벌였고, 국가재정은 이로부터 거둬들인 이윤에 전적으로 의존하여 운영되었다. 아울러 이들의 다양한 통상 방식에 주목하였다. 서양상인들은 업종에 따라 교역방식을 달리하며 무역거래에 힘썼다. 즉 가까운 곳은 상인이 직접 상품을 지고 다니며 장사를 하고, 보다 먼 거리는 수레와 말에 실어 교역하며, 아주 먼 곳은 바닷길을 통해 무역을 하였다. 그 결과 천하의 산물이 세계 만국에 두루 통하게 되었다.[41]

북학론자들이 외국과의 통상을 적극 주장한 데에는 그럴 만한 이유가 있었다. 18세기 중엽 이래로 조선은 압록강 대안의 柵門무역과 부산진·동래의 倭館을 통해 중계무역의 이득을 얻고 있었다.[42] 그러나 청나라와 일본간 직교역이 늘어나면서 무역이득은 큰 폭으로 감소되었다. 적자의 원인은 바로 일본의 경제성장 때문이었다.[43] 박제가는

37) 위의 책, '用人門6：工商通運化', 534쪽.
38)『明南樓全集』2,「人政」卷6, '測人門：商', 89쪽, "測商人之方 無論大小 皆爲我濟用之助 又爲我任使之役……而卑賤之乃 不諒事勢之偏見狹量也".
39)『明南樓全集』1,「推測錄」卷6, '推物測事：海舶周通', 188~189쪽.
40)『明南樓全集』3,「地球典要」卷4, '歐羅巴：商', 288쪽.
41)『明南樓全集』2,「人政」卷6, '測人門6：商', 89~90쪽.
42) 조선후기 이래로 무본보말론자들은 대외무역의 발전에도 깊은 관심을 가지고 있었다. 이들은 임진왜란 중 중국에서의 곡물수입을 위해 시작한 中江開市의 경험을 통해 외국과의 통상이 부국안민을 위한 한 방안이 될 수 있음을 인식하고 있었다(白承哲, 앞의 책, 101쪽).
43) 동일한 지적이 정약용에게서도 나오고 있었다. 그는 일본이 중국과의 직교를 통해 상업적 이득을 거둔 사실뿐만 아니라 이를 통해 실용의 부유함을 증대

일본의 해외통상 거점으로 長岐島를 지목하였다. 이곳에서 청나라와
네덜란드 등 30여 국과의 중계무역이 번성하였다. 조선은 더 이상 일
본과의 교역을 통해 이득을 얻을 수 없었다.44) 해결방안으로 대중국
통상 강화를 주장하였다. 구체적으로 경기·충청·전라도 서해안에 長
淵·恩津·宣川·礪山 등의 무역항을 열고, 남중국 및 산동지방과 통
상할 것을 제안하였다. 이러한 중국 중심의 통상활동은 일시적인 해결
책에 불과하였다. 국력이 증대되고 백성의 생업이 안정되면 통상 범위
를 확대해 나아가야 한다고 보았다.45)

해외통상의 욕구는 19세기 이르러 더욱 증대되었다. 하지만 통상 이
익보다 서양의 중국 침탈과 천주교 확산에 따른 체제 붕괴를 우려한
입장 때문에 대외개방을 전제로 한 통상을 적극 주장하기란 쉬운 일이
아니었다. 이에 대해 최한기는 두려워해야 할 일은 천주교가 만연되는
일이 아니라 실용을 살리지 못하는 것이라고 생각했다.46) 그의 개국통
상론에서 주목되는 점은 이것을 변통의 차원에서 제기했다는 사실이
다. 개국통상은 병을 고치고 나쁜 습성을 제거하기 위한 수단으로, 개
방을 통해 많이 듣고 보아서 남의 장점을 취하여 자기 것으로 소화하
는 일이 시급하다고 했다.47) 반면 일국 범위의 견해로서는 다른 나라
와 우호적 대외정책을 실시할 수 없으며 적합하지 않는 풍속을 개혁할
수 없다고 보았다.48) 개국통상을 변통의 차원에서 논의했던 것은 그것
이 일의 성패를 좌우하기 때문이었다. 최한기는 그 기준으로 실용성과

시킨 사실에 주목하였다(『與猶堂全書』 I-11, '日本論 二', 241~242쪽). 일본
은 해외통상을 통해 백성은 부유하고 군사는 강성하여 이웃나라가 침범하지
못하는 강국이 되었던 것이다(『與猶堂全書』 I-11, '技藝論 三', 227쪽).
44) 『楚亭集』, 「北學議」 外篇, '通江南浙江商舶議', 432~433쪽.
45) 위의 책, '通江南浙江商舶議', "……只通中國船 不通海外諸國 亦一時權宜之
策 非定論 至國力稍强 民業已定 當次第通之".
46) 『明南樓全集』 1, 「推測錄」 卷6, '推物測事:東西取捨', 188쪽.
47) 『明南樓全集』 1, 「神氣通」 卷3, '變通:除去不通', 70쪽.
48) 『明南樓全集』 1, 「推測錄」 卷1, '推測提綱:大小遠近', 82쪽.

개방성을 들었다. 개방적이지 못하고 스스로 좁히는 태도는 나라를 잃는 주요 원인으로 간주하였다.49) 국가의 성패를 위해서라도 좋은 법제와 우수한 기용, 양호한 토산물품을 수용하여 활용해야만 했다.50) 최한기에게 개방은 현실의 난맥상을 타개할 변통책이자, 국가의 성패를 좌우할 열쇠였던 것이다. 그는 개국통상에 따른 변통 결과에 대해서 낙관적인 전망을 내놓고 있었다. 쇄국정책을 포기하고 개국을 통해 외국의 장점을 취하면 각 국이 서로 예의로 대하며 서로의 이익이 될 것이라고 기대하였다.51)

　개국통상론은 구상에만 머물지 않았다. 적극적인 의견개진을 통해 정책에 반영될 여지를 점차 넓혀 나아가고 있었다. 박규수는 高宗에게 서양이 부강할 수 있는 이유를 交易商販에 있음을 진언하였는데 주요 내용은 다음과 같다. 우선 서양 각 국에서 상선을 이용한 무역거래를 통해 이윤을 창출하고 있는 사실을 주지시켰다. 그리고 국가는 해당 상선의 貨物을 계산하여 세금을 받아 이를 국가재정에 귀속시킴으로써 富强之道로 삼은 사실을 보고하였다. 이러한 견지에서 해외 통상을 제약하는 쇄국정책이 조선의 최대 약점이라고 지적했다. 박규수는 자신의 주장을 더욱 강조하기 위해 조선과 일본을 비교하였다. 일본에서도 조선과 같이 斥邪論에 입각하여 개국을 반대하려는 움직임이 있었지만 천황이 주도하여 서양과 통상한 지 1백여 년이 다 되었고, 이제는 洋夷를 따라서 중국과 통교하기에 이르렀다고 했다.52) 개국통상의 주체로 국왕을 삼고, 진언을 통해 그 실현가능성을 한층 제고시키려 했던 의도가 엿보인다.

---

49) 『明南樓全集』 1, 「推測錄」 卷5, '推己測人 : 家國成敗', 148쪽.
50) 앞의 책, '推物測事 : 東西取捨', 188쪽.
51) 앞의 책, '推物測事 : 海舶周通', 188~189쪽. 변통의 내용에서 주목되는 것은 '옛 것을 버릴지언정 지금을 버릴 수 없다'는 원칙이었다(『明南樓全集』 2, 「人政」 卷11, '敎人門4 : 古今通不通', 200쪽).
52) 『日省錄』 高宗 11年 6月 25日.

개국통상론은 상공업의 발전과 동북아 국제질서의 변동, 서세동점의 현실 속에서 제기되었다. 이미 조선후기 이래 상품화폐경제 발달양상은 일국 차원을 넘어 대외통상의 필요성을 점차 증대시켜 나아가고 있었다. 더욱이 북학파와 같이 민부증대에 지대한 관심을 갖는 관인유자들이 등장하면서 상공업에 대한 관심은 한층 고양되었고, 이들을 통해 개국통상론이 정책에 반영될 객관적인 계기를 마련해 가고 있었다.

3. 상공업 진흥책과 정경유착의 심화

1) 私商의 성장과 通共發賣 정책

18세기 중엽 이후 사상층을 중심으로 한 상품유통체계의 성립은 기존 상업질서를 동요시키는 주요원인이었다. 17세기 중・후반 이후 본격적으로 등장한 사상층은 난전을 통해 구래의 상품유통체계를 해체하면서 새로운 지역적 유통권을 형성하였다.[53] 그 과정에서 상품유통의 주도권과 상업이윤을 둘러싼 상인집단 사이의 갈등이 증폭되었다. 이러한 사례를 찾아볼 수 있는 자료로 어물전을 중심으로 한 『各廛記事』가 있다.[54] 상인간의 대립과 갈등이 본격적으로 나타나기 시작했던

---

53) 1752년 內廛의 소장에 의하면 시전권은 수백 년 동안 엄수되어 왔는데 庚戌・辛亥年의 대기근을 만나서 조정에서는 백성들의 생활방도를 강구하기 위하여 잠시 금난전법의 시행을 완화하였던 바, 서소문 밖의 교차로에서 몇 명의 부인네들이 소금절이 어물을 매매하게 되고 그것이 시전을 함부로 設廛하는 계기가 되었다(『韓國商業史資料叢書』1,「各廛記事」天, '兩廛分役陞降事 辛未 二月日', 驪江出版社 影印本, 1985, 53쪽, "昔自國初分井設廛於鍾樓大路上 繼設亂廛之禁 則盖其法制 使不得隨處設市也 明矣 是以市街之民 各守其業 各廛其利 不相犯禁者 已成屢百年之規矣 頃於庚戌辛亥 大侵之日 朝家特軫生靈之一時計活 姑緩禁亂禁則 乃於西小門外岐路之上數三女人 賣買佐飯之物 而日久月深 其習漸滋 贅設魚廛 資意亂賣 違條犯法").

54) 林仁榮,『李朝 魚物廛研究』, 숙명여자대학교 출판부, 1977 참조.

영·정조대를 중심으로 주요 기사를 정리하면 다음과 같다.

① 銅雀里漁漢等魚舡直泊渠家門前事[55]
② 司饔院漁夫憑藉亂賣禁斷之意上言 判下事[56]
③ 氷泊魚船中徒奧買來散賣之鹽魚等屬每馱一冬音式收捧事[57]
④ 魚鹽舡和買後每兩頭減一錢矣因舡人稱冤革罷事[58]
⑤ 因保民司自備局依節目都買與亂廛之漢申飭禁斷事[59]
⑥ 木廛人出往樓院稱以亂廛無限作挐甚至有結縛驅來是如自備局捧
   甘京兆累次嚴查而無其實故報備局事[60]
⑦ 樓院金得春處置文案顚末有畿營抱川膽給[61]
⑧ 景慕宮坊契新募入民戶必須別般顧恤可得永奠廟堂雜議以聞事[62]
⑨ 京兆堂上詢問江弊時栗島居韓光泰以果川例施行事以猥屑處治[63]
⑩ 杏洲船人柳時老味事[64]
⑪ 因八江民誣訴備局稱以疊稅事[65]

이상의 기사들에서 나타난 사상층 활동상의 특징을 살펴보면 우선
18세기 활동했던 사상은 규모와 자금력, 상술에서 시전상인을 압도하
였다. 당시 사상층은 都執과 都賈 등의 방법을 활용하여 시전상인의

---

55) 『韓國商業史資料叢書』 1, 「各廛記事」 地, 雍正 5년(영조 3, 1727), 210~214
   쪽.
56) 위의 책, 乾隆 4년(영조 15, 1739), 169~172쪽.
57) 위의 책, 乾隆 10년(영조 21, 1745) 乙丑 2월일, 172~174쪽.
58) 『韓國商業史資料叢書』 1, 「各廛記事」 人, 乾隆 19년(영조 30, 1754) 308~
   309쪽.
59) 『韓國商業史資料叢書』 1, 「各廛記事」 地, 乾隆 30년(영조 41, 1765) 甲申 10
   월일, 174~179쪽.
60) 위의 책, 乾隆 31년(영조 42, 1766) 乙酉 12월일, 179~182쪽.
61) 위의 책, 乾隆 40년(영조 51, 1775) 乙未 4월일, 182~185쪽.
62) 위의 책, 乾隆 47년(정조 6, 1782) 壬寅, 185~191쪽.
63) 위의 책, 乾隆 54년(정조 13, 1789) 己酉, 191~199쪽.
64) 위의 책, 乾隆 56년(정조 15, 1791) 壬寅, 199~201쪽.
65) 위의 책, 乾隆 56년(정조 15, 1791) 壬寅, 201~210쪽.

상권을 침탈하였다. 일례로 7牌에서는 별도의 창고를 개설하고 中都兒를 활용하여 건어물을 매점하거나 몰래 거래하였다.66) 그 과정에서 남의 편지도 훔쳐보는 불법 행위도 서슴지 않고 저질렀다.67) 대표적인 사례로 1781년(정조 5) 발생한 ‘梨峴七牌中都兒處永勿出賣事相訟事’를 들 수 있다. 樓院에 거주하는 崔敬允·嚴次起·李星老 등은 서로 짜고 동해와 서해에서 나는 어물을 중간에서 모두 도고한 뒤 都庫에 비축하였다. 그리고 이를 다시 이현과 7패의 중도아에게 어물을 보내 판매하였다. 이로 인해 본전의 상인들이 물종을 모두 잃고 시장을 파하는 지경에 이르게 되었을 뿐만 아니라 어물 가격의 폭등을 초래하였다.68) 자본규모나 상거래 방식에 있어서 사상들은 시전을 압도하며 이윤을 획득해 나가고 있었던 것이다.

한편 당시 사상들은 난전의 혐의를 벗기 위해 內塵의 물건을 사들

66) 앞의 책,「各塵記事」天, ‘七牌梨峴中都兒執房禁亂廛事呈狀本署外塵對卞發明事 戊戌十二月日(정조 2, 1778)’ 67쪽, “七牌設場 雖未知始於何時 而中都輩 北來乾魚 中間邀執 積成都庫 而流伊潛賣……執房作家列肆亂賣”.

67) 앞의 책,「各塵記事」地, ‘木廛人出往樓院稱以亂廛無限作挐甚至有結縛驅來是如自備局捧甘累次嚴査而無其實故報備局事, 乾隆 31년(영조 42, 1766) 乙酉 12월일’, 180쪽, “樓院人禹泰敬 本以亂廛中徒兒魁首 矣廛載來魚物 要路抑奪 北人所送書簡 亦爲刪割”.

68) 앞의 책,「各塵記事」天, ‘梨峴七牌中都兒處永勿出賣事相訟事 乾隆 46년(정조 5, 1781) 四月日’, 32쪽, “其矣徒等 乃與樓院都庫崔景允李聖老 次起等符同締結 東西漁物之向京城入來者 每每邀執都貿 積置都庫 徐徐入送于七牌梨峴 中都兒等處 使之亂賣 故國役本廛之民 專失物種 於此輩之手 無路資生 將未免罷市之境”; 위의 책,「各塵記事」地, ‘因大臣所奏漢城府發關切營捧甘東西部七牌梨峴兩處亂廛人逐散事 乾隆 46년(정조 5, 1781) 正月日’, 184쪽, “東北各樣魚物之向京城入來者 樓院所居 中徒兒崔景允嚴次起李聖老 等 三漢每每 都執都貿積峙 而徐徐入送于南門外 七牌及梨峴近處 亂廛人等處 必也隨時 增價散賣之故 市肆間魚物之價貴實由於此輩之作獒弇不喩 因此以矣等本廛 專失所業 將至於渙散罷市之境……大抵樓院距京城不遠之地 而便成中徒兒隱伏之淵藪 東北魚物都執牟利 京城市肆間饌品之朝夕騰踊”.

여 그것을 자신의 물건과 함께 파는 방식을 활용하였다. 그렇게 해서
거둔 이득이 시전의 10배나 되었다고 한다.[69] 뿐만 아니라 어물을 도
매하여 시전상인들에게 손해를 끼쳤다는 혐의를 받게 되자 '적은 양일
경우 자유롭게 직접 거래할 수 있다'는 상례를 들어 난전의 혐의를 부
인하기도 했다.[70] 난전이 확산되면서 사상들은 상품유통의 주도권을
장악하기 위해 상호 연계를 도모하였다. 7패의 상인들은 동쪽으로 누
원점과, 남쪽으로 동작진두와 연계하여 난전을 설치하였다. 이곳에서
어물상으로부터 많은 물고기를 독점하였고, 행상들은 어물을 받아 柙
籠과 木瓢에 싣고 성으로 들어가 판매했다.[71] 상권의 확대 양상이 4대
문 인근의 저자에서 도성민을 직접 상대하는 양상으로 진전되었다. 또
한 사상의 거점 역시 누원·송파·포천·場巨里 등으로 확대되었으
며, 어상이 왕래하는 요충지에 店幕을 세우고 어물을 도집하였다. 송
파의 경우 어물 거래가 활발하여 '通貨之門을 이루었다'고 표현할 정
도였으며, 이들에 의해 '魚利가 독점되었다'고 묘사되었다.[72]
　　정부는 시전상인의 청원에 따라 사상의 활동을 견제하기 위해 각종

---

69) 위의 책, 「各廛記事」天, '梨峴七牌中都兒處永勿出賣事相訟事 乾隆 46년(정
　　조 5, 1781) 四月日', 31~32쪽, "七牌梨峴兩處 以國中要衝之地 局外無賴之
　　輩 作一龍斷 網利操縱 本廛之失利 饌品之踊貴 專由於此 且都兒背 亂廛物
　　種中 都不無本廛所賣者 原來此輩 貿置許多物種而後 不得已塞責 買取於本
　　廛如于之物 混合交合 以爲掩跡 藉口之資 孰知其間變幻之 若是乎".
70) 姜萬吉, 앞의 책, 1972, 74쪽.
71) 앞의 책, 「各廛記事」天, '七牌亂廛事相訟事 乾隆 11년(영조 22, 1746) 十日
　　月日', 22~23쪽, "挽近以來 無賴之徒 成群作黨 贅設亂廛於南門外七牌伏處
　　朝聚暮散 人馬林立 無數亂賣 少無忌憚 發遣其同黨於東郊樓院酒幕 南郊銅
　　雀津頭 自南北 向京魚商 誘人卸下 無論千百駄 皆爲輸入於七牌 招邀城中
　　中都兒 逐日亂廛 男負柙籠 女載木瓢 連絡散入 排置賣買於各處街上".
72) 앞의 책, 「各廛記事」地, '景慕宮坊契新募入民戶必須別般顧恤可得永奠廟堂
　　雜議以聞事 乾隆 47년(정조 6, 1782) 壬寅 十一月日', 186쪽, "本廛入來魚物
　　所謂店漢 一幷都執 名曰乾房 內以締結中都兒 外以符同 松坡場市人 物種
　　絡繹分送 以作通貨之門 一世魚利 都歸操縱".

대책을 마련하였다. 『新補受敎輯錄』(영조 19, 1743)에서는 사상의 활
동을 금지·억제하기 위해 난전에 관한 업무를 상급관청인 漢城府로
이관하는 임시조치를 내렸으며, 난전상인에 대한 시전민의 捉告를 허
용하였다.[73] 그럼에도 불구하고 1746년(영조 22) 내어물전 상인들이
관리들을 시켜 기한을 정하여 난전의 주인을 체포하고 7패를 수색해
줄 것을 한성부에 요청하는 일이 벌어졌다. 이는 법적 제재에도 불구
하고 난전의 위세가 꺾이지 않았다는 사실을 반증해 주고 있다.[74] 같
은 해 편찬된 『續大典』에서 다시 한번 난전행위를 금지하였다.[75] 구체
적인 방안으로 시전인들이 난전행위자를 붙잡아서 보고하고, 推問하여
죄를 다스리는 일을 허용하였다. 또한 압수된 물건은 그 값을 정하되
贖罪金에 미치지 못하면 杖 80대를 치도록 규정하였다.[76] 이는 시전체
제 중심 상업정책 기조를 반영한 것이다.

　하지만 시전상인 보호정책은 물가 급등이라는 폐단을 초래하였다.
1747년 趙顯命(1690~1752)은 시전을 나라의 근본인 都民의 생업으로
간주하였다. 그리고 난전의 등장으로 생업을 잃거나 유지하기 힘들게
된 상황을 타개하기 위한 방책 마련을 주문하였다. 하지만 동시에 시
전상인들이 난전을 빌미로 물가를 조종하는 폐단도 억제해야 한다고
보았다. 이를 위해 물주로 하여금 法司에 陳訴하는 것을 허용하고, 從

73) 『新補受敎輯錄』, 「刑典」 '禁制', "亂廛事 移送京兆 康熙丙戌 承傳"; 위의
　책, 「刑典」 '禁制', "亂廛人 使市人捉告推治 康熙癸巳 承傳".
74) 앞의 책, 「各廛記事」 天, '七牌亂廛事相送事 乾隆十一年(영조 22, 1746)', 24
　쪽, "該部吏及任掌處 使之刻期捉納 窩主之意 嚴明棒招 設廛基址 自有定
　處".
75) 『續大典』, 「刑典」 '禁制', "市價刁蹬者 斗升不準式者 用木碾惡米者 稱以外
　上勒買廛人者 不係廛案而亂廛者 竝嚴斷".
76) 위의 책, '禁制', "凡亂廛 使市人捉告推治 亂廛之物 折價不及贖錢 則除贖杖
　八十". 이때 시전 침탈의 주체로 왕실이나 사대부들도 있었다. 정부는 이들의
　침탈을 저지하기 위해 노력하였다(위의 책, 「刑典」 '雜令', "宗臣士夫 以外上
　侵擾各廛人者 平市署草記科罪").

重科治하여 공평한 가격에 평화롭게 팔 수 있는 여건 조성을 제안하였다.77) 문제는 여기에 그치지 않았다. 시전상인들이 상권유지를 위해 난전에서의 물건 판매를 금지하면서 그 피해가 지방거주 행상들이 파는 물건으로 생활하는 서울의 영세민들에게 돌아갔다. 심지어 금난전권의 피해로 교역이 끊기게 되었다는 불만이 제기되었다.78) 자유경쟁 원리에 입각한 시장운영 체제가 확립되어 가는 과정에서 금난전권을 통해 유지·보존된 시전상인의 이익은 소상품생산자와 상인, 그리고 소비자에게 그만큼의 손해로 전가되었다. 이에 정부는 변화된 상업환경에 적절히 대응하면서 국가주도의 상업정책 기조를 유지하기 위해 시전의 일방적인 난전 억압 행위를 통제하였다.

　1760년 영조는 각 시전에 계를 설치하여 물건을 독점하여 폭리를 남

---

77) 『英祖實錄』卷66, 23년 11월 己酉, 43책 270쪽, “左議政趙顯命 上箚略曰……國之根本在都民 而都民生業不過貢物與市廛 而貢物之役已久 而物價貴賤今古懸殊 故貢人失利呼寃 其中外繕工歸厚署貢物最寃 將有渙散之形 紋緞禁而立廛失業 亂廛盛而各廛亦皆難支 如此之類 合有變通之道 繕工歸厚兩貢物 令惠廳依蔘貢例 參酌加下爲宜 亂廛則各軍門軍卒勢家豪奴 挾勢橫拏無所不至 扈衛三廳最甚 此輩無尺布升米之出 而自願投入者 欲藉重廳號之尊嚴 爲恣意亂廛之計 此若不禁 則廛民無以支堪 若一切嚴禁 則此輩亦無以資生 臣意扈衛軍卒之創設未久 而無甚緊要 不可不革罷 亂廛者各別嚴禁 如有犯者 幷令主將而論以不檢之罪爲宜 然市民之憑藉亂廛之禁 操切物價之弊 亦不可不禁 許令物主陳訴法司 從重科治 以爲平價和賣之地 立廛則令平市採訪物情 從長變通 不然 減等出役 亦不可已也”.

78) 『承政院日記』784책, 영조 10년(1734) 8월 10일, “副護軍李遇晉疏曰……四曰 革新設市 以撲民俗 輓近古風漸漓 奸民窺覦 謀與機利之孔日開 民俗日惡刁詐冒利之徒 口舌便駛 指畫明練 聽之若有補於公家 無害於民間 而行之數年 人心日敗 近日新創 如內外鹽廛醢廛 其他木屐柴木至細之物 皆有廛號不可枚舉 都據一項 坐而顓利 窮巷貧民 以數錢之本 販易輪賣 偸活朝夕 輒稱亂廛 捉納官門 鞭扑狼藉 賄費夥然 醢鹽爲物 切於日用 流布民間 通行無禁 而浮浪奸民 設計作廛 抑執四方商船 私自收稅 現時積貯 賤買貴出 百人享利 舉城被害 凡物販易 衆賣則賤 聚賣[買]則貴 物價騰踊 職此之由 數年以來新設細微廛名 一切革罷 使小民 通共交易 則民心可以少蘇矣”;『備邊司謄錄』108책, 영조 17년(1741) 6월 10일.

기는 상황을 문제로 지적하였다. 이들은 자신의 이득을 지키기 위해서 소민들의 물건을 난전이라는 구실을 붙여 강탈하였으며, 이로 인해 물가가 급등하고 백성들의 생활이 곤궁한 지경에 이르게 되었다. 그 폐단을 제거하고자 平市署에 명하여 시전의 계를 없앨 것을 하교하였다.[79] 생계유지를 위한 상거래를 보호하며, 시전상인의 특권을 앞세운 지나친 모리행위와 그 폐단을 국가가 나서서 통제하였으며, 이로써 국부의 축적과 민의 생활안정을 도모하고자 했다. 이러한 기조는 법전에 반영되었다. "행상은 路人稅, 월세 등에 대한 무거운 세금을 부담해야 한다"는 『경국대전』의 규정은[80] 『속대전』에 이르러 행상에 대한 收稅는 板商과 蔘商에 관한 규정만 수록되었고, 『大典通編』에는 『경국대전』에 규정되어 있던 商稅에 대한 제 규정이 모든 폐지되었다.[81] 사상보호 의지는 辛亥通共을 통한 육의전을 제외한 시전의 금난전권 폐지로 구체화되었다.

　1791년(정조 15) 단행된 신해통공은 영조년간의 통공정책을 계승하면서[82] 18세기 중엽 이후 나타난 사상층의 성장을 고려하여 이를 제도

---

79) 『英祖實錄』卷96, 36년 6월 乙亥, 44책 38쪽, "敎曰……外方旣如此 至若京城 小民 自夫各廛契廣設之後 百物有主 擧皆壟斷権利 稱以新設 而操切之亂廛 而勒奪之 市廛物價之倍蹻 閭閻日用之苟簡 亦由於此矣 泛視雖無燃眉之急 深究實爲屬民之本 請明飭中外 愛惜財用 禁抑靡費 令銓曹選擇守宰 又飭市 署 汰其瑣細廛契".

80) 『經國大典』「戶典」'雜稅', "行商給路引收稅 陸商則每朔楮貨八張 水商則大 船一百張 中船五十張 小船三十張".

81) 白承哲, 앞의 책, 68쪽.

82) 통공정책은 1741년(영조 17) 6월 漢城左尹 李普赫의 건의에 따라 그 해 9월에 실시한 '辛酉通共'에서부터 시작되어 1771년(영조 47) '辛卯通共'까지 6~7차에 걸쳐 실시되었다(『英祖實錄』卷54, 17년 9월 辛巳, 43책 33쪽, "申明亂 廛之禁 先是特進官 李普赫 備陳亂廛之弊 請令備局 取考市案 十年內新設 小廛 一切革罷 上令備局稟處 至是備局啓曰 新設廛名 令京兆區別大小 大 者嚴禁 小者勿禁 而廛人毋得捉告事 成簡目施行 雖是應禁之物 京城禁標外 毋得出禁 而廛人雖或捉告 廛人治罪 勿爲聽理事 請定式 上可之").

적으로 정착시키기 위해 마련된 정책이었다. 사상의 성장을 현실로 인정하되, 상업을 통해 얻어지는 이윤을 국가재정에 흡수하고자 하는 정책이 필요한 시점에서 신해통공은 경강사상들에 의해 형성된 새로운 유통체계를 공식적으로 추인함으로써 이후 서울 상업계에 대한 정부의 상업정책이 시전체제에만 의존하지 않고 시전과 사상을 동시에 고려한 정책이 시행될 것을 예고하였다.[83]

또한 통공발매 정책은 수공업 발전추세에 따른 불가피한 선택이기도 했다. 당시 수공업 분야에서도 관영체제가 붕괴되고 자영수공업자가 등장하였다. 즉 '匠則造 廛則賣'의 원칙은 사라지고 '賃用私工'의 체제로 전환되었다. 선초 정부는 관영수공업체계를 유지함으로써 국가에 소용되는 제품들을 마련하였다.[84] 그러나 관영체계는 양란 이후 상품유통경제가 활성화되면서 서서히 붕괴되었다. 이미 일부 京工匠에서 소속 공장들이 없어져 價布로서 私匠을 고용한 사례가 나타나기 시작하였다.[85] 이러한 경향은 결원 충당 방식에서도 반영되었다. 『속대전』에 따르면 결원이 생기면 반드시 공인으로만 충당하기보다는 해당 직종에 적합한 인물로 보충할 수 있게 하였다.[86] 또한 여러 軍門의

---

83) 白承哲, 앞의 책, 49~63쪽.

84) 『經國大典』「工典」, '工匠', "京外工匠籍 藏於本曹 本司 本道 本邑 私賤勿屬 年滿除役"；『經國大典』「兵典」, '番次都目', "尙衣院 軍器寺 弓人 矢人 尙衣限 軍器寺 和合薦狀 番次三番 六朔相遞 兩都目 正月 七月". 私匠들은 교대로 일정기간에 걸쳐 公役 혹은 국역을 담당하였다. 경공장과 외공장에 징용되어 온 장인들은 노동의 대가를 받지 못하고 자기의 영업활동과는 분리된다.

85) 『承政院日記』125책, 효종 9년 9월 25일, "入診時 都承旨洪重普所啓 二字缺 殘弊 比他司最甚 而本署素無所屬匠人 只得兵曹所給若干價布 雇立數三私匠 而每爲上司所侵 多有停役之時 以致國用不足 誠爲可悶 本署舊案相考 則案付官匠 至四十名之多 而爲給保率 輪回燔造矣 卽今雖難依數充定 無身役可合匠人 自本署 隨所得續續啓下 定屬本署 且使之自得閑丁 保率定給 以爲永久應役之地 何如".

86) 『續大典』「工典」, '工匠', "各司匠人成案 藏于本曹本司 最緊匠人有闕 勿拘

병사들이 생산한 수공업제품을 장시에서 파는 행위를 난전으로 간주하지 말 것을 규정하였다.[87] 변화의 양상은 『大典通編』에 이르러 더욱 확대되었다. 공식적으로 관에서도 사역을 위해 私工의 임용을 허용했던 것이다.[88] 뿐만 아니라 경공장의 인원이 대폭 감소되었다. 즉 司瞻寺 이하 5署에 예속되었던 30개의 匠手가 혁파되었고 內資寺 등 10개 관청의 장원수 22명이 모두 廢無되었다.[89] 나머지 각 사도 공장의 종류와 수가 변동되었고, 수공업자들을 등록하는 법을 시행하지 않았다. 외공장의 사정도 마찬가지였다. 전라도의 경우 『경국대전』 당시에는 외공장이 778명으로 되어 있으나 1799년(정조 23)에 이르게 되면 元匠 時存者가 8명에 불과하였다.[90]

　이러한 정책기조 속에서 자영수공업자들은 적극적인 생산활동을 통해 물건을 시장에서 판매하였다. 이는 적지 않은 갈등을 빚었다. 1781년(정조 5) 毛匠人 등이 立廛에서 다루는 상품을 지방에서 몰래 매입하여 凉揮項을 제조하여 시장에서 판매하였다.[91] 시전상인들은 이를 난전으로 규정하고 처벌해 줄 것을 청원하였다. 또한 1784년(정조 8) 시골에 사는 盤匠 金鼎澤이 小盤을 구입하여 칠을 한 다음 거리에서 팔았는데, 函廛人들이 이를 난전으로 규정하고 탄압하였다.[92] 서울은

　　軍士保率官屬公賤 以可當人充定 未成才人 定限傳習 而不勤者 竝與訓誨匠人 以違令律論 該司官員 無得以他務帶喚".

87) 『續大典』「刑典」, '禁制', "諸軍門軍兵手業物件 勿以亂廛施行".

88) 『大典通編』「工典」, '工匠'條, "官有使役 則貰用私工 故續典時 安不擧論 今就原典通計 一道內 各色工匠各色 額數而入錄 以爲省煩存舊之地".

89) 『大典通編』「工典」, '工匠'條, "以上諸司中 司瞻寺 典艦寺 昭格署 司醞署 歸厚署 今皆革罷 內資寺 內瞻寺 司導寺 禮賓寺 濟用監 典設司 掌苑署 司圃署 養賢庫 圖書署 今無工匠".

90) 『日省錄』 정조 23년 5월 30일조.

91) 『備邊司謄錄』163冊, 正祖 5年 辛丑 11月條, "亂廛申飭之 聖敎極爲嚴截 而毛匠輩 敢生橫占之計 潛買本廛物種於他處造出凉揮項 爛熳發賣 而訐訴於工曹及各其營門 使不得禁斷 故本廛凋殘難支之中 又以此失業 乞賜痛禁云".

물론 지방에서도 시전의 물종을 대상으로 난전을 도모할 정도로 자영수공업자의 활동이 왕성했던 것이다.

이에 대한 정부측 대응을 정조를 통해 살펴보면 다음과 같다. 모장인에 대한 처벌에 대해 정조는 군인장인이 중심이 된 난전을 일괄적으로 단속하면 가산을 탕진하여 파산할 것이라고 우려하였다. 그들 역시 시전상인과 함께 자신의 赤子임을 강조하면서 한쪽을 가볍게 여기고 다른 한쪽을 중히 여길 수 없다고 하였다.[93] 이러한 입장은 다음해 각 영문 철물전 상인들이 야장의 난매 행위를 엄단해 달라는 요청에 대해 資生을 위한 상행위를 금할 수 없다고 한 조치에서 다시 한번 확인할 수 있다.[94] 그리고 1786년(정조 10)에 이르러서는 官匠制 정비를 호소할 정도로 자영수공업을 허용하는 방향으로 점차 전환되었다.[95]

2) 豪商의 등장과 이윤의 독점

19세기 들어 금난전권의 폐지로 고무된 私商都賈의 활동은 더욱 활발히 전개되었다.[96] 통공조치로 말미암아 영세 소상인층의 난전상업이

---

92) 『日省錄』 正祖 8년(1784) 5월 10일 甲子.
93) 『備邊司謄錄』 163冊, 正祖 5년 辛丑 11月條, "所謂私賣之類 無非軍卒也 役軍卒輩之越法私賣 雖甚痛駭 此與設廛買賣盖有間 若令一切亂廛執捉 則驅逐縛執之際 蕩家破産而後已 大抵軍與民 均吾赤子 寧忍或扶而或抑 一輕而一重也 然而所謂立廛 以列廛之頭目 爲市業根本 上應公家常供之需 下備群黎日用之資 而今反利有所分 弊誠難支 致有上徹之擧 朝家旣聞之後 豈可恝視 不思矯捄之方乎".
94) 『備邊司謄錄』 164冊, 正祖 6年 壬寅 12月 8日.
95) 『備邊司謄錄』 正祖 10년(1786) 丙午 1월조, "自前勿論京外 竝皆修整都案 送于本曹矣 挽近以來 各色之新舊互異 額數之加減無定 藏籍本曹之法 寢廢不行 嶺南一道之外 竝無修案上途之事 或値國役之時 則定額之虛實 旣未詳知故 應役之多寡 亦難均排 有排當初 定式之本意云云".
96) 통공정책 실시 이후 일반 시전의 동태는 크게 두 가지로 나누어 생각할 수 있다. 첫째 통공조치의 폐지를 요구하는 것이며, 둘째 아직도 도고권을 가지고 있는 육의전 속에 포함되려고 노력하는 것이다. 대체로 통공정책의 근본

자유화됨과 동시에 여유 있는 자본력에 기초한 도고상업이 본격적으
로 발달하게 되었다.97) 이에 따른 문제 역시 적지 않게 드러났다. 그것
은 사상의 전매에 따른 생필품 가격의 급등이었다. 관련사례를 소개하
면 다음과 같다.

  1804년(순조 4) 송파 삼전도에 살고 있던 난전상인 孫道康이 陽州
와 廣州 등지의 부호들로부터 수만 냥의 자금을 조성하여 元山의 어
물을 매점하고 전매하였다.98) 1809년에는 경강상인들이 각 지방에서
운반해 온 미곡을 매점하여 미가를 조종하였다. 심지어 흉년에 따른
수요 증대를 미리 기대하고 한강변에 숨겨놓은 곡물을 다시 반출하기
도 하였다.99) 1813년 경강을 통해 운반된 어물을 강주인과 선주인이
시전에는 알리지 않고 강가에서 중도아와 결탁하여 판매하였다.100)
1816년 이현과 7패 사상들의 매점행위로 시전에서 팔 물건을 구하지
못해 폐업지경에 이르게 되었다.101) 富商大賈의 매점행위는 마침내 큰
폐단을 초래하였다. 1833년 서울에서 발생한 '쌀폭동'이 대표적인 사례
이다. 이는 미곡유통을 장악하고 있는 미전과 여객주인, 경강무곡 상인
이 연합하여 도고를 행하여 발생한 사건이었다.102)

  정약용은 豪商의 도고행위를 '與民爭利'로 규정하고 이를 적절히 규
제하지 못한 정부의 정책부재를 비판하였다. 그는 太公과 桓公이 어염
의 이익이 독점되지 않고 생산자인 소민에게 돌아가도록 철저히 감독
관리했던 사실을 언급하였다. 그 결과 백성은 이롭게 되고 국가가 부

    정신은 이후에도 일관되었으니 빈번하였던 일반 시전의 도고권 부활요청은
    정부에 의해 거부되었다(姜萬吉, 앞의 책, 1973, 194~195쪽).
 97) 卞光錫, 『朝鮮後期 市廛商人 硏究』, 혜안, 2000, 22쪽.
 98) 『韓國商業史資料叢書』 1, 「各廛記事」 人, 純祖 5년 8월, 294~301쪽.
 99) 『備邊司謄錄』 199책, 純祖 9年 6月 12日.
100) 『韓國商業史資料叢書』 1, 「各廛記事」 地, 嘉慶 18년(순조 13) 4월, 234~235
    쪽.
101) 위의 책, 嘉慶 21년(순조 16) 9월, 236~237쪽.
102) 『純祖實錄』 卷33, 33년 3월 壬午, 48책 391쪽.

강하게 된 반면 중간에 있던 豪商猾賈는 이익을 상실하게 되었다. 王者가 호상활고의 이익 독점을 금했던 것은 이들이 아래로는 백성의 재물을 박탈하고, 위로는 국가의 권리를 나누어가기 때문이었다.[103] 이들을 적절히 통제하지 않는다면 호상과 교활한 관리에 의한 이익 독점 현상은 더욱 심화될 것이 자명하였다.[104] 정약용이 구상했던 상업론은 사상도고 활동이 강화되는 현상에 대해 국가가 적극적으로 나서서 매점상인과 아전들의 불법적인 이윤획득을 제어해서 정상적인 상거래를 회복함으로써 민생안정을 도모하는 것이었다.

반면 세도정권기 집권자들의 생각은 달랐다. 우의정 南公轍(1760~1840)은 부상들의 면 도집에 따른 폐해를 막아야 한다는 金裕憲의 상소에 대해 물화의 거래는 마땅히 자연에 맡길 것을 주장하면서 오히려 법을 세워 금하면 백성들을 혼란스럽게 만드는 요인이 될 것이라고 우려를 표시하였다.[105] 1829년(순조 29) 좌의정 李時秀(1745~1821)는 "옛 사람은 市를 어지럽히지 않는 것을 安民의 要道로 삼았다"고 하였으며,[106] 1858년(철종 9) 영의정 金左根(1797~1869)도 같은 견해를 피력한 바 있다.[107] 불간섭의 원칙을 내세우는 세도정권의 상업관은 독점적 유형의 자유로운 상업활동을 보장해 주는 결과를 낳았다.[108] 이

---

103) 『經世遺表』卷10, 「地官修制」'賦貢制4', "……夫豪商猾賈者 王者之所必禁抑 爲其下剝民財 上割國權 也 後世之論 凡興利除害之政 亦謂之與民爭利 凡財賦所出 一委之豪商猾賈 使得操縱伸縮 唯於下戶殘氓 增其賦斂 皆迂儒淸議之所誤也".

104) 『經世遺表』卷11, 「地官修制」'賦貢制5'.

105) 『備邊司謄錄』206책, 純祖 17年 11月 11日.

106) 『備邊司謄錄』217책, 純祖 29年 8月 6日, "……一則廛民相訟事也 盖古人以不擾市 爲安民之要道 市民輩賣買物種 俱載市案 不可變革矣".

107) 『備邊司謄錄』245책, 哲宗 9年(1858) 8月 18日, "又所啓 物價貴賤低昂 有非威脅可齊 而近來兩捕廳之視貿穀江民 有若執盜者然 夫乘時射利 操縱伸縮 於刁騰翔踊之際者 雖甚可痛 而商賈伎倆在 此非捕廳所干涉之事也 況投卒輩憑藉討索日甚一日 則夫積貨産惜身命者 何貨之不可居 而惟穀是貿 爲捕廳所操切困督之資乎".

는 세도가문을 위시한 양반지배층 전체가 상업을 통한 모리행위에 전념하게 만드는 계기를 제공하였다.

19세기 들어서면서 도고행위는 채소 등 아주 사소한 물종에 이르기까지 확대되었다. 도고행위의 주체도 宮房 · 士大夫家에서 鄕班 · 土豪로 확산되었다.[109] 특히 京中富商大賈는 권세가와 인척관계를 가진 孼屬이나 노비, 그리고 역관이나 행상 출신이 대부분이었다.[110] 정약용은 당시 경주인이 관청의 아전이나 권세 있는 가문의 청지기 등으로 바뀌어 가는 현상을 지적하기도 했다.[111] 水原과 風島 大小淸의 경우 1851년 이후 거의 전 시기에 걸쳐 양반관료계층이 주인권을 장악하였다.[112]

한편 부상대고는 봉건권력과의 사적인 관계를 바탕으로 納穀이나 防納 등 국가재정 운영과 관련된 교역기구에도 간여하였다. 도고상인들은 정부의 조세수입을 대출하여 이를 고리대나 토지에 투자하여 상당한 자본을 축적했다. 부상은 권력층과의 인연으로 청탁하여 호조와 병조, 각 군문과 지방의 평안감영, 松營의 錢貨를 대출 받은 후 이를 거의 갚지 않았다. 거꾸로 부상이 관청에 전화를 빌려준 후 더 많은 이권을 노리는 경우가 빈번하였다. 그리고 唐錢을 몰래 들여와 환전함으로써 적지 않은 이익을 남기기도 했다. 그 과정에서 도고상인은 관권과 결탁하여 봉건권력의 비호를 받으며 특권을 유지해 나갔다.[113]

---

108) 고석규, 「19세기 초 · 중반의 사회경제적 성격」, 『역사비평』 35, 1996, 25~27쪽.
109) 姜萬吉, 앞의 책, 1973, 23쪽 ; 고동환, 앞의 책, 341쪽.
110) 李炳天, 「朝鮮後期 商品流通과 旅客主人」, 『經濟史學』 6, 1983, 133쪽.
111) 『經世遺表』 卷7, 「地官修制」 '田制'7.
112) 『千一錄』 卷10, 「漁樵問答」, "國朝以來 士夫中人之等級甚截 凡係營産資生之方 絶不相關 今之所謂邸人貢人塵基懸房等名色 具是中人以下之生理 而名以士族者 初不相關矣 近年以來 公卿大夫之家 甘爲借名潛買牟取其利".
113) 白承哲, 앞의 책, 48~59쪽. 세도정권은 18세기이래 발전하고 있었던 상품경제의 이권을 독점함으로써 그 자체의 존립기반을 가질 수 있었다. 소수 가문에 의해 정치권력이 독점되고 왕권이 약화되는 상황에서 부패행위가 만연되

정경유착에 따른 상업이윤의 독점 현상은 대원군대 들어서 일정정
도 해소되었다. 이는 『大典會通』(고종 2, 1865)에 반영된 제 법규를 통
해 확인할 수 있다. 무엇보다 난전을 활용한 권문세가의 전횡을 견제
하였다. 난전의 주체였던 여러 궁가 소속의 하예들을 法司에 고발하여
엄하게 다스리며, 그 물건은 관에서 몰수할 수 있도록 했다.114) 그리고
사대부집안의 노복이 난전을 일삼다가 적발된 후 禁吏를 구타하고 시
전상인을 拘留하며 속죄금을 도로 받아낸 경우에는 그 家長을 적발하
여 법률에 의거, 죄를 줄 수 있도록 규정하였다.115) 노복을 앞세운 양
반사대부 가문의 모리행위를 가장에 대한 처벌강화를 통해 차단해 보
려는 의지를 엿볼 수 있다.

한편 『대전회통』에서는 앞선 시기 통공발매 정책의 방향이 그대로
유지되었다. 일단 시전상인의 금난전권의 행사가 제한되었다. 특히 지
방에서 시전민이 난전이라 칭하면서 문제를 일으켰을 경우 관찰사가
이를 적발하여 엄중히 처벌하게 규정하였다. 또한 난전인을 구박하는
자에게는 杖刑을 집행하고 금난전권을 행사하지 못하도록 제한하였
다.116) 아울러 난전물건을 屬公하는 행위도 법으로 금지하였다.117)
『대전회통』을 통해서 본 대원군대 정책은 불간섭주의에 근거한 독점
적 유형의 자유로운 상업정책에서 벗어나 정경유착에 따른 이윤독점

었는데, 특히 이 시기에는 유통경제 발달을 이용한 축재가 증대하였다. 확대
된 국가권력의 사적 행사는 양적 팽창을 보이던 상품화폐경제에 편승해서 오
히려 수탈의 규모를 늘림으로써 사회모순을 심화시켰고, 끝내 농민항쟁을 일
으키는 원인이 되었다(고석규, 앞의 글, 1996, 23쪽).

114) 『大典會通』, 「刑典」, '禁制', "諸宮家所屬亂廛尤甚者 現告法司嚴治 物件沒
官".
115) 위의 책, '禁制', "士夫家奴僕亂廛 現捉而毆打禁吏 拘留廛人 徵還贖錢者 摘
發家長 依律定罪".
116) 위의 책, '禁制', "廛民之稱以亂廛 貽弊外方者 道臣隨現嚴刑 驅迫亂廛人者
決杖亂廛勿施".
117) 위의 책, '禁制', "亂廛物件 勿爲屬公 違者施以制書有違律".

의 문제점을 타개하고, 시장에 대한 국가의 장악력을 강화시킴으로써 건전한 상인세력 육성을 도모하고자 했던 것으로 보인다.

4. 맺음말

조선후기 이래 정부의 상공업정책 흐름은 상품유통경제에 대한 국가의 장악력을 유지하는 가운데 국부를 축적하고 민생을 안정시키는 것이었다. 그리고 사회구성원 내부의 이해관계를 조정·절충하여 산업제 분야에서 나타나고 있는 발전 역량을 체제 내로 흡수하고자 했다. 구체적 양상을 정리하면 다음과 같다.

18세기 중엽 이후 정부는 구래 상업질서를 유지하면서도 사상층 중심의 상품유통체계 확산에 따른 소상품생산자 보호와 사상의 성장에 관심을 기울였다. 하지만 난전이 활성화되고 시장에서 자유경쟁원리가 점차 자리잡아 가면서 봉건적 특권을 앞세운 시전의 역할은 점차 감소될 수밖에 없었다. 더욱이 시전 보호정책과 금난전권의 전용은 소민의 몰락과 물가의 등귀, 교역의 중단이라는 폐단을 초래하였다. 변화된 상업환경에 대처하기 위해 영조대 이래 통공정책이 시행되었으며 마침내 신해통공으로 귀결되었다. 봉건적 특권을 제한하는 조치는 자유로운 경쟁을 통한 사상의 성장 계기가 되었고, 관영수공업체제의 해체를 앞당겼다. 즉 '장인은 물건을 만들고 시전은 판다'는 원칙이 사라지고 사공을 임용할 수 있는 체제로 전환되면서 소상품생산자로서 자영수공업자는 전국에 걸쳐 시전과 마찰을 일으킬 정도로 성장하였다.

양란 이후 상공업 분야에서의 내재적 발전양상은 조선후기 양반지식인들의 학문관과 경세론 형성에 적지 않은 영향을 미쳤다. 특히 실용중심의 학문을 통해 사공 증진에 관심을 기울였던 북학론자들은 상공업 등 개별 산업분야에서 생산성을 증진시켜 부국강병을 이룰 수 있는 다양한 방안들을 제시하였다. 그 중에서도 최한기의 견해가 주목을 끈다. 그는 상업을 통괄할 주체로 국가를 상정하였고, 민용을 넉넉하게 하고 있는 것과 없는 것을 고르게 하는 정교라고 보았다. 또한 국상의 역할에 주목하였다. 국상은 공공성을 담보하면서 상평의 법도를 확립하고 토산물을 헤아려 운수의 편의를 도모하는 상인이었다. 수공업과 관련하여 최한기는 서양 제국에서 제작된 정교한 공업기계와 이를 통해 막대한 이윤 창출 방식에 주목하면서 기용학에 관심을 가질 것을 촉구하였다. 이 같은 학문관은 자연스럽게 개국통상론 형성에 영향을 주었다. 그는 개국을 변통의 조건이자 국운을 좌우할 요소로 보았다. 서세동점의 상황에서 고립은 패망을 의미하며, 새로운 국부 창출을 위해서 중국 및 서양 여러 나라들과의 통상 확대를 주장하였다.

이처럼 조선후기 이래 상공업 발전은 정부 정책과 양반지식인들의 다양한 경세론을 통해 제고되었다. 하지만 여전히 봉건권력을 매개로 한 소수 지배세력의 사적 영리확대와 이로 인한 분배구조의 왜곡이 상존하고 있었다. 따라서 어떻게 하면 봉건국가가 갖는 이중적인 측면을 조화롭게 국정운영에 반영하여 상공업이윤을 효율적으로 활용하느냐가 문제였다. 그것은 집권세력의 정치력과 실천의지에 달렸다.

19세기 세도정권이 들어서면서 봉건지배층은 부상도고와 결탁하여 이윤을 독점하였고, 삼정문란에 따른 분배구조의 왜곡은 광범위한 민의 저항을 불러 일으켰다. 1862년 농민항쟁을 수습하면서 등장한 대원군정권에 이르러 앞선 시기 국가운영의 난맥상을 초래하였던 각종 모순구조들이 일정정도 해소되었다. 상공업정책과 관련해서는 무엇보다 난전의 주체였던 제 궁가 소속 하예들 역시 법사에 고발하여 엄격히 처벌받도록 법을 강화하였다. 또한 노복을 앞세운 양반사대부 가문의 모리행위를 가장에 대한 처벌강화를 통해 차단하고자 했다. 『대전회통』에서 규정된 이 같은 조항들은 부상도고와 봉건지배세력간 정경유착을 근절하고, 다시금 상공업 분야에서 나타나고 있었던 성장의 동력을 체제 내로 수용하려는 노력으로 평가할 수 있을 것이다. 한편 앞선 시기 통공발매 정책기조는 그대로 유지되었다. 금난전권 행사를 제한 하는가 하면 지방에서의 난전활동을 보호하였다. 이처럼 대원군대 정 책은 불간섭주의에 근거한 독점적 유형의 자유로운 상업정책에서 벗 어나 정경유착에 따른 이윤독점의 문제점을 타개하고, 시장에 대한 국 가의 장악력을 강화시킴으로써 건전한 상인세력 육성을 도모하고자 했다.

제 3 부
『大典會通』의 성립과 체제 재정비

大院君 執政期『大典會通』의 편찬

정호훈[*]

1. 머리말

19세기 중반,『大典會通』의 편찬(1865, 고종 2)은 '경국대전 체제'가 새로이 변화하고 자기 정비하는 양상을 보여주는 일대 사건이었다. 세도정권의 정치적 磁場圈을 넘어서는 한편으로 三南農民抗爭으로 표출된 바 국가적 대위기를 극복하려는 고종과 대원군 세력의 정치적 노력이 일단은 이와 같이 나타난 것이었지만, 거기에는 조선에서 제기되고 현실화되며 발전하였던 여러 정치적 노력과 政治理念이 응축되어 있었다.

새로운 정치적 국면에서 등장한 고종과 대원군 세력은 당대 조선이 처한 위기를 극복하고 안정을 이루어야 하는 과제를 안고 있었다. 그 위기는 內外 양 방면에서 유례 없는 폭과 속도로 동시에 일어나고 있었으므로, 그에 대한 대책 역시 비상한 내용으로 이루어져야 했다. 그리하여 17, 18세기 어떤 정부도 이루지 못했던 변화가 대원군 집정기의 짧은 시간 안에 빠르게 일어났다. 대원군 세력은 備邊司를 革罷하여 議政府를 복구하고, 대다수 書院을 撤毁하였으며, 三政의 폐단들을 釐正해 나갔다. 軍備를 증강하고 軍隊를 양성하였으며, 서양 세력의 접근을 엄격히 방비하였다. 그것은 요컨대 富國强兵의 지향 속에 추진

---

* 연세대학교 국학연구원 연구교수, 국사학

된 정책이었다.『大典會通』은 그러한 대원군 정치의 산물이자 또 그것을 견인하는 주된 힘, 근원이었다.

『대전회통』의 편찬으로 드러나는 대원군 정치의 지향은『經世遺表』類의 전면적 체제 개혁론과도, 또 노론 주자학파의 현상 유지적 정치론과도 거리가 있었다. 이미 조선사회에는『磻溪隨錄』『經世遺表』로 집약되어 나타나는 대로, '경국대전체제'를 전면적으로 해체하고 새로운 국가를 구축하자는 정치론이 사상계 일각에서 형성되어 있었고,[1] 또 19세기 세도정권의 이론가들에게서 볼 수 있듯, 현상 유지책을 고수하는 집권층의 이해를 철저히 반영한 정치론이 널리 퍼져 큰 영향을 미치고 있는 상황이었다.[2] 대원군의 정치적 방향성은 이들 두 성격의 정치론이 갖는 지향과는 차이가 있었다.

그간 대원군 정치에 대한 연구는 다양하게 이루어져 왔다. 대체로 그 성격과 관련하여 체제를 수호하고자 하는 봉건성, 반근대적인 폐쇄성과 보수성, 내정 개혁에서의 진보성 등등이 주목되고 논의되었다.[3] 대원군 정치가 조선후기 이래의 정치사, 사상사와 어떠한 맥락에서 성

---

1) 여기에 대해서는, 洪以燮,『정약용의 政治經濟思想 硏究』, 한국연구원, 1559 ; 趙誠乙,『茶山 정약용의 政治社會 改革論』, 연세대학교 박사학위논문, 1991 참조.
2) 박광용,「정치운영론」, 한국역사연구회편,『조선정치사』상, 청년사, 1990에서 그 대략의 내용은 살필 수 있다.
3) 주요 연구 성과는 다음과 같다. 원유한,「대원군 집권기의 화폐정책에 대한 고찰」,『社會科學硏究』1, 1973 ; 성대경,「大院君 初期 집정기의 권력구조」,『大東文化硏究』15, 1982 ; 성대경,『대원군 정권 성격 연구』, 성균관대학교 박사학위논문, 1984 ; 김병우,「대원군 집권기 정치세력의 성격」,『계명사학』2, 1987 ; 김세은,「大院君 執權期 군사제도의 정비와 軍制의 강화」,『韓國史論』23, 1990 ; 정긍식,「大典會通의 編纂과 그 의의」,『法學』41-4, 서울대학교 법학과, 2001 ; 김병우,「대원군의 종친부 강화와 '大院位 分付'」,『震檀學報』96, 2003 ; 연갑수,『대원군집권기 부국강병정책연구』, 서울대출판부, 2001 ; 金炳佑,『大院君 政權의 權力基盤과 改革政策』, 경북대학교 박사학위논문, 2004.

립하고 있는지, 그 사상 내적이며 정치계통상의 특성은 어떠한가라는 문제의식으로 대원군 정치를 살핀다면, 기존의 연구를 보강, 확장할 수 있을 것으로 보인다.

본 연구에서는『대전회통』의 성립과 그 체제상의 특징을 살피는 가운데 대원군 정치의 성격이 어떠했는가를 검토하고자 한다.『경국대전』이래 여러 차례의 改變을 거쳐 마지막으로 총정리되는 이 법전의 성격을 제대로 살핀다면, 세도정치의 성격 혹은 그 정치적 운명에 대한 총체적인 이해가 가능할 것이며, 나아가 19세기 말 조선의 정치적 움직임에 대한 이해의 단서도 넓혀갈 수 있을 것이다. 이를 위해 첫째, 대원군 세력의 권력구조 개편과 그 방향성, 둘째,『대전회통』의 체재와 성격을 중점적으로 살피고자 한다. 특히『대전회통』의 성격을『六典條例』와 연관하여 살필 것이다.

2. 권력구조 개편과 富國强兵의 지향

1) 宗親府 권한의 확대와 활용

1864년 고종의 왕위 계승과 大院君의 執政은 철종의 죽음이 주된 계기가 된 정치적 사건이었다. 철종이 좀 더 오래 살고, 後嗣를 남겼더라면, 고종과 대원군이 정치전면에 나서는 일은 거의 없었을 것이다. 그러나 대원군 정치의 등장은 19세기 후반, 새로운 변화를 필요로 했던 조선사회를 어떤 방식을 동원하든, 반드시 안정시켜야 할 국면에서 이루어진 조선 왕실 지배층의 자기 선택의 결과였다.

대원군 집정 후의 정국 운영은 世道 家門에 의해 이루어진 정치운영 방식과는 성격을 크게 달리하였다. 대원군 세력은 神貞王后 세력과 안동 김문의 힘을 적절히 활용하면서도, 철저하게 독자적인 방식으로 정국의 주도권을 장악하였으며, 그러한 가운데 매우 빠른 속도로 정치적인 변화를 이루어나갔다.[4] 대원군 세력은 고종 1년에서 3년 사이에 중앙정치제도를 크게 재편, 새로운 정국 운영이 가능한 제도적인 기반을 마련하였다. 그 과정에서 안동 김문의 金左根 등 몇 세력의 저항이 이루어지긴 했으나, 대원군 세력은 특별한 장애 없이 신속하게 변화를 위한 기반을 마련하였다. 고종 초기, 중앙에서의 정치적 제 변화는 다음 몇 형태로 이루어졌다.

우선, 宗親府 강화를 통한 권력 기반의 마련을 들 수 있다. 대원군 세력은 집권하자마자, 宗親의 힘을 결집시키고, 그 역할을 확대하고자 하였다. 그리하여 宗府寺와 宗親府를 통합하여 宗親에 관한 업무를 종친부로 일원화하고 句管 提調는 減下하여 宗室堂上으로 하여금 관장하게 하는 등, 실제 직사를 갖는 아문으로 변화시켰다.[5] 『경국대전』 이래로 『大典通編』에 이르기까지 宗府寺와 종친부는 서로 다른 관서로 독자적으로 기능하고 있었다.[6] 종친부는 正一品 衙門으로서 "宗室諸君之府"[7]의 성격을 띠고 법전에 등재되어 있었고, 종부시는 正三品 衙門으로 璿源寶牒을 편찬하고 종실의 위법행위를 규찰함[8]을 그 직사로 하였는데 이제 이를 통합한 것이다. 대원군 세력은 또한 종친부에 대한 재정지원을 확대하였다.[9]

종친부를 실제 직사를 갖는 아문으로 만드는 것과 관련하여, 대원군 세력은 종친부의 관제도 새로이 조정하였다. 두드러진 것은, 종실에게 領宗正卿, 判宗正卿, 知宗正卿, 宗正卿 등의 직명을 부여한 일이었다.

---

4) 대원군의 정치적 기반에 대해서는 김병우, 「대원군 집권기 정치세력의 성격」, 『계명사학』 2, 1987 ; 김명숙, 『19세기 정치론 연구』, 한양대학교 출판부, 2004 참조.

5) 『宗親府謄錄』 5冊, 甲子 4月 11日.

6) 『經國大典』 吏典, 宗親府 ; 『經國大典』 吏典, 宗府寺.

7) 『大典通編』 卷1, 吏典, 京官職.

8) 『大典通編』 卷1, 吏典, 京官職, "掌撰錄璿源寶牒 糾察宗室愆違之任".

9) 『高宗實錄』 卷1, 즉위년 12月 23日(乙未), "命宗親府元給代外 每年錢四千兩 布木各十同 加磨鍊輸送事 分付宣惠廳".

大君과 종2품의 君들은 각기 신분과 품계에 따라 이 직명을 부여받게 되었다.10)

　종친부는 대원군 세력이 권력을 행사하는 과정에서 이를 밑받침하는 주요한 근거가 되었다. 두 가지 점에서 그러했다. 하나는, 종친부는 대원군이 권력을 행사할 수 있는 제도적 기반이었다. 대원군은 종친부를 통하여 권력 행사에 필요한 제도상의 근거를 마련하고 이를 바탕으로 권력 행사의 정당성을 확보하였다.11) 대원군은 국왕의 아버지였지만, 권력을 직접 행사할 수 있는 위치에 있지 아니하였다. 대비가 어린 아들을 위하여 수렴청정을 하는 것과는 대원군의 처지가 달랐다.12) 대원군이 합법적으로 활용할 수 있는 기구가 종친부였다. 대원군은 고종이 翼宗의 大統을 잇기로 결정한 직후에 封爵을 받고 宗親府 有司堂上에서 물러났지만,13) 종친부를 통하여 자신의 의사를 펼쳤다. 봉작을 받은 그 날 대원군이 大院位大監의 이름으로 甘結을 내려 宗簿寺의 文簿와 제반 행사를 대원군에게 보고한 후에 시행하라는 명령을 내려 자신의 의도를 최초로 내비치기도 했고,14) 다음 날엔 호조와 병조에 引陪使令 奇別胥吏 등에 대하여 신속하게 料布를 마련하라는 甘結을 내리기도 하였다.15) 대원군은 종친부에 자신의 집무실 我在堂을 마련하고16) 이곳에서 大院位 分付를 내리며 주요 사안들을 처리하였다.17)

---

10)『敎式啓草』, 甲子 6月 15日.

11) 대원군의 종친부 강화에 대해서는 남미혜,「大院君 執權期 宗親府 진흥책의 성격」,『同大史學』1, 1995 ; 김병우, 앞의 글, 2003 참조.

12) 고종은 翼宗 後嗣의 자격으로 왕위에 오름으로써 신정왕후와 母子 관계를 맺었다. 신정왕후가 수렴청정할 수 있는 조건은 여기서 자연스레 만들어졌다.

13)『宗親府謄錄』4冊, (癸亥)12월 10일, "大王大妃殿傳曰 大院君所帶宗親府有司堂上 造紙提調許副", "大王大妃殿傳曰 宗親府有司堂上 興寅君差下".

14)『宗親府謄錄』4冊, (癸亥)12월 10일, "宗簿寺右甘結爲擧行事 該寺文簿與諸般擧行 自今爲大院位大監教是前擧由後擧行爲乎矣 萬一違越 甘罪不辭".

15)『宗親府謄錄』4冊, (癸亥)12월 11일.

16) 대원군의 권력 소재가 사저인 雲峴宮에 있었다는 것이 일반적인 인식이다 (연갑수,『대원군 집권기 부국강병책 연구』, 서울대학교 출판부, 32쪽). 김병

이를테면 교정당상에 宗正卿을 임명할 경우, 實職이 있으면 겸직하게 하고 실직이 없으면 實職을 부여하게 하는 조치를 내리거나,[18] 보은군의 유생들이 生祠堂을 만들어 운영하는 일을 두고 금하게 하는 조치를 내리는 등,[19] 주요한 사안들이 모두 대원위 분부로 하달되었다.[20] 고종 1년 1월부터 그 모습을 드러낸 大院位 分付[21]는 중앙관서를 비롯, 지방 각 관아에 이르기까지, 왕의 명령과 같은 무게와 권위를 가지고 있었다. 대원위 분부를 어기거나 지연될 경우, 지체 없는 문책과 독려가 뒤따랐다. 종친부는 대원군 정치의 중심 기구였다.

종친부를 강화하는 것은 또한 전주 이씨 세력들의 정치적 역량을 결집할 수 있는 제도를 마련하는 일이기도 했다. 특별한 기반 없이 정권을 장악한 대원군에게 友軍으로 쉽게 활용할 수 있는 가장 가까운 세력은 전주 이씨들이었다. 이들 전주 이씨들에게서 조선은 자신들의 혈연이 만들고 유지한 王朝·國家였다. 조선왕조의 위기는 또한 이들 血族이 세운 국가의 위기이기도 했다. 말하자면 조선은 이들 種族과 혈연적 유대를 지닌 국가였다. 이들이 조선국가가 맞이한 정치적 어려움에 대해 갖는 우려감은 어느 세력보다 강할 수밖에 없었다. 대원군이 이들의 힘을 활용하고 또 이들 이씨 세력들이 대원군을 매개로 정치적 영향력을 발휘하고자 하는 것은 상호 필요로 하는 바였다. 대원군은 여러 형태의 과거를 통하여 이들을 대거 선발, 정치적 자산으로 삼으

우, 앞의 글, 2003에서는 宗親府의 我在堂을 대원군의 집무실로 파악하였다.

17) 『宗親府謄錄』5冊, (甲子 7月) 23日 甘結에는 대원군이 사용하는 印信 改備에 대한 이야기가 나온다. 대원위 분부에 대원군의 인신이 사용되었음을 짐작할 수 있다.

18) 『宗親府謄錄』5冊, (甲子 8月) 26日 甘結.

19) 『宗親府謄錄』5冊, (甲子 10月) 初2日 甘結.

20) 『宗親府謄錄』5冊, (乙丑 1月) 初2日, 華陽書院의 송시열 영정 수리사와 관련하여 종친부에서는 大院位分付로, 해당 院儒와 守僕 1명을 잡아 上送하라는 조치를 내리기도 하였다.

21) 『宗親府謄錄』5冊, (甲子 一月) 18日 甘結, "右甘結爲知悉擧行事 本府藥債奉承大院位敎是分付 自今爲始 復舊例封上爲去乎".

려 하였으며, 또 景福宮 重建 때에는 이들로부터 엄청난 양의 願納錢
을 거두어 들이기도 하였다.[22]

　대원군이 종친부의 기능을 강화하는 명분으로 내걸었던 것은 '敦宗
親族'[23]이었다. 왕실의 혈연에 대한 사회적 정치적 대우를 강화하는
것, 그것은 堯舜의 聖君이 남긴 아름다운 교훈이라 함이었다. 전통적
인 '親親'의 개념을 매개한 명분이었는데, 이러한 논리는 실상 18세기
에도 왕실에서 주목하여 크게 활용한 바 있었다. 英祖의 敦親의 논리
가 이를 전형적으로 보여준다. 영조는 재위 21년(1745)에 반포한『常
訓』에서 자신의 국정운영의 기조의 하나로 '敦親'을 제시하였다.[24]『常
訓』은 영조가 정치적으로 어느 정도 안정을 이룬 뒤에 나온 정치성이
강한 문건으로, 영조는 여기서 敦親을 비롯하여 敬天, 法祖, 愛民 등
모두 8항목을 국왕이 정국을 운영하는데 유의해야할 사항으로 거론하
였다. 영조에게서 '돈친'은 자신의 정치적 기반을 유지하기 위한 주된
방법이었다.[25] '돈친'의 방식은 영조대 내내 정치운영을 견인하는 주요
한 요소였는데, 대원군 역시 권력 기반을 마련하는 과정에서 이러한
생각을 활용하였던 것이다. 종친부는 '왕실의 藩屛'[26]으로, 대원군과
왕실세력이 기댈 수 있는 보루였다.

2) 政治·軍事 機構의 개편과 武備 體制의 강화

---

22)『宗親府謄錄』5冊, 乙丑 5月.
23)『宗親府謄錄』5冊, 甲子 4月 11日, "議政府啓……如此然後 可無窒碍苟艱之
　弊 而有敦宗族親之美矣". 이러한 모습은 종친부 건물을 새로 짓고 고종이
　"敦宗族親 百世一室"이라는 扁額을 내린데서도 확인할 수 있다(『宗親府謄
　錄』5冊, 乙丑 2월 24일).
24)『英祖實錄』卷61, 英祖 21年 6月 乙卯.
25) 정호훈,「18세기 전반 蕩平政治의 추진과『續大典』의 편찬」,『韓國史研究』
　127, 2004 참고.
26)『宗親條例』, 興宣大院君序, "洪惟我朝 文昭武穆 濬發厥祥 用藩屛于王室夜
　宗親府之所以作也".

종친부의 위상을 제고시키고 그 역할을 확대하는 일과 더불어 대원
군 세력은 備邊司 중심 체제를 해체하여 議政府의 기능을 정상화하였
다. 이 작업은 고종이 즉위한 직후에 바로 시작되었다. 비변사를 의정
부에 合屬시켜 그 屬司로 두는 한편, 비변사가 가지던 중요한 기능들
을 여러 형태로 분산하였다.

비변사 개혁은 모두 2단계에 걸쳐 시행되었다. 그 첫 번째 조치가
내려진 것은 고종 1년 1월 13일과 2월 10일이었다. 의정부와 비변사가
모두 廟堂이라 불리면서 실제 文件은 비변사만 다루는 것은 이상하니
이를 시정하라는 신정왕후의 지시[27]에 영의정 김좌근 등이 그 대책을
준비하였다. 이때는 의정부가 행정 전반의 事務를 관장하고 비변사는
군사·사대 업무를 담당하는, 곧 양 기구 간 직무를 분담하는 방식을
취하였다.[28] 그러나 이와 같이 職務 分掌을 하였지만, 실제 그 운영은
여전히 비변사 중심으로 이루어졌다.[29]

두 번째 단계의 조치는 고종 2년 3월에 내려졌다. 첫 단계의 변화가
있은 지 1년 뒤의 일이었다. 고종 2년 정월에 의정부의 건물을 새로 보
수하고,[30] 곧 이어 비변사를 의정부에 合屬하였다.[31] 이때의 조치를
통하여 대원군 세력은 備邊司의 獨立性을 소멸시켰다. 비변사의 印信
은 녹여 없앴으며, 啓目과 각종 문서는 '政府'라는 말머리[頭辭]로 시
작하게 하였다. '廟堂'이라 쓴 현판도 의정부로 옮겨 달았으며, 비변사
는 朝房으로서만 기능하게 되었다.

비변사를 의정부로 합속한 뒤, 기구 직임의 명칭에서 조금씩 변화가
있었다. 비변사는 公私色이라 개칭했고 都提調는 都相, 提調는 堂上,

---

27) 『日省錄』 高宗 元年 2月 10日, "備局以本司政府分掌節目書入啓".
28) 『高宗實錄』 卷1, 高宗 元年 2月 10日(辛巳) ; 『高宗實錄』 卷1, 高宗 元年 2
月 11日(壬午).
29) 연갑수, 앞의 책, 2001, 35쪽.
30) 『高宗實錄』 卷2, 高宗 2年 1月 27日.
31) 『承政院日記』 高宗 2年 3月 28日.

郎廳은 公事官이라 불렀다.32) 都相은 原任 議政이 例兼하도록 했다.
비변사의 도제조를 時·原任 議政이 겸임하던 것에 비교된다. 당상은
공조를 제외한 5조판서, 대제학, 四都留守, 三營大將, 총융사, 호위대
장 左右捕將이 예겸했으며, 有司堂上 4명, 貢市堂上 2명, 八道句管堂
上 8명의 전임당상을 두었다.33) 주교사 당상 1명과 제언사 당상은 유
사당상이 예겸토록 하였다. 당상에는 原任 將相도 啓下할 수 있었다.
이러한 구성은 개혁 이전 비변사의 提調에 비하면 많이 달라졌다. 비
변사에서는 5조판서, 대제학, 兩局大將, 금위대장, 수어사, 총융사, 兩
都 留守가 제조를 예겸했고, 有司堂上, 八道句管堂上이 전임당상을
맡았다. 비변사의 有司堂上은 제언사의 提調(2/2), 준천사의 提調(1/6)
를 겸하여 맡았으며,34) 貢市堂上(2/2)도 비변사의 유사당상이 맡았
다.35)

　이와 같이 비변사의 기능을 해체하여 의정부로 합속시킨 고종 초기
의 정치기구 개편은 형태상 큰 변화였다. 종래, 정치운영의 핵을 이루
던 備邊司의 권위가 사라지며 의정부가 본래의 기능을 회복, 관료제의
최상층 기구로서의 위상을 회복하게 됨을 일단 확인하게 된다. 그 같
은 변화는 말하자면 조선후기 내내 내려오던 정치적 관행을 대체한다
는 측면에서 혁신적이었다.36)

　비변사 중심 체제에서 의정부 중심 체제로의 변화는 어떤 의미를 가
지는 것일까? 먼저 이 일은 세도정권의 정치적 기반을 제거하는 일이
었다. 조선후기에 들어 비변사는 국정 전반을 통괄하는 기구로, 行政

---

32) 『大典會通』 卷1, 吏典 京官職.
33) 『大典會通』 卷1, 吏典 京官職, 議政府 ; 『六典條例』 卷1, 議政府.
34) 『大典通編』 卷1, 吏典 京官職, 備邊司.
35) 『大典通編』의 규정에는 나타나지 않는다.
36) 자연 이러한 변화에 대한 저항이 없을 수 없었다. 비변사의 合屬과 개편이 한
　　꺼번에 이루어지지 못하고 2단계에 걸쳐 일어나게 되었던 것도 그러한 저항
　　때문이었을 것이다(성대경, 「대원군 초기 집정기의 권력구조」, 『大東文化研
　　究』 15, 1982, 99쪽).

財政 軍政上의 주요 기능을 관장하였다. 모든 정책이 이곳에서 의결되고 집행되었다. 주요 직책에 대한 인사도 이곳을 거쳐야 했다. 이러한 양상은 세도정치기에 더욱 강화되었다. 영의정을 비롯한 3정승, 공조를 제외한 5조판서, 諸 軍營의 대장 등이 당연직 堂上[例兼]으로 참여하였으며, 卿宰 중 機務에 밝은 사람들이 선발되어 有司堂上, 八道句管堂上, 貢市堂上, 堤堰司 堂上, 舟橋司 堂上 등을 담당하였다. 이들은 비변사를 合坐制 형태로 운영하였는데, 당상 중에서도 貢市堂上, 堤堰司 堂上, 舟橋司 堂上 등 재정과 관련한 당상들이 차지하는 비중이 컸다. 19세기 전반 세도정치기, 비변사의 운영에서 핵심적인 영향력을 발휘하는 세력들은 대체로 文臣 軍門大將의 例兼堂上과 재정 운용 당상들이었으며 이들은 대부분 安東 金門의 인물들이었다.37) 말하자면 세도정치기 비변사는 文·武에 걸친 국가의 전 권력을 장악한, 세도정권의 권력기반이었다. 이 체제를 해체하는 것은 곧 세도정권의 중심을 허무는 일이었다.

다음, 비변사의 해체는 비변사 체제 하에서 약화되어 있던 武備 體制, 곧 국방력을 강화하려는 의도를 지니고 있었던 것으로 보인다.38) 막강한 권력을 가지면서도 애초 군사적 위기에 적절히 대처하기 위한 기구로서 성립했을 당시의 본래 모습은 잃고 있던 것이 세도정권기 비변사의 실상이었다. 국방력을 강화하기 위한 대책은 다양했는데, 대원군 세력은 이 대책을 비변사를 해체하는 것에서 시작하였다.

개혁과정에서 軍政과 관련한 일은 의정부의 고유 업무로부터 분리하고, 의정부는 행정 재정상의 업무만 중점적으로 관장하게 되었다.39)

---

37) 홍순민, 「정치집단의 구성」, 한국역사연구회편, 『조선정치사』 상, 청년사, 1990, 217~220쪽 참조.
38) 성대경, 앞의 글, 1982, 100쪽.
39) 의정부 개편 후, 公事色 혹은 公事官이라는 용어를 사용한 것은 의정부 업무의 특성이 행정적 업무, 곧 公事에 집중되었기 때문이 아닌가 생각해 볼 수 있다.

三軍府 복구는 비변사의 군정 업무 약화와 맞물려 나타났다. 대원군 세력은 의정부의 기구개편이 끝난 2달 뒤, 삼군부를 의정부 맞은 편에 복구하기로 결정하였다.[40] 一國의 政令이 文事와 武備로 이루어짐에, 의정부와 삼군부는 그를 대표하는 기구라는 것이 그 주된 명분이었다.[41] 삼군부는 독자성이 강한 여러 軍營을 통령하는 최고 아문이었다. 그러기에 삼군부는 각 군영이 가진 권력을 응집함으로써 막강한 힘을 확보할 수 있었다.

이와 함께, 西班 곧 兵曹와 武班의 역할을 확대하였다. 대원군 세력은 집정 초기부터 군사력을 강화하는 한편으로 무반의 지위를 강화하는 조치를 지속적으로 펼쳤다. 문·무신 간의 相敬禮 예식을 정리한 『三班禮式』은 그 한 모습이었다. 대원군은 이 책의 서문에서, 문신에 비해 천대받던 무신의 권위를 세우고 체통을 높여 '同寅協恭'의 정치를 이루기 위해 『三班禮式』을 만들었음을 강조하였다.[42] 무반에 대한 예우를 높이는 방법이 여러모로 강구되었지만,[43] 그 가운데서도 특기

40) 『高宗實錄』 卷2, 高宗 2年 5月 28日, "今之禮曹 卽國初三軍府 而與政府對峙者 以其一國之政令 文事與武備也". 삼군부는 조선 초기에 설치되었다가 폐지되었는데 대원군은 이를 복원, 군령을 총괄하는 기구로서 활용하고자 하였다. 그러나 이때의 삼군부가 그 기능을 한 것은 아니었다(연갑수, 앞의 책, 2001, 68쪽). 삼군부는 1868년(고종 5) 6월, 正一品 아문으로서, 時任 三相이 도제조를 例兼하여 視務를 節制하는, 의정부와 그 격을 같이 하는 기구로서 출발하였다(『日省錄』 高宗 5年 6月 8日, 「命三軍府以正一品衙門磨練」, "敎曰 三軍府旣爲復設 則體貌有別 必以正一品衙門磨練 時任三相例兼都提調 節制視務 與廟堂一體爲之事定式").

41) 성대경은 의정부 복구는 비변사 기능이 축소된 것이며 이는 곧 三軍府 복구로 직결됨을 강조하였다(앞의 글, 1982, 100쪽). 연갑수는 비변사 개편을 통하여 바뀐 것은 아무 것도 없으며 단지 명칭만이 변했다고 보았다. 곧 武備를 담당하는 명칭인 備邊司를 文事를 담당하는 명칭인 의정부로 바꾼 것일 뿐이었는데, 그래야만 武備를 담당할 三軍府를 설치할 수 있기 때문이라는 것이었다(연갑수, 위의 책, 2001, 42쪽).

42) 『三班禮式』 序.

43) 이를테면 고종 원년 2월에는 포도대장도 군영대장처럼 正卿의 처소에 마음

할 만한 변화는 각 군영의 대장을 모두 무장대신으로 임명한 점이다. 이러한 현상은 19세기 들어 나타난 최초의 모습이었다.[44] 무장들의 지위 상승은 이후에도 이어져 고종 3년 4월에는 從2품이던 軍門大將을 正2품으로까지 높였다.[45]

선혜청, 준천사와 같은 東班 아문을 西班 아문으로 바꾼 것도 武備를 강화하기 작업의 일환이었다. 대원군 세력은 『大典會通』을 편찬하며 본시 戶典에 실려 있던 宣惠廳과 濬川司를 兵典에 載錄, 이들 衙門을 西班 소속으로 바꾸었다.[46] 당시 선혜청이나 준천사가 가진 기능과 위상을 염두에 둔다면, 이러한 변경이 갖는 의미는 명확했다.

선혜청은 그 산하에 京畿廳 江原廳 湖西廳 湖南廳 嶺南廳 海西廳 常平廳 均役廳 등을 屬司로 두고 大同米・布・錢의 出納을 관장하던, 막강한 경제력을 보유한 재정 관련 핵심 아문이었다.[47] 濬川司는 도성 내의 하천 준설을 담당하던 아문이었다. 고종 2년에 兵典으로 移錄하면서[48] 舟橋司의 都提調와 提調・都廳을 모두 준천사에서 맡도

대로 출입할 수 있게 허용하였으며, 고종 원년 5월에는 武將이 兵曹判書를 거치지 않아도 판의금부사가 될 수 있도록 하였다. 그 해 6월에는 武將臣의 품계가 정2품에 이르면 原望筒에 써 넣게 했다. 이리하여 무장들이 武班의 인사권을 장악하는 병조판서에 임명될 수 있는 기회가 확대되었다. 대원군 집정기에는 문반이 독점하던 병조판서를 문・무반이 번갈아 맡았음을 확인할 수 있다. 여기에 대해서는 연갑수, 앞의 책, 2001, 61~62쪽 참조.

44) 김세은, 앞의 글, 1990, 131쪽.
45) 대원군이 실각한 뒤, 군영대장의 지위는 從2品으로 격화되었다.
46) 이 같은 조치가 취해진 것은 『대전회통』이 편찬 중이던 고종 2년 8월 15일이었다. 宣惠廳이나 濬川司는 모두 東班이 아니므로 兵典으로 옮겨 수록하도록 纂輯所에 지시하였다(『高宗實錄』 卷2, 高宗 2年 8月 15日(丁未).
47) 『大典會通』 卷4, 兵典, 宣惠廳. 선혜청이 구성원의 신분과 관련하여 서반 아문의 성격을 처음부터 가지고 있었던 것은 아니었다(『大典通編』 宣惠廳 참고). 한편, 서반 아문으로 조정됨과 동시에 선혜청은 賑恤廳도 관할하게 되었다. 애초 진휼청은 비변사가 관장하였는데, 고종 3년에 선혜청으로 이속하여 관리하도록 하였다.
48) 『大典會通』 卷4, 兵典, 濬川司. 준천사는 구성원의 신분으로 보아 본래 西班

록 하였다. 1790년(정조 14 庚戌)에 창설된 주교사는 舟橋의 업무와
함께 兩湖 지역의 漕運 등의 업무를 관장하고 있었다.[49] 선박과 그 운
행의 관리, 조운 등의 업무와 관련하여 주교사는 京江商人과 밀접하게
연관을 맺고 있었으며, 그런 까닭으로 경강에서의 상업 활동에서 나오
는 막대한 利權을 장악하고 있었다.

비변사 체제를 해체하며 정치 군사상의 기구를 재편한 대원군 세력
의 조치는 요컨대, 세도정권의 기반을 허물며 국방상 武備를 탄탄히
갖추고자 하는 작업이었다. 그것은 대원군 세력의 정치적 기반을 확보
하는 노력이자, 조선이 처한 위기를 돌파하는 방향을 富國强兵에서 구
하고자 하는 일이었다. 부국강병을 국가운영의 근본방침으로 설정한다
는 것은, 국가가 공권과 경제력, 군사력을 집중・강화하는 한편으로 이
를 최대한 활성화함으로써 국가 전반의 면모를 일신해간다는 것이었
다. 종래 특권을 누리던 계층과 충돌할 여지도 얼마든지 생겨날 수 있
었다.

3. 새로운 法典 편찬과 '大典—六典' 體系

1) 『大典會通』의 편찬

대원군 집정 초기의 정치기구 개편은 法典의 정비와 맞물리며 진행
되었다. 대원군 세력은 권력 기반의 정지 작업을 어느 정도 마무리하
면서 법전 편찬에 착수하였으며, 『大典會通』과 『兩銓便攷』, 『六典條
例』를 연속하여 완성하였다. 이 같은 법전 편찬 작업은 집정 초기에

衙門의 성격이 강했다. 『大典通編』 규정에 따르면, 提調가 6명이었는데, 兵
曹判書・漢城判尹・訓練大將・禁衛大將・御營大將, 그리고 備局堂上으로
구성되었다. 1명의 都廳도 御營廳의 千摠을 겸했고 3명의 郎廳도 東西南 三
道參軍이 겸했다.
49) 『大典會通』 卷4, 兵典, 濬川司.

이룬 정치적 변화를 構造化하는 밑바탕이었다. 대원군 세력은 제도적 변화를 법전으로 수렴함으로써 거기에 법적인 정당성을 부여하였으며 또 법전이 가진 권위를 빌어 새로운 기구 개편에 부수하는 저항과 갈등, 동요를 방비하고자 했다.

그러한 법전 편찬은 또한 동시에, 대원군 세력이 시도하는 바 새로운 정치의 지향을 담보하는 주요한 방법이었다. 대원군 세력은 勢道政治가 표방하던 도덕주의적 정치운영 방식을 지속적으로 벗어나려고 하였다. 조선이 국가 운명을 일신하는 길은 세도정치의 방법을 벗어날 때 가능하다 함이었다. 대원군 시기 법전의 편찬은 그 비밀을 담고 있었다.

법전 정비는 고종 2년부터 이루어졌다. 대원군 세력은 권력 기반의 정비가 진행되는 과정에서 우선 『대전회통』의 편찬을 서둘렀다.[50] 정조대 『대전통편』 이후 80여 년간 시행된 敎式을 정리하여 법전에 새로이 반영한다는 것이 그 명분이었다. 고종 2년 3월, 趙斗淳의 건의를 받아들여 법전 편찬을 진행하도록 결정하고,[51] 고종 2년 5월에는 敎式纂輯所를 설치하고 편찬에 참가할 인원을 선정,[52] 작업을 본격 펼쳐 나갔다. 조두순, 李裕元, 김병학이 敎式纂輯 總裁官에, 金學性, 鄭基世, 南秉吉, 洪鍾序, 朴珪壽가 당상관에 지명되었다. 여기서 조두순 이유원 등 총재관보다는 박규수 홍종서 김학성 등의 실무자들의 면면을 주목하게 된다. 과거 법전 편찬에 참여했던 인물들이 대부분 폭넓은 교양을 쌓고 실제 政務에 필요한 지식과 경험을 풍부하게 갖추었던 것과 마찬가지로 이들도 그러한 성향을 가졌던 것으로 보인다. 특히 洪鍾序의 역할이 컸는데, 그는 항목의 割附 작업을 주도하였으며,[53] 나중에

50) 『大典會通』에 대한 연구는 정긍식, 앞의 글, 2001 참조.
51) 『高宗實錄』 卷2, 高宗 2年 3月 辛亥.
52) 『高宗實錄』 卷2, 高宗 2年 5月 18日 辛巳 ; 『承政院日記』 高宗 2年 閏5月 19日(壬午).
53) 『林下筆記』 卷26, 春明逸史, 大典會通 編輯, "洪悠齋鍾序 時任校正 分析立

『六典條例』를 만들 때도 참가하여 그 서문을 쓰기도 하였다.54)

새로운 법전의 편찬은 일차적으로 고종 2년 8, 9월에 대체적인 마무리가 이루어졌으며,55) 같은 해 12월에는 이를 판각하여 배포하였다.56) 법전 편찬 작업이 시작된 지 1년도 못되어 모든 일이 완료되었다.57)

이와 같이 『대전회통』을 짧은 시간에 수월하게 완성한 것은 『續大典』이나 『大典通編』에서 이미 체재를 잡아 두었고, 『대전통편』이래로 별다른 큰 일없이 80여 년밖에 흐르지 않아 敎式을 정리하는 일이 복잡하거나 번거롭지 않았던 측면도 있다. 그러나 그보다는 고종 즉위 초에 권력 개혁, 제도 개편이 신속하게 이루어지며 새로운 국면이 조성되고 있었던 상황에서 법전이 갖는 비중이 커졌던 것이 『대전회통』을 신속하게 완성하는 요인이었던 것으로 여겨진다. 실제 조대비는 법전 편찬이 이루어지는 도중에 작업을 빨리 마무리하라고 독촉하기도 했다.58)

『대전회통』은 형태상, 앞선 시기에 나왔던 법전을 총 정리하는 성격을 지니었다. 『경국대전』『속대전』『대전통편』에 실렸던 법 조항과 법 조문, 『대전회통』 편찬 시 새로 정리된 내용이 일목요연하게 한 권의 책 속에 담겨 있다. 『대전회통』은 『경국대전』 단계의 규정은 原, 『속대전』은 續, 『大典通編』은 增이라 하고, 『大典會通』 단계에 새로 보완한 내용은 補라고 표기하여 시기별 변화가 드러나도록 의도하였다.59) 법전이 『경국대전』 이래로의 영속성을 지니고 발전해왔음을 강조하는 구조였다.60)

說 竟以分類載入磨鍊".
54) 『六典條例』序.
55) 『承政院日記』 高宗 2年 9月 1日(癸亥).
56) 『承政院日記』 高宗 2年 12月 26日(丁巳).
57) 『承政院日記』 高宗 2年 9月 25日(丁亥). 이때 법전의 이름이 『大典會通』으로 확정되었다.
58) 『承政院日記』 高宗 2年 8月 3日(乙未).
59) 『大典會通』 凡例.

전체적인 내용을 살피면, 『大典會通』의 법 조항과 법 조문은 『續大典』『大典通編』 편찬 당시의 내용이 중심을 이루며, 『大典會通』을 만들면서 새로운 내용이 첨가된 것은 그다지 많지 않다.[61] 내용으로 본다면, 『대전회통』에서 새로운 특징을 찾기가 그렇게 쉽지 않은 셈이다.

『대전회통』의 구성과 체재는 이전 시기 편찬된 『대전통편』『속대전』『경국대전』의 그것과 큰 차이가 없다. 모두 228개 항목에 걸쳐 六典의 내용을 담고 있다. 吏典의 경우, 內命婦 이하 모두 31개 항목으로 이루어져 있다.[62] 雜令 한 항목이 『속대전』 때 새로 추가되었다. 戶典은 經費 이하 모두 29개 항목이다.[63] 이중 倉庫 항목은 『속대전』 편찬 이전의 軍資倉과 常平倉을 합하여 새로 만들어졌다. 禮典은 諸科 등 모두 62개 항목으로 구성되었다. 『大典通編』 때 璽寶 항목이 새로 설정되었지만 나머지는 그대로다.[64] 兵典에는 京官職 이하 모두 53개

60) 물론, 이러한 식으로 조항, 조문의 역사성을 드러내는 방식은 이미 『대전통편』 때 이미 시도되었다. 朝宗成憲主義를 표방하고 또 유지하는 형식이었다.
61) 『대전회통』이 이전의 법전과 비교할 때, 분량 상 얼마나 많은 변화가 있었던가 하는 점에 대해서는 정긍식, 앞의 글, 2001, 338쪽에 자세히 제시되어 있어 참고할 수 있다.
62) 吏典의 구성 항목이다. 굵은 글씨로 표시한 것은 『續大典』 편찬 시 새로 들어간 항목이다.(굵은 글씨 항목)
內命婦·外命婦·京官職·奉朝賀·內侍府·雜織·外官職·土官職·京衙前·取才·薦擧·諸科·除授·限品敍用·告身·署經·政案·解由·襃貶·考課·祿牌·差定·遞兒·老人職·追贈·贈諡·給暇·改名·相避·鄕吏·**雜令**.
63) 戶典의 구성이다. 굵은 글씨로 표시한 항목은 『續大典』 편찬 시 새로 들어간 것이다. (굵은글씨 항목)
經費·戶籍·量田·籍田·祿科·諸田·田宅·給造家地·務農·蠶室·**倉庫**(군자창과 상평창 합록)·會計·支供·解由·兵船載糧·魚鹽·外官供給·收稅·漕轉·稅貢·雜稅·國幣·奬勸·備荒·賣買限·徵債·進獻·徭賦·雜令.
64) 禮典의 구성 항목이다. 굵은 글씨로 표시한 것은 『大典通編』 때 증설된 항목이다. (굵은글씨 항목)
諸科·儀章·生徒·五服·儀註·宴享·朝儀·事大·待使客·祭禮·奉審

항목으로 구성되어 있다. 驛路와 雜令은『속대전』편찬시 새로 들어간
항목이다.65) 형전은 用律 이하 모두 39개 항목이 들어 있다. 이 역시
『속대전』편찬 시에 항목이 추가되고 이후로는 변화가 없는데,『속대
전』을 만들 때에는 殺獄 이하 무려 11개 항목이 새로 추가되었다.66)
刑典이 이 시기 다양하게 일어났던 사회 변화를 어느 영역보다도 더
많이 반영하였음을 볼 수 있는데, 이것은 아마도 사회 여러 영역에서
갈등이 다양하게 일어났고 또 그것을 刑律을 이용하는 방식으로 대응
하였음을 의미한다 하겠다. 工典은 모두 14개 항목으로 구성되어 있다.
『경국대전』이래로 변화가 없다.67)

・致祭・陳弊・奉祀・給暇・立後・婚嫁・喪葬・取才・**璽寶**・用印・依牒
・藏文書・獎勸・頒氷・惠恤・雅俗樂・選上・度僧・寺社・參謁・京外官
迎送・京外官相見・京外官會坐・請臺・雜令・用文字式・文武官四品以上
告身式・文武官五品以下告身式・堂上官妻告身式・三品以下妻告身式・紅
牌式・白牌式・雜科白牌式・祿牌式・追贈式・鄕吏免役賜牌式・奴婢土田
賜牌式・啓本式・啓目式・平關式・牒呈式・帖式・立法出依牒式・起復出
依牒式・解由移關式・解由牒呈式・度牒式・立案式・勘合式・戶口式・准
戶口式.

65) 兵典의 구성 항목이다. 굵은 글씨로 표시한 항목은『續大典』편찬 시 새로
들어간 것이다. (굵은 글씨 항목)
京官職・雜織・外官職・土官職・京衙前・伴倘・外衙前・軍官・驛馬・草
料・試取・番次都目・軍士給仕・諸道兵船・武科・告身・褒貶・入直・攔
奸・行巡・啓省記・門開閉・侍衛・疊鼓・疊鍾・符信・敎閱・屬衛・名簿
・番上・留防・給保・成績・軍士還屬・復戶・免役・給暇・救恤・城堡・
軍器・兵船・烽燧・廐牧・積芻・護船・迎送・路引・**驛路**・改火・禁火・
雜類・用刑・**雜令**.
66) 刑典의 구성항목이다. 굵은 글씨로 표시한 항목은『續大典』편찬 시 새로 들
어간 것이다. (굵은 글씨 항목)
用律・決獄日限・囚禁・推斷・禁刑日・濫刑・僞造・恤囚・逃亡・才白丁
團聚・捕盜・贓盜・元惡鄕吏・銀錢代用・罪犯準計・告尊長・禁制・訴寃
・停訟・賤妾・賤妻妾子女・公賤・私賤・賤娶婢産・闕內各差備・跟隨・
諸司差備奴跟隨奴定額・外奴婢・**殺獄・檢驗・姦犯・赦令・贖良・補充
隊・聽理・文記・雜令・笞杖徒流贖木・決訟該用紙**.
67) 工典의 구성항목이다.

6전의 각 항목별 조항·규정을 살핀다면, '續'·'增'의 내용이 압도적이며 '補'의 내용은 거의 없음을 알 수 있다.『대전통편』이후『대전회통』이 만들어질 때까지, 법제상의 변화가 그다지 많지 않았음을 여기서 확인하게 된다. 그것은,『대전통편』이후로 법제 정비가 그다지 활발하지 않았던 모습이 어느 정도 반영된 측면일 것이다.

이 같이 본다면,『대전회통』은『대전통편』의 구성과 체재를 크게 변화시키지 않고 그대로 계승하여 활용하고 있다고 할 수 있을 것이다. 그러나 그러면서도『대전회통』은『대전통편』에 비할 때 여러 면에서 주요한 변화가 있었다. 주요 衙門의 변화와 연관하여 정리한다면 다음과 같은 점들을 확인할 수 있겠다.

宗親府가 '百司之主'로서의 위상을 드러내었다.『대전회통』에서는 종친부의 기능을 "敬奉列聖御譜·御眞 封進兩宮衣 統領璿源諸派"라 하여 역대 군주의 御寶와 御眞을 봉안하고 양궁의 의복을 봉진하며 璿源 諸派를 統領함에 그 임무가 있다고 규정하고, 종친부를「吏典」京官의 제일 첫머리에 배치하였다. 종래에도 종친부가 의정부보다 앞서 배치되긴 했지만, 실제 맡은 직사가 없는 명목뿐인 예우아문이었다.『대전회통』에서는 종친부의 직사를 구체적으로 규정하여 첫 번째 서열 아문으로서의 위상을 명실상부하게 갖추게 하였다. 한편, 종친부로 합속된 종부시가 가지고 있었던 종친 규찰의 본래 기능이『대전회통』의 직사 규정에서는 강조되지 않음도 눈여겨 보아야 할 대목이다. 이와 연관하여, 官階에서 관료와 종친, 의빈을 같이 대우하는 변화가 생겼음을 주목하게 된다.

『대전회통』에서는 正一品의 품계로서 大匡輔國崇祿大夫 輔國崇祿大夫에 더하여 上輔國崇祿大夫를 새로 만들었다. 이것은 國舅와 宗親·儀賓에게 내리는 품계였다. 이와 함께 從一品 이하로 품계가 부여되

橋路·營繕·度量衡·院宇·舟車·栽植·鐵場·柴場·寶物·京役吏·雜令·工匠·京工匠·外工匠.

는 모든 宗親과 儀賓에게 일반 관원과 같은 품계를 부여하여 그 차이를 없앴다. 종래『大典通編』에 이르기까지 조선에서는 일반 관료와 宗親·儀賓을 구별하였다. 이를테면『대전통편』에서 從1품은 崇祿大夫 崇政大夫, 종친은 宜德大夫 嘉德大夫, 의친은 靖德大夫 明德大夫로 각기 달리 불렸으나『대전회통』에서는 구분없이 숭록대부와 숭정대부로 통일하였다. 종친·의빈과 일반 관료의 품계를 구별하는 것은 종친과 의빈의 신분이 관료들에 비해 특수함을 드러낸다는 의미도 가지고 있었을 것이다. 이와는 달리, 종친·의빈이 관료와 다르다는 것을 강조함으로써 그들의 활동을 제한하는 의미도 있었을 것으로 보인다. 그렇게 본다면『대전회통』에서처럼 일반관료, 종친, 의빈을 구분하지 않은 동일한 호칭을 사용하는 것은, 아마도 이 두 가지 의미 모두에서 변화가 생겼기 때문이라고 할 수 있을 것이다.

『대전회통』은 이와 함께 議政府의 이전 기능을 복구, 확대하고 비변사가 의정부에 合屬되어 公事色으로 기능하게 됨을 드러내었다. 備邊司 기능과 의정부 기능을 합침으로써, 그 규정하는 내용이 이전에 비해 훨씬 늘어났다. 그러나 비변사의 직무는 없애지 아니하고 법전에 그대로 두었다.[68] 또한 宣惠廳과 濬川司를 正一品 衙門으로 하여 兵典으로 옮겨 실었다[移錄]. 종래 이들 관청은 吏典 京官職으로 등재되어 있었다.

『대전회통』에 이르러 그 직사와 구성을 새로이 규정한 아문도 나타났다. 正2품 아문으로 水原府와 廣州府가 吏典에서 漢城府 다음으로 등재되었다. 수원부는 이미 1793년(정조 17) 都護府에서 승급하였었고,[69] 광주부 역시 1795년(정조 19) 牧에서 승급하여 설치되었는데『대전회통』을 만들며 모두 吏典으로 이록한 것이다.[70] 兵典에서는 從

---

[68] 『經國大典』『續大典』『大典通編』에 혁파된 아문들을『大典會通』에서는 없애지 않고 '今革'이라는 小注를 달아 그대로 두었다.

[69] 『大典會通』吏典 京官職, 水原府, "掌治華城. (元)都護府 正宗朝 癸丑置留守 今移錄".

6품 아문으로서 肇慶廟 慶基殿 濬源殿 華寧殿의 수문장 등을 포괄하는 各殿守門將이 신설되었다.[71) 또 軍營衙門으로서, 수원부에 소재한 摠理營이 새로이 등재되었다. 1802년(순조 2)에 장용영을 혁파한 후 이를 총리영으로 개칭한 상태였는데 『대전회통』에서 정리한 것이다.

중앙 각 衙門의 등급도 오르거나 내리는 등 조정되었다. 각 아문은 본시 책임자의 품계에 따라 등급이 매겨져 있었다. 법전에 수록할 때도 正一品 衙門부터 시작하여 내림 차순으로 배치하였다. 한편 『대전회통』에서는 宣惠廳 濬川司 堤堰司 등 중요한 아문을 移錄하는 개편 작업을 벌이는 한편으로, 여러 아문의 등급을 올리거나 낮추는 조정 작업을 벌였다. 승급된 아문보다는 강등된 아문의 수가 더 많은데, 이를 정리하면 다음과 같다.

<표 1> 『大典會通』의 昇級 衙門과 降等 衙門

	변화 상황		비 고
昇級 衙門	典牲署(從6→從5)		1785(正祖9)*
	五 部(從6→從5)		1791(正祖15)**
降等 衙門	繕工監(正3→從3)	司䆅寺(正3→從4)	강등 아문은 모두 『續大典』 때 조정되었음.
	司宰監(正3→從4)	濟用監(正3→從5)	
	內資寺(正3→從6)	內贍寺(正3→從6)	
	禮賓寺(正3→從6)	典設司(正4→從6)	
	義盈庫(從5→從6)	長興庫(從5→從6)	
	氷庫(從5→從6)	掌苑署(正6→從6)	
	司圃署(正6→從6)		

* 『大典會通』 吏典 京官職, 從五品衙門, 典牲署, "原系從六品衙門 正宗朝 丁巳增置判官 今移錄".

** 『大典會通』 吏典 京官職, 從五品衙門, 五部, "原系從六品衙門 正宗朝 辛亥 參上都事改置令 今移錄".

---

70) 『大典會通』 吏典 京官職, 廣州府, "掌治南城. (元牧) 正宗朝 乙卯置留守 今移錄".

71) 『大典會通』 兵典 京官職, 守門將廳, "肇慶廟·慶基殿·濬源殿守門將 以本道瑢派宣·部薦人自宗親府輪回備望 移送本曹入啓 華寧殿守門將 以水原哨官久勤啓差 本曹單付 三十朔陞六品".

강등된 아문은 본시 정3품 아문이 7곳, 정4품 아문이 1곳, 정5품 아
문이 3곳, 정6품 아문이 2곳 등 다양했는데, 한결같이 從6품 아문으로
그 격이 낮추어졌다. 이들 아문이 담당했던 직무는 대체로 왕실에 소
요되는 物品을 조달하는 일과 관련되어 있었다. 이들 아문의 변화는
『대전회통』을 편찬하던 고종대 들어 이루어진 것은 아니었다. 이미
『속대전』을 편찬할 당시에 강등 조치가 내려졌던 것을 새 법전을 정비
하면서 정리한 것이었다.

승급된 아문은 강등 아문에 비해 수가 적다. 모두 정조대 이러한 변
화가 있었다. 禮賓寺와 五部의 위상이 조금 높아지는 것을 볼 수 있다.
五部의 위상 변화는 정조 15년 五部民들이 많은 고통을 겪는 폐단을
변통할 수 있는 방안의 하나로 이루어졌다. 이때 判尹 구익은 奉事는
參下官의 都事로 고쳐서 30개월이면 昇六할 수 있게 하고 都事는 令
으로 이름을 고치고 5품으로 올려주되 訟事에 관한 직무를 겸임하게
하자고 건의하였으며 정조는 각 부의 令이 규정 月數를 채우면 수령에
除授하도록 허락하였다.[72]

『속대전』『대전통편』단계에서 기능이 크게 약화되었던 衙門을 보
강하여『경국대전』상태로 복원한 경우도 있었다. 병기 제조를 관장하
는 軍器寺는 정3품 아문이었으나『속대전』에서 정3품의 책임자[正]와
종3품의 부책임자[副正]를 감하여 그 기능을 크게 약화시켰다.『대전
통편』에서도 변화가 없었으나『대전회통』에서는 모두『경국대전』의
규정으로 복구하였다.[73]

이상에서 살핀대로『대전회통』은『속대전』『대전통편』이후의 여러
변화를 반영하며 만들어졌다. 대체로 아문의 변화와 관련하여 그 특색
을 살핌으로써『대전회통』의 전 모습을 조감하기에는 한계가 있지만,
대체적인 경향은 확인할 수 있다. 여기에는 크게『속대전』편찬 당시

72) 『正祖實錄』卷32, 正祖 15年 4月 戊申.
73) 『大典會通』吏典 京官職, 軍器寺.

부터 나타난 변화이지만 이후 법전 상으로 아직 정비되지 않았던 것을
『대전회통』에서 새롭게 정리한 내용, 그리고 고종 초년의 정치기구 개
편과 법제 정비에서 나타났던 변화를 충실히 반영한 내용 등으로 나눠
서 살필 수 있었다. 법전에서의 새로운 변화는 대부분『속대전』『대전
통편』시기에 일어났던 변화상을 반영한 것이었다. 고종조의 새로운
변화와 관련해서는 대체로, 종친부의 기능이 강화되고 의정부의 기능
이 회복되었으며 군사적 재정운용 기반이 확장되는 모습을 확인할 수
있었다. 또 東班 아문에서 西班 아문으로의 조정이 나타나는 것을 볼
수 있었다.

2) 『六典條例』의 편찬과 '大典－六典'의 法 운용

대원군 세력은『大典會通』편찬을 만료한 후, 새로이『六典條例』를
편찬하였다.74) 이미 1864년 11월에 吏典과 兵典과 관련한 많은 조목들
을 따로 모아 사용하기 편리하게『兩銓便攷』를 만들기도 했었는데,75)
이제 본격적으로 六典 전체로 확대하는 작업을 펼쳤다. 이 작업에는
『대전회통』편찬에 참가하였던 사람들을 그대로 활용하였으며, 各 衙
門의 '大小 事例·掌故' 만을 따로 묶어 이를 육전 체제로 재정리하였
다.76) 작업이 시작된 때는 고종 2년 12월이었으며 마무리는 고종 4년
5월에 이루어졌다.77) 근 1년 6개월을 소요, 모두 10권 10책의 거질로

---

74) 『六典條例』에 대한 개괄적인 설명은 연갑수,「六典條例 解題」,『六典條例』
   上, 서울대학교 규장각, 1999 참조.
75) 『兩銓便攷』는 고종 2년 9월 26일에 편찬하기로 하고(『高宗實錄』卷2, 9월 26
   일 戊子), 그해 11월 30일에 완성하였다(『高宗實錄』卷2, 11월 30일 辛卯).
76) 『高宗實錄』卷2, 高宗 2년 12월 17일 戊申, "纂輯所啓大典會通今旣頒行矣
   京各衙門大小事例 略倣會典規式 名曰六典條例 繼爲纂輯 而堂上郎廳 以會
   通校正監印時人員 仍爲擧行何如".
77) 『高宗實錄』卷4, 高宗 4년 5월 16日(戊辰), "六典條例纂輯所 以條例冊子 今
   旣印訖 謹進十秩 以備御覽 其餘自本所派給於京外各衙門 仍爲撤罷啓".

만들어 京外 各 官署 및 軍營에 배포하였다.

『六典條例』는 중앙의 六曹에 소속된 각 衙門을 중심으로 하여 만들어진 법전이다. 『大典會通』과 같이 六典으로 體裁를 갖추고, 육조의 업무를 수행하는 모든 아문의 업무와 관련한 사항을 세세히 규정하고 있다. 『육전조례』에 수록된 衙門을 각 典別로 살피면 다음과 같다.

<표 2>『六典條例』의 각 典別 衙門

	衙門
吏典	宗親府 議政府 忠勳府 敦寧府 吏曹 司憲府 承政院 司諫院 司饗院 尙瑞院 內需司 內侍府 掖庭署
戶典	戶曹 宣惠廳 糧餉廳 漢城府 軍資監 廣興倉 司䆃寺 司宰監 濟用監 平市署 內資司 內贍寺 典設司 義盈庫 長興庫 司圃署 養賢庫 五部
禮典	禮曹 社稷署 宗廟署 永禧殿 敬慕宮 奉常寺 掌樂院 耆老所 奎章閣 經筵廳 弘文館 藝文官 成均館 世子侍講院 世孫侍講院 觀象監 內醫院 承文院 通禮院 典醫監 司譯院 典牲署 禮賓寺 氷庫 惠民署 圖畵署 活人署 四學
兵典	中樞府 兵曹 世子翊衛司 世孫衛從司 都摠府 訓練院 司僕寺 軍器寺 訓練都監 禁衛營 御營廳 摠戎廳 扈衛廳 捕盜廳 宣傳官廳 守門將廳 別軍職廳 忠壯衛將 忠翊衛將 景福宮衛將 慶熙宮衛將 儀仗庫 巡廳 武臣堂上軍職廳 文臣堂下軍職廳 大報壇 宣武司
刑典	刑曹 義禁府 典獄署
工典	工曹 濬川司 舟橋司 長生殿 尙衣院 繕工監 掌苑署 造紙署 瓦署

『육전조례』에 실린 각 아문은 『대전회통』에 실린 京官 衙門 대부분이 해당되는데,[78] 위 표에서 보듯, 그 구성과 배치가 철저하게 六曹 중심으로 이루어져 있다. 곧 이 책에서는 각 典別로 해당 曹를 맨 앞에 배치하고, 거기에 여러 아문 가운데 고유 관장 업무가 그 曹와 관련이 있는 아문을 가려 배속시켰다. 禮典에서 禮曹가 제일 먼저 자리 잡고, 연관되는 여러 아문이 뒤를 잇는 식이다. 육조와 각 아문을 그 성격과 연관하여 뚜렷이 연계 짓고자 하는 의도가 여기에는 가로놓여 있었다.[79] 이 경우 배속되는 아문의 격이 해당 曹보다 上位여도 구애받지

---

78) 水原府 같은 경우는 京官職으로 규정되어 있지만 『六典條例』에는 빠져 있다.

않았다.[80] 吏典과 兵典은 예외를 보이는데, 이것은 宗親府, 議政府, 忠
勳府, 敦寧府, 中樞府가 이조 병조의 管下에 놓일 수 없는 성격을 지
니고 있었기 때문에 이조와 병조보다 앞에 따로 배치하였다.[81] 그러나
이전과 병전의 경우도 고유 직사와 관련한 구성에서는 실제 다른 典과
차이가 없다.

　육조를 중심에 두는 『육전조례』의 이러한 전체 구성은 행정 체계에
서 차지하는 六曹의 중추적 위상을 강조하는 한편으로, 曹內 각 아문
간의 位階性을 뚜렷하게 드러내는 효과를 갖는 것으로도 보인다. 『대
전회통』에서는 각 아문을 西班과 東班을 기준으로, 그리고 아문의 위

<표 3> 『大典會通』의 京官職 衙門 配置

典	衙 門 (괄호안의 표기는 아문의 등급)
吏 典	耆老所 (正1)宗親府 忠勳府 儀賓府 敦寧府 (從1)義禁府 (正2)吏曹 戶曹 禮曹 兵曹 刑曹 工曹 漢城府 水原府 廣州府 (從2)奎章閣 司憲府 開城府 江華府 (正3)承政院 司諫院 經筵 弘文館 藝文館 世子侍講院 世孫講書院 成均館 尙瑞院 春秋館 承文院 通禮院 奉常寺 司饔院 內醫院 尙衣院 司僕寺 軍器寺 軍資監 掌樂院 觀象監 典醫監 司譯院 (從3)繕工監 (正4)廣興倉 (從4)司䆃寺 司宰監 (正5)內需司 (從5)宗廟署 社稷署 景慕宮 濟用監 平市署 典牲署 五部 (從6)內資寺 內贍寺 禮賓寺 典設司 義盈庫 長興庫 氷庫 掌苑署 司圃署 養賢庫 造紙署 惠民署 圖畫署 典獄署 活人署 瓦署 四學 各殿 各陵 各園 各墓 內侍府 掖庭署
兵 典	(正1)中樞府 宣惠廳 濬川司 (正2)五衛都摠府 (正3)五衛 訓鍊院 宣傳官廳 (正5)世子翊衛司 (從6)世孫衛從司 守門將廳 各陵守門將 (軍營衙門)訓鍊都監 禁衛營 御營廳 摠戎廳 龍虎營 捕盜廳 摠理營 管理營 鎭撫營 別軍職廳

<hr/>

79) 『六典條例』 凡例, "院閣以下 分載於各典 以示某衙某司之當屬某典".

80) 예를 들면, 戶曹는 정2품 아문, 宣惠廳은 정1품 아문이지만, 호조를 먼저 실
　었다. 이는 刑曹와 義禁府, 工曹와 濬川司에서도 마찬가지였음을 살필 수 있
　다.

81) 이전의 경우, 이를 다음과 같이 설명하고 있다. 『六典條例』 凡例, "宗府政府
　之五上司衙門 尊重內閣政院憲府諸衙體貌有別 故五司載之吏典之首 庸寓
　統領之義". 兵典의 경우도 이에 해당할 것이다(연갑수, 앞의 글, 1999, 9쪽).

격 순으로 각각 이전과 병전의 京官職 조항에 배치하여 『육전조례』와
는 큰 차이를 보인다. 참고로 『대전회통』의 京官職 衙門 配置를 살피
면 <표 3>과 같다.

『육전조례』에서는 이와 같이 각 전별로 아문을 배치한 뒤에, 그 아
문의 職事, 官員, 施行規則 및 收入 支出 등에 관한 사항을 자세히 기
록하고 있다. 그 주된 내용은 『大典會通』에 실려 있는 각 아문별 규정
을 토대로 하고 있다. 이를테면 吏曹의 경우 『대전회통』에는 그 직사
로 "掌文選 · 勳封 · 考課之政"이라 규정하고, 그 아래에 小字로 文選
司 考勳司 考功司 등 3屬司와 그 관장 업무를 드러낸 뒤,[82] 이어 이조
의 관원 구성이 어떠한지를 밝혔다.[83] 『육전조례』에서는 먼저 『대전회
통』의 내용을 그대로 표기하고,[84] 이어 각 屬司 별로 해당 항목을 설
정하고 그 관장 업무를 세세히 설명하였다. 그 다음으로 總例와 銓郎
故規, 應入 · 用下의 항목을 설치하였다. 吏曹에 수록된 전 내용을 살
피면 <표 4>와 같다.

이 같은 구성에서 『대전회통』이 포괄적인 규정을 담고 있다면, 『육
전조례』는 그 규정과 관련한 실제 시행 규칙을 보다 세밀하게 펼치는
한편으로 衙門의 운영에 소요되는 재정 상황, 종사하는 구성원, 관련
규칙 등까지 빠짐없이 수록하고 있음을 확인할 수 있다. 근본적으로
『육전조례』는 『대전회통』의 내용 안에서 만들어진 것이라 할 것이다.

---

82) [文選司] 掌宗親 · 文官 · 雜職 · 贈職除授 告身 · 祿牌 文科生員進士賜牌 差
　　定 · 取才 · 改名及贓汚 · 敗常人錄案等事 [考勳司] 掌宗宰 · 功臣封贈 諡號 享官
　　老職 · 命婦爵帖 鄕吏給帖等事 [考功司] 掌文官功過 · 勤慢 · 休假 諸司衙前仕
　　日 辨理鄕吏子孫等事.

83) 『大典會通』, 吏典 京官職, 吏曹, "判書一員 正二品 參判一員 從二品 參議一
　　員 正三品 正郎二員 正五品『原』三員『增』一員權減 佐郎同 佐郎二員 正六
　　品.『補』參判 以經筵通望人 參議 以國子通望人通擬 ○權減正 · 佐郎 親政
　　時差出".

84) <표 4>에서 살피듯, 『대전회통』에서의 규정과 동일하다. 다만 인적 구성에서
　　錄事 吏胥 徒隷 등 吏曹 소속 제 구성원들이 더 포함되어 있다.

그러나 어떤 경우에는, 『대전회통』의 규정에 없는 내용이 더 포함되어 있기도 했다. 이는 두 법전의 편찬 시차에서 오는 변화일 수도 있고, 또 『대전회통』에 실린 법 규정을 보다 『육전조례』에서 세분하면서 풀었기 때문에 나타난 현상일 수도 있다.

<표 4> 『六典條例』의 吏曹條에 수록된 내용

吏曹의 職事와 구성원	三 屬司의 항목 및 조문 수	總例 및 經費
吏曹 掌文選·勳封·考課之政 文選司 考勳司 考功司 各掌其事 判書一員……參判一員…… 參議一員…… 正郎二員…… 佐郎二員…… 綠事……吏胥……徒隷……	文選司 : 掌宗親·文官·雜職·贈職除授 告身·祿牌 文科生員進士賜牌 差定·取才·改名 及贓汚·敗常人錄案等事 宗親(3) 文官(33) 雜織(2) 贈職(12) 除授(28) 告身(4) 祿牌(2) 文科生員進士賜牌(3) 差定(64) 取才(3) 改名(1) 贓汚·敗常人錄案(1)	總例(42) 銓郎古規(23) 應入 用下
	考勳司 : 掌宗宰·功臣封贈 諡號 享官 老職 命婦爵帖 鄕吏給帖等事 宗宰功臣封贈(7) 諡號(2) 享官(104) 老職(5) 命婦爵帖(1) 鄕吏給帖(1)	
	考功司 : 掌文官功過·勤慢·休假 諸司衙前仕日 辨理鄕吏子孫等事 文官功課勤慢(12) 休暇(2) 諸司衙前仕日(1) 辨理鄕吏子孫(1)	

『육전조례』에 실린 각 아문별 내용은 아문의 규모, 위상이 달랐기 때문에 그 내용의 분량이나 수록하고 있는 항목이 일률적이지는 않다. 그러나 職事와 구성원, 그리고 수입 지출의 재정 상황은 모든 아문에서 공통적으로 담고 있다. 이런 면에서 『육전조례』는 각 아문과 관련되는 행정 규례, 재정 규칙 등 제반 사항을 통일적인 체계 속에서 종합적으로 정리하고 있는 법전이라 할 수 있을 것이다.

『육전조례』의 성격을 『대전회통』과 비교한다면 어떤 차이를 보일까? 『대전회통』이 국가체제 전반의 대강령을 규정한 법전이라면 『육전조례』는 중앙 각 아문의 세세한 條例와 格式을 담은 책이었다. 그러니까, 『대전회통』과 『육전조례』는 그 근본 성격이 달랐다고 할 수 있는데, 『대전회통』을 살피면 국가를 구성하는 체제와 그를 운용하는 근본원칙을 전반적으로 확인할 수 있고, 『육전조례』를 통해서는 중앙 아문의 구성과 운영방식, 운영규칙을 구체적으로 확인할 수 있다. 『육전조례』는 중앙행정(군정) 주체의 업무분장을 명확히 규정한 行政法典이었다. 요컨대, 두 법전은 그 규모와 형식에서 상호 달랐는데, 『육전조례』 편찬에 참가했던 洪鍾序는 이를 두고 두 법전은 表와 裏의 관계, 根源과 支流의 관계를 이룬다고 하였다.[85] 양자는 각각 강령과 세목, 근원과 지류의 관계를 이루며, 큰 줄거리에서부터 세세한 항목에 이르기까지, 국가운영에 필요한 법을 빠짐없이 포괄하고 있었다. 이전 시기에는 볼 수 없을 만큼의 통일성과 체계성, 치밀함을 갖춘 법전이 두 차원, 두 형태로 편찬된 것이다. 이를 여기서는 『大典會通』-『六典條例』의 법 체계라 부르기로 한다.[86] 혹은 줄여서, '大典-六典' 체계라 할 수도 있겠다.

대원군 정권기의 이 같은 법전 편찬과 운용은 영조, 정조대의 법전 편찬과 법 운용의 전통을 계승하면서도, 그 시기의 그것에 비하면 훨씬 발전된 것이었다. 영·정조 시기, 특히 정조 시기에 이르러 조선정부는 『大典通編』을 마련하고 또 6조나 개별 관서를 중심으로 하는 법전을 따로이 편찬 운용하였다. 『度支志』『秋官志』『春官志』『弘文館志』『奎章閣志』『太學志』 등 법령집이 그것이었다.[87] 말하자면, '大典'을 정비하고 또 각 관서의 개별 법전을 마련하여 운용하는 방식이

---

85) 『六典條例』序, "大典會通成 禮樂刑政 名物法度 一王制備矣 我聖上 以典書簡嚴 應行條式 尙或闕遺 仍令纂輯諸臣 稡會六官諸司載錄事例 採摭損益 彙爲一書……於是乎有條例之作 與會通 表裏相須 源流互濟".

86) 『大典會通』 편찬이 마무리되던 무렵, 이전과 병전에 관련한 사항만을 따로 정리한 『兩銓便攷』가 편찬되었다. 이전과 병전이 갖는 비중 때문에 이 책이 따로 편찬된 셈이었는데, 『六典條例』를 만들 때 이 내용의 독립성과 유용성을 인정하면서도 『六典條例』 속으로 편입하였다(『六典條例』 凡例, "東西兩選曹之政格 雖有便攷 亦不得不載之於此 俾名實具備 典令畢擧").

87) 연갑수, 앞의 글, 1999, 29쪽.

이미 관행화하고 있었던 것이다. 그러나 모든 曹에서 개별적으로 독자적인 법전을 마련하고 운영한 것은 아니었다. 그런 면에서 『대전회통』 —『육전조례』의 이원적 법전체제는 과거의 성과를 포괄하며 한 단계 뛰어넘는 새로운 진전이었다.

대원군 세력이 이와 같이 체계적으로, 그리고 정밀하게 법전을 편찬했던 의미는 어디서 찾아야 할까? 이는 아마도 국가의 경영에서 法이 가진 기능을 최대한 활용하겠다는 의도와 연관하여 살펴야 할 것이다. 그것은 이미 영·정조대 탕평정치기의 법전 편찬에서도 확인하는 바지만,[88] 국가운영의 근본 지향과 방법을 治者 一般의 道德性 確立을 매개하여 설정하려던 주자학적인 방식과는 다른 것이었다. 주자학적인 정치론은 兩班 臣僚들에 의해 조선후기 내내 큰 영향력을 발휘했거니와 세도정권하에서도 정치운영의 근본 원리로 작용했다.[89] 대원군 세력은 이를 탈피, 國法을 활용하는 가운데 그 힘으로 정국을 운영하려고 했으며, 그 귀결이 곧 새로운 법전 편찬이었다. 도덕성보다는 객관적이며 일률적인 法의 역할을 보다 중시하고 이를 근거로 국가와 사회를 운영하겠다는 방향성이 전제되어 있었던 것이다. 그것은 어떤 면에서는 人治의 이념보다는 法治의 이념이 보다 강조되는 모습이라 하겠다.

기존의 질서와 문화를 급진적으로 변화시키려 했던 대원군 정치의 성격은 이러한 법전 정비와 그 운용에서 찾을 수 있을 것이다. 대원군 세력에게서 법은 권력의 근원이자 국가운영의 주된 방법이었다. 대원군 세력은 구래 구축되어 있던 제반 질서와 관행을 부정하며 새로운 질서를 만들어 나갔다. 당대 조선사회가 필요로 하는 과제를 수행하기 위해서는 그것이 최선의 길이라는 것이 이들의 생각이었다. 그러한 지향은 달리는 富國强兵의 국가체제를 이루자는 열망과 맞물려 있었다.

---

88) 여기에 대해서는 정호훈, 앞의 글, 2004 참조.
89) 박광용, 앞의 글, 1990 참조.

서원을 철폐하고 군비를 증강하며 군대를 양성하고 세정개혁을 이루는 것들은 모두 이와 연관된 것이었다. 이 과정에서 대원군 세력은 종래의 정치적 관행과 이념, 방법을 급격하게 붕괴시키고자 하였다. 그것은 주자학적 사유, 주자학적 정치문화와 연관된 제 관행을 부정하는 일이었다. 특히 서원 철폐는 이러한 지향을 극명하게 보이는 大사건이었다. 1000여 개를 넘어가는 전국의 서원·사우를 극히 일부만 남기고 훼철한 것은 구래 조선 양반사회를 규율했던 사상·이념을 핵심에서 파괴하는 정치행위였다. 이 점에서 본다면 대원군 정치는 가까이로는 세도정치의 관행, 세도정치의 정치이념을 넘어서면서 넓게는 조선후기의 지배적 정치질서를 지양하려는 면이 있음을 확인하게 된다.

4. 맺음말

이상으로 대원군 정치의 성격을 살펴보았다. 대원군 세력은 고종 즉위 후 중앙권력 구조를 크게 바꾸었다. 우선, 宗府寺를 종친부에 합속시켜 종친부의 위상을 격상시켰다. 이와 더불어 대원군 세력은 비변사를 의정부에 合屬시켜 그 屬司로 두는 한편, 비변사가 가지던 중요한 기능들을 여러 형태로 분산하는 형태로 備邊司 중심 체제를 해체하고 議政府의 기능을 정상화하였다. 또한 대원군 세력은 행정 재정상의 업무를 의정부가 중점적으로 관장하게 하고, 三軍府를 복구하여 군정업무를 담당하게 했다. 이리하여 一國의 政令이 文事와 武備로 나누어져 집행되게 되고, 의정부와 삼군부는 명실공히 이를 대표하는 기구가 되었다.

대원군 집정 초기의 정치기구 개편은 法典의 정비와 맞물리며 진행되었다. 대원군 세력은 권력 기반의 정지 작업을 어느 정도 마무리하면서 신속한 속도로 법전 편찬에 착수하였으며, 『大典會通』과 『六典

條例』를 연속하여 완성하였다. 『육전조례』와 『대전회통』의 관계는 表
와 裏 혹은 根源과 支流의 성격을 지니고 있었다. 『대전회통』이 국가
체제 전반의 대강령을 규정한 법전이라면 『육전조례』는 중앙 각 아문
의 세세한 條例와 格式을 담은 行政法典이었다. 이전 시기에는 볼 수
없을 만큼의 통일성과 체계성, 치밀함을 갖춘 법전이 두 차원 두 형태
로 편찬된 것이다. 이를 『大典會通』-『六典條例』의 법 체계, 혹은 '大
典-六典' 체계라 할 수 있겠다.

대원군 정치는 이와 같이 중앙정치체제의 개편과 새로운 법전의 편
찬과 운용의 두 측면을 중심으로 진행되었다. 중앙정치체제의 개편은
文事에 치우친 정치운영을 벗어나 武備의 政事를 보다 적극적으로 수
행할 수 있는 제도적 기반을 마련하는 일이었으며, 법전의 정비는 人
治・德治를 강조하는 주자학적인 정치운영론을 벗어나 國法의 기능을
보다 강화하려는 지향의 산물이었다. 그것은 富國强兵의 국가체제를
만들어 내외로 닥친 조선의 위기를 극복하기 위해 대원군 세력이 선택
한 특별한 면모였다. 그런 면에서 본다면 대원군 집정 초기에 이루어
진 두 측면의 사안은 그 성격에서 상통하였다.

집정 초기의 이 같은 작업은 그 자체로 많은 변화를 일으키고 있었
지만, 대원군 세력은 이를 근거로 사회 여러 영역에서 많은 쇄신을 도
모하였다. 그 과정에서 종래 조선이 안고 있던 적지 않은 모순과 폐단
들이 해소되고, 새로운 문화현상이 나타났다. 戶布法 실시나 書院 撤
廢, 노론 정치세력의 약체화 작업은 그 대표적인 경우였다. 대원군 세
력은 국왕 혹은 국가가 가질 수 있는 권한을 확대하는 가운데 이를 바
탕으로 기존의 정치적 관행을 깨어 나갔다. 그것은 세도정치기의 정치
운영에서 탈피해 나가는 것이기도 했었고 나아가서는 조선사회의 臣
權中心的, 文治的 정치운영방식을 해체시키는 것이기도 했다.

이같이 살피면, 대원군의 정치는 영조와 정조의 정치적 전통을 계승
하는 성격이 강했음을 확인할 수 있다. 영조와 정조는 君權・公權의

강화를 근거로 당대 조선사회가 안고 있었던 제 과제를 풀어가려 하였다. 신료들간의 정치적 화평으로부터 民의 경제적 안정, 사회생산성의 증대와 신분계급 관계의 재조정 등등에 이르기까지 영·정조대 정치가 짊어진 과제는 하나같이 만만치 않았는데, 영조·정조는 이러한 문제를 풀기 위해서는 군주와 국가가 가진 公的인 性格을 보다 확대하고 이를 바탕으로 제반 변화를 이루어야 함을 강조하였다. 이들은 주자학의 정치론에 기대면서도 거기에 매몰되지 않고 새로운 정치론을 확립하고자 하였으며, 사회변화에 맞추어 '경국대전 체제'를 발전시켰다. 영·정조대의『속대전』『대전통편』편찬은 그러한 지향의 반영이었다.

대원군 세력의 정치적 지향은 그러나 오래가지 못하고 좌절하였다. 그 같은 좌절은, 君權에 기대어 국가·사회의 공적 요소를 강화하고 그 힘을 통하여 새로운 변화를 끌어내려던 노력이 조선사회 내부에 존재했던 여러 여론과 정치적 지향을 끌어안지 못했다는 반증이었다. 그것은 대원군 세력이 시대를 앞설 수 있는 새로운 이념과 상충하는 여러 利害 關係를 유연하게 포섭할 수 있는 정치술을 충분히 마련하지 못했다는 의미이기도 했다. 그렇게 본다면 대원군 세력은『대전회통』과『육전조례』의 편찬과 운용에서 보이는 바, 법에 기초한 정치, 법에 기초한 국가운영을 보다 강화하긴 했지만, 그 법을 채울 새로운 내용을 충분히 확보하지 못했다고 할 수 있을 것이다. 주자학적 정치운영의 방식을 벗어나려고 하면서도, 그 법제의 내용을 새로운 근대적 요소와 연관하여 마련하지 못한 점에서, 대원군 정치가 부닥쳤던 한계를 우리는 확인할 수 있을 것이다.

19세기 중반 국교확대 문제와
대원군의 '쇄국정책' 재검토

김 혜 승*

1. 머리말

본고는 19세기 중반 국교확대 문제와 관련한 대원군의 '쇄국정책'에 대한 재검토를 목적으로 한다. 이를 위해 세도정치의 체제변동을 거친 후 집권한 대원군 집권기 국가경영의 이상이 어떻게 정책화하여 현실화되는지 확인하려는 것이다. 그동안 대원군의 대외정책으로 인식되어 온 '쇄국정책'을 확인하기 위해서는 대원군 정책에 나타난 국가관과 세계관은 어떠한 것이며 당시 서세동점과 관련한 위기의식이라든가 이에 대응한 정책추구는 어떠한가, 또한 조선에 접근한 서양세력은 어떠한 양상을 보였으며 대원군의 대외정책의 기초가 된 국내정책의 특성은 무엇인가, 그리고 이들 정책의 이념적 기초가 된 대원군의 사상은 무엇인가 등을 검토하는 것이 필요할 것이다.

대원군 정치에 대한 지금까지 연구는 대체로 체제를 수호하고자 한 봉건적 측면, 반근대적 폐쇄성과 보수성, 내정개혁의 진보성 그리고 사적 권력 추구와 연관된 낮은 단계의 정치적 리얼리즘 등에 주목해 왔다.[1] 이에 따라 대원군 권력에 대한 이해에 있어서도 주로 그의 전제

---

* 이화여자대학교 사회과학연구소 연구원, 정치학
1) 안외순, 『대원군집정시 권력구조에 관한 연구』, 이화여대 정치외교학과 박사

성이 강조되었다. 이렇게 봉건적 폐쇄성, 전제성을 대원군 정책의 특성
으로 강조하는 경우, 이후 조선의 식민지화 역사와 관련하여 그 원인
으로서 주목하며 자책하는 경향을 보였다.

그런데 이들 연구의 경우 대원군 정치가 조선조의 정치, 사상사와
어떠한 맥락에서 성립하며 특히 쇄국정책의 기초로 인식되어 온 위정
척사와 관련해 그 사상적 연관은 무엇인지 구체적 실체를 제시하지 못
하고 있다. 따라서 이 연구에서는 대원군의 정책을 구체적으로 파악하
여 재평가하고자 한다. 이러한 과정에서 조선조 역사적 운명에 대한
내적 이해, 즉 대원군 '쇄국정책'에 대한 자책의 타당성도 검토가능 할
것이다.

2. 19세기 중반 외세의 충격과 서양과의 국교문제

조선시대 19세기는 '민란의 시대'였다. 따라서 19세기 중반 대원군
집권기 과제는 民의 저항에 나타난 요구를 체제 내로 수용할 수 있는
개혁정책을 모색하는 것이었다. 그리고 그 정책의 실현을 위해서는 우
선 勢道政治의 사권 강화를 극복한 중앙집권적 통치력이 요구되었다.
이와 함께 고려해야 할 것이 18세기 후반 본격화된 서양 열강의 동양
진출에 따른 위기였다. 따라서 이 시기 대원군 통치는 사회적 모순을
극복하여 내적 발전을 이루는 과제와 함께 서구 제국주의에 대응하는
대외적 과제가 부과되었던 것이다.

이와 관련해 그동안 대원군의 대외정책은 쇄국으로 규정되어 일반

학위논문, 1995 ; 연갑수, 『대원군집권기 부국강병책연구』, 서울 : 서울대출판
부, 2001 ; 김영수, 「근대 한국의 실패와 정치적 리얼리즘 : 조선말기 홍선대
원군 집권기의 정치와 정치리더십을 중심으로」, 『東洋政治思想』 2, 2003 ; 강
상규, 「문명사적 전환기 대원군의 위기관리 및 왕권강화책의 패러독스」, 『한
국동양정치사상사학회 발표논문집』, 2005.

화되었다. 이러한 평가는 丙寅·辛未洋擾의 역사적 사건에 초점을 맞추고, 그 이념은 衛正斥邪派로 대표되는 李恒老, 奇正鎭 등과 관련시키고 있었다. 따라서 대원군 평가를 위해서는 이들과 당시 국가관, 대외관에서 동질적인 관점을 보이고 있는지 확인하는 것이 요구된다고 하겠다. 만일 차이를 보이고 있다면 이러한 차이점을 분석하여 대원군이 추구했던 국가구상은 무엇이었는지 구체적 정책을 통해 밝혀야 할 것이다.

조선이 구미열강에 개국을 강요당하는 계기는 1876년 일본과의 수호조약이었다. 그러나 이미 그 이전 약 반세기 동안 구미열강은 때로는 천주교를 통하여 또는 직접적 무력침공에 의해 조선에 접근해 왔다. 그것은 대원군 집정기 최고조에 달했다.

대원군의 강력한 저항정책은 서양에 대한 위기의식으로부터 나온 것으로서 여기에는 두 가지 측면이 있다고 할 수 있다. 서학이라는 테두리 속의 기독교에 대한 이데올로기적 위기감과 아편전쟁 이후 구체화된 서양 침략에 대한 무력적 위기감이 그것이다.

조선에서 천주교의 포교는 1784년 이승훈이 북경에서 영세를 받으며 시작되는데 그 후 수차례 탄압사건을 야기시켰다. 중국의 개항 이후 조선 연해에 출몰하는 군함의 증가로 가시화된 외세의 접근에서 그 첨병 역할을 한 것은 천주교였다. 천주교의 국내 전파가 외부로부터의 침략을 불러들이는 내인이라는 확신을 갖게 하는 역사적 사건이 있었던 것이다. 1801년 신유사옥 때 북경주교에게 보낸 이른바 '황사영 백서사건'[2]이 그것이다. 또한 1839년 기해교옥 때, 불법잠입해 포교활동을 하던 프랑스 신부 3명의 처형은 프랑스 무력간섭의 구실이 되었다.

---

2) 이 밀서는 조선에서의 천주교탄압에 대해 알리면서 그 포교책으로서 청국으로 하여금 조선을 감호케 할 것, 교세의 만회를 위해 서양국들이 재정원조를 베풀 것, 포교의 자유를 인정케 하기 위해 서양국가들이 군함 수백 척, 정병 5~6만 명, 대포 등의 무기로 압력을 가할 것 등을 요청하고 있다. 이만채 편, 김시준 역, 『闢衛編』, 명문당, 1987, 280~312쪽.

1846년 프랑스 해군소장 세실(Cecille)은 군함을 이끌고 내한하여 선교사 처형을 힐난하고 배상을 요구하는 서한을 조선정부에 전달하고 돌아갔다. 그러나 선교사 처형에 대한 외부의 간섭은 조선정부를 더욱 경화시켜 기독교 탄압으로 다시 이어졌다. 다음 해 회답을 받기 위해 프랑스 해군대령 삐에르(Pierre)가 군함을 이끌고 내항했으나 전라도 앞바다에서 좌초하여 서해로 철수했다. 난파선에서 획득한 물품은 총, 대포, 기타 玩好品 등이었는데 조선정부는 그 대포를 견본으로 대포 9문을 주조하여 강화도에 장비하였다.[3] 또 조난당한 프랑스인에 대해서는 친절히 대우하나 위장한 프랑스인은 처단한다는 내용의 회답을 북경을 통해 삐에르에게 전달했다. 조난당한 선원에 대하여 식료품과 석탄, 의약품을 주고 선박을 수리해주는 등 인도적 대우를 베풀고 중국을 경유하여 본국에 송환하나, 통상 및 전교의 요구는 거절한다는 통상거부의 대외정책을 보여주었다. 더욱이 조선정부가 1860년 부연사로 청국에 파견한 신석우 등의 사절을 통해 알게 된[4] 영불 연합군의 중국 침략과 북경함락은 대외적 위기의식을 더욱 고조시키는 것이었다.[5]

이 같은 상황에서 대원군 집권 후 1866년 러시아, 프랑스, 영국, 미국 등이 잇따라 개국을 요구하자 조선은 거부정책으로 대응하며 프랑스 및 미국함대의 무력침공으로 발전하게 된다. 위정척사론의 앙양과 변천은 이 두 사건을 배경으로 전개된 것이다.

---

3) 문일평, 「史外異聞」, 『호암전집』 제3권, 삼문사, 59쪽, 1978 ; 이선근, 『한국사 5 최근세편』, 진단학회, 서울 : 을유문화사, 1962, 113쪽.

4) 『哲宗實錄』 12年 3月 乙卯.

5) 한 서양인은 1860년 당시 중국에서의 전란과 황제의 피난 소식이 조선에 커다란 흥분을 야기시켰다고 기록하고 있다. 그는 또 이 해에 청 · 러 협약으로 러시아가 조선과 국경을 접하고 페리호에 의해 일본이 개항한 것도 흥분에 한 몫을 했음을 보여주고 있다(H. N. Allen, *Korea : Fact and Fancy*, Seoul : Methodist Publishing House, 1904, 152~153쪽).

1) 서양과의 교섭과 러시아와의 실질적 '관계'

서양세력에 대한 관심과 대응문제는 대원군 집권 초(고종 1년) 국경을 접하게 된 러시아가 육로로 통상을 요구하며 제기됐다. 고종 2년 (1865) 11월 국왕에게 보고된 함경감사 김유연의 장계에서 러시아와의 접촉을 밝히는 내용에는[6] 9월 서양인 수십 명이 도강해 왔는데 그 중 청나라 사람 1명이 러시아측 공문을 감영에 가서 바치겠다고 해 국경을 넘어올 수 없다며 타일러 보낸 일, 11월 서양인 3명이 또 경흥부사 윤협이 첩정을 작성한 그 날 말을 탄 2명과 수행한 5명이 건너왔는데, 1명은 전에 왔던 청나라 사람이라며 洋書를 주면서 바로 감영에 보고하라고 요청하며 회답을 받으러 15일 내에 다시 오겠다고 하기에 90일로 기한을 연장해서 돌려보낸 일이었다. 윤협은 회답을 주겠다는 시한을 정했기 때문에 감영에 보고했고, 김유연은 이 첩정을 보고 국왕에게 장계를 올렸다. 당시 러시아와의 국경상의 문제가 대원군에게는 보고되고 있었다. 9월에 있었던 러시아인들의 새로운 통상 요구를 계기로 프랑스 신부 베르뇌(F. Berneux) 주교와 대원군 사이에 몇 차례 접촉이 있었다는 것은[7] 대원군이 러시아의 위협을 의식하고 있음을 보여준다. 의정부에서는 내용만 중앙에 보고할 것과 저들이 감영에 공문을 직접 전달하려 하면 허락하지 말 것을 지시했다.

러시아는 이후 조선인 이주 문제를 위해 조선 측과 협상을 벌여 나갔다. 고종 6년 11월 노브고로드스키 초소 지휘관 디아첸코(Dyachenko) 대령은 경흥에 가서 조선인의 연해주 이주를 중지시키기 위한 조치를 취해 줄 것과 본국으로 귀환하는 조선인들을 처벌하지 말 것을 요구했다. 이에 대해 조선정부는 조선인들의 러시아 이주 중단과 귀환자들을

---

6) 『日省錄』 고종 2년 11월 辛未, 「咸鏡監史金有淵以慶興府異國人來往事啓」 ;『日省錄』 고종 2년 11월 壬申, 「命異國人不能禦揭之地方官 慶興府使尹 日劦 載罪擧行 北兵使李南軾重推」.

7) Ch. Dallet, *Histoire de L'glise de Corée II*, Victor Palmé, 1874, 501~502쪽.

받아들이겠다고 확약했다. 12월에는 남우수리주 국경경비대 사령관의
경흥 방문에 조선 이주민 대표들이 수행했다. 경흥부사는 러시아내 조
선인들이 귀환하면 관대히 맞아줄 것이며 러시아 이주를 저지하겠다
는 각서를 써 주었다.[8]

이 교섭과정은 서양과는 일절 교섭하지 않겠다는 조선정부의 공식
입장을 벗어나면서 조선의 관원이 최초로 서양 관원에게 각서를 써 주
며 국경상의 긴장을 완화시키고 있는 점에서 주목된다. 이미 고종 4년
(1867) 경흥부사 윤협이 越境을 금지해 달라는 공문을 러시아 측에 보
내며 관원과 교섭하고 있었다는 점은 우발적으로 각서를 써 준 것이
아니라 중앙의 승인을 받았던 것으로 보아야 할 것이다. 국왕이나 의
정부에서 공식적으로 파악하지 못하고 있던 경흥사건을 대원군은 알
고 있었다. 경흥부사 이교봉의 각서는 공식기관보다는 대원군의 지시
혹은 승인 속에서 이루어진 것으로 보인다.[9]

조선이 러시아와 독자적 접촉을 했다는 사실은 종주권을 주장하던
청국으로서는 간과할 수 없는 문제였다. 그러나 고종 7년 러시아 국경
문제에 대한 중국관원의 요구를 거절해 중국과 외교 마찰을 일으킨 경
원부사 마행일은 경흥부사에 임명되었다.[10] 마행일을 보호하고 그를
통해 대러 협상창구를 유지하려는 대원군의 의도로 보인다. 이러한 러
시아와의 교섭 의의는 지방차원의 실무해결을 통한 실질적 관계에서
찾을 수 있을 것이다.

그러나 대원군과 베르뇌 주교 사이에 교류가 급진전한 계기가 되었
던 고종 2년 러시아의 통상 요구 사실이 11월 세상에 알려지게 되었다.
그런 가운데 정치적으로 새로운 변수가 등장하였으니 조선의 서학교
도들이 防俄策 논의에 관여한 것이다. 金冕浩는 베르뇌의 집주인인 홍

8) 朴보리스, 『제정러시아의 고려인』, Moskva, 1993, 27쪽.
9) 연갑수, 앞의 책, 2002, 117쪽.
10) 『日省錄』 고종 7년 7월 丁亥, 「命慶源府使馬行逸慶興府使申杓相換」.

봉주와 상의해 방아책으로서 서양 주교들을 이용해서 영·불과 동맹
을 맺을 것을 건의하는 편지를 제출했으나 대원군이 호의적 반응을 보
이지 않자 겁을 먹고 숨었다. 홍봉주는 남종삼에게 다시 건의할 것을
간청했다. 남종삼은 원래 홍봉주가 고종 2년 8월 제안했을 때는 거절
했으나 北道聞, 즉 김유연의 장계 소식을 들은 후에는 대원군을 방문
해 방아책을 담은 청원서를 제출했다.

조선정부는 기독교로 개종한 양반들로부터 러시아 방어 방법으로서
영·불과의 동맹을 조언하는 청원서를 받았는데 청원서에서 '서울의
고관들'이 대원군도 모르게 베르뇌와 접촉해 온 사실이 드러난 것으로
보인다. 프랑스신부 리델이 고종 3년(1866) "주교들의 협조를 구한 왕
의 태도를 두고……반대하는 이들도 있었지만 주교들과 신부들, 교우
들의 사형을 주장했던 김병국, 김병학 등 대신들이 이겼다."[11]고 말하
는 상황이 됐다.

대원군 집권의 기반으로서 그동안 수렴청정하던 풍양 조씨 세력에
대한 세도가문 안동 김문 김병학 등의 정치 공세는[12] 서학에 대한 탄
압, 병인사옥을 수반하였고 선교사를 통해 프랑스와의 관계를 진척시
키려던 대원군의 시도는 중단되었다. 그렇다 해도 침략적 충격이 있기
전 대원군의 대불교섭 시도 자체가 갖는 대외적 의미는 과소평가할 수
없을 것이다.

2) 병인양요와 대불교섭

1866년 초부터 9명의 프랑스 선교사와 남종삼, 홍봉주 등 수천 명의
천주교를 체포, 처형한 병인교옥은 프랑스 함대의 무력침공의 구실이

---

11) 『리델문서』 I, 77쪽.
12) 대원군의 정치적 기반에 대한 자세한 것은 김병우, 「대원군 집권기 정치세력
   의 성격」, 『계명사학』 2, 1987 ; 김명숙, 『19세기 정치론 연구』, 한양대학교 출
   판부, 2004.

되었다. 프랑스 선교사 가운데 중국으로 탈출한 리델(Ridel)의 보고에
접한 주청 프랑스 함대 사령관 로즈(Roze)는 주청 프랑스 대리공사 벨
로네(Bellonet)와 더불어 조선에 대한 무력침공을 협의하고 7월 청국
총리아문에 이를 통고했다. 통고문의 내용은 프랑스 선교사의 처형에
대한 항의에 그치지 않고, 청국의 개입을 배제하며 조선의 주권을 위
협하는 강압적인 것이었다.13)

벨로네의 서한이 전달되자 조·불 양국의 무력충돌은 바람직하지
않다는 입장에서 청국정부는 프랑스 측이 청나라의 조선에 대한 종주
권을 부인한 내용은 생략한 채, 거중조정에 나섰으나 실패하고 프랑스
가 조만간 조선을 침공할 것이라는 문서를 고종 3년 6월 조선정부에
보냈다. 조선정부는 국금을 무시하고 국내에 잠입한 프랑스 선교사의
불법을 규탄하고14) 역관 오경석을 파견하여 그 실상을 설명케 했다.

몰래 넘어온 외국인에게는 사형에 처하는 것이 국법인데 문제가 된
프랑스인들은 감히 넘어왔을 뿐 아니라 不軌를 도모한 무리들과 결탁
해 있었다. 조선은 프랑스와 교섭을 행한 적도 없는데 무슨 혐오가 있
어 프랑스인들을 함부로 살해했겠는가. 조선은 외교권이 없으니 중국
측에서 프랑스를 설득해 주기를 바란다.

조선의 입장은 해당 국가의 국법을 무시한 외국인에 대한 처형은 해
당국의 일반적인 권리이고, 프랑스에 대한 적대 행위를 의미하는 것은
아니며, 이 문제로 인해 프랑스와 무력 충돌을 원하지 않으니 이러한

---

13) 벨로네의 통고문은 청국정부의 권위가 조선에 미치지 못함을 확인시킴과 동
   시에 조선에 대한 그들의 행동의 자유를 선언하고 있다. 그는 조선 국왕이 프
   랑스인에게 손을 댄 그날이 그의 치세의 마지막 날이다. 며칠 안에 프랑스군
   은 조선을 무찌르기 위해 출발할 것이다. 그리고 프랑스 황제만이 조선의 영
   토와 왕좌를 처분할 권위와 실력을 가지고 있다고 선언하고 있다(W. E.
   Griffis, *Corea : The Hermit Nations*, AMS press, 1971, 377~378쪽).
14) 『同文彙考』原編, 「洋船情刑 回咨」.

조선의 입장에서 청국이 대신 교섭해 달라는 것이었다.

　1866년 10월 7척의 함대로 편성된 프랑스군은 리델 신부와 조선인 교도의 안내로 강화도에 침입, 선교사 살해에 책임이 있는 대신 3명을 엄벌할 것, 조약체결을 위해 전권사절을 파견할 것을 요구하였다.

　병인양요 발발 직후, 조정의 여론은 중국이나 일본이 모두 지탱하지 못했으니 필경 許和해야 프랑스군의 침략이 그칠 것이라는 의견이 분분했다.15) 병인사옥 결과 위정척사세력의 입지가 강화되었음에도 불구하고 許和論이 분분했다는 것은 '서울의 고관들'이 구상했던 프랑스와의 교섭이 대원군 정책에서 실현 가능성이 있었음을 보여 준다.

　조선정부는 신헌으로 하여금 양화진을 방위케 하여 프랑스 함대의 서울침공에 대비하였다. 국고에서 군비증강을 위한 지원을 함과 아울러 국토방위를 위해 궐기한 엽호군과 보부상 등 의병을 동원해 수비에 임했으며 정부가 관리하는 무기 사용을 허가하여16) 프랑스 군대가 육상에 침입해 오면 주체적으로 대항할 조건을 부여하는 등 국민 총무장 태세를 취하였다. 병인양요가 한창인 10월 대원군은 1860년의 천진 및 북경조약 이래 청국에서 자행된 구미열강의 횡포를 지적하고 쇄국양이의 결의를 표명함과 동시에 衆心의 단결을 호소하는 3개조를 발표했다. 즉, 화친함은 곧 매국이다. 교역을 허함은 곧 망국이다. 도성을 떠남은 곧 나라를 위태롭게 하는 것이다.

　프랑스군은 강화도에서 방화, 약탈, 살인 등 난폭한 행패를 다한 후, 문수산성에서 한성근이 이끄는 포수 50명의 사격을 받자 남문에 불을 지르고 패주했다. 이어 강화도 정족산성의 격전에서 이항로의 문인 양헌수가 이끄는 500여 명의 조선군으로부터 결정적 타격을 입고 11월 철수했다. 이것이 병인양요이다.17)

---

15) 『東津日記』 고종 3년 10월 15일.
16) 『高宗實錄』 3년 8월 甲辰, 8월 戊子, 9월 庚申, 9월 丁卯.
17) 병인양요 결과로서 일반적으로 지적되는 점은 프랑스제국의 위신의 실추, 조선의 양이책의 강화, 서구열강이 한청 관계를 재검토하기에 이른 것. 즉, 조선

프랑스 함대의 침입과 그에 대한 방어과정에서 대원군은 대내적으로 민중의 힘을 통일하여 강력한 저항정책을 전개할 수 있는 조건을 형성하고 대외적으로는 영불 연합군의 북경침입 후 격화되고 있던 반침략 성격을 더욱 강화하여 국론을 통일시켜 나갔다.18)

3) 슈펠트의 '외교적' 문서와 신미양요 후 대미관계

이처럼 천주교 문제와 이양선의 출몰로 긴장된 가운데 西學敎徒들은 프랑스군의 침략에 협조하는 경우가 많았고, 병인양요 때 체포된 서학교도들이 서양인들과 내통한 사실들이 구체적으로 드러났다.19) 이때 발생한 또 하나의 큰 사건이 제너럴 셔먼호 소각사건이다.

(1) 서프라이즈호 사건후 대미'교섭'과 제너럴 셔먼호 사건

평양의 왕릉을 약탈할 목적으로 8월 평양 근처까지 침입한 제너럴 셔먼호가 조선군관을 납치하고 관민에 사격을 가해 십여 명의 사상자를 내자 평양감사 박규수의 지휘로 셔먼호를 소각시키고 선원을 모두 살해하였다. 셔먼호 사건은 남북전쟁(1860~65) 후 미국의 적극적 태평양 진출이 시작된 초기, 조선개국의 주도권을 잡으려다 실패한 사건이다.

한편 셔먼호 사건 발생 2달 전인 고종 3년(1866) 5월 미국상선 서프라이즈(Surprise)호가 평안도 宣沙浦에 표류했다가 무사히 생환했다.

을 주권국가로서 인식하게 된, 프랑스군이 약탈한 도서나 사료가 후일 구미인의 조선연구에 기여한 것 등이다(Nelson. Melvin F, *Korea and the old orders in Eastern Asia*, Bolton Rouge. Louisiana State Univ. Press, 1945, 118쪽 ; 이선근, 앞의 글, 1962, 273~274쪽).

18) 반침략정책에 대한 백성들의 적극적인 호응은 『日省錄』 고종 3년 9월 丙子, 戊寅.
19) 『리델문서』 I , 118쪽(1866, 12, J.M. Ridel → L.J. Ridel), 129쪽, 「조선에서의 프랑스 인들(1866)」 ; 『捕盜廳謄錄』 中(보경문화사 영인본), 1985, 646쪽.

병인사옥 당시 프랑스 선교사 살해 사건과 셔먼호 승무원 몰살 사건 사이에 서프라이즈호 선원이 모두 무사히 생환할 수 있었다는 점은 주목할 만하다. 벨 제독은 셔먼호 사건 진상 조사의 임무를 전함 와추세트(Wachusett)호의 함장 슈펠트(R. W. ShuFidt)에게 맡겼다. 슈펠트는 자신이 도착한 옹진만이 大同河 하구였으나 제너럴 셔먼호가 실종된 大洞江 하구로 착각하고 「장연현감에게 보내는 편지」와 「조선 국왕에게 보내는 편지」를 전달했으나 답장을 받지 못하고 1주일 만에 떠나 버렸다.[20]

> 지난해 6월(양력) 조선 서해안에서 난파된 미국 조난선원(서프라이즈호)에 대하여 베풀어 주신 친절한 구제 행위에 대하여 크게 감사하게 여기고 있으며, 이들 조난 선원을 청국으로 안전하게 호송, 인도해 주신 전하의 조치에 감사하고 있습니다. 그 후 작년 9월(양력) 평안도 대동강에서 또 하나의 미국선이 난파되어 선원이 모두 몰살되고 선체는 소파되었다는 소식을 듣고 경악을 금할 수 없었습니다. 이들 미국인 선원들이 그처럼 잔인한 대우를 받을 만큼 어떤 나쁜 짓을 저질렀는지 전하에게 직접 탐문해 보라는 명령을 내렸던 것입니다. 선원 중 생존자가 있다면 황해도 장연현 오차진에 정박하고 있는 와추세트호나 그렇지 않으면 전하가 정한 기타 편리한 항구에서 생존 선원을 인도해 주시기 바랍니다.
>
> 특히 본인은 한·미 양국 간에 끊임없이 지속되어 온 평화와 우호가 앞으로도 계속 유지될 것을 간망합니다.……본인은 전하께 본 친서를 전달함에 있어서 이와 같은 따뜻한 정의를 느끼게 된 것을 무한한 영광으로 생각하는 바입니다.

슈펠트의 문서는 조선이 서양으로부터 공식적으로 접수한 문서 중 최초의 '외교적' 문건이었다. 슈펠트는 자신에게 부여된 임무인 제너럴

---

[20] 김원모, 「로즈함대의 來侵과 양헌수의 항전(1866)」, 『東洋學』 13, 1983, 219~220쪽.

셔먼호의 진상을 묻기에 앞서 조선이 베풀어 준 은혜, 즉 서프라이즈
호 처리에 대하여 사례했다. 그리고 조선과 미국 간에 평화와 우호가
지속되기를 희망한다는 말로 끝맺었다. 슈펠트는 조선을 주권국가로
인정하고 따라서 그에 맞는 격식을 차린 것이다. 황해도 관찰사 명의
로 작성된 답서는[21] 슈펠트가 조선 해역을 떠난 뒤였으므로 슈펠트는
고종 17년(1880) 3월 동래를 방문했을 때 비로소 받을 수 있었다.[22] 관
찰사는 이 답서를 중앙정부와 협의해 작성한 것임을 밝혔다.

　미국이 '교섭'을 통해 번영을 추구하는 관행을 갖고 있다는 사실을
조선에서 충분히 이해하고 있다는 것이다. 이것은 슈펠트 문건의 조선
과 미국 간에 평화와 우호가 지속되기를 간망한다는 것에 대한 화답이
었다. 이 내용은 조선 측에서 '교섭'이라는 구체적 표현으로 미국이 조
선과 '교섭'을 추진할 경우 조선이 거기에 응할 의향이 있음을 외교적
수사로 표현한 것으로 보인다.[23]

　슈펠트 다음 조선이 접촉한 미국관원은 고종 5년 3월 대동강에 출현
한 세난도어(Shenandoah)호 함장 페비거(C. Febiger)였다. 그는 三和
府使를 통해 「조선국왕에게 보내는 편지」를 전달했다.[24]

　　제너럴 셔먼호 선원 중 생존자가 조선에 포로로 억류되어 있다고 합
　　니다. 그래서 본인은 미국 해군사령관의 명을 받고 해군함정을 이끌고
　　내항한 것입니다. 생존 선원이 억류되어 있다면 선원 모두를 본인의
　　함정으로 인도해 주시기 바랍니다. 아울러 본인과 이 문제를 해결하기
　　위하여 귀국 정부도 전권특사를 임명 파견해 주시기 바랍니다.

21) 原田環, 「朴珪壽 洋擾」, 『旗田巍先生古稀記念 朝鮮歷史論集』 下, 1979 ; 原
　　田環, 『朝鮮 開國과 近代化』, 溪水社, 1997.
22) 『同文彙考』 原編, 洋船情刑 「黃海觀察使答美國文字」 ; 김원모, 앞의 글,
　　1983, 223쪽.
23) 『同文彙考』 原編, 洋船情刑 「黃海觀察使答美國文字」(3-2484) ; 『瓛齊集』
　　卷6, 「擬黃海觀察使答美國人照會」 ; 『朴珪壽全集』 上, 431쪽.
24) 『承政院日記』 고종 5년 4월 23일 ; 김원모, 앞의 글, 1983, 128~129쪽.

이에 대해 조선 측에서는 직접 大院君 封書를 전달했다.[25] 조선이 청국에 보낸 자문에 의하면 페비거의 편지를 받고 조선에서는 중국과 조선 사이에 오간 자문과 고종 3년(1866) 겨울에 미처 전하지 못한 답서, 즉 황해도 관찰사 명의의 답서를 전했다고 한다.[26] 페비거는 대원군 봉서에 만족하지 않고 확인되지 않은 소문, 즉, 평양에 4명의 서양인이 억류되어 있다는 사실을 확인하기 위해 평양까지 거슬러 올라갔다. 조선의 승인 없이 군함이 조선 내륙을 침범한 것이다. 조선정부는 소문의 장본인 金子平을 잡아다 대질 신문해 미국이 전해들은 소문이 헛소문이었음을 확인시켜 주었다. 그리고 셰난도어호는 회항했다.

(2) 신미양요와 대미관계의 특징

이후 그랜트(Ulysses Grant) 정부의 국무장관 피쉬(H. Fish)는 상해 총영사 슈어드(G. F. Seward)의 제안을 받아들여 조난 선원 구휼협약을 체결하되 가능한 한 조선과 통상조약을 체결할 것을 결정했다. 이를 위해 로저스(John Rodgers Ⅱ)의 아시아 함대를 동원하며 협상은 文官인 북경 주재 공사 로우(F. Low)가 담당하기로 했다. 조선과 협의를 하겠다며 거대 함대를 동원한 砲艦外交 의도를 보인 것이다.[27]

조선 방문 목적 등을 사전에 조선정부에 통고하기로 하고 청국 총리

---

25) 『日省錄』 고종 5년 4월 辛巳, 「三和防禦使李基祖以異樣船問情馳啓」, "自越津有一我國津船泛來 故問其來由 則答曰 自長連邑 奉大院君封書 傳于彼船 次來到云 俄而從大船上受答而去". 그러나 원본이나 내용은 전해지지 않는다.

26) 『同文彙考』 原編, 洋船情刑 「報洋夷情形咨」, "地方官 將已經回覆貴咨文 及丙寅冬未及傳之答書 並爲送示".

27) 당시 극동에서 미국의 목적이 경제적인 것 뿐 아니라 정치적 목적도 있었다는 배경에 대해서는 H. F. Macnair & D. F. Lach, *Modern Far Eastern International Relations*, second ed. New York : D. Van Nostrand Co, 1995, 69~74쪽 ; Thomas A. Bailey, *A Diplomatic History of American People*, 3rd ed. NewYork : F. S. Corfts &Co, 1947, Chaps. ⅩⅩ, ⅩⅩⅣ.

아문은 미국의 공한을 조선에 전달했다. 내용은 조선과 조난 선원 구
휼협정을 맺기 위해 미국의 공사를 파견할 것이니 조선은 大官을 선임
해 국경에서 협상을 갖자는 것이었다. 미국은 이 공한에서 통상조약
체결이라는 본래의 목적을 분명히 밝히지 않았다. 그렇다면 조난 선원
에 대해서는 언제나 柔遠之義를 발휘했던 조선의 입장에서는 새삼 논
의할 사안이 없는 것이었다. 그러나 청나라의 비밀 자문을 통해 프랑
스군이 조선을 침입할 것이라는 정보를 알았던 것과는 달리 미국이 조
선에 호의를 갖고 교섭하러 온다는 공식통고를 받았다는 점은 주목할
만하다.

고종 8년(1871) 4월 미국함대가 조선의 해안에 정박하자 조선정부는
이들을 접대하기 위해 3명의 관원을 기함 콜로라도(Colorado)호에 파
견했다. 그러나 조선 관원들의 직급이 3품관에 불과하고 신임장을 휴
대하지 않았다는 이유로 로우(F. F. Low) 공사는 접견을 거부하고 드
루(E. B. Drew) 서기관에게 대신 접대하게 했다. 드루 서기관은 "로우
공사의 사명은 조선정부와 중대사를 협상하기 위한 것이니 조선정부
는 미국특사와 대등한 대신을 파견할 것과 로우 공사가 필요하다고 판
단할 경우 미국의 소형 함정이 탐측 작업을 전개할 수도 있다"는 것
등을 통고했다. 그리고 다음 날 미국은 일방적으로 강화 해역의 수심
측량을 시작했고 이 과정에서 국경의 주요 관문인 손돌목을 침입했
다.28) 이에 조선군 수비대는 단호히 포격으로 대처하였다.

군사적 긴장관계가 발생한 후 양국은 해변에 꽂아 둔 장대에 매단
편지를 통해 의견을 교환하는 이른바 '장대 외교'를 시작하였다. 로우
공사는 미국 군함의 탐측 항행의 정당성과 셔먼호 사건의 진상 규명을
비롯한 조난선원 구휼문제를 위한 협의의 필요성을 강조했다. 조선정
부는 鎭撫使 鄭岐源의 명의로 작성한 문서를 통해 공식 입장을 표명
했다. 이 문서도 대원군 집권기 조선의 대미 외교문서를 담당한 박규

28) 김원모, 앞의 글, 1981, 271~273쪽.

수가 지은 것이다.29) 미국 군함의 손돌목 침입은 불법이며, 조난선원 구휼 문제는 이미 페비거 등을 통해 협의가 끝난 문제이므로 미국 측과 협의할 사안이 아무 것도 없다는 것이었다. 그리고 조선이 서양 국가들과 교섭하지 않는 것은 조상 전래의 법도이며 청나라에서도 알고 있는 것으로 파기할 수 없다는 것이다.

조선정부의 공식 입장을 확인한 로우 공사는 무력행사가 불가피하다고 판단했다. 아시아 함대를 인솔하고 온 것부터 포함 외교를 펼치려는 의도로서 로저스 제독과 협의 후 무력 보복을 단행했다. 강화도 초지진에 상륙하여 광성진을 점령하고 군사시설을 파괴했다. 미국군은 광성진에 미국 성조기를 게양함으로써 조선 영토를 강점하려는 의도도 은연중에 내비쳤다.30) 외국군이 조선의 영토를 강점한, 즉 '양요'가 발생한 것이다.

어재연이 지휘하던 광성진의 군사들은 결사 항전했으나 절대적인 화력의 열세로 조선군이 완패했고, 미국군은 자진 철수했다. 그러나 이 小戰爭으로 인해 슈펠트가 조선을 방문한 이후 미국과의 비교적 우호적인 실질 관계는 악화되었다. 富平府使 이기조는 미국 공사 로우에게 미국의 강화도 상륙을 비난하는 공문을 보냈다. 이에 미국 측은 평화적인 교섭을 하려 해도 조선 측에서 이에 불응하고 있다고 조선정부를 힐책하면서 미국의 강화도 상륙작전은 조선 측의 포격에 대한 보복으로, 미국군함에 포격을 가했던 군사시설에 한정한 공격이었다는 주장을 담은 드루 서기관 명의의 회신을 부평부사에게 전달했다. 동시에 미국전권공사 로우의 명의로 조선 측이 미국의 평화적 교섭에 무성의하게 대하고 있는 점을 비난하고 조난선원 구휼협정을 위해 전권공사에 상응하는 관원을 파견해 줄 것을 요청하는 문서를 조선국왕에게 전달했다.

29) 原田環, 앞의 글, 1997, 109쪽 別表.
30) 김원모, 앞의 글, 271~273쪽.

이기조는 4월 30일 로우의 문서를 감히 국왕에게 전달해 줄 수는 없다는 답신을 보냈고, 5월 3일 드루에게 보낸 마지막 답신에서 손돌목 포격은 국경을 침범한 외국 군함에 대한 정당한 조처였고, 조선 측이 유감의 뜻을 전달했음에도 불구하고 미국이 강화도 상륙 작전을 감행한 것을 비난하며 이것은 미국이 말로는 평화적 교섭을 주장하면서 실제는 다른 행동을 보인 것이라고 비난했다. 그리고 로우 공사가 조선 국왕과 동등한 자격으로 편지를 보낸 것은 예의에 어긋나는 것이며, 조난선원 구휼은 그동안 조선정부가 변함없이 시행하던 원칙이므로 새로운 조약체결은 무의미하다고 주장했다. 로우는 조선 당국과의 교섭은 불가능하다고 판단, 5월 16일 조선 영해를 떠났다.

신미양요에는 병인양요와 다른 몇 가지 특징이 나타난다.

첫째, 프랑스군은 조선 영토를 강점한 후 자신들의 목적을 알린 반면 미국군은 조선정부에 사전에 알렸다. 둘째 프랑스군은 조선영토에 장기 주둔하고 강화도 내의 비전투 시설 등을 약탈, 파괴한 데 비해 미국군은 광성진을 점령하여 일시 성조기를 게양했지만 즉각 철수했고 공격은 전투시설에 한정했다.[31] 양국의 침략성에 차이가 뚜렷하다.

차이는 마무리 과정에서도 드러난다. 프랑스군은 정족산성의 전투 패배로 강화도에서 철수한 반면, 미국군은 광성진 전투에서 승리했으나 일시 점령했던 강화도에서 즉각 자진 철수했다. 따라서 프랑스군은 강화 해역을 벗어나기에 급급했으나 미국군은 강화도 철수 이후에도 부평부사를 통해 공한을 주고받는 등 '관계'를 지속시켰다. 또한 철수 전날 조선정부에 미국은 침략 의도가 없으며 이후에도 조난선원이 발생하면 구휼・호송해 주기 바란다는 공식 입장을 전달했다. 프랑스는 병인양요를 계기로 조선과 관계가 악화됐고 이후에도 비우호적 관계

---

31) Orders to Commander L. A. Kimberly, Flag-Ship of the Asiatic Fleet, Boisee Anchorage, off Salee River, Corea, June 9(Annual Report 1871, 287~288쪽).

를 해소할 의도가 없었던 데 비해 미국은 신미양요를 거쳤지만 조선과 비우호적 관계를 원치 않는다는 입장을 공식 선언했다.

병인·신미양요의 이 같은 차이에 대해 조선정부의 대응도 달랐다. 조선정부는 병인양요에 대한 자문은 조선의 승전사실과 프랑스의 선교사 처형에 관계된 관원 처벌요구, 통상조약 체결요구 등이 부당함을 설명한 데 그쳤다. 신미양요에 대한 자문은 청나라에 咨文을 보내[32] 조선의 승전을 알렸다는 점에서 같은 성격을 띠면서도 차이를 보인다.

첫째, 조선의 승전을 알린 내용이 병인양요 때와 달리 외교 분쟁을 야기할 소지가 있었다. 즉 초지진에 결집해 있던 미국군을 草之僉使 李濂이 야간에 기습공격해 패주시켰다는 주장은 이기조가 미국의 침략을 비난하던 문서에는 등장하지 않았다. 이러한 주장은 간과할 수 없는 중요 내용으로서 미국이 조선 측과 다시 외교적 논쟁을 벌일 만한 사안이었다.[33] 둘째, 미국과 신미양요에 이르는 과정에서 주고받았던 각종 문서들을 동봉하여 조선과 미국 사이의 관계가 상당히 진전되었음을 청국에도 통고하는 효과를 가졌다. 처음에는 의식하지 못했지만 청국정부는 결국 조선과 미국이 '교섭'했음을 기정사실화하고 있다고 의심하게 되었다.[34] 셋째, 조선 해역을 떠나면서 미국이 조난선원 발생시 구휼해 달라는 요청에 대해 그것은 본래 조선의 정책이므로 시행하겠다는 내용이다. 프랑스 요구에 대해서는 아무것도 시행할 수 없다고 한 데 반해, 미국 요구에는 들어 줄 수 있다고 했다. 병인양요 이후 프랑스와 비우호적 관계를 해소하려는 의도를 표한 적이 없었던 데

---

32) 『同文彙考』原編, 洋船情刑, 「歷陳美國兵船滋擾情咨」(3-2491~2497).
33) 이처럼 조선정부가 승전으로 확인되지도 않은 사실을 미국 측에 알려달라고 청국에 보낸 자문에서 주장한 것은 새로운 현안을 만듦으로써 미국의 새로운 교섭 시도를 유발하려는 의도로 보인다(연갑수, 앞의 글, 2001, 143쪽).
34) 『淸季中日韓關係史料』3권, #188, 「本衙門片奏」, 246쪽, "況朝鮮於上中國文件 居然自行抄給美國 全不隱避 窺其用意 其所爲求中國 保護者 並非盡出眞忱 不過欲借中國爲卸肩地耳".

비해 신미양요 후 미국에 대해 특별히 적대 행위를 하지 않을 것을 표
명한 것이다. 넷째, 이 같은 조선정부의 입장을 청국정부가 대신 전달
해 달라고 요청했다. 이 요청을 청국 총리아문의 恭親王은 미국 공사
로우에게 전달해 미국정부에 공식 전달되었다.[35] 조선정부의 주장에
대해 미국 공사 로우는 손돌목 포격의 부당성과 조선 측이 새로 제기
한 강화도에서 미군이 패주했다는 주장의 허구성을 청국 총리아문에
항의하면서 그러한 입장을 조선정부에 전달해 줄 것을 요청했다. 미국
의 입장을 청국이 중재했을 경우 조선과 미국의 관계는 더욱 진전되었
을 것이다. 그러나 청국정부가 그 요청을 거부함으로써 대원군 집권기
미국과의 교섭은 더 이상 진전되지 못했다. 신미양요 이후 일본정가에
서 제기되었던 조선과 미국의 강화설은 신미양요 이후 미국과의 비우
호적 관계를 해소하려는 조선정부의 외교적 노력, 특히 恭親王을 통한
교섭 때문으로 보인다. 조선정부의 이러한 노력이 당시 청국을 통한
미국과의 수교 교섭으로 발전하지는 못하였지만 그러한 교섭을 시도
하였다는 사실 자체가 갖는 역사적 의미는 대원군의 대외정책과 관련
한 평가에서 커다란 의의가 있다고 할 것이다.

　신미양요 과정에서 양국이 공식 문서를 교환함으로써 실질 관계는
더욱 진척되었다. 대원군 집권기 미국과 맺어진 이 관계, 이 성과는[36]
고종 친정기 슈펠트가 동래에 와서 조선과 수교하려 했을 때 나타났
다. 이때 동래부사는 일본이 조선과 미국과의 교섭을 중재하겠다는 書
契의 접수를 단호히 거부했다. 공식적으로는 일본을 통한 미국과의 수
교를 거부한 것이다. 그 대신 동래부사는 대원군 집권기 황해도 관찰
사 명의로 작성된 슈펠트에게 보내려던 답서를 슈펠트에게 전해 주었
다. 그 답서는 고종 3년(1866) 겨울에 작성되기는 했지만 핵심적인 내

35) 沈箕載, 앞의 글, 2000, 237~245쪽.
36) 자세한 내용은 김명호, 『초기 한미관계의 재조명』(역사비평사, 2005), 제6장
　　신미양요기의 활동 참조.

용은 다른 것이었다. "다른 나라와의 교섭을 통하여 커다란 번영을 가져오겠다는 귀국의 관행이 우방인 청국은 물론 우리나라 전국에까지 인식되었다는 사실"이라는 내용이 추가된 전혀 다른 내용의 답서였다. 이 내용이 추가된 의미는 조선이 미국과 교섭할 의사가 있음을 보여준다는 것이다. 고종 17년 슈펠트가 동래부사를 통해 답서를 받았을 때는 답서의 명의를 제공했던 박승휘는 물론, 그 답서를 작성했던 박규수도 이미 세상을 떠난 뒤였다. 고종 17년 조선의 공식 입장은 일본을 통한 미국의 교섭 요청을 수용할 수 없다는 것과 함께 동래부사에게 새로 작성된 답서를 전달하며 미국과의 교섭을 희망하고 있었다는 것이다.

조선은 고종 19년(1882) 조미수호조규를 체결했다. 미국의 전권대신은 열강이 조선에 보낸 공식 문건 중 최초로 예의를 갖춘 외교문서를 작성했던 슈펠트였다. 슈펠트에 의해 대원군 집권기 시작된 조선과 미국의 '외교적' 관계에 비추어 이는 당연하였다. 조미수호조규는 불평등조약이었다. 그러나 당시 동양 3국이 서양과 체결했던 조약 중 불평등성이 가장 적었다는 사실 또한 주목해야 할 것이다. 불평등성이 가장 약화된 조약을 미국과 체결할 수 있었던 것은 대원군 집권기 한편으로 반침략 저항정책을 추진하며 주권을 유지하고 또 다른 편 '외교' 관계를 의도했던 당시 집권층-대원군과 그의 정책을 추진했던 박규수-의 외교정책의 역사적 결과라고 할 수 있을 것이다.

이와 같은 대원군 외교정책의 구체적 내용을 검토할 때 그 정책을 쇄국정책으로 규정하고 그 이념적 기초를 위정척사사상과 일치시키는 것에 의문을 갖지 않을 수 없다. 그렇다면 당시 위정척사 내용의 특성은 무엇이며 대원군 정책과는 어떠한 연관성을 갖는가?

4) 침략적 외세의 특성과 위정척사

1868년 러시아군으로 위장한 서양선교사와 국내 천주교도들이 합세한 남연군묘 도굴사건은 병인양요를 계기로 악화된 서양인에 대한 인식과 위정척사사상에 정당성을 부여하는 결과를 낳았다. 서양인은 조상 무덤을 파헤치는 짐승 같은 것들이고, 외세는 침략성이 특징이며 기독교는 그들의 침략에 내통한 것이다. 더욱이 국내 신도들이 방아책으로서 서구와 동맹을 맺으라는 제안은 불신한 것이 타당했다는 확신을 주었다. 그들이 서구의 외교정책에 이용되어 러시아를 위협적 대상국으로 규정했음이 증명된 것이다. 이 결과 양이정책은 강화되었다.

이어 1871년 미국이 강화도를 점령하는 신미양요를 겪자 조선은 주전척화의 뜻을 굳히고 척사윤음을 발표하였다. 이에 따라 전국 각지에는 洋夷侵犯 非戰則和 主和賣國 내용의 척화비가 세워졌다.[37] 무력으로써 조선의 개국을 강요한 양요는 서구에 대한 불신과 양이정책을 더욱 강화시키는 결과를 남겼을 뿐이다.

이같이 1860년 이후 위기의식이 고조된 가운데, 병인양요에서 신미양요에 이르기까지 조선에 대한 열강의 도전과 이에 대한 대응책으로서 대원군이 反침략 정책을 강화해 나가는 양상을 볼 때, 이 시기 위정척사론이 비등한 원인은 위정척사 그 자체가 지니는 사상내재적 요인도 있으나, 열강의 개국요구 방법이 더 문제임을 지적할 수 있다. 침략적 형태의 개국요구는 조선의 개국을 역사의 필연성으로 인식케 하는 자극이 되지 못하고 도전적 충격으로서 오히려 척사론자에게 양이정책의 정당성을 심화시켜 주었을 뿐이다. 척사론은 두 양요를 거치는 과정에서 자체논리의 변화를 보이게 되며 이 변화는 열강의 도전의 본질에 대한 인식과 이에 따른 위기의식을 반영하는 것이었다.[38]

따라서 침략적 외세에 대한 저항이라는 이 시기 집권자로서 대원군이 취한 대외정책이 갖는 의미를 평가하기 위해서는 우선 그 이데올로기적 표현이었던 척사론의 사상적 특성을 검토하는 것이 필요하다. 척

---

37) 『高宗實錄』 8년 4월 甲申.
38) 김영작, 『근대 한일관계의 명암』, 백산서당, 2006, 38~39쪽.

사위정론에 나타난 위기의식은 당시 대표적 척사론자인 기정진과 이항로를 통해 볼 수 있다.

1866년 8월 병인양요 중 副護軍 기정진은 6개 항목에 걸친 위정척사상소를 올렸다.[39] 그 논지는 첫째 국가의 계략을 확정하고 상하 관민의 국론을 통일시키는 것이 선결임을 강조하고 있다. 국가의 계략이란 쇄국양이책을 고수하여 서양과의 수호통상에 반대한다는 것이다. 그 다음 해상에서 공격해오는 외적을 제압하는 방법은 선로가 얕고, 바다와 산이 험준한 조선의 지형을 이용할 것과 연병을 철저히 할 것을 주장했다. 그리고 求言과 內修外壤을 논하며 귀결점은 '結人心'으로 요약하였다.

기정진의 척사론은 기본적으로 화이사상을 기반으로 하고 있다. 그러나 서구의 침략에 대해 상하 관민의 국론통일을 중시하고 이를 위해 言路를 찾는 여론정치를 강조함으로써 국론의 일체의식을 중시하는 "結人心"을 궁극적 해결책으로 내세운 점에서 民을 의식한 정책임이 주목된다. 제1항의 洋物禁止論은 당시 서양의 침략이 경제적 요인을 띠고 있었다는 역사적 사실을 고려하면 '척사 6항'은 위정척사론의 논리를 어느 정도 진전시킨 것이라고 평가할 수 있을 것이다. 1860년대 책문을 통한 교역품목 중에는 영국제 상품 등 적지 않은 양물이 침투해 양반들의 사치품으로 사용되고 있었다.[40] 기정진의 양물금지론은 이 같은 새로운 역사적 현실을 반영한 것이다.

기정진의 위정척사론을 발전시켜 대원군의 정책을 뒷받침한 것이 이항로의 일련의 척사상소였다.[41] 병인양요에 즈음하여 국난수습 방책을 개진한 상소에서 '主戰 戰守論'을 내세워, 主戰=我方, 主和=敵方이

---

39) 『承政院日記』 高宗 3년 8월 壬寅 ; 『日省錄』 高宗 3년 8월 壬寅, 「副護軍奇正鎭斥邪疏」.

40) 露國大藏省編, 최선·김병린 역, 『韓國誌』, 東京 : 東京書院, 1905, 533쪽 ; 信夫淳平, 『韓半島』, 東京, 1901, 12∼13쪽.

41) 『高宗實錄』 3년 9월 戊辰, "承旨李恒老疏 乃陳事務賜批".

라는 2분법에 의해 국책을 주전론에 둠과 동시에 그 방향으로 국론통
일을 도모하려 했던 것이다. '전수설'이란 '遷都說'에 반대하여 국왕이
도성에 머무름으로써 국론을 통일하고 민심을 고무한다는 것이다. 이
항로는 그 구체적 방안으로 국왕이 외적침입의 연유 및 선후책을 명백
히 하여 민심을 분발시킬 것, 언로를 넓힐 것, 무비를 갖추고 인재를
등용할 것, 의병을 모아 관군에 협력케 할 것, 국왕이 정치 및 사생활
에서 모범을 행할 것 등을 제언했다. 이 같은 노력을 통해 관민이 일체
가 되어 양적을 축출할 수 있으며 국가를 보존할 수 있을 것이라고 했
다.

  이항로는 외물 중 양물의 화에 관하여 "그들의 재화는 손에 의해 생
산되는 것(공업생산품)으로서 日計로도 유여한 것인 데 반해, 우리의
재화는 토지에서 생산되는 것(농업생산품)으로서 歲計로도 부족한 것
이다. 부족한 것과 남아돌아가는 것과의 교역이 어찌 우리에게 국란을
야기시키지 않을 것인가." 라고 논하고 있다. 서양의 공업생산품과 조
선의 농업생산품의 교역이 조선에 불리하다는 점을 지적한 것으로서
이 시기 서양의 침략이 원료공급과 상품매장으로서의 식민지 확보에
있는 점을 고려할 때 현실적 인식임을 알 수 있다. 이항로의 척사론에
는 화이적 가치관 외에 관민일체의 민족적 일체의식과 순경제적 관점
이 첨가되어 있는 점에서 주목할 만하다.[42]

  척사위정론의 논리가 두 번에 걸친 양요를 통해 서양의 침략에 대한
저항이라는 성격에서 민족적 일체의식을 중시하여 관민이 통일적으로
민족적 위기에 대응하는 주체가 되는 민족적 성원의식과 아울러 제국
주의 침략에 대한 방어로서 일종의 경제적 자립주의로 확대되고 있음
을 볼 수 있다. 그러한 변천은 당시 서양열강의 개국통상 요구의 본질
을 나름대로 파악한 대응 논리였다는 측면에서는 척사적 논리의 심화
진전이라 할 수 있을 것이다. 그러나 척사론적 위기의식의 결정적 한

---

42) 김영작, 앞의 책, 2006, 38~39쪽.

계성은 척사론이 대외적 위기의식을 여러 형태로 발전시키면서도 그 위기를 극복해 나갈 유효적절한 현실적 수단을 창출해내지 못했던 점에 있다. 그 궁극적 원인은 위정척사론이 위기의식을 군사 경제적인 것으로 확대해 가면서도 그 위기의 문제를 끝내 화이의식, 즉 중화적 명분론에서 떼어내지 못하고 오히려 더욱 밀착시켜 갔다는 점에 있었다. 따라서 대내적으로 접근했던 관민이 민족의 주체가 되는 민족적 성원의식이 대외적으로는 조선조가 주체가 되는 국제적 성원의식으로 관철될 수 없었다. 이 결과 화이적 양분법으로 서양을 인식함으로써 서구의 본질을 파악하여 이들이 주도하는 '힘의 정치'에 대응하는 대외적 과제에 접근할 수 없었다. 위기의식에도 불구하고 그 위기를 극복하기 위한 수단을 강구함에 있어서는 주자학적 사유방법에 머물러 있었던 것이다. 이 결과 위정척사론은 위기를 극복하기 위해 서양에서 배워야 할 것을 아무 것도 찾아내지 못하고 오로지 서양적인 것을 화이적 명분론에 입각하여 부정하거나 배격함으로써 전통적 조선을 온존하고자 하였던 것이다.

그럼에도 불구하고 확실히 척사위정론 속에는 민족의식이라고 할 만한 것이 포함되어 있었다. 그것은 서양 및 일본으로부터 강박해오는 침략성을 인식하는 역사적 통찰력과 강렬한 저항의식의 집결이었다는 점이다. 대원군이 침략적 외세에 대한 저항정책에서 동원한 것은 척사위정론의 바로 이 부분이었다고 할 것이다.

5) 대원군 정책의 특성과 사상 : 반침략적 민족의식

1860년대의 역사적 상황에서 근대화된 서양의 도전 앞에서 대원군이 수행한 민족적 과제는 결코 위정척사정책이라고 간단히 규정지을 수 있는 것이 아니었다. 병인·신미양요에 이르는 과정에서 대원군이 전개한 저항정책에는 우선 軍官뿐만이 아니라 民이 주체적 입장에서 동원되어 민족적 저항역량으로 집결되고 있었다. 병인양요 당시 의병

의 적극적 참가가 전투를 승리로 이끌었으며 제너럴 셔먼호에 대한 화
공전술은 군관민이 참가하는 합동작전으로 이루어진 것이었다. 또한
민의 참가는 전투에 동원되는 수준에 머무른 것이 아니라 전체적으로
그 저항역량뿐만 아니라 그 일체의식을 통일시켜 민족적 위기에 대응
하는 주체가 되게 하는 과정이었다. 이 같은 기반 위에서 전개된 강력
한 저항정책은 승리과정을 통해 자존적 민족의식의 고조로 연결되었
다.

  병인양요 직전 프랑스가 청국을 통해 조선에 무력침공을 통고하자
한 장군은 "북경에서 보낸 외교문서를 보면 구미와의 국교를 개방할
것을 권하고 있는데 그것은 위협 반, 권유 반으로 진정한 우방의 태도
는 아니라"고[43] 비판하고 있다. 청에 대한 이러한 태도는 중화적 척사
위정론이 아닌 주체적 입장으로서 프랑스 함대를 격퇴한 후 대원군의
태도에서 보다 명백해지고 있었다. 그는 "洋夷가 열국을 침범한 지 바
야흐로 수백 년, 그들은 만족이라는 것을 모른다. 중국이 그들과 화약
을 맺은 이래, 양이는 오히려 난폭해져서 가는 곳마다 악행을 하고 사
람들은 그해를 입는다. 다만 우리나라에서는 그들이 악행을 하지 못한
다. 이것은 바로 우리나라를 처음에 만드신 기자가 하늘에서 돌보고
있기 때문"이라고 하였다.[44] 대원군은 서양의 침략성에 대한 인식을
하고 있을 뿐 아니라 그 침략에 방어하지 못한 중국의 쇠퇴를 보며 강
력한 저항정책의 필요성과 조선의 주권유지를 중국과 비교하며 민족
적 자존을 보이고 있는 것이다. 중국은 이미 조선의 대외관계에 개입
하거나 지도해 줄 국가가 아니었던 것이다. 이 점은 후일 청나라에서
연금생활을 강요당하고 있을 때 1882년 11월 李鴻章의 측근 막료인 吳
汝綸이 "양란을 막아낸 것은 요행일 뿐 공으로 삼기에는 부족하다"
며[45] 폄하하려는 중국 측 입장과 대조된다. 서구 침략에 대한 대원군

---

  43) 『高宗實錄』 3년 8월 壬寅.
  44) 『高宗實錄』 3년 9월 丁卯.

의 저항정책이 중화주의에 기초한 것이 아님은 뚜렷하다.

　대원군의 대외정책은 침략에 대한 방어의 저항정책이며 그 기초가
된 사고는 척사적이라기보다 반침략적이라고 할 수 있는 것이다. 또
침략에 대한 일시적 승리가 '힘의 정치' 국제사회에서 조선의 위치를
인식하는 데 장애가 된 것도 아니었다. 1882년 청나라 보정부에서 만
일 지금 나라의 정사를 맡는다면 서양인들을 오지 못하게 막아낼 수
있겠는가 라는 질문을 받자 "오늘날의 정세는 왜양을 배척하는 것이
옳지 않다"고 분명히 답하며 "좋은 것은 좋게 인정하여 和好하고 協議
하는 것만이 안전한 計策이 될 것이다. 세상정세가 지금은 옛날과 다
르다. 천하의 대세가 이러하니 싫더라도 어찌 함께 어울려 지내지 않
을 수 있겠는가." 라고 대외관을 뚜렷이 밝히고 있다. 이 점은 신미양
요 당시 대원군의 정책을 수행한 박규수 또한 "지금 세계는 동서열강
이 서로 대립하여 마치 과거 중국의 춘추전국시대와 같다. 우리나라는
영토는 작으나 동양의 매듭지은 듯한 곳에 위치하여 마치 정나라가 진
과 초나라 사이에 있었던 경우와 같다. 내치, 외교의 기회를 놓치지 않
고 힘을 기울인다면 스스로를 지킬 수는 있을 것이다. 그렇지 못하면
약체가 되어 망국의 길을 걷게 된다."46)고 위기의식을 보이고 있다. 반
침략 저항이 장기 정책으로 평가되기보다 침략적 외세에 대응한 우선
의 주권유지 정책임을 알 수 있게 한다. 또한 국내 권력관계의 '현실적
고려'에 따른 정책이기도 하였던 것이다.

　대원군의 대외정책인 反침략적 저항정책에서 그 사고를 이룬 것은
이처럼 중화관념에 기초한 척사위정이 아님이 뚜렷할 뿐만 아니라 오
히려 그가 김정희 문하에서 익힌 실학적인 사고와 연결이 될 때 이해
가 가능해진다. 대원군의 민족의식은 1862년 삼남민란에서 나타난 조
선조 민중의 에너지와 대원군의 정책을 직접 수행한 박규수 등 개화

　45)『保定府談草』, 1882.
　46)『瓛齊集』卷7, 咨文, 466~467쪽.

지식인과의 교류와 연결이 이루어질 때 이해가 가능한 것이다.

김정희는 홍대용, 박지원 등의 실학자 특히 박제가 등 북학에 경도하였던 中庶 지식인의 사상적 교화를 받고 폭넓은 교유권과 학풍을 가지고 있었다. 즉 당시 실학파의 핵심에서 북학에 열중하고 청조 고증학과 청조 문물의 수용에 가장 적극적인 부류가 되었다. 김정희가 중심적 역할을 하였던 이 문하에서는 조만호, 신관호(申櫶), 대원군 등 관료학자와 강위, 오경석 등 중서 출신의 지식인까지 길러내어 중반 이후 개화 지식인의 일맥을 이루었다. 대원군은 이 같은 실학적 사고와 교유의 흐름 속에 있었을 뿐 아니라 집권 후 이들 실학적 지식인을 중용하였던 것이다.

이 시기 침략적 외세 앞에서 대원군이 취한 정책은 대외적인 척사위정정책이라기보다 침략적 외세의 급박한 위기정세에 대응한 주권유지정책, 반침략적 저항정책이었다. 척사위정론은 그 사상적 특성 중 反침략적 저항의식이 그의 저항정책에 동원된 것으로서 대원군 대외정책의 이데올로기 그 자체로서 동일시해서는 안 될 것이다. 집권가로서 대원군의 대외적 정책이 갖는 의미를 평가하기 위해서는 당시 조선조가 처한 역사 속에서 그 토대가 된 대내적 정책과 함께 이념적 기초를 종합적으로 파악해야 할 것이다. 이 정책들은 민족주의적 관점에서 평가될 수 있다.

대원군 집권기는 대외적 위기일 뿐 아니라 대내적으로도 세도정치 후 심각한 위기를 맞고 있었던 시기였다. 이러한 위기는 실학파에 의해 민족주의 과제로 의식되어 그 해결을 위한 이론화와 현실적 대안이 제시되고 있었다. 그러나 그들의 사상은, 특히 正祖代 가능성의 현실화를 확인시켜 주었음에도 불구하고 신유사옥 등 집권세력에 의해 탄압되며 역사적 결실을 맺지 못하였던 것이다. 대원군은 집권 후 대내적 과제를 위한 내정개혁을 전면적으로 추진하게 된다.

3. 대원군의 내정개혁 정책 : 부국강병

대원군 집권 이전 19세기 전반기는 대외적 위기와 함께, 국가기강의 문란과 지배층의 부패로 대내적 위기 또한 심각하였다. 조선조는 신분제 사회로서 양반이 통치의 주체가 된 가운데 경제적으로는 농본주의를 특징으로 하였다. 그러나 특정관료의 대토지 영유화와 토지행정을 담당한 지방 관리들의 부정으로 농민의 빈궁화와 함께 국가재정의 공급원이 격감하였다. 또한 신분제는 그 한계를 드러내며 사회적 위기를 맞고 있었다. 이것은 조선조 유교 정치체제의 기초가 흔들리고 있음을 의미하는 것이었다.

통치체제의 위기는 정조 사후 세도정치와 관련된다. 19세기 이후 사적 권력이 확대되며 중앙집권적 정치체제의 구심점인 왕권이 축소되어 국정 문란을 초래했다. 이 결과 3정문란으로 농민들의 정부에 대한 불만은 민란으로 폭발되었다. 대표적인 것이 순조 11년(1811) 평안도 홍경래난이었다. 나아가 철종 13년(1862) 전국 각지에서 발생한 민란은 조선의 존립을 위협할 정도였다. 정부에서는 3정의 문란을 시정키 위해 이정청을 설치하고 시정책을 헌의케 하였으나 삼정시정책은 실시되지 못했고 이정청도 곧 없어지고 말았다. 개혁을 추진할 강력한 중앙집권력이 없었기 때문이다.

대원군은 집권 후 과감한 개혁에 착수했다. 그의 개혁정책은 한편으로 평등사상을 기반으로 통치의 객체에 머물러 있는 민을 체제내적 존재로서 일체감을 갖게 하는 과제와, 다른 한편 민의 생존기반을 확보하고 이 기반을 국가적 부로, 민족적 역량으로 조직화하는 과제를 수행하는 것이었다. 대원군은 이러한 과제의 실천을 위해 가장 요구되는 왕권강화를 통한 중앙집권체제의 정비에 먼저 착수하였다.

1) 중앙집권체제의 강화

우선 宗親府 강화를 통한 권력기반을 제도적으로 마련하였다. 이를
위해 종친부를 실제 직사를 갖는 아문으로 변화시키고 재정지원을 확
대하여 합법적으로 활용하였다.47)

대원군은 세도정치에서 약화된 왕권강화와 국가기강의 확립을 통한
중앙집권체제를 위해 인재등용에서 사색의 평등과 지방차별 철폐라는
과감한 조치를 취하였다.48) 또 班常과 귀천을 불문하고 평민과 衙前輩
가운데서도 유능한 인재를 주저 없이 기용하였다.

중인이나 서얼은 관리에 임명하지 않아 인재를 버리는 형편이었지
만 천문, 법률, 서원 서사 등의 관청에서 능력에 따라 임용할 것을 결
정했다.49) 대원군은 특히 역원의 관생들 가운데서도 파견사로 임관하
여 중국에 파견시킬 것을 결정했다. 과거를 거치지 않은 역원의 관생
들에게 국가를 대표하여 국사에 직접 참가하는 직책을 담당케 하는 것
은 중인해방 실천의 제일보라 할 수 있었다. 이 새로운 가능성은 중인
인 오경석이 1872년 譯官으로서 박규수의 燕行에서 수행한 역할과 그
후 개화파와의 관계를 고려할 때 중인층의 지위 상승과 중앙집권체제
의 강화조치 이상의 개혁이었다. 대원군이 실현시킨 중인층에 대한 새
로운 가능성은 그가 교류했던 실학적 사고에 기울어진 이들 인사들을
정치적으로 자극시켜 개화 지식인에서 실무관료로 부상시키는 중요한

---

47) 대원군은 종친부에 자신의 집무실 我在堂을 마련하고 이곳에서 大院位 分付
를 내리며 주요사안을 처리하였다. 고종 1년 1월부터 모습을 드러낸 대원위
분부는 중앙관서를 비롯, 자방 각 관아에 이르기까지, 왕의 명령과 같은 권위
를 가지고 있었다. 종친부는 대원군 정치의 중심부였다. 특히 이렇게 역량이
강화된 전주이씨 세력들은 경복궁 중건 때에 엄청난 願納錢을 지원하였다.
『宗親府謄錄』 5冊, (甲子 1월) 18일 甘結, "右甘結爲知番擧行事 本府藥債
奉承大院位校是分付 自今爲始 復舊例封上爲去乎";『宗親府謄錄』 5冊, 乙
丑 5월.
48) 이선근,『한국사 5 최근세편』, 진단학회·을유문화사, 1962, 166~169쪽 ; 황
현,『梅泉野錄』, 국사편찬위원회, 1956, 14쪽.
49)『高宗實錄』 2년 6월 癸卯.

계기가 되는 정책이었다. 1876년 강화도 조약 때 接見大官으로 추사문하의 신관호가 나서고 그 실무를 중서출신 오경석, 강위가 맡았으며 그 배후에서 박규수가 영향력을 발휘했다. 이들은 당시 북학을 통해 청, 일, 서양 등 국제정세와 외래지식에 가장 정통했던 실무관료들이었다. 조선조의 외교적 위기상황에서 활약했던 것은 결국 대원군이 중용하여 부상시킨 이들 인사들이었던 것이다.

국가기구 정비에 착수하여 고종 1년 비변사 중심체제의 대대적 개편으로 박규수 등 8명을 비변사 당상에 새로 임명하고 비변사내 직임도 크게 개편하였다. 교체되지 않은 인물은 신관호 등 4명 뿐이었다. 무장의 지위 강화를 위해 그동안 문반이 독점하던 병조판서는 문·무반이 번갈아 임명되었다.[50] 고종 2년 의정부와 삼군부의 본래 기능을 부활시켜 의정부는 정치의, 삼군부는 군사의 최고기관으로 하였다. 대원군 집권 초 무반의 역할 확대와 군사력 강화는 19세기 이후 조선조에서 최초의 국방정책이었다.[51] 이로써 그동안 세도정치 하에서 집중되었던 비변사의 권력은 분산되고 명령체계의 단일화가 이룩되었다. 대원군 집권기 삼군부에서 가장 중요한 역할을 하던 무장은 유사당상 중 훈련대장이었다. 이 중 주목되는 인물인 신헌(1810~1888)은 김정희의 문인으로서 대원군 집권 초기 임명된 후 가장 중요한 무장으로 활약하며[52] 병인양요를 처리하였다.

고종 2년(1865) 이 같은 권력개혁과 제도적 변화를 법전으로 편찬해 영속성을 가진 발전으로 강조하고자 하였다. 그리하여 『경국대전』 등

---

50) 대원군 집권기 병조판서 임명은 鄭基世(文, 고종 1년 1월) →申觀浩(武, 1년 6월)등 고종 9년 이전까지는 대체로 문·무신이 교대로 임명되었다. 武將臣이 병조판서에 임명될 기회를 확대한 규정은 대원군 실권 후 고종 10년 12월 24일 舊例로 되돌아 갔다.
51) 김세은, 「대원군 집권기 군사제도의 정비와 군제의 강화」, 『韓國史論』 23, 1990, 131쪽.
52) 朴贊殖, 「신헌의 국방론」, 『歷史學報』 117, 1997.

역대 법전에 의거해 『대전회통』을 간행, 양란과 세도정치의 체제변동
을 둘러싼 갈등을 체제내적으로 수렴하고 통치질서의 법적 토대를 마
련한 것이다.[53] 또한 이조·병조의 조례를 수집하여 『양전편고』를, 각
아문의 대소사례를 찬집하여 『육전조례』를 간행함으로써 정치제도적
변화에 법적인 정당성을 부여하고 집권 이후 제도개혁에 따른 새로운
정치지향을 담았다.

대원군은 또 고종 2년 경복궁의 중건사업을 착수했다. 경복궁은 건
국 초에 준공된 후 임진왜란 때 불탄 채 국가재정의 곤란으로 270여
년간 폐허로 남아 피폐된 국력을 나타냈다. 이에 종묘, 종친부, 육조 이
하의 각 관서와 도성까지 수축함으로써 500년 고도의 면목을 일신시키
고[54] 이로써 왕권과 중앙집권체제의 강화된 이미지를 가시화하였다.

조두순은 大役事를 시작한 뒤로 坊民과 畿民은 물론 해상을 오가는
漕卒과 도성 근처의 僧徒들까지 즐거운 마음으로 달려오는데 그 이유
는 "3백 년을 내려온 옛 터전을 다시 일구려고 하는 일이 크게 백성들
의 마음을 요동시켰기 때문입니다. 그리고 능력에 따라 의손금을 내어
보조하도록 허락하였는데 이것은 조정에서 강제로 징수하는 성격의
것이 아닙니다"라고 하였다.

2) 국가재정의 확충

대원군은 집권 초부터 민중의 피폐화와 이들의 저항에 나타난 국가
위기를 의식하고 최대의 과제로 삼고 있었다. 그는 "民生이 因悴에 國
用이 櫃竭하고, 貪墨이 成風에 紀綱이 廢弛라"[55]하여 民을 구제하고

---

53) 조두순·이유원 등 편찬 총재관보다도 박규수·홍종서·김학성 등의 실무자
   들의 면면이 주목된다. 이광린, 『한국사 강좌(근대편)』, 서울 : 일조각, 1981,
   20쪽 ; 정호훈, 「大院君執政期 大典會通의 편찬」, 『朝鮮時代史學報』 35,
   2005, 11~20쪽.
54) 『承政院日記』고종 2년 5월 26일.

國計를 충족케 하자면 탐욕의 간행을 懲治하여 기강을 진작시켜야 할 것으로 인식하였다. 이에 따라 민의 생활기반을 확보하여 국가재정으로 집적시키는 정책을 추진하였다. 즉 먼저 민의 역량을 확보하고 이를 민족역량으로 조직화하는 과정을 추구했던 것이다. 이것은 3정의 문란에 대한 시정이 그 선결과제였다. 대원군은 크게 개혁하는 것을 강조하며 "나라의 큰일은 바로 군정, 結政, 환정 세 가지다." 아울러 당백전 통용을 급선무로 강조하며 "사전의 주조를 엄금하고 이것이 나라의 개혁인 것"이라고 확실히 하고 있다.56)

조선조 民은 농민이었으므로 먼저 토지제도, 전정을 바로 잡아야 했다. 그런데 서울의 權門勢家와 지방의 土豪들이 토지를 겸병, 廣占하고 면세 탈세까지 함으로써 농민들은 농토를 보유하지 못한 채 국가재정은 파탄상태였다. 대원군은 우선 그동안 시행되지 못했던 양전을 전면적으로 실시하여 토지대장에 올려있지 않은 땅ー이를테면 陳田과 陰結ー을 색출하였다. 그리고 각 官房에는 無土收稅하던 폐단을 혁파시키는 한편, 지방관들의 불법과 苛斂誅求를 엄중히 단속하고 전세미와 환곡들의 미납분을 철저히 조사하여 수납을 독려하되 책임관리의 농간 횡령은 엄벌하였다.57) 또 서울 권문세가와 지방 양반, 土豪들의 토지겸병을 금지하고 탈세를 방지하여 국가재정원을 확보하였다.

군정개혁으로 군포제를 호포제로 바꿔 양반에까지 확대 징수한 것은 획기적이었다.58) 그동안 양반계급은 면제된 반면 黃口·白骨徵收 등 악폐가 지속된 군정은, 실학자들이 주장한 농민층에 대한 토지지급

---

55)『高宗實錄』철종 14년 12월 乙酉.
56)『承政院日記』고종 5년 2월 30일.
57)『高宗實錄』고종 원년 정월 丙寅 ; 2월 辛巳.
58)『高宗實錄』8년 3월 乙卯 ; 한우근,「대원군의 세원확장책의 일단-고종조 동포, 호포제 실시와 그 후폐」,『김재원박사회갑기념논총』, 을유문화사, 1969, 297~310쪽 ; 김용섭,「철종의 應旨三政疏와 삼정이정책」,『한국근대농업사연구』, 일조각, 1975.

의 개혁이나 양반층의 군역확대가 해결책이었다. 대원군은 이중 호포
제를 실시한 것이다. 그의 개혁조치는 신분적 평등을 실천하며 민족역
량을 확대시키는 것이었다. "작년부터 대원군이 분부를 내려 지금은
白骨徵布와 황구첨정으로 원망을 사는 일이 없으니, 이것이 상서롭고
화평함을 불러들이는 일인 것이다.……이를 萬年의 法式으로 삼는 것
이 좋겠다"59)라 하여 그의 군정개혁 정책에서는 부국의 기초로서 상민
과 양반계급이 신분제도를 넘어 정치적 실천의 차원에서 평등한 민족
구성원으로서 조직화되고 있었다.

고종 1년에 환곡운영의 부정은 엄벌에 처할 것을 발표하고 다음 해
에는 『대전회통』을 편찬시켰으며 환곡을 둘러싼 부정행위를 방지하였
다.60) 이어 고종 4년 환곡을 사창제로 바꾸어 양민 중 성실하고 넉넉
한 사람이 관리케 하여 부정이 제거되고61) 농민부담이 경감되었다. 또
사창의 본곡을 제대로 간직하고 이식 역시 효과적으로 거두어 국가재
정 확충에도 성과를 거두었다.62) 三政改革은 국가재정 확대 차원을 넘
어, 먼저 民의 富의 기반을 마련하여 민족역량으로 확대시켜 나가는
민족주의 정책이었다. 그리고 평등성을 기초로 실시됨으로써 그동안
통치의 객체로서 수탈 대상이었던 일반 농민을 체제내적 존재화하는
정책이었다.

59) 『承政院日記』 고종 8년 3월 25일.
60) 『日省錄』 고종 4년 7월20일 ; 『大典會通』, 「戶典」, 倉庫條.
61) 『高宗純宗實錄』 고종 4년 7월 壬戌 ; 朴齊炯, 이익성 역, 『近世朝鮮政鑑』,
    탐구당, 1975, 103~105쪽.
62) 『承政院日記』 고종 8년 1월 4일, "호조에서 아뢰기를 사창환곡을 설치한 것
    은 국가에서 장래를 경영하는 계책이니 조금이라도 어기면 해악이 백성에게
    미칠 것이므로 전후의 신척을 더욱 엄하게 하였던 바 延豊縣의 사창환곡은
    ……법을 세운 뜻이 사라지고 소문이 낭자하므로 대원군의 분부를 받아 특별
    히 본조의 郎廳을 보내어 낱낱이 摘奸하였더니 허다히 과조를 범한 것이 소
    문과 꼭 같습니다. 사창의 곡물을 중히 여기고 나라의 법을 엄하게 하는 뜻에
    서 용서할 수 없으니……낱낱이 다시 받아들이고, 부추기고 농간한 자를 모
    두 적발하여 엄하게 다스리게 하겠습니다".

무역과 상거래 등에도 관심을 가져 都賈상인의 과대한 물가조종을
단속하고 그들의 특권에 반발하는 보부상들의 지지를 획득하였다. 또
당시 의주관문 등을 통해 수입되는 청국상품과 부산 동래 등지를 경유
하여 거래되는 일본상품에 대해 엄밀한 과세징수를 명령하였다. 광산
업 또한 적극 장려하였다. 그 결과 경복궁 중건사업과 병인·신미 양
란을 치르고도 <표 1>과 같이 국가재정을 확대할 수 있었다. 그 결과
1862년 70여 건 발생했던63) 민란이 대원군 집권 후에는 1~2건으로 거
의 진정되고 있었다.

<표 1> 대원군 집정 10년간의 국고상황대조표

年度 / 金品目	高宗元年	高宗 11 年	增(+)	減(-)
黃 金	100	151	(+)	51%
銀 子	211,198	154,933	(-)	27%
布	460,002	1,635,498	(+)	255%
木	2,063	5,330	(+)	258%
錢	198	1,559	(+)	673%
苧 布	115	38	(-)	67%
錦 紬	54	87	(+)	61%
太	96,338	255,198	(+)	165%
米	9,582	38,320	(+)	299%
田 米	8,184	2,416	(-)	82%
皮雜穀	54,090	38		

자료 : 京各司各營 年初進上 會計簿

3) 국방대책

조선은 병자호란 이래 국방, 군비정책이 확립되지 못하였다. 대원군
은 국방문제를 중시하며 군제개혁에 착수하였다. 해상으로 접근하는

---

63) 오영교, 『1862년 농민항쟁 : 중세말기 전국농민들의 반봉건투쟁』, 동녘, 1988,
    59~61쪽 ; 정창렬, 『갑오농민전쟁연구』, 연세대 박사학위논문, 1991, 8쪽.

서양에 대해 道水軍統制師의 처우를 개선하고 統制中軍을 설치하여[64] 수군을 강화하였다. 나아가 군제를 광범위한 국가기구 속에서 정비, 개편을 단행했다. 의정부와 삼군부의 본래 기능을 부활시켜 의정부는 정치의, 삼군부는 군사의 최고기관으로 명령체계의 단일화를 이룩함으로써 비변사 아래 文官 위주였던 행정체계를 혁신하였다. 경기, 강화도 연안에 포대시설을 확충하여 해상경비 태세를 강화하는[65] 동시에 남북 변경에도 유의하여 4군을 개척하여 둔병제도를 실시하고 일본의 침입도 경계하였다. 근대화된 서구 병기와 비교해 조선 병기의 약세를 인식하고 만주와 일본으로부터 軍器 軍物을 구입하고 김정희 등 실학파의 건의로『海國圖志』에 따라 신무기 개발에도 노력했다.[66] 국가재정의 확충 기반 위에서 비로소 대원군의 국방대책, 강병책이 이루어지고 서구침입에 적극적인 저항정책을 전개할 수 있었던 것이다.

대원군께서 특별히 병조의 형편을 염려하여 급하지 않은 비용은 없애고 넘치게 지출하는 폐단을 제거하여 매 항목마다 바로잡아 절약케 하여 근래 8~9년 사이에는 여유가 해마다 드러나게 되었다.……과거에 부족하였던 것이 지금에는 남음이 있을 뿐만 아니라 축적된 것이 진실로 많게 되었으니 나라의 회계를 훌륭하게 다스릴 수 있는 능력이 아니고서야 이렇게 될 수 있겠는가"[67]

4) 서원철폐 : 척사론과의 이념적 차별성

---

64)『高宗實錄』고종 2년 정월 戊戌.

65)『承政院日記』고종 7년 11월 17일, "삼군부에서 아뢰기를 강화는 경기 연안의 유충지로서 해안을 방비하기 위해 필요한 물자가 갖추어져야 하므로 운현궁에서 양곡 1430석을 내렸으며 영종도에도 876석, 교동에도 500석을 내렸습니다. 軍民을 깊이 생각하시는 특별한 은택입니다".

66) 김정희,『阮堂先生全集』제3권, 書, 1972.

67)『承政院日記』고종 10년 3월 5일.

대원군의 개혁 중 가장 결단력 있는 것은 서원철폐였다. 서원은 본래 선현의 덕을 추모하고 학문을 강의하는 교육과 도덕의 장이었다. 그러나 많은 전지와 노비를 점유하고 면세특권을 누리며 인민수탈과 박해, 불량유생들의 거점으로 바뀌고 중앙의 붕당이나 권신들과 연결되어 지방에서 파벌당쟁을 조장하는 등 폐단이 극심했다. 따라서 여러 번 단속정책이 시도되었으나 오히려 19세기 이후 팽창하며 비판의 대상이 되어왔다.[68] 서원의 폐해는 지방 양반유생의 폐해로서 지방관과 중앙정부의 위령도 서원에는 미치지 못하였다. 가장 비판이 되었던 곳이 화양동 서원과 만동묘였다. 대원군은 집권 초 먼저 서원철폐에 착수하였다. 軍丁이 허액화 되는 폐단을 지적하며 법의 일치된 적용을 강조하였다.[69] 송시열의 유지에 따라 명나라 신종, 의종을 제사지내며 尊明事大의 상징이었던 만동묘 철폐를 단행한 뒤, 679개소의 서원 중 47개만 남기고 모두 철폐시켰다. 이는 중앙집권체제를 강화하고 평등을 기초로 민의 생존기반을 확보하여 국가재정을 확충시키는 정책이었다.

더 큰 의의는 민족주의적 사고를 기반으로 화이사상을 초월한 데 있었다. 대원군은 서원철폐의 중지를 호소하는 유생들에 대해 "진실로 백성에게 해가 있으면 공자가 다시 살아난다 해도 용서하지 않을 것이다. 하물며 서원이라는 것이 우리나라 선유를 제사하는 곳인데, 오늘날에는 도적의 소굴로 화하였으니 어떻게 철폐하지 않을 수 있겠는가"[70] 라고 하여 과감하게 개혁을 단행하였던 것이다. 이 같은 그의 사고와 정책은 당시 유자들과는 완전히 다른 것이었다. 즉 서원철폐는 주자학적 화이사상이 아니라 공리적 사고에 따라 민족역량을 확대한다는 면에서 뿐만 아니라 양반 유자들의 특권을 축소하여 평등성을 실천하는

---

68) 『牧民心書』, 「禮典」; 朴齊炯, 『近世朝鮮政鑑』, 99~101쪽.
69) 『承政院日記』 고종 1년 8월 17일;『高宗實錄』8년 3월 乙亥, 戊申.
70) 朴齊炯, 『近世朝鮮政鑑』, 38쪽.

면에서 민족주의에 기초한 것이었다. '중화적 이념'이 아니라 '백성에게 해'가 있으면 공자가 다시 살아난다 해도 용서하지 않겠다는, 대원군 정책의 발상이 되는 사고는 당시 유자들의 화이사상에서 멀리 벗어난 것이었다. "선생(이항로)이 문인들에게 이르기를, 이 도를 문란케 함이 가장 근심할 일이다. 천지간에 일맥의 양기가 우리 조선에 있으니 만약 이것마저도 깨어진다면 천심이 이를 참을 것인가? 오인은 천지를 위해 입심하여 이 도를 밝히기를 불을 끄듯 급급히 서두르지 않으면 안된다. 국가의 존망은 이차적인 것이다."71)라 했듯이, 척사사상은 그 근저에 화이적 세계관과 유교적 명분론이 자리잡고 있는 것으로 그들에게는 중화의 길을 고수하는 것이 인류보편의 사명이며 국가의 존망은 2차적인 것으로 생각되었던 것이다.

이 같은 국가관, 대외관에서의 사상적 차이에서, 대원군이 침략적 외세 앞에서 취한 저항정책과 관련된 척사사상은 반침략적 민족저항을 위한 이데올로기로 동원된 것이며, 대원군의 사상 그 자체는 아니라는 점을 확인하게 된다. 조선조의 위기를 인식하고 대외적 저항정책과 대내적 개혁정책으로 민족적 과제를 해결하려 했던 대원군의 사고는 척사사상보다는 오히려 김정희의 문하에서 익힌 실학파의 사상적 흐름과 박규수, 김윤식 등 개화적 지식인에 이르는 그의 교유권 속에서72) 이해할 때 보다 명백해진다.

임술농민항쟁 당시 근본적인 대책을 제시한 것은 기본 원인을 삼정문란 특히 환곡문란으로 집약한 박규수였다. 그는 대책으로 특별 관청을 설치하여 연구하고 중론을 모아 수습책을 실천할 것을 건의하였다. 이에 따라 삼정이정청이 설치되었다.73) 그러나 정부는 개혁의지에도 불구하고 삼정이정책을 실현하지 못하고 일부 지역 지방관리의 부정

71)『華西集』「雅言」卷12, 堯舜 제36.
72) 유봉학,『연암일파 북학사상연구』, 일지사, 1995, 36~56쪽.
73) 김용섭, 앞의 책, 1975, 439~442쪽 ;『瓛齊集』卷6, 請設局整釐還餉疏 ;『哲宗實錄』철종 13년 5월 丁未.

을 적발하여 탐관오리를 교체하는 정도에 머물고 만다. 전국을 통일적으로 파악하여 전면적 개혁을 실천할 수 있는 중앙집권력이 존재하지 않았던 것이다. 그 현실화는 대원군에 이르러 비로소 가능하였다. 대원군은 자신의 정책을 박규수를 통해 실천하였다. 대원군은 취임 후 1864년 3월 박규수를 도승지에 임명하고 강관을 겸임케 했다. 도승지는 왕의 비서장이며 강관은 왕에게 학술 등을 강론하는 직책으로서 측근으로 중용된 것이다. 10월에는 이조참판으로 권력중심부에 중용하였다. 또한 대원군은 김정희가 만년을 보내고 있던 과천을 방문하며 난초뿐 아니라 실학, 시무 등을 배웠다.

대원군의 내정개혁은 부국강병을 통한 민족역량 확대라는 면과 함께 평등성을 실천하는 면이 병행하고 있었다. 이 같은 대내적 정책은 '힘의 정치'라는 국제정치에서 대외적 평등성을 실현하기 위한 수단으로서 대내외적 과제가 통일적으로 전개된 것이다. 대원군의 이 같은 개혁정책은 성공을 거두며 광범위한 국민들의 지지를 받고 있었다.

그러나 대원군은 서원철폐에서 만동묘 폐지 반대운동을 계기로 양반 유생들의 反대원군 행동을 조직하는 반응에 직면하게 된다. 사태의 심각성에 좌의정 김병국은 이들과 대원군과의 대립을 조정하기 위해 이항로를 승정원의 부승지로 임명하였다.

대원군 개혁정책의 전제였던 왕권강화를 통한 중앙집권체제의 권력구조와 평등을 지향한 신분적 특권의 축소 정책에 대한 반발도 무시할 정도는 아니었다. 명성황후와 성년 고종, 서원철폐와 호포 실시 등 개혁정책에 반발하는 양반, 유림세력 등이 중심이었다. 이들 反대원군 세력은[74] 명치유신 후 일본 정계의 '정한론' 상황을 위기정국으로 이용해 대원군 정치에 정면 공격을 가하였다. 이항로 문하의 최익현이 대원군 탄핵상소를 올리고 하야를 요구한 뒤, 고종 10년 11월 국왕친정을 선포하기에 이르렀다.

---

74) 이선근, 『한국사 5 최근세편』, 진단학회, 1962, 346~347쪽.

4. 대원군정책의 사상적 재검토와 역사적 평가

대원군은 스스로 나라를 다스릴 때 '부국의 정책을 쓰고자 하였으며 또한 두 차례의 洋亂을 감당했다'[75]고 회상하고 있다. 조선후기의 역사적 상황에서 부국강병을 목표로 한 그의 정책은 결코 과소평가할 수 없다. 서구 제국주의 침략에 대한 반침략적 저항은 이러한 부국강병정책의 현실화를 토대로 가능했으며 대원군은 그 결과 국가주권을 유지할 수 있었다.

죄인이나 송사가 줄어들어 세상에는 턱없이 죄에 걸려드는 우환이 없어졌으며 재물이 창고에 넘쳐나니 나라는 영원히 그 덕을 보게 되었습니다. 문물제도가 찬란히 갖추어지고 제도와 규례가 정연하게 되었습니다. 이것은 모두 대원군이 전하에 건의한 것입니다.……참으로 훌륭한 일입니다. 그리고 양이들이 창궐하여 나라에 큰 변이 일어나 그 피해가 홍수나 맹수보다 심하게 되었습니다. 대원군은……변경을 침범하여 사단을 일으키는 자들은 물리쳤습니다.……대원군의 공덕에 대하여 찬양하고 흠모하는 것은 떳떳한 양심을 가진 사람으로서 다 같은 심정입니다.[76]

주권유지를 넘어 개국의 역사적 과제를 대원군에게 부여하는 경우에 있어서도, '쇄국'의 결론에 도달하기 전에 확인해야 할 역사적 사실이 있다. 우선 최초로 접근해 온 러시아와 지방차원의 실무접촉을 했으며 그 결과 러시아와 국경문제, 이민문제를 원만히 해결하였다는 외교적 관계의 사실이다. 또한 미국과의 교섭에서 침략에 대한 대응과 또 다른 차원에서의 외교적 관계에 대한 의도이다. 신미양요 이후 일본정가에서 제기되었던 조선과 미국의 강화설은 조선과 미국의 강화

---

75) 『保定府談草』.
76) 『承政院日記』고종 10년 閏6월 20일.

를 청나라가 아닌 일본이 주도하여 국가위신을 높이려는 의도로 해석
될 수 있다. 그러나 조미강화설은 신미양요 이후 미국에 대한 조선의
외교적 노력, 특히 恭親王을 통한 교섭이 의식된 결과로 보인다. 조선
정부의 이러한 노력이 당시 청국의 거절로 미국과 수교교섭으로까지
발전하지는 못하였지만 교섭을 시도하였다는 사실 자체가 갖는 역사
적 의미는 대원군의 대외정책과 관련하여 커다란 의의가 있는 것이다.
또한 대원군 권력의 기반인, 수렴청정하던 풍양 조씨 세력에 대한 김
병학 등의 정치공세는 서학에 대한 탄압, 병인사옥을 수반하여 이 결
과 선교사를 통해 프랑스와의 관계를 진전시키려던 대원군의 시도는
중단되었다. 그러나 이 시도 또한 과소평가 할 수 없는 것이다.

　대원군의 대외정책은 '쇄국정책'이 아니라 반침략적 저항정책이며,
그 정책에 기초가 된 사고는 평등성을 기초로 대외적 주권유지와 대내
적 부국강병을 지향한 민족주의였다. 즉, 대원군은 한국민족주의의 정
책화를 시도한 것이다.

찾아보기

452

454

456

연세국학총서 46
조선 국가의 구조와 경영 3

세도정권기 조선사회와 대전회통

오 영 교 편

2007년 7월 25일 초판 1쇄 발행

펴낸이 · 오일주
펴낸곳 · 도서출판 혜안
등록번호 · 제22-471호
등록일자 · 1993년 7월 30일

⊕ 121-836 서울시 마포구 서교동 326-26번지 102호
전화 · 3141-3711~2 / 팩시밀리 · 3141-3710
E-Mail hyeanpub@hanmail.net

ISBN 978 - 89 - 8494 - 313-1   93910
값 30,000원